동아출판이 만든 진짜 기출예상문제집

특급기출

중간고사

중학 영어 **2-2**

How to Study

이 책의 구성과 특징

STEP A   영역별로 교과서 핵심 내용을 학습하고, 연습 문제로 실력을 다집니다. 실전 TEST로 학교 시험에 대비합니다.

Words 만점 노트
교과서 흐름대로 핵심 어휘와 표현을 학습합니다.
Words Plus 만점 노트
대표 어휘의 영어 뜻풀이 및 다의어, 반의어
등을 학습하며 어휘를 완벽히 이해합니다.

Words 연습 문제 &
Words Plus 연습 문제
다양한 유형의 연습 문제를 통해 어휘 실력을
다집니다.

Words 실전 TEST
학교 시험 유형의 어휘 문제를 풀며
실전에 대비합니다.

Listen & Speak 핵심 노트
교과서 속 핵심 의사소통 기능을
학습하고, 시험 포인트를 확인합니다.
Listen & Speak 만점 노트
교과서 속 모든 대화문의 심층 분석을
통해 대화문을 철저히 학습합니다.

Listen & Speak 연습 문제
빈칸 채우기와 대화 순서 배열하기를
통해 교과서 속 모든 대화문을 완벽히
이해합니다.

Listen & Speak 실전 TEST
학교 시험 유형의 Listen & Speak 문제를
풀며 실전에 대비합니다. 서술형 실전 문항으로
서술형 문제까지 대비합니다.

Grammar 핵심 노트
교과서 속 핵심 문법을 명쾌한 설명과
시험 포인트로 이해하고, Quick Check로
명확히 이해했는지 점검합니다.

Grammar 연습 문제
핵심 문법별로 연습 문제를 풀며
문법의 기본을 다집니다.

Grammar 실전 TEST
학교 시험 유형의 문법 문제를 풀며
실전에 대비합니다. 서술형 실전 문항으로
서술형 문제까지 대비합니다.

Reading 만점 노트
교과서 속 읽기 지문을
심층 분석하여 시험에
나올 내용을 완벽히
이해하도록 합니다.

Reading 연습 문제
빈칸 채우기, 바른 어휘·어법 고르기, 틀린 문장
고치기, 배열로 문장 완성하기 등 다양한 형태의
연습 문제를 풀며 읽기 지문을 완벽히 이해하고,
시험에 나올 내용에 완벽히 대비합니다.

Reading 실전 TEST
학교 시험 유형의 읽기 문제를
풀며 실전에 대비합니다. 서술형
실전 문항으로 서술형 문제까지
대비합니다.

**기타 지문 만점 노트 &
기타 지문 실전 TEST**
학교 시험에 나올 만한 각 영역의
기타 지문들을 학습하고 실전
문제를 풀며 시험에 빈틈없이
대비합니다.

STEP B 내신 만점을 위한 고득점 TEST 구간으로, 다양한 유형과 난이도의 학교 시험에 완벽히 대비합니다.

고득점을 위한 연습 문제
• Listen & Speak 영작하기
• Reading 영작하기
영작 완성 연습 문제를 통해, 대화문과
읽기 지문을 완벽히 암기합니다.

고득점 맞기 TEST
• Words 고득점 맞기 • Listen & Speak 고득점 맞기
• Grammar 고득점 맞기 • Reading 고득점 맞기
고난도 문제를 각 영역별로 풀며 실전에 대비합니다.
수준 높은 서술형 실전 문항으로 서술·논술형 문제까지
영역별로 완벽히 대비합니다.

서술형 100% TEST
다양한 유형의 서술형 문제를
통해 학교 시험에서 비중이
확대되고 있는 서술형 평가에
철저히 대비합니다.

내신 적중 모의고사 학교 시험과 유사한 모의고사로 실전 감각을 기르며, 내신에 최종적으로 대비합니다.

[1~3회] 대표 기출로 내신 적중 모의고사
학교 시험에 자주 출제되는 대표적인 기출 유형의
모의고사를 풀며 실전에 최종적으로 대비합니다.

[4회] 고난도로 내신 적중 모의고사
학교 시험에서 변별력을 높이기 위해 출제되는
고난도 문제 유형의 모의고사를 풀며 실전에
최종적으로 대비합니다.

오답 공략
모의고사에서 틀린 문제를 표시한 후, 부족한
영역과 학습 내용을 점검하여 내신 대비를
완벽히 마무리합니다.

Contents 차례

Lesson 7   Can I Trust It?

정답 및 해설

The future belongs to those who believe in the beauty of their dreams.

- Eleanor Roosevelt -

Lesson 5

Come One, Come All

주요 학습 내용	의사소통 기능	길 묻고 답하기	A: **How can I get to** the post office? (우체국까지 어떻게 가나요?) B: Go straight to 1st Street and make a right. (1st Street까지 곧장 가서 오른쪽으로 도세요.)
		소요 시간 말하기	A: **How long will it take to** make the sandwiches? (샌드위치 만드는 데 시간이 얼마나 걸릴까?) B: Maybe **it will take** about an hour. (아마도 한 시간 정도 걸릴 거야.)
	언어 형식	가주어 it	It is a lot of fun **to throw** colorful powder at everyone. (형형색색의 가루를 모두에게 던지는 것은 정말 재미있다.)
		지각동사	You can **hear** musicians **playing** beautiful live music. (너는 음악가들이 아름다운 라이브 음악을 연주하는 것을 들을 수 있다.)

Words

만점 노트

☆ 자주 출제되는 어휘

* 완벽히 외운 단어는 □ 안에 √표 해 봅시다.

Listen & Speak

□□ advertise	동 광고하다	□□ go straight☆	앞으로 곧장 가다
□□ almost	부 거의 (= nearly)	□□ hurry up	서두르다
□□ between A and B	A와 B 사이에	□□ make a left(right)☆	왼쪽(오른쪽)으로 돌다
□□ block	명 블록, 구획	□□ near	전 ~에 가까운, ~에 가까이에 있는
□□ come out	나오다	□□ neighborhood	명 근처, 이웃, 인근
□□ cross	동 가로지르다, 가로질러 건너다	□□ next to	~ 옆에
□□ decorate	동 장식하다	□□ post	동 올리다, 게시하다
□□ festival	명 축제	□□ ready	형 준비가 된
□□ get off	내리다, 하차하다 (↔ get on)	□□ take☆	동 (시간이) 걸리다 (take-took-taken)

Reading

□□ adult	명 성인, 어른 (= grown-up)	□□ gather	동 모이다, 모으다
□□ appear	동 나타나다 (↔ disappear)	□□ go on	(어떤 상황이) 계속되다
□□ artwork	명 예술 작품	□□ hold☆	동 개최하다 (hold-held-held)
□□ because of	~ 때문에	□□ hometown	명 고향
□□ celebrate☆	동 축하하다, 기념하다	□□ huge	형 거대한
□□ celebration	명 기념행사, 축하 행사	□□ last☆	동 지속하다
□□ chase☆	동 뒤쫓다	□□ live	형 라이브의, 실황인
□□ colorful	형 형형색색의	□□ musician	명 음악가
□□ competition☆	명 대회, 시합, 경쟁	□□ parade	명 퍼레이드, 행진
□□ completely	부 완전히 (= totally)	□□ pile	명 더미, 덩어리
□□ during	전 ~ 동안	□□ powder	명 가루, 분말
□□ each other	서로	□□ ride	명 타기
□□ everywhere	부 모든 곳에서(으로)	□□ sail	명 돛
□□ fireworks	명 불꽃놀이	□□ shape	동 ~ 모양으로 만들다
□□ follow	동 따라가다, 뒤를 잇다	□□ sled	명 썰매
□□ from beginning to end	처음부터 끝까지 (= from start to finish)	□□ throw	동 던지다 (throw-threw-thrown)

Language Use

□□ arrow	명 화살	□□ regularly☆	부 규칙적으로
□□ climb up	~에 오르다	□□ shoot	동 쏘다 (shoot-shot-shot)
□□ in person☆	직접	□□ solve	동 (문제를) 풀다, 해결하다

Think and Write · Project

□□ be born	태어나다	□□ mud	명 진흙
□□ be called	~로 불리다	□□ outdoor	형 야외의
□□ beach	명 해변	□□ soft	형 부드러운, 폭신한 (↔ hard)

Words

연습 문제

A 다음 단어의 우리말 뜻을 쓰시오.

01 follow

02 hold

03 post

04 everywhere

05 hometown

06 chase

07 neighborhood

08 appear

09 beach

10 colorful

11 during

12 powder

13 block

14 completely

15 outdoor

16 almost

17 gather

18 huge

19 solve

20 celebrate

B 다음 우리말에 해당하는 영어 단어를 쓰시오.

21 장식하다

22 ~에 가까운

23 불꽃놀이

24 음악가

25 지속하다

26 성인

27 (시간이) 걸리다

28 돛

29 광고하다

30 ~ 모양으로 만들다

31 가로지르다

32 규칙적으로

33 부드러운, 폭신한

34 예술 작품

35 기념행사, 축하 행사

36 축제

37 대회, 시합, 경쟁

38 더미, 덩어리

39 던지다

40 라이브의, 실황인

C 다음 영어 표현의 우리말 뜻을 쓰시오.

01 between A and B

02 make a left

03 because of

04 next to

05 each other

06 get off

07 from beginning to end

08 go straight

Words Plus
만점 노트

영어 뜻풀이

☐☐ adult	성인, 어른	a fully grown person
☐☐ advertise	광고하다	to make something known in public
☐☐ artwork	예술 작품	an object made by an artist
☐☐ celebrate	축하하다, 기념하다	to do something special for an important event, holiday, etc.
☐☐ chase	뒤쫓다	to follow and try to catch someone or something
☐☐ competition	대회, 시합, 경쟁	an event or contest in which people compete
☐☐ completely	완전히	totally, fully
☐☐ decorate	장식하다	to make something look more beautiful by putting things on it
☐☐ festival	축제	a special day or period when people celebrate something
☐☐ fireworks	불꽃놀이	a display in which fireworks are exploded
☐☐ gather	모이다, 모으다	to come together into a group
☐☐ hold	개최하다	to have a meeting, competition, conversation, etc.
☐☐ hometown	고향	the city or town where you were born or grew up
☐☐ last	지속하다	to continue in time
☐☐ live	라이브의, 실황인	done in front of an audience, not pre-recorded
☐☐ parade	퍼레이드, 행진	a formal walk or march in public to celebrate something
☐☐ pile	더미, 덩어리	a mass of something that has been placed somewhere
☐☐ sail	돛	a large piece of cloth that catches the wind on a ship or boat
☐☐ shape	~ 모양으로 만들다	to give a form or shape to something
☐☐ sled	썰매	a small vehicle used for sliding over snow or ice

단어의 의미 관계

● **유의어**
adult = grown-up (성인, 어른)
almost = nearly (거의)
chase (뒤쫓다) = follow (따르다)
completely = totally (완전히)

● **반의어**
appear (나타나다) ↔ disappear (사라지다)
get on (타다) ↔ get off (내리다)
soft (부드러운) ↔ hard (딱딱한)

● **동사 – 명사**
celebrate (기념하다) – celebration (기념행사)
compete (경쟁하다) – competition (경쟁, 대회)
solve (풀다, 해결하다) – solution (해결책)

● **형용사 – 부사**
complete (완전한) – completely (완전히)
regular (규칙적인) – regularly (규칙적으로)

다의어

● **cross** 1. 통 가로지르다, 가로질러 건너다 2. 통 교차하다
1. **Cross** the bridge and turn right.
   다리를 건너 우회전하시오.
2. She sat down and **crossed** her legs.
   그녀는 앉아서 다리를 꼬았다.

● **hold** 1. 통 잡다 2. 통 (회의·시합 등을) 열다, 개최하다
1. The little girl was **holding** her mother's hand.
   그 어린 소녀는 엄마의 손을 잡고 있었다.
2. They **hold** the competition every 4 years.
   그들은 4년마다 그 대회를 개최한다.

● **last** 1. 형 마지막의 2. 형 지난, 최근의 3. 통 지속하다, 계속되다
1. I didn't read the **last** chapter of the book.
   나는 그 책의 마지막 장을 읽지 못했다.
2. I saw the game on TV **last** night.
   나는 지난밤에 그 경기를 TV로 봤다.
3. Each lesson **lasts** an hour. 각 수업은 한 시간 동안 계속된다.

연습 문제

A 다음 뜻풀이에 알맞은 말을 [보기]에서 골라 쓴 후, 우리말 뜻을 쓰시오.

[보기]	chase	hold	sled	adult	sail	advertise	gather	parade

1 _____ : a fully grown person : _____

2 _____ : to follow and try to catch someone or something : _____

3 _____ : to come together into a group : _____

4 _____ : a small vehicle used for sliding over snow or ice : _____

5 _____ : to have a meeting, competition, conversation, etc. : _____

6 _____ : a formal walk or march in public to celebrate something : _____

7 _____ : to make something known in public : _____

8 _____ : a large piece of cloth that catches the wind on a ship or boat : _____

B 다음 짝 지어진 두 단어의 관계가 같도록 빈칸에 알맞은 말을 쓰시오.

1 soft : hard = get on : _____

2 almost : nearly = grown-up : _____

3 solve : solution = compete : _____

4 complete : completely = regular : _____

C 다음 빈칸에 알맞은 말을 [보기]에서 골라 쓰시오. (필요 시 형태를 바꿀 것)

[보기]	celebrate	gather	everywhere	neighborhood	hold

1 A big bookstore opened in our _____ recently.

2 I've looked _____ but I can't find the map.

3 Let's have a party to _____ your birthday.

4 We will _____ a meeting to discuss the problems tomorrow.

5 Many people _____ in front of the City Hall to take part in the marathon yesterday.

D 다음 우리말과 같도록 빈칸에 알맞은 말을 쓰시오.

1 그녀는 그 음악가들을 직접 보기 위해 콘서트에 갔다.

→ She went to the concert to see the musicians _____ _____.

2 버스에서 내리면 내게 전화해 줘. → Give me a call when you _____ _____ the bus.

3 그들은 계속 서로를 쳐다보면서 미소 지었다. → They kept looking at _____ _____ and smiling.

4 그 회의는 내가 예상한 것보다 훨씬 오래 계속되었다.

→ The meeting _____ _____ a lot longer than I expected.

5 오른쪽으로 도세요, 그러면 우체국을 발견할 수 있을 것입니다.

→ _____ _____ _____, and you can find the post office.

01 다음 짝 지어진 단어와 관계가 같은 것은?

> completely – totally

① solve – solution   ② almost – nearly
③ appear – disappear   ④ get on – get off
⑤ celebrate – celebration

02 다음 영어 뜻풀이에 해당하는 단어를 주어진 철자로 시작하여 쓰시오.

> a fully grown person

→ a_____

03 다음 빈칸에 들어갈 말을 complete의 알맞은 형태를 사용하여 쓰시오.

- She felt _____ relaxed.
- The meeting was a _____ waste of time.

고
난도
04 다음 밑줄 친 단어와 같은 의미로 쓰인 것은?

> I feel that your marriage will last for a long time.

① I saw him last night.
② I think this box is the last.
③ The game lasts 80 minutes.
④ When did you last hear from Tara?
⑤ What time does the last train leave?

05 다음 빈칸에 들어갈 말로 알맞은 것은?

> How do you usually _____ New Year?

① post   ② hold   ③ throw
④ gather   ⑤ celebrate

06 다음 중 밑줄 친 부분의 우리말 뜻이 알맞지 않은 것은?

① The flight just seemed to go on and on.
  (시작하다)
② The moon came out from behind a cloud.
  (나왔다)
③ They talk to each other on the phone every night.
  (서로)
④ Q comes between P and R in the English alphabet.
  (~와 … 사이에)
⑤ Go straight along this road and turn left at the traffic lights. (앞으로 곧장 가다)

신
유형
07 다음 빈칸에 들어갈 말로 알맞지 않은 것은?

- Ten schools took part in the ___①___.
- A crowd ___②___ to watch the fight.
- The snow was like ___③___.
- These companies ___④___ their products in magazines.
- I don't feel that I'm ___⑤___ for the test yet.

① competition   ② gathered
③ powder   ④ chase
⑤ ready

L&S Listen & Speak
핵심 노트

1 길 묻고 답하기

> A: **How can I get to** the post office?
> B: Go straight to 1st Street and make a right.
>
> 우체국까지 어떻게 가나요?
> 1st Street까지 곧장 가서 오른쪽으로 도세요.

「How can I get to+장소?」는 '~에 어떻게 갈 수 있나요?'라는 뜻의 길을 묻는 표현이다. 길을 안내할 때는 보통 Go straight. 또는 Make a right(left).와 같이 명령문의 형태로 말한다.

point
시험 포인트
그림을 보고 대화에 따른 목적지가 어디인지 고르는 문제가 자주 출제돼요. 구체적인 방향과 위치 정보 파악이 중요해요.

e.g.
- A: **How can I get to** the library? 도서관까지 어떻게 가나요?
  Can you tell me how to get to the library?
  Can you show me the way to the library?
- B: Cross the street and go straight two blocks. 길을 건너서 두 블록을 곧장 가세요.
  Come out from the school and go straight to Green Street. 학교에서 나와서 Green Street까지 곧장 가세요.
  Make a left, and the restaurant will be on your left. 왼쪽으로 돌면, 음식점이 왼쪽에 있을 거예요.
  Take the No. 11 bus and get off at the sixth stop. 11번 버스를 타고 여섯 번째 정류장에서 내리세요.
- A: **Where can I find** the library? 도서관을 어디에서 찾을 수 있나요?
  B: It's just around the corner. 그것은 모퉁이 주변에 있어요.
  It's across from the museum. 그것은 박물관 건너편에 있어요.

2 소요 시간 말하기

> A: **How long will it take to** make the sandwiches?
> B: Maybe **it will take** about an hour.
>
> 샌드위치 만드는 데 시간이 얼마나 걸릴까?
> 아마도 한 시간 정도 걸릴 거야.

「How long will it take to+동사원형 ~?」은 '~하는 데 시간이 얼마나 걸릴까?'라는 뜻으로 어떤 일을 하는 데 걸리는 소요 시간을 묻는 말이다. 이에 답할 때는 시간 단위 second(초), minute(분), hour(시간), day(일), month(달), year(년)를 사용하여 「It will take+시간.」으로 표현한다.

point
시험 포인트
'(시간이) 걸리다'라는 뜻의 동사 take를 쓰는 것에 주의해요. 묻는 말에 따라 미래시제나 현재시제로 답을 해야 해요.

e.g.
- A: **How long will it take to** get to the theater?
  영화관까지 가는 데 시간이 얼마나 걸릴까?
  B: **It will take** about 15 minutes by bus. 버스로 15분 정도 걸릴 거야.
- A: **How long does it take to** get there? 그곳에 도착하는 데 시간이 얼마나 걸리니?
  B: **It takes** about 10 minutes on foot. 걸어서 10분 정도 걸려.
- A: **How much time will it take to** clean the classroom?
  교실을 청소하는 데 시간이 얼마나 걸릴까?
  B: **It will take** about three hours. 3시간 정도 걸릴 거야.

STEP A

Listen and Speak 1-A

교과서 84쪽

G: ❶ Excuse me. ❷ How can I get to the library?

B: Oh, the library? ❸ Cross the street and go straight two blocks. Then make a left.

G: Thank you very much.

❶ '실례합니다.'라는 뜻으로 모르는 사람의 관심을 끌 때 쓰는 말

❷ 「How can I get to+장소?」: '~에 어떻게 갈 수 있나요?' 라는 뜻의 길을 묻는 표현

❸ 길을 안내하는 표현, and나 then을 사용하여 순서에 따라 차례대로 안내한다.

Q1 소녀가 가고자 하는 목적지는 어디인가요?

Listen and Speak 1-B

교과서 84쪽

(A phone rings.)

B: Hi, Emma. ❶ What's up?

G: Hey, Minsu. Are you ❷ free this Saturday?

B: Yes. ❸ Why do you ask?

G: Well, ❹ how about having lunch together?

B: Sure.

G: Let's try the new Chinese restaurant, Ming's. ❺ It's near the school.

B: Okay. ❻ How can I get there from the school?

G: ❼ Come out from the school and ❽ go straight to Green Street. ❾ Make a left, and the restaurant will be ❿ on your left.

B: All right. Let's meet at 12 o'clock.

G: Wonderful. See you then.

❶ '잘 지내니?'라는 뜻으로 안부를 묻는 표현

❷ 한가한

❸ Why do you ~?: 이유를 묻는 표현

❹ 「How about+동사원형-ing ~?」: 상대방에게 제안하는 표현

❺ 어떤 장소의 위치를 나타내는 말이다. near는 '~에서 가까운' 이라는 뜻이다.

❻ 「How can I get ~ from+출발 장소?」: 출발 장소에서부터 목적지까지 가는 길을 묻는 표현

❼ ~에서 나오다

❽ 곧장 앞으로 가다

❾ 왼쪽으로 돌다

❿ 네 왼편에

Q2 두 사람은 토요일에 무엇을 하기로 하였나요?

Q3 Where's the new Chinese restaurant? → It's _____.

Listen and Speak 1-C

교과서 84쪽

A: Excuse me. How can I get to the post office?

B: ❶ Go straight to 1st Street and ❷ make a right. It will be ❸ on your right.

A: ❹ Is it far from here?

B: No, it's not.

A: Thank you very much.

❶ 곧장 앞으로 가다

❷ 오른쪽으로 돌다

❸ 네 오른편에

❹ '여기서 먼가요?'라는 뜻으로 대화를 나누는 곳에서부터 앞서 말한 목적지까지 거리가 먼지 묻는 표현

Q4 우체국까지 어떻게 가는지 설명하세요.

Listen and Speak 2-A

G: Jinho, ❶ hurry up. We're going to ❷ be late for the movie.

B: Okay. ❸ How long will it take to get to the theater?

G: ❹ It will take about 15 minutes ❺ by bus.

B: All right. I'm ❻ almost ready.

❶ 서두르다　❷ ~에 늦다

❸ 「How long will it take to+동사원형 ~?」: '~하는 데 시간이 얼마나 걸릴까?'라는 뜻으로 소요 시간을 묻는 표현

❹ It will take ~.: '~이 걸릴 거야.'라는 뜻으로 소요 시간을 말하는 표현　❺ 「by+교통수단」: ~을 타고　❻ 거의

Q5 ❹와 ❺를 포함한 문장을 해석해 보세요.

Listen and Speak 2-B

B: I'm so excited about the school festival this Friday.

G: Me, too. ❶ What can we do to advertise it, Andy?

B: ❷ How about making posters?

G: Great idea. We can ❸ post them in our ❹ neighborhood.

B: Right. ❺ How long will it take to make them?

G: Well, ❻ it will take about three hours.

B: Okay, ❼ I hope many people come to the festival.

❶ 「What can we do to+동사원형 ~?」: ~하려면 무엇을 해야 할까?

❷ 제안하는 표현

❸ 올리다, 게시하다

❹ 근처, 이웃, 인근

❺ 소요 시간을 묻는 표현

❻ 소요 시간을 말하는 표현

❼ 「I hope (that)+주어+동사 ~.」: 소망을 말하는 표현

Q6 What are they going to do?　ⓐ to make posters　ⓑ to post posters on the school website

Listen and Speak 2-C

A: Chris, ❶ what will you do for the class party?

B: ❷ I'll make sandwiches.

A: Great idea. How long will it take to make them?

B: Maybe it'll take about an hour.

❶ What will you do ~?: '무엇을 할 거니?'라는 뜻으로 할 일을 묻는 표현

❷ 「I'll+동사원형 ~.」: 자신이 할 일을 말하는 표현

Q7 Chris는 학급 파티를 위해 무엇을 할 것인가요?

Real Life Talk > Watch a Video

Man: Excuse me. ❶ How can I get to Suwon Hwaseong from here?

Mina: ❷ It's easy. Do you see the bus stop over there?

Man: Yes, I do.

Mina: ❸ Take the No. 11 bus and ❹ get off at the sixth stop.

Man: ❺ How long will it take to get there?

Mina: ❻ It will take about 20 minutes.

Man: Thank you very much.

Mina: ❼ No problem. ❽ Are you going there for the festival?

Man: Yes. I heard it's a lot of fun.

Mina: I hope you ❾ have a great time.

❶ 길을 묻는 표현

❷ 앞에서 묻는 질문의 내용, 즉 '여기(대화를 나누는 곳)에서부터 수원 화성까지 가는 방법'을 가리킴

❸ 11번 버스를 타다

❹ 내리다, 하차하다

❺ 소요 시간을 묻는 표현

❻ 소요 시간을 말하는 표현

❼ 고맙다는 말에 대한 응답

❽ 「Are you+동사원형-ing ~?」: '~하는 중이니?'라는 뜻으로 진행 중인 일을 묻는 표현

❾ 좋은 시간을 보내다

Q8 남자가 이용할 교통수단은 무엇인가요?

Q9 Why is the man going to Suwon Hwaseong? → He is going there because he wants to go to _____.

빈칸 채우기

우리말과 일치하도록 대화의 빈칸에 알맞은 말을 쓰시오.

주요 표현

1 Listen and Speak 1-A

해석   교과서 84쪽

G: Excuse me. _____ _____ _____ _____ the library?

B: Oh, the library? _____ _____ _____ and go straight two blocks. Then _____ _____ _____ .

G: Thank you very much.

G: 실례합니다. 도서관에 어떻게 갈 수 있나요?

B: 아, 도서관이요? 길을 건너서 두 블록을 곧장 가세요. 그런 다음 왼쪽으로 도세요.

G: 정말 고마워요.

2 Listen and Speak 1-B

교과서 84쪽

(A phone rings.)

B: Hi, Emma. What's up?

G: Hey, Minsu. _____ _____ _____ this Saturday?

B: Yes. Why do you ask?

G: Well, how about _____ _____ _____ ?

B: Sure.

G: Let's try the new Chinese restaurant, Ming's. It's _____ the school.

B: Okay. _____ _____ _____ _____ _____ from the school?

G: Come out from the school and _____ _____ _____ _____ _____ . Make a left, and the restaurant will _____ _____ _____ _____ .

B: All right. Let's meet at 12 o'clock.

G: Wonderful. See you then.

(전화벨이 울린다.)

B: 안녕, Emma. 잘 지내니?

G: 안녕, 민수야. 이번 토요일에 한가하니?

B: 응. 왜 묻는 거니?

G: 그럼, 함께 점심 먹는 게 어떠니?

B: 좋아.

G: Ming's라는 새로 생긴 중국 음식점에 가 보자. 학교 근처에 있어.

B: 좋아. 학교에서 거기까지 어떻게 갈 수 있니?

G: 학교에서 나와서 Green Street까지 곧장 가. 왼쪽으로 돌면, 음식점이 왼쪽에 있을 거야.

B: 알겠어. 12시에 만나자.

G: 좋아. 그때 보자.

3 Listen and Speak 1-C

교과서 84쪽

A: _____ _____ . How can I _____ _____ _____ _____ _____ ?

B: Go straight to 1st Street and _____ _____ _____ . It will be _____ _____ _____ .

A: _____ _____ _____ _____ _____ ?

B: No, it's not.

A: Thank you very much.

A: 실례합니다. 우체국에 어떻게 갈 수 있나요?

B: 1st Street까지 곧장 가서 오른쪽으로 도 세요. 그것은 오른쪽에 있을 거예요.

A: 여기에서 먼가요?

B: 아니요, 멀지 않아요.

A: 정말 고마워요.

4 Listen and Speak 2-A

교과서 85쪽

G: Jinho, hurry up. We're going to _____ _____ _____

_____ _____ .

B: Okay. _____ _____ _____ _____ _____ _____ to get to

the theater?

G: It will take _____ _____ _____ _____ _____ .

B: All right. I'm almost ready.

G: 진호야, 서둘러. 우리 영화 시간에 늦겠어.

B: 응. 영화관까지 가는 데 시간이 얼마나 걸릴까?

G: 버스로 15분 정도 걸릴 거야.

B: 알겠어. 나 거의 준비됐어.

5 Listen and Speak 2-B

교과서 85쪽

B: _____ _____ _____ about the school festival this Friday.

G: Me, too. What can we do _____ _____ _____ , Andy?

B: How about making posters?

G: Great idea. We can _____ _____ _____ _____

_____ .

B: Right. _____ _____ will it _____ to make them?

G: Well, it will take _____ _____ _____ .

B: Okay, I hope many people come to the festival.

B: 나는 이번 주 금요일 학교 축제가 정말 기대돼.

G: 나도 그래. 축제를 광고하기 위해 무엇을 할 수 있을까, Andy?

B: 포스터를 만들면 어떨까?

G: 좋은 생각이야. 이 근처에 포스터를 붙일 수 있겠다.

B: 맞아. 포스터를 만드는 데 시간이 얼마나 걸릴까?

G: 음, 세 시간 정도 걸릴 거야.

B: 좋아, 많은 사람들이 축제에 오면 좋겠다.

6 Listen and Speak 2-C

교과서 85쪽

A: Chris, _____ _____ _____ _____ for the class party?

B: I'll make sandwiches.

A: Great idea. _____ _____ _____ _____ _____ _____ to

make them?

B: Maybe _____ _____ about an hour.

A: Chris, 학급 파티를 위해 무엇을 할 거니?

B: 나는 샌드위치를 만들 거야.

A: 좋은 생각이야. 샌드위치를 만드는 데 시간이 얼마나 걸릴까?

B: 아마 한 시간 정도 걸릴 거야.

7 Real Life Talk > Watch a Video

교과서 86쪽

Man: Excuse me. _____ _____ _____ _____ _____ _____

Suwon Hwaseong from here?

Mina: It's easy. _____ _____ _____ the bus stop over there?

Man: Yes, I do.

Mina: _____ the No. 11 bus and _____ _____ _____

_____ _____ _____ .

Man: _____ _____ _____ _____ _____ _____

_____ _____ _____ ?

Mina: It will take about 20 minutes.

Man: Thank you very much.

Mina: No problem. Are you going there _____ _____ ?

Man: Yes. I heard it's a lot of fun.

Mina: I hope you _____ _____ _____ _____ .

Man: 실례합니다. 여기에서 수원 화성까지 어떻게 갈 수 있나요?

Mina: 쉬워요. 저쪽에 버스 정류장 보이세요?

Man: 네, 보여요.

Mina: 11번 버스를 타고 여섯 번째 정류장에서 내리세요.

Man: 그곳에 도착하는 데 시간이 얼마나 걸릴까요?

Mina: 20분 정도 걸릴 거예요.

Man: 정말 고마워요.

Mina: 별말씀을요. 그곳에 축제 때문에 가시는 건가요?

Man: 네, 그 축제가 무척 재미있다고 들었어요.

Mina: 즐거운 시간 보내시길 바라요.

Listen & Speak

대화 순서 배열하기

자연스러운 대화가 되도록 순서를 바르게 배열하시오.

1 Listen and Speak 1-A

교과서 84쪽

ⓐ Oh, the library? Cross the street and go straight two blocks. Then make a left.

ⓑ Thank you very much.

ⓒ Excuse me. How can I get to the library?

(   ) – (   ) – (   )

2 Listen and Speak 1-B

교과서 84쪽

(A phone rings.)

ⓐ Well, how about having lunch together?

ⓑ Hey, Minsu. Are you free this Saturday?

ⓒ Okay. How can I get there from the school?

ⓓ Hi, Emma. What's up?

ⓔ Sure.

ⓕ Come out from the school and go straight to Green Street. Make a left, and the restaurant will be on your left.

ⓖ Yes. Why do you ask?

ⓗ All right. Let's meet at 12 o'clock.

ⓘ Let's try the new Chinese restaurant, Ming's. It's near the school.

ⓙ Wonderful. See you then.

(ⓓ) – (   ) – (   ) – (   ) – (ⓔ) – (ⓘ) – (   ) – (   ) – (   ) – (   )

3 Listen and Speak 1-C

교과서 84쪽

ⓐ Is it far from here?

ⓑ Thank you very much.

ⓒ Excuse me. How can I get to the post office?

ⓓ Go straight to 1st Street and make a right. It will be on your right.

ⓔ No, it's not.

(   ) – (   ) – (   ) – (   ) – (   )

4 Listen and Speak 2-A
교과서 85쪽

ⓐ It will take about 15 minutes by bus.
ⓑ Jinho, hurry up. We're going to be late for the movie.
ⓒ All right. I'm almost ready.
ⓓ Okay. How long will it take to get to the theater?

(　　) – (　　) – (　　) – (　　)

5 Listen and Speak 2-B
교과서 85쪽

ⓐ I'm so excited about the school festival this Friday.
ⓑ How about making posters?
ⓒ Well, it will take about three hours.
ⓓ Great idea. We can post them in our neighborhood.
ⓔ Okay, I hope many people come to the festival.
ⓕ Me, too. What can we do to advertise it, Andy?
ⓖ Right. How long will it take to make them?

(　ⓐ　) – (　　) – (　　) – (　　) – (　ⓖ　) – (　　) – (　　)

6 Listen and Speak 2-C
교과서 85쪽

ⓐ Chris, what will you do for the class party?
ⓑ Maybe it'll take about an hour.
ⓒ Great idea. How long will it take to make them?
ⓓ I'll make sandwiches.

(　　) – (　　) – (　　) – (　　)

7 Real Life Talk > Watch a Video
교과서 86쪽

ⓐ Take the No. 11 bus and get off at the sixth stop.
ⓑ Thank you very much.
ⓒ It's easy. Do you see the bus stop over there?
ⓓ Yes. I heard it's a lot of fun.
ⓔ It will take about 20 minutes.
ⓕ How long will it take to get there?
ⓖ I hope you have a great time.
ⓗ No problem. Are you going there for the festival?
ⓘ Excuse me. How can I get to Suwon Hwaseong from here?
ⓙ Yes, I do.

(　　) – (　　) – (　ⓘ　) – (　　) – (　　) – (　　) – (　ⓗ　) – (　　) – (　　) – (　ⓖ　)

01 다음 대화의 빈칸에 들어갈 말이 순서대로 짝 지어진 것은?

A: _____ can I get to the post office?
B: Go straight to 1st Street and make a right. It will be on your right.
A: _____ will it take to get there?
B: Maybe it'll take about 10 minutes.

① How – How long
② How – How often
③ What – How long
④ What – How often
⑤ Where – How much

02 다음 대화의 밑줄 친 부분과 바꿔 쓸 수 있는 것은?

A: How long will it take to fix my computer?
B: Maybe it'll take about two days.

① How far
② How often
③ How difficult
④ How much time
⑤ How many hours

03 다음 표지판의 순서에 따라, 대화의 빈칸에 들어갈 말을 [보기]에서 골라 기호를 쓰시오.

[보기] ⓐ Go(go) straight
ⓑ Make(make) a left
ⓒ Make(make) a right
ⓓ Cross(cross) the street

A: Excuse me. How can I get to the library?
B: Oh, the library? _____ and _____ two blocks. Then _____.
A: Thank you very much.

04 다음 그림을 보고, 대화의 빈칸에 들어갈 알맞은 말을 쓰시오.

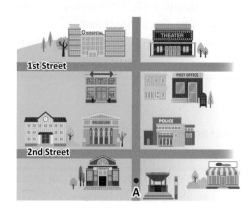

A: Excuse me. How can I get to the _____?
B: Go straight to 1st Street and make a right. It will be on your left.

05 다음 대화의 빈칸에 들어갈 말로 알맞지 않은 것은?

A: Excuse me. How can I get to the bank?
B: _____ and make a right.

① Cross the street
② Walk straight ahead
③ It's not far from here
④ Go straight three blocks
⑤ Go straight to Yellow Street

06 자연스러운 대화가 되도록 (A)~(D)를 순서대로 배열한 것은?

(A) It will take about 15 minutes by bus.
(B) Okay. How long will it take to get to the theater?
(C) All right. I'm almost ready.
(D) Jinho, hurry up. We're going to be late for the movie.

① (A)-(C)-(D)-(B)
② (B)-(A)-(D)-(C)
③ (B)-(D)-(A)-(C)
④ (D)-(B)-(A)-(C)
⑤ (D)-(C)-(A)-(B)

[07-08] 다음 대화를 읽고, 물음에 답하시오.

(A phone rings.)
A: Hi, Emma. _____'s up?
B: Hey, Minsu. Are you free this Saturday?
A: Yes. _____ do you ask?
B: _____ having lunch together?
A: Sure.
B: Let's try the new Chinese restaurant, Ming's. It's near the school.
A: Okay. _____ can I get there from the school?
B: Come out from the school and go straight to Green Street. Make a left, and the restaurant will be on your left.
A: All right. Let's meet at 12 o'clock.
B: Wonderful. See you then.

07 위 대화의 빈칸에 들어갈 수 <u>없는</u> 것은?

① Why   ② How   ③ What
④ Where   ⑤ How about

08 위 대화의 내용과 일치하지 <u>않는</u> 것은?

① 두 사람은 통화 중이다.
② 두 사람은 이번 주 토요일에 점심을 함께 먹기로 하였다.
③ Ming's는 새로 연 중국 음식점이다.
④ 두 사람은 학교 앞에서 만날 것이다.
⑤ 약속 시간은 12시이다.

09 다음 대화의 내용과 일치하는 것은?

A: I'm so excited about the school festival this Friday.
B: Me, too. What can we do to advertise it, Andy?
A: How about making posters?
B: Great idea. We can post them in our neighborhood.
A: Right. I hope many people come to the festival.

① Andy는 학교 축제 때문에 걱정된다.
② 학교 축제는 다음 주 금요일에 열린다.
③ 두 사람은 학교 축제를 광고하기 위해 포스터를 만들 것이다.
④ 두 사람은 포스터를 학교 게시판에 붙일 계획이다.
⑤ 학교 축제에는 많은 사람이 참석하기로 되어 있다.

 서술형

[10-12] 다음 그림과 대화를 보고, 물음에 답하시오.

A: Excuse me. 경찰서까지 어떻게 가나요?
B: _____
A: How often will it take to get there?
B: It will take about 5 minutes.
A: Thank you very much.

10 위 대화의 밑줄 친 우리말과 같도록 괄호 안의 단어들을 사용하여 문장을 쓰시오.

→ _____
   (how, can, get)

11 위 그림과 일치하도록 위 대화의 빈칸에 알맞은 말을 완성하시오.

B: _____. Cross the street. Then _____. The police station is _____ the flower shop _____ the bakery.

12 위 대화에서 문맥상 어색한 부분을 찾아 바르게 고쳐 쓰시오.

_____ → _____

STEP A

1 가주어 It

- **It** is a lot of fun **to throw** colorful powder at everyone.
  가주어   진주어

  형형색색의 가루를 모든 사람들에게 던지는 것은 정말 재미있다.

- **It** was amazing **to see** my favorite singer in person.
  가주어   진주어

  내가 가장 좋아하는 가수를 직접 본 것은 정말 놀라웠다.

- **It** is difficult **to shoot** an arrow.
  가주어   진주어

  화살을 쏘는 것은 어렵다.

(1) 형태: It(가주어) + is/was + 형용사 + to부정사구(진주어)

(2) 쓰임과 의미

to부정사구가 문장의 주어로 쓰여 주어가 길어진 경우, 주어 자리에 It을 쓰고 to부정사구는 문장의 맨 뒤로 보내는 것이 일반적이다. 이때 It을 '가주어', to부정사구를 '진주어'라고 한다. 가주어 It은 아무런 뜻이 없고, to부정사구를 주어로 해석한다.

- **To learn English** is not easy. 영어를 배우는 것은 쉽지 않다.
  → **It** is not easy **to learn** English.
    가주어   진주어

  [비교] that절이 진주어 역할을 할 수도 있다.

- **It** is certain that they will agree. 그들이 동의할 것임은 확실하다.
  가주어   진주어

시험 포인트 **point**

주어로 쓰인 It의 쓰임을 묻는 문제가 자주 출제돼요. 지시대명사 또는 비인칭 주어로 쓰인 It과 구별할 수 있어야 해요.

to부정사의 명사적 용법
Rahul loved **to sing**.
Rahul은 노래 부르는 것을 좋아했다.

[중1 6과]

한 단계 더!

to부정사구의 동작의 주체를 나타낼 때 to부정사구 앞에 「for + 목적격」의 형태로 의미상의 주어를 쓸 수 있다. kind, nice, clever, stupid 등의 사람의 성격이나 태도를 나타내는 형용사가 올 경우에는 의미상의 주어를 「of + 목적격」의 형태로 쓴다.

- It is natural **for a baby** to cry. 아기가 우는 것은 자연스럽다.
- It is kind **of you** to help me. 네가 나를 도와주다니 친절하구나.

QUICK CHECK

1 다음 괄호 안에서 알맞은 것을 고르시오.

(1) It was nice (talk / to talk) with you again.

(2) (It / That) is interesting to visit different places.

(3) It is impossible (to building / to build) a house in a day.

2 자연스러운 문장이 되도록 다음 괄호 안의 말을 바르게 배열하시오.

(1) It is _____. (difficult, keep, the secret, to)

(2) It _____. (not, the machine, easy, to fix, was)

(3) It _____. (good friends, necessary, to make, is)

2 지각동사

- You can **hear** musicians **playing** beautiful live music.
  지각동사 hear + 목적어 + 현재분사

  여러분은 음악가들이 아름다운 라이브 음악을 연주하는 것을 들을 수 있다.

- People **watch** the artists **shaping** their works from beginning to end. 지각동사 watch + 목적어 + 현재분사

  사람들은 예술가들이 그들의 작품을 만드는 것을 처음부터 끝까지 지켜본다.

- The hunter **felt** someone **following** him in the woods.
  지각동사 feel + 목적어 + 현재분사

  그 사냥꾼은 숲에서 누군가가 그를 따라오는 것을 느꼈다.

(1) 지각동사

감각 기관을 통해 보고, 듣고, 냄새를 맡고, 느끼는 등의 감각을 나타내는 동사로, see/watch(보다), hear(듣다), smell(냄새 맡다), feel(느끼다) 등이 있다.

(2) 지각동사가 쓰인 문장의 형태

지각동사가 쓰인 5형식 문장은 「주어 + 지각동사 + 목적어 + 목적격보어」의 형태로 쓰며, '~가 …하는 것을 보다/듣다/냄새 맡다/느끼다'로 해석한다. 목적격보어로는 동사원형이나 현재분사를 쓸 수 있다. 참고! 진행 중이거나 완료되지 않았음을 강조할 때 현재분사를 쓴다.

- She **smelled** something **burning**. 그녀는 무언가가 타는 냄새를 맡았다.
- I **heard** my mother **calling** my name. 나는 어머니가 내 이름을 부르는 것을 들었다.
- I **saw** Judy **ride** a bike. 나는 Judy가 자전거 타는 것을 봤다.
- I **felt** someone **kick** my chair. 나는 누군가가 내 의자를 발로 차는 것을 느꼈다.

  비교 「주어 + 동사 + 목적어 + to부정사」 형태의 5형식 문장

ask(부탁하다), want(원하다), tell(말하다), advise(충고하다), expect(기대하다), allow(허락하다) 등은 5형식으로 쓰이면 목적격보어로 to부정사를 쓰며, '~가 …하라고(하기를) 부탁하다/원하다/말하다' 등으로 해석한다. to부정사의 부정은 to 앞에 not을 쓴다.

- My parents **wanted** me **to study** hard. 내 부모님은 내가 열심히 공부하길 원하셨다.
- The teacher **told** the students **not to run** on the stairs.
  선생님은 학생들에게 계단에서 뛰지 말라고 말했다.

> **시험 포인트** point
> - 지각동사의 목적격보어의 형태를 묻는 문제가 자주 출제돼요.
> - 「주어 + 동사 + 목적어 + 목적격보어」의 5형식 문장에서 쓰일 수 있는 동사를 묻는 문제가 자주 출제돼요. 동사에 따라 목적격보어의 형태를 달리 쓰는 것에 주의하도록 해요.

> ask/want/tell이 쓰인 5형식 문장
> We **asked** the doctor **to help** us.
> 우리는 그 의사에게 우리를 도와달라고 부탁했다.
> [중2 2과]

QUICK CHECK

1 다음 괄호 안에서 알맞은 것을 고르시오.

(1) Did you see anyone (go / to go) out?

(2) She heard someone (to knock / knocking) on the door.

(3) I felt something (move / to move) behind me.

2 다음 문장의 밑줄 친 부분이 어법상 틀렸으면 바르게 고쳐 쓰시오.

(1) He asked me <u>move</u> the chairs. → _____

(2) I saw the sun <u>to rise</u> this morning. → _____

(3) She smelled the cookies <u>baking</u> in the oven. → _____

G ▸ Grammar
연습 문제

1 가주어 It

A 괄호 안에 주어진 동사를 이용하여 가주어 It(it)이 쓰인 문장을 완성하시오.

1 _____ is nice _____ _____ you. (meet)

2 Is _____ safe _____ _____ this water? (drink)

3 _____ is not easy _____ _____ a poem. (write)

4 _____ is very important _____ _____ your promise. (keep)

B 다음 문장을 가주어 It을 사용한 문장으로 바꿔 쓰시오.

1 To swim in the river is dangerous.

→ _____

2 To feel sleepy after lunch is natural.

→ _____

3 To learn a foreign language is difficult.

→ _____

4 That he is alive is certain.

→ _____

C 다음 문장의 빈칸에 for나 of 중 알맞은 말을 쓰시오.

1 It is difficult _____ her to find a job.

2 It was foolish _____ me to forget your birthday.

3 It is necessary _____ students to join a club.

4 It was wise _____ him to follow my advice.

5 It was smart _____ you to solve this problem.

D 다음 우리말과 같도록 괄호 안의 단어들을 이용하여 가주어 It이 쓰인 문장을 영작하시오.

1 규칙적으로 운동을 하는 것이 중요하다. (important, exercise, regularly)

→ _____

2 밤에 운전하는 것은 안전하지 않다. (safe, drive)

→ _____

3 저렴한 호텔을 찾는 것은 어려웠다. (difficult, find, cheap)

→ _____

4 나를 도와주다니 너는 친절하구나. (kind, help)

→ _____

2 지각동사 & 그 밖의 5형식 동사

A 다음 괄호 안에서 알맞은 것을 고르시오.

1 I saw them (went / going / to go) into the mall.

2 I felt my hair (blow / to blow) in the wind.

3 Mr. White asked Tony (clean / cleaning / to clean) the blackboard.

4 She heard her mother (sings / singing / to sing) a song.

5 The doctor told Rachel not (eat / eating / to eat) fast food.

B 다음 문장에서 어법상 틀린 부분을 찾아 바르게 고쳐 쓰시오. (본동사는 유지할 것)

1 I heard his calling my name. _____ → _____

2 I saw a cat to chase a mouse. _____ → _____

3 I watched my sister studied at my desk. _____ → _____

4 Did you see they cross the street? _____ → _____

5 My mom wanted me to not watch TV at night. _____ → _____

C 다음 우리말과 같도록 괄호 안의 단어들을 바르게 배열하시오.

1 그는 누군가가 그의 어깨를 만지는 것을 느꼈다. (felt, touching, he, his shoulder, someone)

→ _____

2 나는 John이 버스에 타는 것을 볼 수 있었다. (could, the bus, John, see, getting on, I)

→ _____

3 그녀는 그녀의 아이가 그림을 그리는 것을 보았다. (her child, a picture, she, drawing, watched)

→ _____

4 너는 지난밤에 누군가가 피아노를 치는 것을 들었니? (you, last night, hear, the piano, did, play, someone)

→ _____

D 다음 우리말과 같도록 괄호 안의 단어들을 이용하여 문장을 완성하시오.

1 나는 그녀가 무대 위에서 춤추는 것을 보았다. (watch, dance)

→ _____ on the stage.

2 그 의사는 Chris에게 채소를 많이 먹으라고 조언했다. (advise, eat, lots of)

→ _____

3 그녀는 땅이 흔들리는 것을 느꼈다. (feel, the earth, shake)

→ _____

4 그 남자는 아기가 집 안에서 우는 것을 들었다. (hear, a baby, cry)

→ _____

STEP A

[01-02] 다음 문장의 빈칸에 들어갈 말로 알맞은 것을 고르시오.

01 We _____ them playing badminton in the park.

① told   ② saw
③ wanted   ④ advised
⑤ allowed

02 Sarah heard the dog _____ in the middle of the night.

① barking   ② barks
③ was barked   ④ to bark
⑤ to be barked

03 다음 문장의 빈칸에 공통으로 들어갈 말로 알맞은 것은?

- _____ is true that he can speak four languages.
- _____ is difficult to write a novel in English.

① It   ② He   ③ That
④ What   ⑤ Which

[04-05] 다음 문장의 빈칸에 들어갈 말로 알맞은 것을 모두 고르시오.

한 단계 더!

04 It is _____ of you to help me.

① kind   ② hard
③ nice   ④ necessary
⑤ important

05 I _____ someone follow me.

① allowed   ② saw
③ asked   ④ felt
⑤ expected

[06-07] 다음 우리말을 바르게 영작한 것을 고르시오.

06 과거로 되돌아가는 것은 불가능하다.

① To go back to the past impossible is.
② It's impossible to go back to the past.
③ To impossible is going back to the past.
④ That's impossible to go back to the past.
⑤ It's impossible that going back to the past.

07 나는 내 남동생이 학교로 뛰어가는 것을 보았다.

① I saw my brother run to school.
② I saw my brother to run to school.
③ I saw running to school my brother.
④ I saw running my brother to school.
⑤ I saw my brother is running to school.

08 다음 문장의 밑줄 친 it과 쓰임이 같은 것은?

It will be hard to finish the marathon.

① It was snowing for three days.
② It is across from the museum.
③ It is too dark outside in this season.
④ It will be rainy and cold this weekend.
⑤ Was it exciting to travel in different countries?

[09-10] 다음 빈칸에 들어갈 말이 순서대로 짝 지어진 것을 고르시오.

한 단계 | 더!

09 • It is possible _____ her to win the game.
• It was very smart _____ you to solve this puzzle.

① of – of   ② of – for   ③ of – to
④ for – of   ⑤ for – for

10 • I smelled the food _____.
• I saw a cat _____ out of the window.

① burn – to jump   ② burning – jumped
③ burn – jumped   ④ burning – jump
⑤ to burn – to jump

11 다음 중 문장의 빈칸에 들어갈 말이 나머지와 다른 것은?

① It is not easy _____ get up early.
② It is true _____ a pet can be a good friend.
③ It is important _____ take your passport.
④ It was great _____ meet the famous singer.
⑤ It is nice of you _____ lend me some money.

[12-13] 다음 중 밑줄 친 부분이 어법상 틀린 것을 고르시오.

12 ①Last night, I ②heard ③someone ④to scream ⑤outside.

13 ①There ②is important ③for me ④to do my best ⑤all the time.

14 다음 중 어법상 <u>틀린</u> 것은?

① Everybody heard the girl yell.

② He asked me open the door.

③ Did you see him leave the room?

④ The teacher told us to stay in the classroom.

⑤ They watched the lion taking care of its cubs.

15 다음 문장의 밑줄 친 to부정사와 쓰임이 같은 것은?

> It is dangerous <u>to cross</u> the street at night.

① It's time <u>to go</u> to bed.

② I'm happy <u>to hear</u> that.

③ My dream is <u>to be</u> an artist.

④ I need a pencil <u>to write</u> with.

⑤ I turned on the radio <u>to hear</u> the news.

16 다음 중 어법상 옳은 문장의 개수는?

> ⓐ Did you see her to read a book there?
> ⓑ It is fun to playing tennis with my brother.
> ⓒ I heard my roommate singing in the shower.
> ⓓ He asked me open the window.
> ⓔ It is possible to improve your English.

① 1개   ② 2개   ③ 3개   ④ 4개   ⑤ 5개

17 다음 중 빈칸에 들어갈 말이 <u>다른</u> 하나는?

① It is impossible _____ me to go there.

② It is difficult _____ me to know myself.

③ It was wise _____ him not to spend the money.

④ It is important _____ you to choose good friends.

⑤ It is dangerous _____ them to climb that mountain.

18 다음 빈칸에 들어갈 말로 알맞지 <u>않은</u> 것은?

> • I told him ___①___ for her.
> • Alex heard someone ___②___.
> • She asked her mom ___③___ the book.
> • He saw a man ___④___ delicious cakes.
> • Did you feel someone ___⑤___ your chair?

① to wait   ② crying   ③ to read

④ baking   ⑤ kicks

19 다음 우리말을 영작한 것 중 어법상 <u>틀린</u> 것은?

① 그 일을 한 시간 안에 끝마치는 것은 불가능하다.

→ It is impossible to finish the work in an hour.

② 우리는 사람들이 박수 치는 것을 들었다.

→ We heard people clapping hands.

③ 그 수학 문제를 푸는 것은 어렵다.

→ It is difficult to solve the math problem.

④ 그녀는 한 남자가 지붕을 올라가는 것을 봤다.

→ She saw a man climb up the roof.

⑤ 패스트푸드를 너무 많이 먹는 것은 좋지 않다.

→ It is not to eat too much fast food.

20 다음 문장을 가주어 It과 진주어 to부정사를 사용한 문장으로 바꿔 쓰시오.

(1) Living without water is impossible.

→ _____

(2) Setting up a tent alone is difficult.

→ _____

(3) Finding out about your family history is always interesting.

→ _____

21 다음 두 문장을 한 문장으로 바꿔 쓸 때 빈칸에 알맞은 말을 쓰시오. (목적격보어로 현재분사를 쓸 것)

(1) She saw a stranger. He was passing by.

→ She saw _____.

(2) I heard the dog. It was barking outside.

→ I heard _____.

(3) Mia could feel something. It was following her in the darkness.

→ Mia could feel _____.

22 다음 우리말과 같도록 괄호 안의 단어들을 사용하여 문장을 쓰시오. (가주어 It과 진주어 to부정사를 포함할 것)

(1) 많은 사람들과 함께 일하는 것은 어렵다.

→ _____

(difficult, work with)

(2) 빗속에 우산 없이 외출한 것은 어리석었다.

→ _____

(stupid, go out, in the rain, without)

23 다음 우리말과 같도록 [보기]에서 알맞은 단어를 이용하여 5형식 문장을 완성하시오. (필요 시 형태를 바꿀 것)

[보기] see hear sing look feel dance

(1) 나는 그녀가 나를 보는 것을 느꼈다.

→ I _____ at me.

(2) 나는 그가 노래를 크게 부르는 것을 들었어.

→ I _____ the song loudly.

(3) 너는 내 여동생이 무대에서 춤을 추는 것을 봤니?

→ Did you _____ on the stage?

24 다음 문장에서 어법상 **틀린** 부분을 찾아 바르게 고쳐 쓰시오.

(1) It is not easy learn Chinese.

_____ → _____

(2) It's not true to he was there last night.

_____ → _____

(3) It is important of you to have a dream.

_____ → _____

25 다음 우리말과 같도록 괄호 안의 단어들을 이용하여 영작하시오. (5형식 문장으로 쓸 것)

(1) 나는 그 여자가 집 밖으로 나오는 것을 봤다.

→ _____

(watch, out of)

(2) 그녀는 오늘 아침 새들이 노래하는 것을 들었다.

→ _____

(hear, this morning)

파티하자!

Let's Party!

01 홀리, 색의 축제

01 Holi, the Festival of Colors
└ 동격을 나타내는 콤마(,) (Holi = the Festival of Colors)

02 인도 델리의 Amala

02 Amala from Delhi, India
⑳ ~ 출신의

03 홀리는 우리나라에서 가장 인기 있는 축제예요.

03 Holi is the most popular festival in my country.
⑳ popular의 최상급: 가장 인기 있는

04 그것은 보통 3월에 있어요.

04 It is usually in March.
= Holi └ 빈도부사 (주로 be동사 뒤에 위치)

05 축제 기간 동안, 우리는 추운 겨울에게 작별 인사를 하고 따뜻한 봄을 맞는 인사를 해요.

05 During the festival, we say goodbye to cold winter and hello to warm
⑳ ~ 동안 (특정 기간을 나타내는 말 앞에 쓰임)   (say)
spring.

06 우리는 이틀 동안 어디서나 축제를 기념해요.

⑳ ~ 동안 (숫자로 된 구체적인 기간 숫자 앞에 쓰임)
06 We celebrate the festival everywhere for two days.
⑳ 모든 곳에서, 어디에서나

07 첫째 날, 사람들은 밤에 큰 모닥불 주변에 모여 노래하고 춤을 춰요.

07 On the first day, people gather around a big fire at night and sing and
─────────── 시간상 전후를 나타냄 ───────────
dance.
── 병렬구조

08 주요 행사는 다음 날에 시작돼요.

08 The main event begins the next day.

09 어린이들과 어른들이 'gulal'을 지니고 서로를 쫓아다녀요.

09 Children and adults chase each other with *gulal*.
동사 chase의 목적어

10 'gulal'이 무엇이냐고요?

10 What is *gulal*?

11 그것은 파랑, 노랑, 초록, 분홍의 가루예요.

11 It is blue, yellow, green and pink powder.
= *Gulal* └ 세 가지 이상을 나열할 때 마지막 단어 앞에만 and를 씀

12 주변을 뛰어다니며 형형색색의 가루를 모든 사람들에게 던지는 것은 정말 재미있어요.

─── 병렬구조 ───
12 It's a lot of fun to run around and throw colorful powder at everyone.
가주어   진주어   (to) throw A at B: B에 A를 던지다

13 우리는 거리 행진에도 참가해요!

13 We also join street parades!

14 백야 축제

14 White Nights Festival

15 러시아 상트페테르부르크의 Victor

15 Victor from St. Petersburg, Russia

16 '백야'에 대해 들어 본 적이 있나요?

~에 대해 듣다
16 Have you heard of the *White Nights*?
Have you + 과거분사 ~?: ~해 본 적이 있니? (현재완료의 경험)
= *White Nights*

17 매년 여름, 이 놀라운 일이 제 고향에서 일어나요.

17 Every summer, this amazing thing happens in my hometown.
every(한정사) + 단수 명사: 모든 ~, ~마다

18 The night sky does not get completely dark.

get + 형용사: (어떤 상태가) 되다(되게 하다)

19 During that time, we hold the White Nights Festival.

= 밤하늘이 완전히 어두워지지 않는 시기

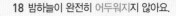

병렬구조

20 It usually starts in May and lasts for about a month.

= The White Nights Festival

21 During the festival, there is a ballet or an opera almost every night.

there is + 단수 명사: ~가 있다

22 The most popular event is the Scarlet Sails celebration.

최상급

수 일치(단수 동사)

23 A boat with red sails slowly appears on the river.

⑳ ~가 부착된, 달린

24 Soon, fireworks begin and a water show follows.

시간상 전후를 나타냄

ਿ 라이브의

25 You can also hear musicians playing beautiful live music.

지각동사 hear + 목적어 + 목적격보어(현재분사): (목적어)가 …하고 있는 것을 듣다

26 Kiruna Snow Festival

27 Ebba from Kiruna, Sweden

28 Winter is my favorite season because of the Kiruna Snow Festival.

because of + 명사(구): ~ 때문에
(cf. because + 절: ~ 때문에)

29 The festival starts in the last week of January and goes on for five or six

시간상 전후를 나타냄

days.

30 The largest event is the snow design competition.

⑳ large의 최상급: 가장 큰

31 The artists shape huge piles of snow into animals, buildings, and other

shape A into B: A를 B의 모양으로 만들다   A, B, and C (세 가지 이상을 나열할 때)

beautiful artworks.

32 People watch the artists shaping their works from beginning to end.

지각동사 watch + 목적어 + 목적격보어(현재분사)

33 My favorite activity is the dog sled ride.

34 It is amazing to fly through a world of snow on a dog sled.

가주어   진주어

---

18 밤하늘이 완전히 어두워지지 않아요.

19 그 기간 동안, 우리는 백야 축제를 열어요.

20 축제는 보통 5월에 시작되고 약 한 달 동안 지속돼요.

21 축제 기간 동안, 거의 매일 밤 발레나 오페라 공연이 있어요.

22 가장 인기 있는 행사는 '붉은 돛' 축하 행사예요.

23 빨간 돛을 단 배가 강 위에 서서히 나타나요.

24 곧, 불꽃놀이가 시작되고 물 쇼가 이어져요.

25 여러분은 또한 음악가들이 아름다운 라이브 음악을 연주하는 것을 들을 수 있어요.

26 키루나 눈 축제

27 스웨덴 키루나의 Ebba

28 겨울은 키루나 눈 축제 때문에 제가 가장 좋아하는 계절이에요.

29 축제는 1월 마지막 주에 시작해서 5일이나 6일 동안 계속돼요.

30 가장 큰 행사는 눈 디자인 대회예요.

31 예술가들이 거대한 눈 덩어리를 동물, 건물, 그리고 다른 아름다운 작품으로 만들어요.

32 사람들은 예술가들이 그들의 작품을 만드는 것을 처음부터 끝까지 지켜봐요.

33 제가 가장 좋아하는 활동은 개 썰매 타기예요.

34 개 썰매를 타고 눈 세상을 날아가는 것은 정말 놀라워요.

STEP A

우리말 뜻과 일치하도록 교과서 본문의 문장을 완성하시오.

중요 문장

01 Holi, the Festival of _____

01 홀리, 색의 축제

02 Amala _____ Delhi, India

02 인도 델리의 Amala

03 Holi is _____ _____ _____ _____ in my country.

03 홀리는 우리나라에서 가장 인기 있는 축제예요.

04 It is usually _____ _____.

04 그것은 보통 3월에 있어요.

05 During the festival, we _____ _____ _____ _____ _____ and hello to warm spring.

05 축제 기간 동안, 우리는 추운 겨울에게 작별 인사를 하고 따뜻한 봄을 맞는 인사를 해요.

06 We _____ the festival _____ for two days.

06 우리는 이틀 동안 어디서나 축제를 기념해요.

07 On the first day, people _____ _____ _____ _____ _____ at night and sing and dance.

07 첫째 날, 사람들은 밤에 큰 모닥불 주변에 모여 노래하고 춤을 춰요.

08 The main event _____ the next day.

08 주요 행사는 다음 날에 시작돼요.

09 Children and adults _____ _____ _____ with *gulal*.

09 어린이들과 어른들이 'gulal'을 지니고 서로를 쫓아다녀요.

10 _____ _____ *gulal*?

10 'gulal'이 무엇이냐고요?

11 It is blue, yellow, green and _____ _____.

11 그것은 파랑, 노랑, 초록, 분홍의 가루예요.

12 It's a lot of fun _____ _____ _____ and _____ colorful powder at everyone.

12 주변을 뛰어다니며 형형색색의 가루를 모든 사람들에게 던지는 것은 정말 재미있어요.

13 We also join _____ _____ !

13 우리는 거리 행진에도 참가해요!

14 White Nights _____

14 백야 축제

15 Victor _____ St. Petersburg, Russia

15 러시아 상트페테르부르크의 Victor

16 _____ _____ _____ _____ the *White Nights*?

16 '백야'에 대해 들어 본 적이 있나요?

17 Every summer, this amazing thing _____ _____ _____ _____.

17 매년 여름, 이 놀라운 일이 제 고향에서 일어나요.

18 The night sky does not _____ _____ _____.

18 밤하늘이 완전히 어두워지지 않아요.

19 During that time, we _____ the White Nights Festival.

19 그 기간 동안, 우리는 백야 축제를 열어요.

20 It usually _____ _____ _____ and _____ for about a month.

20 축제는 보통 5월에 시작되고 약 한 달 동안 지속돼요.

21 _____ _____ _____, there is a ballet or an opera almost every night.

21 축제 기간 동안, 거의 매일 밤 발레나 오페라 공연이 있어요.

22 _____ _____ _____ _____ is the Scarlet Sails celebration.

22 가장 인기 있는 행사는 '붉은 돛' 축하 행사예요.

23 A boat with _____ _____ slowly _____ on the river.

23 빨간 돛을 단 배가 강 위에 서서히 나타나요.

24 Soon, _____ begin and a water show _____.

24 곧, 불꽃놀이가 시작되고 물 쇼가 이어져요.

25 You can also _____ _____ _____ beautiful live music.

25 여러분은 또한 음악가들이 아름다운 라이브 음악을 연주하는 것을 들을 수 있어요.

26 Kiruna _____ Festival

26 키루나 눈 축제

27 Ebba from Kiruna, _____

2 스웨덴 키루나의 Ebba

28 Winter is my favorite season _____ _____ the Kiruna Snow Festival.

28 겨울은 키루나 눈 축제 때문에 제가 가장 좋아하는 계절이에요.

29 The festival starts _____ _____ _____ _____ of January and _____ _____ for five or six days.

29 축제는 1월 마지막 주에 시작해서 5일이나 6일 동안 계속돼요.

30 _____ _____ _____ is the snow design competition.

30 가장 큰 행사는 눈 디자인 대회예요.

31 The artists shape huge _____ _____ _____ into animals, buildings, and _____ _____ _____.

31 예술가들이 거대한 눈 덩어리를 동물, 건물, 그리고 다른 아름다운 작품으로 만들어요.

32 People watch the artists shaping their works _____ _____ _____ _____.

32 사람들은 예술가들이 그들의 작품을 만드는 것을 처음부터 끝까지 지켜봐요.

33 My favorite activity is _____ _____ _____ _____.

33 제가 가장 좋아하는 활동은 개 썰매 타기예요.

34 _____ is amazing _____ _____ through a world of snow on a dog sled.

34 개 썰매를 타고 눈 세상을 날아가는 것은 정말 놀라워요.

바른 어휘 · 어법 고르기

글의 내용과 문장의 어법에 맞게 괄호 안에서 알맞은 어휘를 고르시오.

01 Holi, the Festival of (Colors / Colorful)

02 Amala (to / from) Delhi, India

03 Holi is the (more popular / most popular) festival in my country.

04 It is (usual / usually) in March.

05 (While / During) the festival, we say (goodbye / hello) to cold winter and hello to warm spring.

06 We celebrate the festival (nowhere / everywhere) for two days.

07 On the first day, people gather (around / out of) a big fire at night and sing and dance.

08 The main event (begins / began) the next day.

09 Children and adults (care for / chase) each other with *gulal*.

10 (Who / What) is *gulal*?

11 (It is / They are) blue, yellow, green and pink powder.

12 It's a lot of fun (for run / to run) around and throw colorful powder at everyone.

13 We also (join / joins) street parades!

14 (Snow Nights / White Nights) Festival

15 Victor from St. Petersburg, (Russia / Russian)

16 Have you (hear / heard) of the *White Nights*?

17 Every summer, this amazing thing (holds / happens) in my hometown.

18   The night sky does not get (complete / completely) dark.

19   During that time, we (hold / happen) the White Nights Festival.

20   It usually starts (in / on) May and lasts (until / for) about a month.

21   (During / While) the festival, there is a ballet or an opera almost every night.

22   The most popular event (is / are) the Scarlet Sails celebration.

23   A boat with red sails slowly (appears / disappears) on the river.

24   Soon, fireworks begin and a water show (follows / is followed).

25   You can also hear musicians (to play / playing) beautiful live music.

26   Kiruna (Ice / Snow) Festival

27   Ebba from Kiruna, (Sweden / Swedish)

28   (Summer / Winter) is my favorite season (because / because of) the Kiruna Snow Festival.

29   The festival starts in the last week of January and (finishes / goes on) for five or six days.

30   The largest (accident / event) is the snow design competition.

31   The artists shape huge (piles of / slices of) snow into animals, buildings, and other beautiful (artworks / paintings).

32   People (hear / watch) the artists shaping their works (at / from) beginning to end.

33   My (famous / favorite) activity is the dog sled ride.

34   (It / That) is amazing to fly through a world of snow on a dog sled.

밑줄 친 부분이 내용이나 어법상 바르면 ○, 어색하면 ×에 표시하고 고쳐 쓰시오.

01 Holi, the Festival <u>of</u> Colors   ○ ×

02 Amala from Delhi, <u>Indian</u>   ○ ×

03 Holi is <u>the popularest</u> festival in my country.   ○ ×

04 It is <u>usually</u> in March.   ○ ×

05 During the festival, we say goodbye to <u>hot winter</u> and hello to warm spring.   ○ ×

06 We celebrate the festival everywhere <u>during two days</u>.   ○ ×

07 On the first day, people gather around a big fire at night and <u>sing and dancing</u>.   ○ ×

08 The main event begins <u>the day before</u>.   ○ ×

09 Children and adults chase each other <u>to</u> *gulal*.   ○ ×

10 <u>What is</u> *gulal*?   ○ ×

11 <u>It is</u> blue, yellow, green and pink powder.   ○ ×

12 It's a lot of fun <u>run around and throw</u> colorful powder at everyone.   ○ ×

13 We <u>also join</u> street parades!   ○ ×

14 <u>White Nights Festival</u>   ○ ×

15 Victor <u>through</u> St. Petersburg, Russia   ○ ×

16 <u>Have you hear of</u> the *White Nights*?   ○ ×

17 Every summer, <u>this amazed thing</u> happens in my hometown.   ○ ×

| 18 | The night sky does not get completely bright. | ○ | × |

| 19 | During that time, we hold the White Nights Festival. | ○ | × |

| 20 | It usually starts in May and lasts for about a month. | ○ | × |

| 21 | While the festival, there is a ballet or an opera almost every night. | ○ | × |

| 22 | The most popular event is the Scarlet Sails celebration. | ○ | × |

| 23 | A boat with red sails slow appears on the river. | ○ | × |

| 24 | Soon, fireworks begin and a water show follows. | ○ | × |

| 25 | You can also hear musicians to play beautiful live music. | ○ | × |

| 26 | Kiruna Snow Festival | ○ | × |

| 27 | Ebba from Kiruna, Swedish | ○ | × |

| 28 | Winter is favorite my season because of the Kiruna Snow Festival. | ○ | × |

| 29 | The festival starts in the last week of January and goes on for five or six days. | ○ | × |

| 30 | The largest event is the snow design compete. | ○ | × |

| 31 | The artists shape huge snow piles of into animals, buildings, and other beautiful artworks. | ○ | × |

| 32 | People watch the artists to shape their works from beginning to end. | ○ | × |

| 33 | My favorite activity is the dog sled ride. | ○ | × |

| 34 | It is amazing fly through a world of snow on a dog sled. | ○ | × |

Reading
배열로 문장 완성하기

정답 보기 >> 30~31쪽

STEP
A

주어진 단어를 바르게 배열하여 문장을 쓰시오.

01 홀리, 색의 축제 (the Festival / of / Holi, / Colors)
→

02 인도 델리의 Amala (Delhi, / India / Amala / from)
→

03 홀리는 우리나라에서 가장 인기 있는 축제예요. (Holi / in my country / festival / is / the most popular)
→

04 그것은 보통 3월에 있어요. (usually / it / in March / is)
→

05 축제 기간 동안, 우리는 추운 겨울에게 작별 인사를 하고 따뜻한 봄을 맞는 인사를 해요.
(say goodbye / and / during the festival, / to cold winter / hello / we / to warm spring)
→

06 우리는 이틀 동안 어디서나 축제를 기념해요. (the festival / we / celebrate / for two days / everywhere)
→

07 첫째 날, 사람들은 밤에 큰 모닥불 주변에 모여 노래하고 춤을 춰요.
(and dance / people / on the first day, / gather / at night / and sing / around a big fire)
→

08 주요 행사는 다음 날에 시작돼요. (the main event / the next day / begins)
→

09 어린이들과 어른들이 'gulal'을 지니고 서로를 쫓아다녀요. (with *gulal* / chase / children and adults / each other)
→

10 'gulal'이 무엇이냐고요? (*gulal* / what / is)
→

11 그것은 파랑, 노랑, 초록, 분홍의 가루예요. (pink powder / it / blue, / yellow, / and / is / green)
→

12 주변을 뛰어다니며 형형색색의 가루를 모든 사람들에게 던지는 것은 정말 재미있어요.
(throw / at everyone / a lot of fun / and / it's / colorful powder / to run around)
→

13 우리는 거리 행진에도 참가해요! (we / street parades / also / join)
→

14 백야 축제 (Festival / White Nights)
→

15 러시아 상트페테르부르크의 Victor (St. Petersburg, / Victor / Russia / from)
→

16 '백야'에 대해 들어 본 적이 있나요? (you / the *White Nights* / heard of / have)
→

17 매년 여름, 이 놀라운 일이 제 고향에서 일어나요.
(happens / this amazing thing / every summer, / in my hometown)
→

18 밤하늘이 완전히 어두워지지 않아요. (dark / the night sky / completely / does / get / not)

→

19 그 기간 동안, 우리는 백야 축제를 열어요. (hold / during that time, / the White Nights Festival / we)

→

20 축제는 보통 5월에 시작되고 약 한 달 동안 지속돼요. (lasts / it / starts / in May / and / for about a month / usually)

→

21 축제 기간 동안, 거의 매일 밤 발레나 오페라 공연이 있어요.

(there is / during the festival, / every night / almost / a ballet or an opera)

→

22 가장 인기 있는 행사는 '붉은 돛' 축하 행사예요. (is / the most popular / the Scarlet Sails celebration / event)

→

23 빨간 돛을 단 배가 강 위에 서서히 나타나요. (a boat / appears / slowly / on the river / with red sails)

→

24 곧, 불꽃놀이가 시작되고 물 쇼가 이어져요. (begin / fireworks / a water show / soon, / and / follows)

→

25 여러분은 또한 음악가들이 아름다운 라이브 음악을 연주하는 것을 들을 수 있어요.

(beautiful live music / you / musicians / can / hear / playing / also)

→

26 키루나 눈 축제 (Snow / Kiruna / Festival)

→

27 스웨덴 키루나의 Ebba (Sweden / Kiruna, / from / Ebba)

→

28 겨울은 키루나 눈 축제 때문에 제가 가장 좋아하는 계절이에요.

(my favorite season / winter / the Kiruna Snow Festival / is / because of)

→

29 축제는 1월 마지막 주에 시작해서 5일이나 6일 동안 계속돼요.

(for five or six days / goes on / the festival / and / in the last week of January / starts)

→

30 가장 큰 행사는 눈 디자인 대회예요. (the snow design competition / event / the largest / is)

→

31 예술가들이 거대한 눈 덩어리를 동물, 건물, 그리고 다른 아름다운 작품으로 만들어요.

(and / shape / the artists / animals, / other beautiful artworks / huge piles of snow / into / buildings,)

→

32 사람들은 예술가들이 그들의 작품을 만드는 것을 처음부터 끝까지 지켜봐요.

(shaping / people / watch / from beginning to end / the artists / their works)

→

33 제가 가장 좋아하는 활동은 개 썰매 타기예요. (the dog sled ride / my favorite activity / is)

→

34 개 썰매를 타고 눈 세상을 날아가는 것은 정말 놀라워요.

(to fly / it / a world of snow / is / through / on a dog sled / amazing)

→

[01-07] 다음 글을 읽고, 물음에 답하시오.

Amala from Delhi, India
ⓐHoli is the most popular festival in my country. ⓑIt is usually in March. During ⓒthe festival, we say ___(A)___ to cold winter and ___(B)___ to warm spring. We celebrate the festival everywhere for two days. On the first day, people gather around a big fire at night and sing and dance. ⓓThe main event begins the next day. Children and adults chase 서로 with *gulal*. What is *gulal*? ⓔIt is blue, yellow, green and pink powder. It's a lot of fun ___(C)___ around and throw colorful powder at everyone. We also join street parades!

01 윗글의 밑줄 친 ⓐ~ⓔ 중 가리키는 것이 같은 것끼리 짝 지어진 것은?

① ⓐ, ⓓ
② ⓐ, ⓑ, ⓒ
③ ⓐ, ⓑ, ⓒ, ⓔ
④ ⓑ, ⓓ
⑤ ⓑ, ⓓ, ⓔ

02 윗글의 빈칸 (A)와 (B)에 들어갈 말이 바르게 짝 지어진 것은?

① hello – goodbye
② hello – good luck
③ goodbye – hello
④ goodbye – goodbye
⑤ good luck – cheese

03 윗글의 밑줄 친 우리말을 두 단어의 영어로 쓰시오.

→ _____ _____

04 윗글의 밑줄 친 *gulal*이 무엇인지 본문에서 찾으면?

① the most popular festival
② a big fire
③ the main event
④ colorful powder
⑤ street parades

05 윗글의 빈칸 (C)에 들어갈 말로 알맞은 것은?

① run
② runs
③ ran
④ running
⑤ to run

06 윗글에서 설명하는 홀리 축제의 첫날에 하는 일을 우리말로 쓰시오.

→ _____

07 윗글의 홀리 축제에 관한 내용으로 일치하지 <u>않는</u> 것은?

① 인도의 축제이다.
② 보통 3월에 열린다.
③ 주요 행사는 두 번째 날에 열린다.
④ 어린이들이 형형색색의 가루로 자신의 몸을 단장한다.
⑤ 사람들은 거리 행진에 참여할 수 있다.

[08-12] 다음 글을 읽고, 물음에 답하시오.

Victor from St. Petersburg, Russia
Have you ①heard of ⓐthe *White Nights*? Every summer, this ②amazed thing happens in my hometown. The night sky does not get completely dark. ⓑ that time, we (A) the White Nights Festival. It ③usually starts in May and lasts for about a month. ⓒ the festival, there ④is a ballet or an opera almost ⑤every night.

08 윗글의 밑줄 친 ①~⑤ 중 어법상 틀린 것은?

① ② ③ ④ ⑤

09 윗글의 밑줄 친 ⓐ의 현상을 설명하는 문장을 찾아 쓰시오.

→ _____

10 문맥상 윗글의 빈칸 (A)에 들어갈 말로 가장 알맞은 것은?

① hold ② arrive ③ gather
④ order ⑤ cancel

11 윗글의 빈칸 ⓑ와 ⓒ에 공통으로 들어갈 말로 알맞은 것은?

① For ② In ③ About
④ During ⑤ While

12 윗글의 내용과 일치하지 <u>않는</u> 문장끼리 짝 지어진 것은?

ⓐ St. Petersburg has the *White Nights* in summer.
ⓑ During the *White Nights*, you can see a completely dark night sky.
ⓒ The White Nights Festival is held for about a month.
ⓓ People can enjoy a ballet or an opera for free almost every night.

① ⓐ, ⓑ ② ⓐ, ⓒ ③ ⓑ, ⓒ
④ ⓑ, ⓓ ⑤ ⓒ, ⓓ

[13-16] 다음 글을 읽고, 물음에 답하시오.

The most popular event of the White Nights Festival is the Scarlet ⓐSails celebration. ⓑA boat with red sails slowly appear on the river. Soon, fireworks begin and a water show follows. You can also hear musicians _____ beautiful live music.

13 윗글의 밑줄 친 ⓐSail에 대한 영어 뜻풀이로 알맞은 것은?

① a fully grown person
② a special day or period when people celebrate something
③ a small vehicle used for sliding over snow or ice
④ a formal walk or march in public to celebrate something
⑤ a large piece of cloth that catches the wind on a ship or boat

14 윗글의 밑줄 친 ⓑ에서 어법상 틀린 부분을 찾아 바르게 고친 것은?

① with → for
② slowly → slow
③ appear → appears
④ slowly appear → appear slowly
⑤ on → into

15 윗글의 빈칸에 들어갈 말로 알맞은 것은?

① plays ② played ③ be played
④ playing ⑤ to play

16 윗글에서 설명하는 행사에서 볼 수 <u>없는</u> 것은?

① 물 쇼 ② 모닥불 ③ 불꽃놀이
④ 강 위의 배 ⑤ 라이브 음악 연주

18 윗글의 밑줄 친 우리말을 영어로 옮길 때 쓰이지 <u>않는</u> 것은?

① people ② watch ③ for
④ the artists ⑤ shaping

19 윗글의 밑줄 친 ①~⑤의 우리말 뜻이 알맞지 <u>않은</u> 것은?

① 지난 ② ~ 모양으로 만들다
③ 처음부터 끝까지 ④ 개 썰매 타기
⑤ 눈 세상

[17-21] 다음 글을 읽고, 물음에 답하시오.

Ebba from Kiruna, Sweden
Winter is my favorite season (A) | because / because of | the Kiruna Snow Festival. The festival starts in the ①last week of January and (B) | ends / goes on | for five or six days. The largest event is the snow design competition. The artists ②shape huge (C) | piles / pieces | of snow into animals, buildings, and other beautiful artworks. <u>사람들은 예술가들이 그들의 작품을 만드는 것을 지켜봐요</u> ③from beginning to end. My favorite activity is ④the dog sled ride. _____ is amazing to fly through ⑤a world of snow on a dog sled.

20 윗글의 빈칸에 들어갈 말로 알맞은 것은?

① It ② That ③ Then
④ There ⑤ Which

17 윗글의 (A)~(C)에서 알맞은 말이 순서대로 짝 지어진 것은?

	(A)	(B)	(C)
①	because	– ends	– piles
②	because	– goes on	– pieces
③	because of	– ends	– piles
④	because of	– goes on	– piles
⑤	because of	– ends	– pieces

21 윗글을 읽고 알 수 <u>없는</u> 것은?

① 글쓴이가 좋아하는 계절
② 키루나 눈 축제가 열리는 기간
③ 키루나 눈 축제의 가장 큰 행사
④ 눈 디자인 대회의 올해 우승자
⑤ 축제에서 글쓴이가 가장 좋아하는 활동

서술형

[22-23] 다음 글을 읽고, 물음에 답하시오.

Holi is the most popular festival in my country. It is usually in March. During the festival, we say goodbye to cold winter and hello to warm spring. We celebrate the festival everywhere for two days. On the first day, people gather around a big fire at night and sing and dance. The main event begins the next day. Children and adults chase each other with *gulal*. What is *gulal*? It is blue, yellow, green and pink powder. It's a lot of fun run around and throw colorful powder at everyone. We also join street parades!

22 윗글의 밑줄 친 부분을 어법상 올바른 형태로 고쳐 쓰시오.

→ _____

23 윗글의 내용과 일치하도록 다음 질문에 완전한 영어 문장으로 답하시오.

Q: What can we do on the first day of Holi?

A: _____

_____

[24-25] 다음 글을 읽고, 물음에 답하시오.

Have you heard of the *White Nights*? Every summer, this amazing thing happens in my hometown. The night sky does not get completely dark. During that time, we hold the White Nights Festival. It usually starts in May and lasts for about a month. During the festival, there is a ballet or an opera almost every night.

The most popular event is the Scarlet Sails celebration. A boat with red sails slowly appears on the river. Soon, fireworks begin and a water show follows. _____

24 윗글의 내용과 일치하도록 다음 대화를 완성하시오.

A: What happens to the night sky during the *White Nights*?

B: The night sky _____.

A: Oh, that's interesting.

B: During that time, we hold the White Nights Festival. It usually starts _____ and lasts _____.

25 윗글의 빈칸에 알맞은 말이 되도록 괄호 안의 말을 배열하여 문장을 완성하시오.

→ _____

(can, hear, live music, also, you, beautiful, playing, musicians)

26 다음 글을 읽고, Ebba가 할 말을 완성하시오.

Ebba from Kiruna, Sweden

Winter is my favorite season because of the Kiruna Snow Festival. The festival starts in the last week of January and goes on for five or six days. The largest event is the snow design competition. The artists shape huge piles of snow into animals, buildings, and other beautiful artworks. People watch the artists shaping their works from beginning to end. My favorite activity is the dog sled ride. It is amazing to fly through a world of snow on a dog sled.

Ebba: Why don't you come to the _____ _____ _____ and try _____ _____ _____ _____? If you don't like speed, you can enjoy the snow design competition. You can watch _____ _____ _____ huge piles of snow into beautiful artworks.

기타 지문

만점 노트

STEP A

Before You Read

❶ Are You Tired of the Same Old Festivals? Then ❷ Check These Out!

- **Holi, the Festival of Colors**
  Visit India
  March 24 – 25
  ❸ Throw colorful powder at people!
  Enjoy a big fire!

- **White Nights Festival**
  Come to Russia
  May 31 – July 26
  See the Scarlet Sails ❹ celebration.
  Enjoy a classical ballet and an opera ❺ every night.

- **Kiruna Snow Festival**
  Come to Sweden
  January 25 – 29
  Watch the snow design competition.
  ❻ Ride the dog sled.

항상 똑같은 축제에 싫증이 났나요? 그렇다면 이 축제들을 확인하세요!

- 홀리, 색의 축제
  인도를 방문하세요
  3월 24일 ~ 25일
  형형색색의 가루를 사람들에게 던지세요!
  큰 모닥불을 즐기세요!

- 백야 축제
  러시아로 오세요
  5월 31일 ~ 7월 26일
  '붉은 돛' 축하 행사를 보세요.
  매일 밤 고전 발레와 오페라를 즐기세요.

- 키루나 눈 축제
  스웨덴으로 오세요
  1월 25일 ~ 29일
  눈 디자인 대회를 보세요
  개 썰매를 타세요.

❶ be tired of: ~에 싫증이 나다　❷ check ~ out: ~을 확인하다, 조사하다　❸ throw A at B: B에 A를 던지다
❹ 축하(기념) 행사　❺ every + 단수 명사: 모든 ~, ~마다　❻ (탈것을) 타다

Think and Write

I Love Gangneung

I live in Gangneung. ❶ There are beautiful beaches in my neighborhood. ❷ It's a lot of fun to swim at the beach. ❸ There is a famous hanok in Gangneung. It ❹ is called Ojukheon. Yulgok ❺ was born there. ❻ The most famous food in Gangneung is potato tteok. It is soft and sweet. Come and enjoy Gangneung!

저는 강릉이 정말 좋아요
저는 강릉에 살아요. 우리 지역에는 아름다운 해변들이 있어요. 해변에서 수영하는 것은 정말 재미있어요. 강릉에는 유명한 한옥이 있어요. 그것은 오죽헌이라고 불러요. 율곡이 거기에서 태어났어요. 강릉에서 가장 유명한 음식은 감자떡이에요. 그것은 부드럽고 달콤해요. 와서 강릉을 즐기세요!

❶ There are + 복수 명사: ~들이 있다　❷ It: 가주어 / to부정사구: 진주어　❸ There is + 단수 명사: ~가 있다
❹ be called: ~라고 불리다　❺ be born: 태어나다　❻ famous의 최상급 표현

Project

Boryeong Mud Festival
❶ It's held in Daecheon Beach in July.
❷ It's fun to paint your body with colorful mud.
You can ❸ roll around in a mud pool.
Enjoy an outdoor concert.

보령 진흙 축제
7월에 대천 해수욕장에서 열려요
형형색색의 진흙으로 당신의 몸을 칠하는 것은 재미있어요.
당신은 진흙 웅덩이에서 뒹굴 수 있어요.
야외 콘서트를 즐기세요.

❶ be held: 열리다　❷ It: 가주어 / to부정사구: 진주어　❸ roll around: 뒹굴다

실전 TEST

[01-02] 다음 글을 읽고, 물음에 답하시오.

Are you (A) tired / excited of the same old festivals?
Then check these out!

• **Holi, the Festival of Colors**
Visit India
March 24 – 25
Throw (B) colorful / colorless powder at people!
Enjoy a big fire!

• **White Nights Festival**
Come to Russia
May 31 – July 26
See the Scarlet Sails celebration.
Enjoy a classical ballet and an opera every night.

• **Kiruna Snow Festival**
Come to Sweden
January 25 – 29
Watch the snow design competition.
Ride the dog (C) sled / parade .

01 윗글의 (A)~(C)에서 알맞은 말이 순서대로 짝 지어진 것은?

	(A)		(B)		(C)
①	tired	–	colorful	–	sled
②	tired	–	colorless	–	parade
③	tired	–	colorless	–	sled
④	excited	–	colorful	–	sled
⑤	excited	–	colorful	–	parade

02 윗글의 내용과 일치하지 않는 것은?

① 홀리 축제는 3월에 열린다.
② 홀리 축제에서는 큰 모닥불을 즐길 수 있다.
③ 백야 축제는 러시아에서 열린다.
④ 백야 축제에서는 주말에만 오페라를 즐길 수 있다.
⑤ 키루나 눈 축제에는 눈 디자인 대회가 있다.

[03-04] 다음 글을 읽고, 물음에 답하시오.

I Love Gangneung

I live in Gangneung. ①There are beautiful beaches in my neighborhood. It's a lot of fun ②will swim at the beach. ③There is a famous hanok in Gangneung. It ④called Ojukheon. Yulgok was born there. ⑤The most famous food in Gangneung is potato tteok. It is soft and sweet. Come and enjoy Gangneung!

신유형

03 윗글의 밑줄 친 ①~⑤ 중 어법상 틀린 것의 개수는?

① 1개   ② 2개   ③ 3개   ④ 4개   ⑤ 5개

04 윗글을 읽고 답할 수 있는 질문은?

① Where does the writer live?
② What is the most famous beach in Gangneung?
③ What did Yulgok do?
④ Where was the writer born?
⑤ What food does the writer like best?

[05-06] 다음 글을 읽고, 물음에 답하시오.

Boryeong Mud Festival
• It's held in Daecheon Beach in July.
• To paint your body with colorful mud is fun.
• You can roll around in a mud pool.
• Enjoy an outdoor concert.

서술형

05 윗글의 밑줄 친 문장을 가주어 It을 사용한 문장으로 고쳐 쓰시오.

→ _____

06 윗글을 읽고 알 수 없는 것을 모두 고르면?

① 축제 이름
② 축제가 열리는 장소
③ 축제 개최 시간
④ 축제에서 참여할 수 있는 활동
⑤ 축제 참여 시 주의점

Words
고득점 맞기

01 다음 단어 중 성격이 <u>다른</u> 것은?

① ready   ② almost   ③ regularly

④ colorfully   ⑤ completely

02 다음 중 짝 지어진 두 단어의 관계가 나머지와 <u>다른</u> 것은?

① solve – solution

② celebrate – celebration

③ compete – competition

④ advertise – advertisement

⑤ neighbor – neighborhood

03 다음 밑줄 친 부분과 바꿔 쓸 수 있는 것은?

> It's time for bed. It's <u>nearly</u> 10 o'clock.

① never   ② hardly   ③ almost

④ finally   ⑤ carefully

04 다음 빈칸에 들어갈 말이 순서대로 짝 지어진 것은?

> • If you can't be there _____ person, the next best thing is watching it on TV.
> • The noise goes _____ 24 hours a day.
> • I watched the game _____ beginning to end.

① in – on – with   ② in – on – from

③ on – in – with   ④ on – in – from

⑤ with – on – up

05 다음 단어의 영어 뜻풀이를 완성할 때, 빈칸에 들어갈 말로 알맞은 것은?

> advertise: to make something _____ in public

① known   ② followed   ③ given

④ lent   ⑤ taught

06 다음 중 단어의 영어 뜻풀이가 알맞지 <u>않은</u> 것은?

① chase: to follow and try to catch someone or something

② gather: to come together into a group

③ neighborhood: the city or town where you were born or grew up

④ celebrate: to do something special for an important event, holiday, etc.

⑤ decorate: to make something look more beautiful by putting things on it

07 다음 중 밑줄 친 단어의 의미가 같은 것끼리 짝 지어진 것은?

① A car was <u>blocking</u> the road.
The museum is just six <u>blocks</u> away.

② The ship will <u>sail</u> the Atlantic.
The yacht with white <u>sails</u> moved slowly.

③ They say the snow will <u>last</u> until next week.
<u>Last</u> summer we traveled in Greece for a month.

④ <u>Cross</u> the street and go straight.
The man <u>crossed</u> his arms over his chest.

⑤ They will <u>hold</u> a party to celebrate his birthday.
We plan to <u>hold</u> the meeting in a larger conference room this year.

08 다음 우리말과 뜻이 같도록 빈칸에 알맞은 말을 쓰시오.

> 신호등에서 왼쪽으로 돌면 오른편에 은행이 보일 거야.
> → Make _____ _____ at the lights, and you'll see the bank on your right.

09 다음 빈칸에 들어갈 말로 알맞은 것은?

> I _____ at the wrong stop and had to wait for another bus.

① got off
② went on
③ hurried up
④ climbed up
⑤ went straight

10 다음 중 밑줄 친 단어의 쓰임이 어색한 것은?

① He shaped mud into bricks.
② He had a pile of papers on his desk.
③ How long does this paint take to dry?
④ During the summer season, all the hotels are full.
⑤ We're having a small competition for Dad's birthday.

11 다음 빈칸에 공통으로 들어갈 말로 알맞은 것은?

> If you _____ someone, or _____ after them, you run after them or follow them quickly in order to catch or reach them.

① last
② chase
③ climb
④ throw
⑤ appear

12 다음 영어 뜻풀이에 모두 해당하는 단어는?

> • to put or place something over something else
> • to go across from one side of something to the other

① sail
② ride
③ sled
④ cross
⑤ throw

13 다음 중 밑줄 친 부분의 의미가 나머지와 다른 것은?

① Hold the wheel with both hands.
② Jackson was holding a large brown bag.
③ That's not the right way to hold a pair of scissors.
④ You have to hold my hand when we cross the road.
⑤ The country is holding its first free elections for 20 years.

14 다음 (A)~(C)에서 문맥상 알맞은 것을 골라 쓰시오.

> • I felt that someone was (A) gathering / following me in the dark.
> • One day a stranger (B) appeared / attended in my town.
> • More details will be (C) lasted / posted on the website tomorrow.

(A) _____   (B) _____
(C) _____

정답 보기 >> 14~15쪽

우리말과 일치하도록 대화를 바르게 영작하시오.

1 Listen and Speak 1-A

G: _____

B: _____

G: _____

교과서 84쪽

G: 실례합니다. 도서관에 어떻게 갈 수 있나요?

B: 아, 도서관이요? 길을 건너서 두 블록을 곧장 가세요. 그런 다음 왼쪽으로 도세요.

G: 정말 고마워요.

2 Listen and Speak 1-B

(A phone rings.)

B: _____

G: _____

B: _____

G: _____

B: _____

G: _____

B: _____

G: _____

B: _____

G: _____

교과서 84쪽

(전화벨이 울린다.)

B: 안녕, Emma. 잘 지내니?

G: 안녕, 민수야. 이번 토요일에 한가하니?

B: 응. 왜 묻는 거니?

G: 그럼, 함께 점심 먹는 게 어떠니?

B: 좋아.

G: Ming's라는 새로 생긴 중국 음식점에 가 보자. 학교 근처에 있어.

B: 좋아. 학교에서 거기까지 어떻게 갈 수 있니?

G: 학교에서 나와서 Green Street까지 곧장 가. 왼쪽으로 돌면, 음식점이 왼쪽에 있을 거야.

B: 알겠어. 12시에 만나자.

G: 좋아. 그때 보자.

3 Listen and Speak 1-C

A: _____

B: _____

A: _____

B: _____

A: _____

교과서 84쪽

A: 실례합니다. 우체국에 어떻게 갈 수 있나요?

B: 1st Street까지 곧장 가서 오른쪽으로 도세요. 그것은 오른쪽에 있을 거예요.

A: 여기에서 먼가요?

B: 아니요, 멀지 않아요.

A: 정말 고마워요.

4 Listen and Speak 2-A

G: _____

B: _____

G: _____

B: _____

교과서 85쪽

G: 진호야, 서둘러. 우리 영화 시간에 늦겠어.

B: 응. 영화관까지 가는 데 시간이 얼마나 걸릴까?

G: 버스로 15분 정도 걸릴 거야.

B: 알겠어. 나 거의 준비됐어.

5 Listen and Speak 2-B

B: _____

G: _____

B: _____

G: _____

B: _____

G: _____

B: _____

교과서 85쪽

해석

B: 나는 이번 주 금요일 학교 축제가 정말 기대돼.

G: 나도 그래. 축제를 광고하기 위해 무엇을 할 수 있을까, Andy?

B: 포스터를 만들면 어떨까?

G: 좋은 생각이야. 이 근처에 포스터를 붙일 수 있겠다.

B: 맞아. 포스터를 만드는 데 시간이 얼마나 걸릴까?

G: 음, 세 시간 정도 걸릴 거야.

B: 좋아. 많은 사람들이 축제에 오면 좋겠다.

6 Listen and Speak 2-C

A: _____

B: _____

A: _____

B: _____

교과서 85쪽

A: Chris, 학급 파티를 위해 무엇을 할 거니?

B: 나는 샌드위치를 만들 거야.

A: 좋은 생각이야. 샌드위치를 만드는 데 시간이 얼마나 걸릴까?

B: 아마 한 시간 정도 걸릴 거야.

7 Real Life Talk > Watch a Video

Man: _____

Mina: _____

Man: _____

Mina: _____

Man: _____

Mina: _____

Man: _____

Mina: _____

Man: _____

Mina: _____

교과서 86쪽

Man: 실례합니다. 여기에서 수원 화성까지 어떻게 갈 수 있나요?

Mina: 쉬워요. 저쪽에 버스 정류장 보이세요?

Man: 네, 보여요.

Mina: 11번 버스를 타고 여섯 번째 정류장에서 내리세요.

Man: 그곳에 도착하는 데 시간이 얼마나 걸릴까요?

Mina: 20분 정도 걸릴 거예요.

Man: 정말 고마워요.

Mina: 별말씀을요. 그곳에 축제 때문에 가시는 건가요?

Man: 네. 그 축제가 무척 재미있다고 들었어요.

Mina: 즐거운 시간 보내시길 바라요.

Listen & Speak
고득점 맞기

01 다음 대화의 밑줄 친 부분과 바꿔 쓸 수 <u>없는</u> 것은?

> A: <u>How can I get to the gym?</u>
> B: Go straight to 2nd Street and make a left. It will be on your right.

① Where can I find the gym?
② Do you know where the gym is?
③ Can you show me the way to the gym?
④ Can you tell me how to get to the gym?
⑤ How many stops should I go to the gym?

02 다음 대화의 빈칸에 공통으로 알맞은 것은?

> A: Rachel, what will you do for the class party?
> B: I'll decorate the classroom.
> A: Great idea. How long will it _____ to decorate it?
> B: Maybe it'll _____ about half an hour.

① get   ② make   ③ take
④ have   ⑤ spend

03 다음 대화의 빈칸에 들어갈 말로 알맞은 것은?

> A: Excuse me. How can I get to the museum?
> B: _____
> A: Is it far from here?
> B: No, it's not.
> A: Thank you very much.

① I went there yesterday.
② You can go to the museum.
③ It took about 10 minutes by bus.
④ You can buy the ticket using this machine.
⑤ Cross the street and go straight two blocks. Then make a left.

04 다음 대화에서 A가 가려는 곳의 위치는?

> A: Excuse me. How can I get to the police station?
> B: Go straight to 2nd Street and make a left. It will be on your right.
> A: Thank you very much.

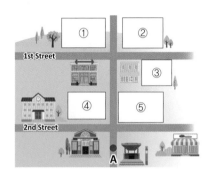

[05-06] 다음 대화를 읽고, 물음에 답하시오.

> A: I'm so excited about the school festival this Friday.
> B: Me, too. _____ can we do to advertise it, Andy?
> A: _____ making posters?
> B: Great idea. We can post them in our neighborhood.
> A: Right. _____ will it take to make them?
> B: Well, it will take about three hours.
> A: Okay, I hope many people come to the festival.

05 위 대화의 빈칸에 들어갈 말이 순서대로 짝 지어진 것은?

① How – How about – Where
② How – How long – How many
③ What – How long – How many
④ What – How about – How long
⑤ Where – How much – How long

06 위 대화를 읽고, 답할 수 <u>없는</u> 질문은?

① What does Andy hope?
② What will be held this Friday?
③ Where can they post their posters?
④ Why are they going to make posters?
⑤ What are they going to do at the school festival?

07 다음 상황을 읽고, 주어진 단어를 사용해 대화를 완성하시오.

> Chris and Rachel want to do something for the class party. Chris wants to make sandwiches and Rachel likes the idea. Rachel wonders how much time it will take to make sandwiches.

Rachel: Chris, what will you do for the class party?
Chris: I'll _____. (make)
Rachel: Great idea. _____
_____ (long, take)
Chris: Maybe it'll take about an hour.

08 다음 메모의 내용과 일치하도록 대화의 빈칸에 알맞은 말을 쓰시오.

- 목적지: 남대문 시장
- 가는 방법: 11번 버스를 타고 다섯 번째 정류장에서 내린다.
- 소요 시간: 약 20분

A: Excuse me. How can I get to Namdaemun Market from here?
B: It's easy. Do you see the bus stop over there?
A: Yes, I do.
B: (1) _____ and get off at the fifth stop.
A: How long will it take to get there?
B: (2) _____
A: Thank you very much.

[09-10] 다음 대화를 읽고, 물음에 답하시오.

A: Minsu, how about having lunch together this Saturday?
B: Sure.
A: Let's try the new Chinese restaurant, Ming's. It's near the school.
B: Okay. How can I get there from the school?
A: _____
B: All right. Let's meet at 12 o'clock.
A: Wonderful. See you then.

09 다음 그림에 표시된 이동 경로를 참고하여 위 대화의 빈칸에 알맞은 말을 완성하시오. ([보기]의 단어를 모두 사용할 것)

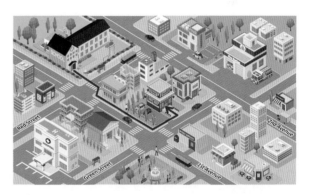

[보기]   come out   go   left   straight

A: _____
Make _____, and the restaurant will be on your left.

10 위 대화의 내용과 일치하도록 [조건]에 맞게 질문에 답하시오.

[조건] 1. 장소를 포함하여 답할 것
2. 주어와 동사를 포함한 완전한 문장으로 답할 것

Q: What are they going to do this Saturday?
A: _____
_____

고득점 맞기

01 다음 문장의 빈칸에 들어갈 말로 알맞지 <u>않은</u> 것은?

> It is _____ to help people in danger.

① difficult   ② hardly   ③ possible
④ necessary   ⑤ important

02 다음 문장의 빈칸에 들어갈 말로 알맞은 것은?

> She saw people _____ music on the streets.

① play   ② played   ③ plays
④ to play   ⑤ have played

03 다음 우리말을 영어로 옮길 때 다섯 번째로 오는 단어는?

> 유나는 그 새들이 하늘에서 날고 있는 것을 보았다.

① in   ② sky   ③ saw
④ birds   ⑤ flying

한 단계 더!

04 다음 중 빈칸에 들어갈 말이 나머지와 <u>다른</u> 하나는?

① It was easy _____ me to find the house.
② It's hard _____ him to solve the problem.
③ It is difficult _____ her to read this book.
④ It is impossible _____ us to get there in time.
⑤ It is very kind _____ you to invite us to the party.

05 다음 문장의 빈칸에 들어갈 수 있는 것을 <u>모두</u> 고르면?

> Can you see my friends _____ on the street?

① dancing
② picking up trash
③ to help people
④ ate sandwiches
⑤ to playing beautiful music

06 다음 중 밑줄 친 부분의 쓰임이 나머지와 <u>다른</u> 것은?

① <u>It</u>'s nice to meet you.
② <u>It</u> was true that I told a lie.
③ <u>It</u>'s impossible to live without air.
④ <u>It</u> is just around the corner.
⑤ <u>It</u> is natural for us to ask someone's age.

07 다음 우리말을 영어로 옮긴 것 중 틀린 것은?

① 정기적으로 의사의 진찰을 받는 것은 중요하다.
  → It is important to see a doctor regularly.
② 야구 경기를 보는 것은 재미있다.
  → It is fun to watch baseball games.
③ 그가 시험을 통과할 것이 확실하다.
  → It's certain that he will pass the exam.
④ 그녀가 어제 그 책을 산 것은 사실이었다.
  → It was true to she bought the book yesterday.
⑤ 8시 전에 그곳에 도착하는 것은 불가능하다.
  → It's impossible to get there before eight.

[08-09] 다음 중 어법상 옳은 것을 고르시오.

한 단계 | 더!

08 ① It's certain to Mark isn't here.

② It was foolish of her to forget her homework.

③ It was really nice that hear from you again.

④ It is hard of me to read without my glasses.

⑤ It's important to wearing a helmet when you go inline skating.

고
난도

09 ① Mr. White told us not be late for school.

② We saw the monkey climbed the tree.

③ Jenny wanted me come to the party.

④ Tim smelled potatoes burning in the kitchen.

⑤ I heard someone to yell in the middle of the night.

신
유형 한 단계 | 더!

10 다음 중 빈칸에 for가 들어갈 수 있는 문장의 개수는?

> • It's interesting _____ me to learn a new language.
>
> • It is not necessary _____ you to wear a necktie.
>
> • It was very kind _____ you to visit me when I was ill.
>
> • It's important _____ children to learn about history.
>
> • It was careless _____ you to leave your umbrella on the bus.

① 1개　　② 2개　　③ 3개　　④ 4개　　⑤ 5개

11 다음 문장의 빈칸에 들어갈 말이 순서대로 짝 지어진 것은?

> • Jessica asked her friend _____ her dog.
>
> • John felt someone _____ his back.
>
> • I heard you _____ some noise in the library.

① walk – push – make

② walk – pushing – make

③ walking – push – making

④ to walk – push – make

⑤ to walk – to push – making

고
난도

12 다음 중 어법상 옳은 문장끼리 짝 지어진 것은?

> ⓐ Did you hear her shouting?
>
> ⓑ I could see your lips to move.
>
> ⓒ It is dangerous to travel alone.
>
> ⓓ It is certain that he will come back soon.
>
> ⓔ It was wonderful meet many old friends.

① ⓐ, ⓑ　　　② ⓐ, ⓒ, ⓓ　　　③ ⓑ, ⓒ, ⓔ

④ ⓑ, ⓔ　　　⑤ ⓒ, ⓓ, ⓔ

13 다음 중 밑줄 친 부분을 어법에 맞게 고친 것이 <u>틀린</u> 것은?

① It's not easy for the boy <u>use</u> chopsticks.

(→ to use)

② My mom told me <u>not tell</u> a lie.

(→ not to tell)

③ I heard the front door <u>to open</u> last night.

(→ opening)

④ Dean watched the boys <u>chased</u> each other.

(→ to chase)

⑤ It is important for me <u>be</u> honest.

(→ to be)

서술형

14 다음 우리말과 같도록 괄호 안의 말과 to부정사를 사용하여 문장을 완성하시오.

(1) 한자를 쓰는 것은 쉽지 않다.

→ It _____ Chinese characters. (easy, write)

(2) 네가 그렇게 말해 주다니 친절하구나.

→ It _____ so. (kind, say)

(3) 내가 너만큼 빨리 걷는 것은 불가능하다.

→ It _____ as fast as you. (impossible, walk)

15 다음 괄호 안의 단어들을 바르게 배열하여 대화를 완성하시오.

(1)
A: Listen. _____
(coming, a car, hear, I)

B: It must be Martin.

(2)
A: What's happening? _____
(burning, I, smell, something)

B: Oops! I forgot my toast.

16 다음 표를 보고, 주어진 [조건]에 맞게 문장을 쓰시오.

[조건] 1. 가주어 It과 진주어 to부정사구를 쓸 것
2. 현재시제로 쓸 것

	not easy	difficult	exciting
(1) climb the mountain	○		
(2) finish the project		○	
(3) ride a horse			○

(1) _____
(2) _____
(3) _____

17 다음 질문에 대한 답으로 그림을 묘사하는 문장을 4개 쓰시오. (지각동사를 포함한 5형식 문장으로 쓸 것)

Q: What can you see?

A: (1) _____
(2) _____
(3) _____
(4) _____

18 다음 대화를 읽고, 조사 내용에 관한 보고서를 완성하시오. (지각동사를 포함한 5형식 문장으로 쓸 것)

Officer: This morning someone broke the window of the bakery. Did you see or hear anything this morning?

Cindy: I saw two boys. They ran down the street.

Dave: I heard a song. Someone sang a song loudly.

Jina: I smelled cookies. Ms. Jackson baked cookies.

Report
• Cindy _____.
• Dave _____.
• Jina _____.

다음 우리말과 일치하도록 각 문장을 바르게 영작하시오.

01
_____

홀리, 색의 축제

02
_____

인도 델리의 Amala

03
_____

홀리는 우리나라에서 가장 인기 있는 축제예요.

04
_____

그것은 보통 3월에 있어요.

05
_____

☆ 축제 기간 동안, 우리는 추운 겨울에게 작별 인사를 하고 따뜻한 봄을 맞는 인사를 해요.

06
_____

우리는 이틀 동안 어디서나 축제를 기념해요.

07
_____

첫째 날, 사람들은 밤에 큰 모닥불 주변에 모여 노래하고 춤을 춰요.

08
_____

주요 행사는 다음 날에 시작돼요.

09
_____

어린이들과 어른들이 'gulal'을 지니고 서로를 쫓아다녀요.

10
_____

'gulal'이 무엇이냐고요?

11
_____

그것은 파랑, 노랑, 초록, 분홍의 가루예요.

12
_____

☆ 주변을 뛰어다니며 형형색색의 가루를 모든 사람들에게 던지는 것은 정말 재미있어요.

13
_____

우리는 거리 행진에도 참가해요!

14
_____

백야 축제

15
_____

러시아 상트페테르부르크의 Victor

16
_____

'백야'에 대해 들어 본 적이 있나요?

17
_____

매년 여름, 이 놀라운 일이 제 고향에서 일어나요.

18
_____

☆ 밤하늘이 완전히 어두워지지 않아요.

19
_____

그 기간 동안, 우리는 백야 축제를 열어요.

20
_____

☆ 축제는 보통 5월에 시작되고 약 한 달 동안 지속돼요.

21
_____

축제 기간 동안, 거의 매일 밤 발레나 오페라 공연이 있어요.

22
_____

가장 인기 있는 행사는 '붉은 돛' 축하 행사예요.

23
_____

빨간 돛을 단 배가 강 위에 서서히 나타나요.

24
_____

곧, 불꽃놀이가 시작되고 물 쇼가 이어져요.

25
_____

☆ 여러분은 또한 음악가들이 아름다운 라이브 음악을 연주하는 것을 들을 수 있어요.

26
_____

키루나 눈 축제

27
_____

스웨덴 키루나의 Ebba

28
_____

겨울은 키루나 눈 축제 때문에 제가 가장 좋아하는 계절이에요.

29
_____

☆ 축제는 1월 마지막 주에 시작해서 5일이나 6일 동안 계속돼요.

30
_____

가장 큰 행사는 눈 디자인 대회예요.

31
_____

예술가들이 거대한 눈 덩어리를 동물, 건물, 그리고 다른 아름다운 작품으로 만들어요.

32
_____

☆ 사람들은 예술가들이 그들의 작품을 만드는 것을 처음부터 끝까지 지켜봐요.

33
_____

제가 가장 좋아하는 활동은 개 썰매 타기예요.

34
_____

☆ 개 썰매를 타고 눈 세상을 날아가는 것은 정말 놀라워요.

Reading
고득점 맞기

[01-04] 다음 글을 읽고, 물음에 답하시오.

Amala from Delhi, India

Holi is the most popular festival in my country. It is usually in March. ___(A)___ the festival, we say goodbye to cold winter and hello to warm spring. We celebrate the festival everywhere ___(B)___ two days. (①) On the first day, people gather around a big fire at night and sing and dance. (②) The main event begins the next day. (③) Children and adults chase each other with *gulal*. (④) It is blue, yellow, green and pink powder. (⑤) It's a lot of fun ⓐrun around and throw colorful powder at everyone. We also join street parades!

01 윗글의 ①~⑤ 중 주어진 문장이 들어갈 알맞은 곳은?

> What is *gulal*?

①   ②   ③   ④   ⑤

02 윗글의 제목을 다음과 같이 쓸 때, 빈칸에 들어갈 말로 가장 알맞은 것은?

> Holi, the Festival of _____

① Winter   ② Colors
③ Big Fire   ④ Street Parades
⑤ Song and Dance

03 윗글의 밑줄 친 ⓐrun의 형태로 알맞은 것은?

① run   ② ran   ③ running
④ to run   ⑤ to running

04 윗글의 빈칸 (A)와 (B)에 들어갈 말이 순서대로 짝 지어진 것은?

① For – during
② About – during
③ During – for
④ During – about
⑤ With – about

[05-08] 다음 글을 읽고, 물음에 답하시오.

Victor from St. Petersburg, Russia

Have you ①heard of the *White Nights*? Every summer, this amazing thing happens in my hometown. The night sky does not get completely dark. During that time, we hold the White Nights Festival. It usually starts in May and ⓐlasts ②for about a month. During the festival, there ③are a ballet or an opera almost every night.

The most popular event is the Scarlet Sails celebration. A boat with red sails slowly appears on the river. Soon, fireworks begin and a water show ④follows. You can also hear musicians ⑤played beautiful live music.

05 윗글의 밑줄 친 ①~⑤ 중 어법상 틀린 부분을 바르게 고쳐 쓴 것을 모두 고르면?

① heard → hear
② for → during
③ are → is
④ follows → follow
⑤ played → playing

06 윗글의 밑줄 친 ⓐlasts와 같은 의미로 쓰인 것은?

① Her house is the <u>last</u> one on the left before the traffic lights.
② He who laughs <u>last</u> laughs longest.
③ I don't think the rain will <u>last</u> long.
④ <u>Last</u> night, they stayed at home and watched TV.
⑤ They've lived in this building for the <u>last</u> three years.

07 윗글에서 언급된 행사가 아닌 것은?

① a ballet
② an opera
③ a boat cruise
④ fireworks
⑤ a water show

08 윗글을 읽고 답할 수 없는 질문은?

① Where does the White Nights Festival take place?
② When does the *White Nights* happen?
③ What happens to the night sky during the *White Nights*?
④ How long does the White Nights Festival last?
⑤ Which costumes do people wear during the White Nights Festival?

[09-11] 다음 글을 읽고, 물음에 답하시오.

Ebba from Kiruna, Sweden
Winter is my favorite season because of the Kiruna Snow Festival. The festival starts in the last week of January and goes on for five or six days. The largest event is the snow design competition. The artists ⓐshape huge piles of snow into animals, buildings, and other beautiful artworks. People watch the artists ⓑshape their works from beginning to end. My favorite activity is the dog sled ride. (A)It is amazing to fly through a world of snow on a dog sled.

09 윗글의 밑줄 친 ⓐ와 ⓑ의 shape를 알맞은 형태로 쓰시오.
(ⓐ와 ⓑ의 형태를 다르게 쓸 것)

ⓐ _____ ⓑ _____

10 윗글의 밑줄 친 (A)It과 쓰임이 같은 것은?

① What time is <u>it</u>, Nick?
② <u>It</u> is exciting to ride a horse.
③ I can't find my phone. Do you know where <u>it</u> is?
④ <u>It</u> was October, so <u>it</u> was quite cold.
⑤ <u>It</u> was 4 o'clock, but the mail still hadn't come.

11 윗글의 내용과 일치하지 않는 것은?

① The Kiruna Snow Festival is held in Kiruna, Sweden.
② The festival ends within one week.
③ There is only one event in the festival.
④ The artists create beautiful artworks with snow.
⑤ People can ride on dog sleds.

서술형

[12-13] 다음 글을 읽고, 물음에 답하시오.

Amala from Delhi, India

Holi is the most popular festival in my country. It is usually in March. During the festival, we say goodbye to cold winter and hello to warm spring. We celebrate the festival everywhere for two days. On the first day, people gather around a big fire at night and sing and dance. The main event begins the next day. Children and adults chase each other with *gulal*. What is *gulal*? It is blue, yellow, green and pink powder. It's a lot of fun to run around and throw colorful powder at everyone. We also join street parades!

12 윗글의 내용과 일치하도록 다음 질문에 완전한 영어 문장으로 답하시오.

Q: How long does the festival last?

A: _____

13 윗글의 내용을 바탕으로 축제 광고문을 완성하시오.

_____, the Festival of Colors

Visit _____ from _____ 24 to 25.

〈Event〉

1st day: Enjoy _____ _____ _____ at night. Sing and dance around the fire.

2nd day: _____ colorful powder at people! Join street parades.

[14-15] 다음 두 글을 읽고, 물음에 답하시오.

(A)   Have you heard of the *White Nights*? Every summer, this amazing thing happens in my hometown. The night sky does not get completely dark. During that time, we hold the White Nights Festival. It usually starts in May and lasts for about a month. During the festival, there is a ballet or an opera almost every night.

The most popular event is the Scarlet Sails celebration. A boat with red sails slowly appears on the river. Soon, fireworks begin and a water show follows. You can also hear musicians playing beautiful live music.

(B)   Winter is my favorite season because of the Kiruna Snow Festival. The festival starts in the last week of January and goes on for five or six days. The largest event is the snow design competition. The artists shape huge piles of snow into animals, buildings, and other beautiful artworks. People watch the artists shaping their works from beginning to end. My favorite activity is the dog sled ride. It is amazing to fly through a world of snow on a dog sled.

신유형
14 윗글의 내용과 일치하지 <u>않는</u> 문장을 골라 기호를 쓰고 바르게 고쳐 쓰시오.

ⓐ Each writer is introducing a festival.
ⓑ The two festivals are held in the same season.
ⓒ The White Nights Festival includes the Scarlet Sails celebration.
ⓓ You can ride a dog sled during the Kiruna Snow Festival.

(_____) → _____

_____

15 다음 상황을 읽고, Ann에게 윗글에 나온 축제 중 한 곳을 방문할 것을 권유하는 문장을 쓰시오.

Ann is an active girl. She enjoys various outdoor activities. During the winter vacation, she wants to go to a wonderful festival.

You: _____

_____

서술형 100% TEST

01 다음 빈칸에 알맞은 말을 [조건]에 맞게 쓰시오.

> They say the snow will _____ until the end of next week.

> [조건]　1. The word starts with "l."
> 　　　　2. The word has four letters.
> 　　　　3. The word means "to continue in time."

---

02 다음 밑줄 친 단어를 포함하는 문장을 [조건]에 맞게 쓰시오.

> We <u>hold</u> an election for a class president every year.

> [조건]　1. 주어진 문장의 hold와 같은 의미로 쓸 것
> 　　　　2. 주어와 동사를 포함한 완전한 문장으로 쓸 것

_____

---

03 위 대화의 빈칸에 들어갈 알맞은 말을 [보기]에서 골라 쓰시오.

> [보기]　What do you do in your free time?
> 　　　　Are you free this Saturday?
> 　　　　How can I get there from the school?
> 　　　　How long will it take to get there?
> 　　　　How about having lunch together?

(1) _____
(2) _____
(3) _____

---

04 위 대화의 내용을 바탕으로 다음 질문에 대한 민수의 답을 완성하시오.

> Q: How can you get to the Chinese restaurant, Ming's?
> Minsu: I will _____ and _____
> _____. I'll _____.
> Then I'll see the restaurant _____.

[03-04] 다음 대화를 읽고, 물음에 답하시오.

> A: Hi, Emma. What's up?
> B: Hey, Minsu. (1) _____
> A: Yes. Why do you ask?
> B: (2) _____
> A: Sure.
> B: Let's try the new Chinese restaurant, Ming's. It's near the school.
> A: Okay. (3) _____
> B: Come out from the school and go straight to Green Street. Make a left, and the restaurant will be on your left.
> A: All right. Let's meet at 12 o'clock.
> B: Wonderful. See you then.

[05-06] 다음 대화를 읽고, 물음에 답하시오.

> Man: Excuse me. How can I get to Suwon Hwaseong from here?
> Mina: It's easy. Do you see the bus stop over there?
> Man: Yes, I do.
> Mina: Take the No. 11 bus and get off at the sixth stop.
> Man: How long will it take to get there?
> Mina: It will take about 20 minutes.
> Man: Thank you very much.
> Mina: No problem. Are you going there for the festival?
> Man: Yes. I heard it's a lot of fun.
> Mina: I hope you have a great time.

05 위 대화의 내용을 바탕으로 남자가 쓴 여행 일지를 완성하시오.

> May 12
>   I visited (1) _____ today.
> I (2) _____ and got off at
> the (3) _____ . It took (4) _____
> _____ to get there by bus. I took part
> in the festival there and had a lot of fun.

06 위 대화의 내용과 일치하도록 다음 질문에 완전한 문장으로 답하시오.

> Q: How did the man find out the way to Suwon
>   Hwaseong?
> A: _____
>   _____

[07-08] 다음 지도를 보고, 물음에 답하시오.

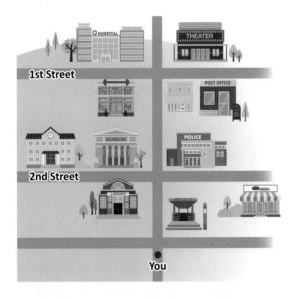

07 다음 [조건]에 맞게 대화의 빈칸에 알맞은 말을 쓰시오.

> [조건] 1. 괄호 안의 단어들을 사용할 것
>   2. 7단어로 된 문장을 쓸 것

> A: Excuse me. _____
>   (can, get)
> B: Go straight to 1st Street and make a right. It
>   will be on your left.

08 다음 문장의 빈칸에 알맞은 말을 쓰시오.

> If you go straight two blocks and make a left,
> the _____ will be on your right.

09 다음 상황을 읽고, James가 할 말을 괄호 안의 단어들을 사용하여 쓰시오.

>   Rachel and James want to do something for
> the class party. Rachel wants to decorate the
> classroom and James likes the idea. James
> wonders how much time it will take to decorate
> the classroom. In this situation, what would
> James ask Rachel?

> James: _____
>   (long, will, take)

10 다음 대화를 읽고, [조건]에 맞게 문장을 완성하시오.

> [조건] 1. 대화 내용과 일치하도록 문장을 완성할 것
>   2. 가주어 It과 진주어 to부정사구가 있는 문장을 완성할 것

(1)
> A: Hojin, what do you think about doing
>   homework?
> B: I think it is important.

> → It is _____ for Hojin _____ .

(2)
> A: Olivia, can you stay under water for 4
>   minutes?
> B: No, I can't. It's impossible.

> → _____ for Olivia _____
>   _____ .

11 다음 우리말과 같도록 [조건]에 맞게 영작하시오.

> [조건] 1. see, play, feel, hear, water, touch 중 단어를 두 개씩 사용할 것
> 2. 지각동사가 쓰인 5형식 문장을 완성할 것
> 3. 시제에 유의할 것

(1) Ann은 그녀의 아버지가 꽃들에 물을 주는 것을 보았다.

→ _____

(2) Max는 Hana가 피아노를 치는 것을 들었다.

→ _____

(3) Andy는 누군가가 그의 어깨를 건드리는 것을 느꼈다.

→ _____

12 다음은 한국 여행을 마친 외국인들의 의견을 정리한 표이다. 표의 내용을 나타내는 문장을 [조건]에 맞게 완성하시오.

> [조건] 가주어 It과 진주어 to부정사구가 쓰인 문장을 완성할 것

activities	opinions
making kimchi	interesting
using chopsticks	not easy
visiting Gyeongju	wonderful

(1) _____ was _____ .

(2) _____

(3) _____

13 다음 [조건]에 맞게 문장을 완성하시오.

> [조건] 1. 앞뒤 문맥상 의미가 통하도록 쓸 것
> 2. 지각동사가 쓰인 5형식 문장을 완성할 것
> 3. 3개의 문장에 각각 다른 지각동사를 쓸 것

(1) I watched _____ .

(2) I heard _____ .

(3) _____

14 다음 글을 읽고, 주어진 질문에 완전한 문장으로 답하시오.

> I live in Gangneung. There are beautiful beaches in my neighborhood. It's a lot of fun to swim at the beach. There is a famous hanok in Gangneung. It is called Ojukheon. Yulgok was born there. The most famous food in Gangneung is potato tteok. It is soft and sweet. Come and enjoy Gangneung!

(1) Q: What is the famous hanok called in Gangneung?

A: _____

(2) Q: What is the most famous food in Gangneung? How does it taste?

A: _____

[15-16] 다음 글을 읽고, 물음에 답하시오.

> Amala from Delhi, India
>
> Holi is the most popular festival in my country. It is usually in March. For the festival, we say goodbye to cold winter and hello to warm spring. We celebrate the festival everywhere for two days. On the first day, people gather around a big fire at night and sing and dance. The main event begins the next day. Children and adults chase each other with *gulal*. What is *gulal*? It is blue, yellow, green and pink powder. It's a lot of fun that run around and throw colorful powder at everyone. We also join street parades!

15 윗글에서 어법상 틀린 부분을 두 군데 찾아 바르게 고쳐 쓰시오.

(1) _____ → _____

(2) _____ → _____

16 윗글의 내용을 바탕으로 홀리 축제에 대한 다음 글을 완성하시오.

> Holi is a festival for celebrating _____ in India. It is held for _____ _____ in March. The main event in Holi is throwing *gulal*, _____ _____, at people.

[17-18] 다음 글을 읽고, 물음에 답하시오.

> Ebba from Kiruna, Sweden
> Winter is my favorite season because of the Kiruna Snow Festival. The festival starts in the last week of January and goes on for five or six days. The largest event is the snow design competition. The artists shape huge piles of snow into animals, buildings, and other beautiful artworks. 사람들은 예술가들이 그들의 작품을 만드는 것을 처음부터 끝까지 지켜봐요. My favorite activity is the dog sled ride. It is amazing to fly through a world of snow on a dog sled.

17 윗글의 밑줄 친 우리말과 같도록 [보기]에서 필요한 단어만 골라 순서대로 배열하여 문장을 쓰시오.

> [보기] people, hear, watch, the artists, the musicians, shaping, painting, their works, from, to, end, last, first, beginning

> [조건] 지각동사를 포함하여 5형식 문장으로 쓸 것

→ _____

_____

18 윗글의 내용과 일치하도록 다음 질문에 완전한 영어 문장으로 답하시오.

(1) Q: What do the artists do during the snow design competition?

A: _____

_____

(2) Q: What is Ebba's favorite activity in the festival?

A: _____

[19-20] 다음 글을 읽고, 물음에 답하시오.

> Victor from St. Petersburg, Russia
> Have you heard of the *White Nights*? Every summer, this amazing thing happens in my hometown. The night sky does not get completely dark. During that time, we hold the White Nights Festival. 그것은 보통 5월에 시작되고 약 한 달 동안 지속된다. During the festival, there is a ballet or an opera almost every night.
>
> The most popular event is the Scarlet Sails celebration. A boat with red sails slowly appears on the river. Soon, fireworks begin and a water show follows. You can also hear musicians playing beautiful live music.

19 윗글의 밑줄 친 우리말과 일치하도록 괄호 안의 말을 사용하여 문장을 쓰시오.

→ _____

(usually, start, last, about)

20 윗글의 내용을 바탕으로 다음 대화를 완성하시오.

Yumi: I'm planning to visit St. Petersburg in Russia this summer. Can you recommend what to enjoy there?

Victor: Sure. (1) _____ takes place there in summer. You can enjoy (2) _____ almost every night. You can also enjoy the Scarlet Sails celebration.

Yumi: What is the Scarlet Sails celebration?

Victor: It's (3) _____ in the festival. After (4) _____ with red sails appears on the river, you can enjoy (5) _____ and a water show.

01 다음 중 짝 지어진 두 단어의 관계가 <u>다른</u> 것은? [3점]

① chase – follow
② almost – nearly
③ adult – grown-up
④ completely – totally
⑤ soft – hard

02 다음 빈칸에 공통으로 들어갈 말로 알맞은 것은? [4점]

> • Can you _____ the bag while I open the door?
> • The band is going to _____ a concert in New York.

① join   ② ring   ③ ride
④ hold   ⑤ save

03 다음 빈칸에 들어갈 말이 순서대로 짝 지어진 것은? [4점]

> • _____. There's no time to waste.
> • You must not _____ the train while it's moving.

① Hurry up – go on
② Hurry up – get off
③ Get well – climb up
④ Hold your breath. – go on
⑤ Hold your breath. – get off

04 다음 밑줄 친 단어의 영어 뜻풀이로 알맞은 것은? [4점]

> The city has a <u>parade</u> every 4th of July.

① a special day or period when people celebrate something
② a display in which fireworks are exploded
③ an event or contest in which people compete
④ a formal walk or march in public to celebrate something
⑤ a large piece of cloth that catches the wind on a ship or boat

05 다음 대화의 밑줄 친 부분의 의도로 알맞은 것은? [3점]

> A: <u>How long will it take to make sandwiches?</u>
> B: Maybe it'll take about an hour.

① 길이 묻기   ② 거리 묻기
③ 방법 묻기   ④ 소요 시간 묻기
⑤ 체류 기간 묻기

06 자연스러운 대화가 되도록 (A)~(E)를 바르게 배열한 것은? [4점]

> (A) No, it's not.
> (B) Excuse me. How can I get to the post office?
> (C) Thank you very much.
> (D) Is it far from here?
> (E) Go straight to 1st Street and make a right. It will be on your right.

① (B)–(D)–(A)–(E)–(C)
② (B)–(E)–(D)–(A)–(C)
③ (D)–(A)–(C)–(B)–(E)
④ (E)–(B)–(D)–(C)–(A)
⑤ (E)–(D)–(B)–(A)–(C)

[07-08] 다음 대화를 읽고, 물음에 답하시오.

> *(A phone rings.)*
> A: Hi, Emma. What's up?
> B: Hey, Minsu. Are you free this Saturday?
> A: Yes. Why do you ask?
> B: Well, how about having lunch together?
> A: Sure.
> B: Let's try the new Chinese restaurant, Ming's. It's near the school.
> A: Okay. _____
> B: Come out from the school and go straight to Green Street. Make a left, and the restaurant will be on your left.
> A: All right. Let's meet at 12 o'clock.
> B: Wonderful. See you then.

07 위 대화의 빈칸에 들어갈 말로 알맞은 것은? [3점]

① How was your vacation?
② How much did you pay for the books?
③ How can I get there from the school?
④ How can I get there from my house?
⑤ Can you tell me the way to the school?

08 위 대화를 읽고 알 수 <u>없는</u> 것을 <u>모두</u> 고르면? [3점]

① 점심을 먹기로 한 장소
② 민수의 현재 위치
③ 만나기로 한 시간
④ Ming's 식당의 위치
⑤ Ming's 식당까지 가는 데 걸리는 시간

서술형 1

09 다음 그림을 보고, 대화의 빈칸에 알맞은 말을 쓰시오. [4점]

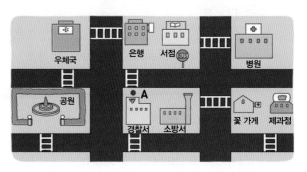

> A: Can you show me the way to the bookstore?
> B: (1) _____ the street and make a (2) _____ . Go straight (3) _____ and make a (4) _____ . Go straight some more, and it will be on your (5) _____ .

서술형 2

10 다음 대화를 읽고, James의 말을 완성하시오. [4점]

> A: James, what will you do for the class party?
> B: I'll clean the classroom.
> A: Great idea. How much time will it take?
> B: Maybe it'll take about half an hour.

James: I will _____ for the class party.
　　　　It'll _____ to clean it.

서술형 3

11 괄호 안의 말을 사용하여 다음 대화의 빈칸에 알맞은 말을 쓰시오. [각 2점]

(1) A: _____ finish your homework? (how, take)
　　 B: It will take about thirty minutes.
(2) A: _____ Gyeongbokgung? (how, get to)
　　 B: Take the subway Line No. 3 and get off at Gyeongbokgung Station.

12 다음 중 밑줄 친 부분의 쓰임이 [보기]와 같은 것을 <u>모두</u> 고르면? [4점]

> [보기] <u>It</u> is convenient to read news on the Internet.

① <u>It</u>'s time to go to bed.
② <u>It</u> is certain that she's rich.
③ <u>It</u>'s two kilometers to the beach.
④ <u>It</u> was rude to say such a thing.
⑤ <u>It</u>'s a letter from my grandmother.

13 다음 문장의 빈칸에 들어갈 말로 알맞은 것은? [4점]

> Mina _____ Jessica laughing at lunch time.

① asked   ② told   ③ heard
④ wanted   ⑤ expected

서술형 4

14 다음 우리말과 같도록 괄호 안의 말을 사용하여 문장을 완성하시오. [각 3점]

(1) 좋은 친구를 사귀는 것은 중요하다. (important, make)
 → It is _____.
(2) 너를 그곳에서 본 것은 정말 좋았다. (wonderful, see)
 → It _____ there.

서술형 5

15 다음 [조건]에 맞게 대화를 완성하시오. [5점]

> [조건] 1. 대화의 흐름에 맞게 알맞은 말을 쓸 것
> 2. 대화 속 표현을 변형 없이 사용할 것

> A: Did someone come in?
> B: No, I didn't see anyone.
> A: But I heard you _____
>   someone.
> B: Oh, I was talking to Sam on the phone.

[16-19] 다음 글을 읽고, 물음에 답하시오.

> **Holi, the Festival of Colors**
>
> Holi is the most popular festival in my country. It is usually in March. (A) For / During the festival, we say goodbye to cold winter and hello to warm spring. We ⓐcelebrate the festival everywhere for two days. (B) In / On the first day, people gather around a big fire at night and sing and dance. The main event begins the next day. Children and adults ⓑchase each other (C) for / with *gulal*. What is *gulal*? It is blue, yellow, green and pink powder. It's a lot of fun to ⓒrun around and ⓓthrow colorful powder at everyone. We also ⓔjoin street parades!

16 윗글의 (A)~(C)에서 알맞은 말이 순서대로 짝 지어진 것은? [4점]

	(A)	(B)	(C)
①	For	– In	– with
②	For	– On	– for
③	During	– In	– with
④	During	– On	– for
⑤	During	– On	– with

17 다음 영어 뜻풀이에 해당하는 단어를 윗글의 밑줄 친 ⓐ~ⓔ에서 고르면? [4점]

> to follow and try to catch someone or something

① ⓐ   ② ⓑ   ③ ⓒ   ④ ⓓ   ⑤ ⓔ

서술형 6

18 윗글의 내용과 일치하도록 다음 질문에 대한 답을 완성하시오. [5점]

(1) **Q**: Why do people celebrate Holi?
   A: They celebrate it to say goodbye to _____ _____ and hello to _____ _____.
(2) **Q**: What is the main event in Holi?
   A: _____ _____, colorful powder, at people is the main event.

19 윗글의 내용과 일치하는 것은? [5점]

① Holi is held at the beginning of the winter.

② People say goodbye to each other during the festival.

③ People celebrate the festival for two days.

④ *Gulal* is not necessary for celebrating Holi.

⑤ You can enjoy throwing powder at people on the first day of the festival.

[20-22] 다음 글을 읽고, 물음에 답하시오.

①Have you heard of the *White Nights*? ②Every summer, this amazing thing happens in my hometown. The night sky does not get ⓐcompletely dark. ③The sun is hidden behind the moon in this season. ④During that time, we hold the White Nights Festival. ⑤It usually starts in May and lasts for about a month. During the festival, there is a ballet or an opera almost every night. The most popular event is the Scarlet Sails celebration. A boat with red sails slowly appears on the river. Soon, fireworks begin and a water show follows. You can also hear musicians playing beautiful live music.

20 윗글의 ①~⑤ 중 흐름상 관계없는 것은? [4점]

①   ②   ③   ④   ⑤

21 윗글의 밑줄 친 ⓐ와 바꿔 쓸 수 있는 것은? [3점]

① partly   ② slowly   ③ hardly

④ totally   ⑤ carefully

서술형 **7**

22 What can we enjoy at the Scarlet Sails celebration? Answer in two sentences. [4점]

→ _____

_____

[23-24] 다음 글을 읽고, 물음에 답하시오.

Winter is my favorite season ⓐbecause of the Kiruna Snow Festival. The festival starts ⓑin the last week of January and ⓒgoes on for five or six days. The largest event is the snow design competition. The artists shape huge ⓓpiles of snow into animals, buildings, and other beautiful artworks. People watch the artists   (A)   their works ⓔfrom beginning to end. My favorite activity is the dog sled ride. It is amazing   (B)   through a world of snow on a dog sled.

23 윗글의 밑줄 친 ⓐ~ⓔ의 우리말 뜻으로 알맞지 않은 것은? [3점]

① ⓐ: ~ 때문에   ② ⓑ: 마지막 주에

③ ⓒ: 앞서 가다   ④ ⓓ: 눈 덩어리

⑤ ⓔ: 처음부터 끝까지

24 윗글의 빈칸 (A)와 (B)에 들어갈 말이 바르게 짝 지어진 것은? [4점]

① shape – fly   ② shape – will fly

③ shaping – fly   ④ shaping – to fly

⑤ shaped – to fly

서술형 **8**

25 다음 글을 읽고, 어법상 틀린 문장을 찾아 바르게 고쳐 문장을 다시 쓰시오. [5점]

I live in Gangneung. There are beautiful beaches in my neighborhood. There is a lot of fun to swim at the beach. There is a famous hanok in Gangneung. It is called Ojukheon. Yulgok was born there. The most famous food in Gangneung is potato tteok. It is soft and sweet. Come and enjoy Gangneung!

→ _____

01 다음 영어 뜻풀이에 해당하는 단어는? [4점]

> to continue in time

① last   ② throw   ③ chase
④ gather   ⑤ decorate

02 다음 중 밑줄 친 부분의 우리말 뜻이 알맞은 것은? [3점]

① The girls looked at each other.
　　　　　　　　　　　　(각자 다르게)

② Make a right at the second traffic lights.
　(오른쪽에 두다)

③ Come on boys, hurry up and finish your food.
　　　　　　　　(달리다)

④ He sat down next to me in the restaurant.
　　　　　　　　(~ 옆에)

⑤ You had better go and speak to him in person.
　　　　　　　　　　　　　　(대신)

03 다음 빈칸에 들어갈 말이 순서대로 짝 지어진 것은? [4점]

> • It's important to exercise _____.
> • There is a _____ of sand in the garden.
> • We stayed at Grandma's for _____ a week.

① regular – piece – almost
② regular – pile – during
③ regularly – piece – during
④ regularly – pile – almost
⑤ regularly – pile – during

04 다음 대화의 빈칸에 들어갈 수 <u>없는</u> 것은? [4점]

> A: _____
> B: Cross the street and make a left. It will be on your right.

① Where can I find the hospital?
② How far is the hospital from here?
③ Do you know where the hospital is?
④ Can you show me the way to the hospital?
⑤ Can you tell me how to get to the hospital?

[05-06] 다음 대화를 읽고, 물음에 답하시오.

> Man: Excuse me. _____ can I get to Suwon Hwaseong from here?
> Mina: It's easy. Do you see the bus stop over there?
> Man: Yes, I do.
> Mina: Take the No. 11 bus and get off at the sixth stop. (①)
> Man: _____ long will it take to get there?
> Mina: It will take about 20 minutes. (②)
> Man: Thank you very much. (③)
> Mina: No problem. (④) Are you going there for the festival?
> Man: Yes. (⑤)
> Mina: I hope you have a great time.

05 위 대화의 빈칸에 공통으로 들어갈 말로 알맞은 것은? [3점]

① Why   ② How   ③ Who
④ What   ⑤ Where

06 위 대화의 ①~⑤ 중 주어진 문장이 들어갈 위치로 알맞은 곳은? [4점]

> I heard it's a lot of fun.

①　　　②　　　③　　　④　　　⑤

서술형 1

07 다음 그림의 내용과 일치하도록 주어진 문장을 완성하시오. [4점]

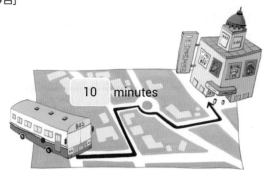

It takes _____ to the _____ by _____.

08 다음 상황에서 나눌 수 있는 대화로 알맞지 <u>않은</u> 것은? [5점]

> Lisa wants to go to the National Museum, but she doesn't know where it is. She asks a man for directions to the museum, and the man tells her how to get there. He also tells her that it will take about twenty minutes. Lisa thanks the man for his help.

① Lisa: Excuse me. How can I get to the National Museum?
　Man: Take the subway Line No. 4 and get off at Ichon Station.

② Lisa: Excuse me. Can you show me the way to the National Museum?
　Man: I'm sorry. I'm a stranger here.

③ Lisa: Sorry? Can you say that again?
　Man: You can take the subway Line No. 4 and get off at Ichon Station.

④ Lisa: How long will it take to get to the National Museum?
　Man: It will take about 20 minutes.

⑤ Lisa: Thank you very much.
　Man: No problem.

서술형 2

09 다음 대화를 읽고, 주어진 질문에 완전한 문장으로 답하시오. [각 3점]

> A: I'm so excited about the school festival this Friday.
> B: Me, too. What can we do to advertise it, Andy?
> A: How about making posters?
> B: Great idea. We can post them in our neighborhood.
> A: Right. How long will it take to make them?
> B: Well, it will take about three hours.
> A: Okay, I hope many people come to the festival.

(1) Q: How do they feel about the school festival?
　A: _____

(2) Q: What are they going to do after making the posters?
　A: _____

10 다음 문장의 빈칸에 들어갈 말로 알맞은 것을 <u>모두</u> 고르면? [3점]

> I saw a monkey _____ up the tree.

① go　　　　② goes　　　　③ went
④ gone　　　⑤ going

11 다음 중 어법상 틀린 것이 <u>모두</u> 짝 지어진 것은? [4점]

> ⓐ It's strange to he says so.
> ⓑ Is it necessary to buy a ticket now?
> ⓒ I heard him talked to you.
> ⓓ It is silly buy the heavy camera.
> ⓔ He asked his sister close the window.

① ⓐ, ⓒ　　　　② ⓐ, ⓒ, ⓔ　　　　③ ⓐ, ⓒ, ⓓ, ⓔ
④ ⓑ, ⓓ　　　　⑤ ⓑ, ⓓ, ⓔ

서술형3

12 두 사람의 증언을 정리한 다음 표를 보고, 문장을 완성하시오. (목적격보어를 포함할 것) [각 2점]

이름	증언
세호	The colorful balloons rose up in the air.
Emma	Someone cried out.

(1) Seho saw _____.

(2) Emma heard _____.

서술형4

13 다음 [조건]에 맞게 문장을 완성하시오. [5점]

> [조건] 1. 앞뒤 문맥상 의미가 통하도록 쓸 것
> 2. 가주어 It과 진주어 to부정사구를 포함할 것
> 3. 3개의 문장에 각각 다른 형용사를 쓸 것

(1) It is important _____.

(2) It was _____.

(3) _____.

서술형5

14 다음 중 어법상 틀린 문장의 기호를 쓰고, 바르게 고쳐 쓰시오. [4점]

> ⓐ It's hard to keep a secret.
> ⓑ Can you hear the rain falling on the roof?
> ⓒ It's strange to she didn't call me last night.
> ⓓ I saw Joe get into the car and to drive away.
> ⓔ Liz suddenly felt something touch her on the arm.

(   ) → _____

(   ) → _____

[15-18] 다음 글을 읽고, 물음에 답하시오.

> Holi is the most popular festival in my country. It is usually ___ⓐ___ March. During the festival, we say goodbye ___ⓑ___ cold winter and hello to warm spring. We celebrate the festival everywhere ___ⓒ___ two days. On the first day, people gather around a big fire ___ⓓ___ night and sing and dance. The main event begins the next day. Children and adults chase each other ___ⓔ___ gulal. What is gulal? It is blue, yellow, green and pink powder. 주변을 뛰어다니는 것은 정말 재미있다 and throw _____ powder at everyone. We also join street parades!

15 윗글의 빈칸 ⓐ~ⓔ에 들어갈 말로 알맞지 않은 것은? [4점]

① ⓐ in   ② ⓑ to   ③ ⓒ in

④ ⓓ at   ⑤ ⓔ with

16 윗글의 빈칸에 들어갈 말로 알맞은 것은? [3점]

① white   ② flour   ③ colorful

④ colorless   ⑤ red pepper

17 윗글의 내용과 일치하면 T, 일치하지 않으면 F로 표현할 때, 순서대로 짝 지어진 것은? [4점]

> • People in India celebrate Holi for two days.
> • The main event takes two whole days.
> • People can take part in street parades on the first day of the festival.

① T – T – T   ② T – T – F   ③ T – F – F

④ F – F – F   ⑤ F – T – F

서술형6

18 윗글의 밑줄 친 우리말과 같도록 괄호 안의 단어들을 사용하여 영작하시오. [4점]

→ _____

(it, a lot of, run around)

[19-22] 다음 글을 읽고, 물음에 답하시오.

> Victor from St. Petersburg, Russia
>
> Have you heard of the *White Nights*? Every summer, this amazing thing happens in my hometown. The night sky does not get completely dark. ____ⓐ____ that time, we ⓑhold the White Nights Festival. It usually starts in May and lasts for about a month. ____ⓐ____ the festival, there is a ballet or an opera almost every night.
>
> The most popular event is the Scarlet Sails celebration. A boat with red sails slowly appears on the river. Soon, fireworks begin and a water show follows. You can also hear musicians playing beautiful live music.

19 윗글의 빈칸 ⓐ에 공통으로 들어갈 말로 알맞은 것은? [4점]

① For   ② When   ③ During
④ While   ⑤ Before

20 윗글의 밑줄 친 ⓑ의 영어 뜻풀이로 알맞은 것은? [4점]

① to support something
② to take and keep something in your hand or arms
③ to keep someone somewhere so that they cannot leave
④ to have a meeting, competition, conversation, etc.
⑤ to have something, especially a position or money, or to control something

21 윗글의 Scarlet Sails celebration에 관한 내용으로 알맞지 **않은** 것은? [4점]

① 백야 축제에서 가장 인기 있는 행사이다.
② 배가 강 위에 서서히 등장한다.
③ 배의 돛은 빨간색이다.
④ 물 쇼 뒤에 불꽃놀이가 이어진다.
⑤ 아름다운 라이브 음악 연주를 즐길 수 있다.

서술형**7**

22 **According to the above text, answer the question.** [4점]

Q: What happens to the night sky during the *White Nights*?

A: _____

[23-25] 다음 글을 읽고, 물음에 답하시오.

> Ebba from Kiruna, Sweden
>
> Winter is my favorite ⓐseason because of the Kiruna Snow Festival. The festival starts in the last week of January and goes on for five or six days. The largest event is the snow design ⓑcompetition. The artists ⓒbring huge piles of snow into animals, buildings, and other beautiful ⓓartworks. _____
> My favorite activity is the dog sled ⓔride. It is amazing to fly through a world of snow on a dog sled.

23 윗글의 밑줄 친 ⓐ~ⓔ 중 문맥상 알맞지 **않은** 것은? [4점]

① ⓐ   ② ⓑ   ③ ⓒ   ④ ⓓ   ⑤ ⓔ

서술형**8**

24 윗글의 빈칸에 알맞은 말이 되도록 괄호 안의 말을 배열하여 문장을 완성하시오. [4점]

→ _____
_____

(watch, their works, the artists, people, to end, shaping, from beginning)

25 윗글을 읽고 답할 수 **없는** 질문은? [4점]

① What season does Ebba like the best?
② When does the Kiruna Snow Festival start?
③ How long does the festival last?
④ How many artworks can you see during the festival?
⑤ What is Ebba's favorite activity in the festival?

모의고사

01 다음 중 밑줄 친 단어를 괄호 안의 단어로 바꿔 쓸 수 없는 것은? [3점]

① I agree with you completely.
        (→ totally)
② We lived there for nearly two years.
        (→ almost)
③ Tickets are 5 dollars for grown-ups and 3 dollars for children.　　　(→ adults)
④ Can you help me decorate the Christmas tree?
        (→ appear)
⑤ I'm tired of watching television all day.
    (→ sick)

서술형 1
02 다음 우리말과 뜻이 같도록 빈칸에 알맞은 말을 쓰시오. [3점]

> 나는 책을 처음부터 끝까지 다 읽었지만 여전히 그 이야기가 이해가 안 된다.
> → I've read the whole book _____ _____ _____ _____ and still can't understand the story.

03 다음 빈칸에 공통으로 들어갈 말로 알맞은 것은? [4점]

> • Remember to _____ your coat when you leave.
> • The journey to the airport _____s about half an hour.

① take　　　② solve　　　③ throw
④ chase　　　⑤ appear

04 다음 중 밑줄 친 부분의 영어 뜻풀이로 알맞지 않은 것은? [5점]

① His speeches could go on for hours.
(to continue doing something or being in a situation)
② You'll miss your train if you don't hurry up.
(to do something more quickly)
③ You should come here in person tomorrow.
(yourself, instead of asking somebody else to do it)
④ Her fans will be waiting for her when she gets off the plane.
(to go onto a bus, train, aircraft, or boat)
⑤ Their baby was born last December.
(to come out of a mother's body, and start to exist)

05 다음 대화의 빈칸에 들어갈 말로 알맞은 것은? [3점]

> A: _____ will it take to get there?
> B: Maybe it will take about an hour.

① How　　　② Why　　　③ What time
④ How long　　　⑤ How many

06 다음 대화를 읽고, 길 안내 순서에 따라 해당되는 표지판 옆에 번호를 쓰시오. [3점]

> A: Excuse me. How can I get to the bank?
> B: Go straight and make a right. Then cross the street. It's on your left. You can't miss it.

07 다음 중 짝 지어진 대화가 <u>어색한</u> 것은? [4점]

① A: Go straight to Red Street and make a right. The park will be on your left.

B: Thank you very much.

② A: How much time will it take to make ice pops?

B: About three hours.

③ A: Maybe it'll take about thirty minutes to make sandwiches.

B: Good! Let's make them.

④ A: Excuse me. How can I get to the library?

B: First, choose the drink. Put the money in the machine. Lastly, press the button.

⑤ A: Can you tell me how to get to the museum?

B: Sure. You are here on the map. Walk along the street and make a left. Then cross the street.

서술형 **2**

08 다음 대화의 내용과 일치하지 <u>않는</u> 문장을 <u>모두</u> 골라 기호를 쓰고, 바르게 고쳐 쓰시오. [각 3점]

> *(A phone rings.)*
>
> A: Hi, Emma. What's up?
>
> B: Hey, Minsu. How about having lunch together this Saturday?
>
> A: Sure.
>
> B: Let's try the new Chinese restaurant, Ming's. It's near the school.
>
> A: Okay. How can I get there from the school?
>
> B: Come out from the school and go straight to Green Street. Make a left, and the restaurant will be on your left.
>
> A: All right. Let's meet at 12 o'clock.
>
> B: Wonderful. See you then.

> ⓐ Minsu is talking with Emma on the phone.
>
> ⓑ Emma suggests they have lunch together today.
>
> ⓒ Ming's is far from the school.
>
> ⓓ They're going to meet at 12 o'clock.

(   ) → _____

(   ) → _____

[09-10] 다음 대화를 읽고, 물음에 답하시오.

> A: I'm so excited about the school festival this Friday.
>
> B: Me, too. What can we do to advertise it, Andy?
>
> A: How about make posters?
>
> B: Great idea. We can post them in our neighborhood.
>
> A: Right. How long will it take to make them?
>
> B: Well, <u>3시간 정도 걸릴 거야</u>.
>
> A: Okay, I hope many people come to the festival.

서술형 **3**

09 위 대화에서 어법상 틀린 문장을 찾아 바르게 고쳐 다시 쓰시오. [4점]

→ _____

서술형 **4**

10 위 대화의 밑줄 친 우리말을 [조건]에 맞게 영작하시오. [4점]

> [조건]   1. about을 포함할 것
>
>   2. 주어와 동사를 포함한 형태로 쓸 것

→ _____

11 다음 문장을 가주어를 사용하여 바꿔 쓴 것으로 옳은 것은? [4점]

> Taking the subway in Seoul is convenient.

① It to take the subway in Seoul is convenient.

② That is convenient to take the subway in Seoul.

③ It is convenient that taking the subway in Seoul.

④ It is convenient to take the subway in Seoul.

⑤ There is convenient to take the subway in Seoul.

12 다음 문장의 빈칸에 들어갈 수 있는 동사는? [4점]

> I _____ the little child enter the house.

① want   ② ask   ③ told

④ allowed   ⑤ watched

모의고사

서술형5

13 다음 두 문장의 의미가 같도록 할 때 빈칸에 알맞은 말을 쓰시오. (5형식 문장으로 쓸 것) [4점]

> When I saw Minji, she was jumping rope with Tom.

→ I _____ Minji _____ rope with Tom.

서술형6

14 다음 [조건]에 맞게 의미가 통하도록 문장을 완성하시오. [5점]

> [조건] 1. [보기1]과 [보기2]에서 각각 하나씩 골라 사용할 것
>   2. 가주어 It과 진주어 to부정사구를 사용할 것

> [보기1] nice   useful   dangerous

> [보기2] ride a bike at night
>   speak a foreign language
>   help people in trouble

(1) _____ is _____.
(2) _____ is _____.
(3) _____ is _____.

[15-18] 다음 글을 읽고, 물음에 답하시오.

> Amala from Delhi, India
>
> Holi is the most popular festival in my country. (①) It is usually in March. (②) During the festival, we say goodbye to cold winter and hello to warm spring. (③) We celebrate the festival everywhere for two days. (④) The main event begins the next day. (⑤) Children and adults chase each other with *gulal*. What is *gulal*? It is blue, yellow, green and pink powder. It's a lot of fun to run around and throw colorful powder at everyone. We also join street parades!

15 윗글의 ①~⑤ 중 주어진 문장이 들어갈 알맞은 곳은? [4점]

> On the first day, people gather around a big fire at night and sing and dance.

①   ②   ③   ④   ⑤

서술형7

16 윗글의 밑줄 친 It과 괄호 안의 단어를 사용하여 자유롭게 문장을 영작하시오. [4점]

→ _____

(wonderful)

17 윗글을 읽고 알 수 있는 것은? [3점]

① 축제의 기원
② 축제 참가 자격
③ 축제에 투입된 비용
④ 축제가 열리는 기간
⑤ 축제 참가 신청 방법

18 Which one is NOT true according to the above text? [4점]

① Holi is a well-known festival in India.
② The festival is held in March and lasts for two days.
③ People welcome spring by taking part in the festival.
④ You can enjoy the festival everywhere in India.
⑤ The *gulal* activity happens on the first day of the festival.

[19-22] 다음 글을 읽고, 물음에 답하시오.

> Victor from St. Petersburg, Russia
>
> 당신은 '백야'에 대해 들어본 적이 있나요? Every summer, this amazing thing happens in my hometown. The night sky does not get completely dark. During that time, we hold the White Nights Festival. It usually ____ ⓐ ____ in May and ____ ⓑ ____ for about a month. During the festival, there is a ballet or an opera almost every night.
>
> The most popular event is the Scarlet Sails celebration. A boat with red sails slowly appears on the river. Soon, fireworks begin and a water show follows. You can also hear musicians ____ ⓒ ____ beautiful live music.

서술형8

19 윗글의 밑줄 친 우리말을 [조건]에 맞게 영작하시오. [4점]

> [조건] 1. hear of 표현을 이용할 것
>   2. 총 7단어로 쓸 것
>   3. 시제에 주의할 것

→ _____

20 윗글의 빈칸 ⓐ와 ⓑ에 들어갈 말이 순서대로 짝 지어진 것은? [4점]

① starts – ends   ② starts – lasts
③ starts – stops   ④ goes on – ends
⑤ goes on – lasts

21 윗글의 빈칸 ⓒ에 들어갈 말로 알맞은 것은? [4점]

① plays   ② played   ③ playing
④ to play   ⑤ have played

서술형9

22 윗글을 읽고 답할 수 있는 질문을 골라 기호를 쓰고, 완전한 영어 문장으로 답하시오. [5점]

> ⓐ What causes the *White Nights*?
> ⓑ During the *White Nights*, what is held in St. Petersburg?
> ⓒ What do people do at the end of the *White Nights*?
> ⓓ What should you keep in mind during the Scarlet Sails celebration?

(   ) → _____
_____

[23-25] 다음 글을 읽고, 물음에 답하시오.

> Winter is my favorite season because of the Kiruna _____ Festival. The festival starts in the last week of January and goes ⓐon for five or six days. ⓑThe most largest event is the snow design competition. The artists shape huge ⓒpiles of snow into animals, buildings, and other beautiful artworks. People watch the artists ⓓshaping their works from beginning to end. My favorite activity is the dog sled ride. ⓔThat is amazing to fly through a world of snow on a dog sled.

23 윗글의 빈칸에 들어갈 말로 알맞은 것은? [4점]

① Art   ② Sled   ③ Dogs
④ Snow   ⑤ Design

24 윗글의 밑줄 친 ⓐ~ⓔ 중 어법상 틀린 것의 개수는? [4점]

① 1개   ② 2개   ③ 3개   ④ 4개   ⑤ 5개

서술형10

25 윗글의 내용과 일치하도록 다음 문장의 빈칸에 알맞은 말을 쓰시오. [4점]

> The writer likes _____
> the most among the activities in the festival.

01 다음 빈칸에 들어갈 수 <u>없는</u> 것은? [4점]

> • Football fans _____ (e)d around the TV in the corner of the bar.
> • We had to tie up the ships' _____ (e)s with short pieces of ropes.
> • It's not a good place to _____ the road.
> • The dog _____ (e)d after the stick.

① sail   ② hold   ③ cross
④ chase   ⑤ gather

02 다음 중 밑줄 친 부분의 쓰임이 <u>어색한</u> 것은? [4점]

① She <u>climbed up</u> the stairs.
② Don and Susie really loved <u>each other</u>.
③ Excuse me, I have to <u>go on</u> at the next stop.
④ You must <u>hurry up</u>, or you cannot finish it in time.
⑤ You should apply immediately, <u>in person</u> or by letter.

03 다음 중 밑줄 친 부분의 의미가 같은 것끼리 짝 지어진 것은? [4점]

> ⓐ Enjoy this season because it won't <u>last</u>.
> ⓑ May I have the <u>last</u> chocolate?
> ⓒ The game <u>lasted</u> for more than two hours.
> ⓓ Who was she dancing with at the party <u>last</u> night?
> ⓔ When I <u>last</u> saw her, she was working in New York.

① ⓐ, ⓑ   ② ⓐ, ⓒ   ③ ⓐ, ⓒ, ⓔ
④ ⓑ, ⓓ   ⑤ ⓒ, ⓓ, ⓔ

[04-06] 다음 대화를 읽고, 물음에 답하시오.

> Man: Excuse me. ①How can I get to Suwon Hwaseong from here?
> Mina: It's easy. ②Do you see the bus stop over there?
> Man: Yes, I do.
> Mina: ③Take the No. 11 bus and get off at the sixth stop.
> Man: ④How long did it take to build it?
> Mina: ⑤It will take about 20 minutes.
> Man: Thank you very much.
> Mina: No problem. Are you going there for the festival?
> Man: Yes. I heard it's a lot of fun.
> Mina: I hope you have a great time.

04 위 대화의 밑줄 친 ①~⑤ 중 흐름상 어색한 것은? [4점]

①   ②   ③   ④   ⑤

05 위 대화를 읽고 추론할 수 <u>없는</u> 것은? [4점]

① Mina is not a stranger here.
② They are talking while looking at the bus stop.
③ Mina is going to give the man a ride to Suwon Hwaseong.
④ Within one hour, the man will maybe arrive at Suwon Hwaseong.
⑤ The man is going to Suwon Hwaseong in order to enjoy the festival.

서술형**1**

06 What is the man going to do right after the conversation? Answer in English. [4점]

→ _____
_____

서술형 2

07 다음 표를 보고, 대화를 완성하시오. [4점]

Preparation for the Class Party

name	what	time
Ann	decorate the classroom	about 1 hour

A: Ann, what will you do for (1) _____ ?
B: I'll (2) _____ .
A: Great idea. (3) _____ will it take to (4) _____ ?
B: Maybe it'll take (5) _____ .

서술형 3

08 다음 그림을 보고, 대화를 완성하시오. [5점]

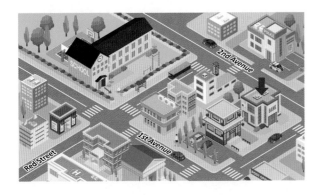

A: How can I get to the bank from the school?
B: Come out from the school and cross the street. Make a left and (1) _____ . Then make a right. Go straight one block more and (2) _____ at the corner. The bank will be on (3) _____ .

09 다음 빈칸에 들어갈 말이 순서대로 짝 지어진 것은? [4점]

- She asked him _____ the salt.
- She could not hear the birds _____ .

① pass – sing
② pass – singing
③ passing – sing
④ to pass – singing
⑤ to pass – to sing

10 다음 중 짝 지어진 대화가 <u>어색한</u> 것은? [4점]

① A: Can you tell me how to get to the National Folk Museum?
   B: Take the subway Line No. 3 and get off at Anguk Station.
② A: Excuse me. Can you show me the way to the subway station?
   B: It's far from here. You can't miss it.
③ A: Go straight one block and make a right. The theater will be on your left.
   B: Sorry? Can you say that again?
④ A: How long will it take to finish the work?
   B: It will take about half an hour.
⑤ A: Where can I find the post office?
   B: I'm sorry. I'm a stranger here.

11 다음 우리말을 영어로 옮길 때 쓰이지 <u>않는</u> 단어는? [4점]

다른 문화를 경험하는 것은 흥분되는 일이다.

① experience
② to
③ for
④ exciting
⑤ cultures

12 다음 중 어법상 <u>틀린</u> 문장의 개수는? [4점]

- It is great of her to pass the exam.
- I can hear him knocking at the door.
- I allowed my little brother play with my smartphone.
- They watched the runner to cross the finish line.
- It is important to find the right person for the work.

① 1개
② 2개
③ 3개
④ 4개
⑤ 5개

서술형 4

13 다음 문장에서 어법상 틀린 부분을 찾아 고쳐 쓰고, 그 이유를 우리말로 쓰시오. [3점]

> Thank you. It was very kind for you to help me.

(1) _____ → _____

(2) 이유: _____

_____

서술형 5

14 다음 글의 밑줄 친 ⓐ~ⓔ 중 어법상 틀린 것을 골라 기호를 쓰고, 바르게 고쳐 쓰시오. [4점]

> Boryeong Mud Festival ⓐis held in Daecheon Beach ⓑin July. You can roll around in a mud pool. ⓒIt is fun to paint your body with colorful mud. You can also see people ⓓto do ssireum in the mud, and you can enjoy an ⓔoutdoor concert.

( ) → _____

[15-18] 다음 글을 읽고, 물음에 답하시오.

> Amala from Delhi, India
>
> Holi is the most popular festival in my country. ⓐIt is usually on March. During the festival, we say goodbye to cold winter and hello to warm spring. ⓑWe celebrate the festival everywhere during two days. On the first day, people gather around a big fire at night and sing and dance. The main event begins the next day. Children and adults chase each other with *gulal*. What is *gulal*? It is blue, yellow, green and pink powder. ⓒIt's a lot of fun run around and throw colorful powder at everyone. We also join street parades!

서술형 6

15 윗글의 밑줄 친 ⓐ~ⓒ 문장을 어법상 바르게 고쳐 쓰시오. [각 2점]

ⓐ → _____

ⓑ → _____

ⓒ → _____

_____

16 Choose the things you can do on the second day of Holi. [4점]

① singing

② dancing

③ joining street parades

④ gathering around a big fire

⑤ throwing *gulal* at each other

서술형 7

17 다음 대화의 빈칸에 알맞은 표현을 윗글에서 찾아 쓰시오. (각 2단어) [3점]

> A: It's time to leave, Tom. You have to (1) _____ _____ to John. John and you can contact (2) _____ any time.
>
> B: Okay, Mom.

서술형 8

18 윗글의 내용과 일치하도록 다음 질문에 두 문장으로 답하시오. [4점]

Q: What is *gulal* and what is it used for?

A: _____

_____

[19-22] 다음 글을 읽고, 물음에 답하시오.

> Victor from St. Petersburg, Russia
>
> Have you heard of the *White Nights*? Every summer, this amazing thing happens in my hometown. The night sky does not get completely dark. ___(A)___ that time, we hold the White Nights Festival. It usually starts in May and lasts ___(B)___ about a month. ___(C)___ the festival, there is a ballet or an opera almost every night.
>
> The most popular event is the Scarlet Sails celebration. A boat with red sails slowly appears on the river. Soon, fireworks begin and a water show follows. 여러분은 또한 음악가들이 아름다운 라이브 음악을 연주하는 것을 들을 수 있다.

19 윗글에 나오는 단어의 영어 뜻풀이가 <u>아닌</u> 것은? [4점]

① to continue in time

② the city or town where you were born or grew up

③ a special day or period when people celebrate something

④ a large piece of cloth that catches the wind on a ship or boat

⑤ an event or contest in which people compete

20 윗글의 빈칸 (A)~(C)에 들어갈 말이 순서대로 짝 지어진 것은? [4점]

① For – for – For

② For – during – For

③ During – for – For

④ During – for – During

⑤ During – during – During

서술형 **9**

21 윗글의 밑줄 친 우리말과 같도록 괄호 안의 말을 바르게 배열하여 문장을 완성하시오. [4점]

→ _____

(also, beautiful live music, you, can, musicians, hear, playing)

22 윗글을 바르게 이해하지 <u>못한</u> 사람은? [3점]

① 창민: 러시아에서는 여름에 백야를 경험할 수 있구나.

② 미소: 백야 현상은 낮이 짧아지고 밤이 길어지는 현상이야.

③ 근수: 백야 축제에 가면 거의 매일 밤 발레 공연이나 오페라를 볼 수 있겠다.

④ 보라: 백야 축제에서 '붉은 돛 축하 행사'가 가장 인기가 많아.

⑤ 진영: 빨간 돛을 단 배가 등장하면 불꽃놀이와 물 쇼가 시작해.

[23-25] 다음 글을 읽고, 물음에 답하시오.

Ebba from Kiruna, Sweden

Winter is my favorite season because of the Kiruna Snow Festival. The festival starts in the last week of January and goes ⓐ<u>on</u> for five or six days. The largest event is the snow design competition. The artists shape huge piles of snow ⓑ<u>for</u> animals, buildings, and other beautiful artworks. People watch the artists shaping their works ⓒ<u>with</u> beginning ⓓ<u>to</u> end. My favorite activity is the dog sled ride. _____ through a world of snow ⓔ<u>on</u> a dog sled.

---

23 윗글의 밑줄 친 ⓐ~ⓔ 중 알맞지 <u>않은</u> 것끼리 짝 지어진 것은? [4점]

① ⓐ, ⓑ   ② ⓑ, ⓒ   ③ ⓑ, ⓒ, ⓓ

④ ⓒ, ⓓ   ⑤ ⓒ, ⓓ, ⓔ

서술형 **10**

24 윗글의 빈칸에 알맞은 말을 [조건]에 맞게 쓰시오. [4점]

[조건]   1. 가주어와 진주어를 사용할 것
         2. amazing과 fly를 반드시 포함할 것
         3. 총 5단어로 쓸 것

→ _____

서술형 **11**

25 윗글의 내용과 일치하도록 축제 광고문을 완성하시오. [4점]

Kiruna Snow Festival

Come to Kiruna, _____

When: _____ 25-29

Event

• Watch _____ competition.

• Ride _____.

● 틀린 문항을 표시해 보세요.

● 부족한 영역을 점검해 보고 어떻게 더 학습할지 학습 계획을 적어 보세요.

〈제1회〉 대표 기출로 내신 **적중** 모의고사 　총점 _____ / 100

문항	영역	문항	영역	문항	영역
01	p.10(W)	10	p.15(L&S)	19	pp.30-31(R)
02	p.10(W)	11	p.13(L&S)	20	pp.30-31(R)
03	p.8(W)	12	p.22(G)	21	pp.30-31(R)
04	p.10(W)	13	p.23(G)	22	pp.30-31(R)
05	p.13(L&S)	14	p.22(G)	23	pp.30-31(R)
06	p.14(L&S)	15	p.23(G)	24	pp.30-31(R)
07	p.14(L&S)	16	pp.30-31(R)	25	p.44(M)
08	p.14(L&S)	17	pp.30-31(R)		
09	p.13(L&S)	18	pp.30-31(R)		

오답 공략
부족한 영역
학습 계획

〈제2회〉 대표 기출로 내신 **적중** 모의고사 　총점 _____ / 100

문항	영역	문항	영역	문항	영역
01	p.10(W)	10	p.23(G)	19	pp.30-31(R)
02	p.8(W)	11	pp.22-23(G)	20	pp.30-31(R)
03	p.8(W)	12	p.23(G)	21	pp.30-31(R)
04	p.13(L&S)	13	p.22(G)	22	pp.30-31(R)
05	p.15(L&S)	14	pp.22-23(G)	23	pp.30-31(R)
06	p.15(L&S)	15	pp.30-31(R)	24	pp.30-31(R)
07	p.13(L&S)	16	pp.30-31(R)	25	pp.30-31(R)
08	p.13(L&S)	17	pp.30-31(R)		
09	p.15(L&S)	18	pp.30-31(R)		

오답 공략
부족한 영역
학습 계획

〈제3회〉 대표 기출로 내신 **적중** 모의고사 　총점 _____ / 100

문항	영역	문항	영역	문항	영역
01	p.10(W)	10	p.15(L&S)	19	pp.30-31(R)
02	p.8(W)	11	p.22(G)	20	pp.30-31(R)
03	p.8(W)	12	p.23(G)	21	pp.30-31(R)
04	p.8(W)	13	p.23(G)	22	pp.30-31(R)
05	p.13(L&S)	14	p.22(G)	23	pp.30-31(R)
06	p.13(L&S)	15	pp.30-31(R)	24	pp.30-31(R)
07	p.13(L&S)	16	pp.30-31(R)	25	pp.30-31(R)
08	p.14(L&S)	17	pp.30-31(R)		
09	p.15(L&S)	18	pp.30-31(R)		

오답 공략
부족한 영역
학습 계획

〈제4회〉 고난도로 내신 **적중** 모의고사 　총점 _____ / 100

문항	영역	문항	영역	문항	영역
01	p.8(W)	10	p.13(L&S)	19	pp.30-31(R)
02	p.8(W)	11	p.22(G)	20	pp.30-31(R)
03	p.10(W)	12	pp.22-23(G)	21	pp.30-31(R)
04	p.15(L&S)	13	p.22(G)	22	pp.30-31(R)
05	p.15(L&S)	14	p.44(M)	23	pp.30-31(R)
06	p.15(L&S)	15	pp.30-31(R)	24	pp.30-31(R)
07	p.15(L&S)	16	pp.30-31(R)	25	p.44(M)
08	p.13(L&S)	17	pp.30-31(R)		
09	p.23(G)	18	pp.30-31(R)		

오답 공략
부족한 영역
학습 계획

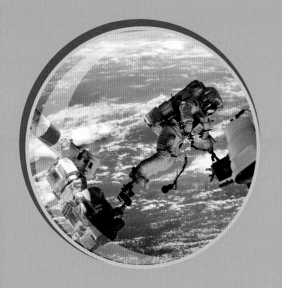

Lesson

6

Into Outer Space

<table>
<tr><td rowspan="2">의사소통
기능</td><td>알고 있는지 묻기</td><td>A: Do you know who he is? (너는 그가 누구인지 아니?)
B: Yes, I do. He is Albert Schweitzer. (응, 알아. 그는 Albert Schweitzer야.)</td></tr>
<tr><td>용도 말하기</td><td>A: What is it for? (그것의 용도가 무엇이니?)
B: It's for making ink. (그것은 잉크를 만들기 위한 거야.)</td></tr>
<tr><td rowspan="2">언어 형식</td><td>동등 비교</td><td>A year on Mars is about twice as long as a year on Earth.
(화성에서의 일 년은 지구에서의 일 년의 약 두 배만큼 길다.)</td></tr>
<tr><td>접속사 although</td><td>Although there are many movies about Mars, no one has been there yet.
(화성에 관한 많은 영화가 있긴 하지만, 그곳에 가 본 사람은 아직 아무도 없다.)</td></tr>
</table>

**주요
학습 내용**

Words

만점 노트

☆ 자주 출제되는 어휘

* 완벽히 외운 단어는 □ 안에 √표 해 봅시다.

Listen & Speak

□□ be interested in	~에 관심이 있다	□□ glue	명 풀 동 붙이다
□□ blind	형 시각 장애가 있는, 눈이 먼	□□ invention	명 발명품, 발명
□□ deaf☆	형 청각 장애가 있는, 귀가 먼	□□ inventor☆	명 발명가
□□ decorate	동 장식하다, 꾸미다	□□ peel	동 껍질을 벗기다 명 껍질
□□ electricity	명 전기	□□ produce	동 생산하다
□□ exhibition☆	명 전시회	□□ slice	동 (얇게) 썰다, 자르다 명 조각
□□ experience	동 경험하다 명 경험	□□ spread	동 바르다
□□ floor	명 바닥	□□ stick	명 막대, 나뭇가지
□□ from now on	지금부터	□□ straw	명 빨대

Reading

□□ adapt	동 적응하다	□□ lead	동 생활을 하다, 지내다
□□ although☆	접 (비록) ~이긴 하지만	□□ length☆	명 기간, 길이
□□ apply	동 지원하다	□□ lifetime	명 일생, 평생
□□ average	명 평균	□□ look for	~을 찾다
□□ be similar to	~과 비슷하다	□□ miss out	놓치다
□□ chance	명 기회	□□ mission	명 임무
□□ creative	형 창의적인	□□ necessary	형 필요한, 없어서는 안 될
□□ curious	형 호기심이 많은, 궁금한	□□ on average☆	평균적으로
□□ difference	명 차이, 차이점	□□ organization	명 조직, 단체
□□ environment☆	명 환경, 주위의 상황	□□ perfect	형 완벽한
□□ farther☆	(far의 비교급) 형 더 먼 부 더 멀리	□□ person	명 사람, 개인
□□ following	형 다음에(아래에) 오는	□□ planet☆	명 행성
□□ get along with	~와 잘 지내다	□□ reason	명 이유
□□ half	명 절반	□□ sense of humor	유머 감각
□□ imagine	동 상상하다	□□ several	형 몇몇의 (= a few)
□□ in addition☆	게다가	□□ similar☆	형 비슷한 (↔ different)
□□ include	동 포함하다	□□ solar system☆	명 태양계
□□ lastly	부 마지막으로	□□ space	명 우주, 공간

Language Use

□□ do one's best	최선을 다하다	□□ ladder	명 사다리
□□ expensive	형 비싼 (↔ cheap)	□□ lose	동 (경기에서) 지다 (↔ win)

Think and Write • Project

□□ communicate	동 의사소통하다	□□ moon	명 위성, 달
□□ farthest	(far의 최상급) 형 가장 먼 부 가장 멀리	□□ name after	~의 이름을 따서 짓다

Words

연습 문제

A 다음 단어의 우리말 뜻을 쓰시오.

01 length _____

02 similar _____

03 exhibition _____

04 half _____

05 adapt _____

06 decorate _____

07 planet _____

08 space _____

09 farther _____

10 necessary _____

11 invention _____

12 lead _____

13 several _____

14 lastly _____

15 floor _____

16 creative _____

17 reason _____

18 blind _____

19 curious _____

20 mission _____

B 다음 우리말에 해당하는 영어 단어를 쓰시오.

21 지원하다 _____

22 일생, 평생 _____

23 경험, 경험하다 _____

24 차이(점) _____

25 평균 _____

26 청각 장애가 있는 _____

27 껍질을 벗기다 _____

28 (비록) ~이긴 하지만 _____

29 조직, 단체 _____

30 생산하다 _____

31 다음에 오는 _____

32 위성, 달 _____

33 환경 _____

34 상상하다 _____

35 포함하다 _____

36 태양계 _____

37 의사소통하다 _____

38 (경기에서) 지다 _____

39 발명가 _____

40 전기 _____

C 다음 영어 표현의 우리말 뜻을 쓰시오.

01 sense of humor _____

02 in addition _____

03 on average _____

04 miss out _____

05 from now on _____

06 do one's best _____

07 look for _____

08 get along with _____

Words Plus
만점 노트

STEP A

영어 뜻풀이

☐☐ adapt	적응하다	to change your behavior in order to live in a new situation successfully
☐☐ although	(비록) ~이긴 하지만	used to mean "but" or "however" when you are commenting on a statement
☐☐ apply	지원하다	to ask formally for something such as a job, admission to a school, etc.
☐☐ average	평균	the sum of the values in a set divided by their number
☐☐ blind	시각 장애가 있는, 눈이 먼	not able to see
☐☐ deaf	청각 장애가 있는, 귀가 먼	not able to hear anything
☐☐ difference	차이	the way in which two things are not like each other
☐☐ environment	환경, 주위의 상황	the conditions that surround someone or something
☐☐ half	절반	one of two equal parts that together make up a whole
☐☐ lead	생활을 하다, 지내다	to have a particular type of life
☐☐ length	기간	the amount of time that something lasts
☐☐ mission	임무	a task or job that someone is given to do
☐☐ necessary	필요한, 없어서는 안 될	needed, required
☐☐ organization	조직, 단체	a group such as a club or business that is formed for a particular purpose
☐☐ peel	껍질을 벗기다	to remove the skin from a fruit, vegetable, etc.
☐☐ several	몇몇의	more than two but not very many
☐☐ similar	비슷한	like somebody or something but not exactly the same
☐☐ slice	(얇게) 썰다, 자르다	to cut something into thin pieces
☐☐ solar system	태양계	the sun and the planets that move around it
☐☐ stick	막대, 나뭇가지	a thin piece of wood or other material

단어의 의미 관계

● **유의어**
lastly = finally (마지막으로)
several = a few (몇몇의)

● **형용사 – 명사**
curious (호기심이 많은) – curiosity (호기심)
different (다른) – difference (차이)
long (긴) – length (길이)
similar (비슷한) – similarity (유사점)

● **동사 – 명사**
communicate (의사소통하다) –
communication (의사소통)
decorate (장식하다) – decoration (장식, 장식품)
exhibit (전시하다) – exhibition (전시회)
invent (발명하다) – invention (발명, 발명품)
organize (조직하다) – organization (조직)

다의어

● **length** 1. 명 기간 2. 명 길이
1. The movie is two hours in **length**.
그 영화의 상영 시간(기간)은 두 시간이다.
2. Can you extend the **length** of the skirt?
치마 길이 좀 늘려 주시겠어요?

● **peel** 1. 동 껍질을 벗기다 2. 명 껍질
1. Will you **peel** the potatoes for me?
감자 껍질 좀 벗겨 줄래?
2. He slipped on a banana **peel**.
그는 바나나 껍질에 미끄러졌다.

● **space** 1. 명 우주 2. 명 공간
1. It will land at an international **space** station.
그것은 한 국제 우주 정거장에 착륙할 것이다.
2. She is looking for a parking **space**.
그녀는 주차 공간을 찾고 있다.

Words Plus

연습 문제

A 다음 뜻풀이에 알맞은 말을 [보기]에서 골라 쓴 후, 우리말 뜻을 쓰시오.

[보기]	several difference average environment length similar peel mission

1 _____ : like somebody or something but not exactly the same: _____
2 _____ : the way in which two things are not like each other: _____
3 _____ : the conditions that surround someone or something: _____
4 _____ : a task or job that someone is given to do: _____
5 _____ : more than two but not very many: _____
6 _____ : the amount of time that something lasts: _____
7 _____ : the sum of the values in a set divided by their number: _____
8 _____ : to remove the skin from a fruit, vegetable, etc.: _____

B 다음 짝 지어진 두 단어의 관계가 같도록 빈칸에 알맞은 말을 쓰시오.

1 long : length = different : _____
2 decorate : decoration = organize : _____
3 invent : invention = exhibit : _____
4 a few : several = finally : _____

C 다음 빈칸에 알맞은 말을 [보기]에서 골라 쓰시오.

[보기]	imagine length include planet necessary

1 Oxygen is _____ for people to survive.
2 The _____ of this river is 200 kilometers.
3 Venus is the second _____ from the Sun.
4 You need to _____ onions on the shopping list.
5 It's very difficult to _____ life without smartphones.

D 다음 우리말과 같도록 빈칸에 알맞은 말을 쓰시오.

1 지금부터, 나는 네게 항상 진실을 말할 것이다. → _____ _____ _____, I'll always tell you the truth.
2 그녀는 평균적으로 하루에 2시간씩 운동한다. → She exercises two hours a day _____ _____.
3 너는 여러 중요한 사실을 놓쳐서는 안 된다. → You should not _____ _____ several important facts.
4 게다가 진흙은 피부에도 아주 좋다. → _____ _____, mud is very good for the skin.
5 나는 그가 유머 감각이 풍부해서 좋다. → I like him because he has a great _____ _____ _____.

Words

실전 TEST

01 다음 중 짝 지어진 두 단어의 관계가 [보기]와 같은 것은?

> [보기]　　curious – curiosity

① piece – slice　　② different – difference
③ lastly – finally　　④ win – lose
⑤ decorate – decoration

02 다음 영어 뜻풀이에 알맞은 단어는?

> not able to hear anything

① blind　　② deaf　　③ creative
④ similar　　⑤ necessary

03 다음 문장의 빈칸에 공통으로 들어갈 말로 알맞은 것은?

> • Will you _____ the cheese for me?
> • I need four _____ s of bread to make sandwiches.

① space　　② peel　　③ slice
④ glue　　⑤ length

04 다음 우리말과 같도록 빈칸에 알맞은 말을 쓰시오.

> The new uniform _____ _____ _____ the old one.
> (새 유니폼은 이전 것과 비슷하다.)

05 다음 중 밑줄 친 단어의 우리말 뜻이 알맞지 <u>않은</u> 것은?

① I need to buy <u>several</u> things at the store.
　(몇몇의)
② The grocery store is <u>farther</u> than I thought.
　(더 먼)
③ He works for an international <u>organization</u>.
　(단체)
④ Our <u>mission</u> is to search for survivors.
　(임무)
⑤ She will <u>apply</u> for an advertising company.
　(적응하다)

06 다음 문장의 빈칸에 공통으로 들어갈 말을 쓰시오.

> • I drink 2 liters of water a day _____ average.
> • I'll be more careful from now _____.

→ _____

07 다음 밑줄 친 단어와 의미가 <u>다른</u> 것은?

> I don't know the <u>length</u> of the river.

① Did you see the <u>length</u> of his hair?
② Each class is 45 minutes in <u>length</u>.
③ The boat is ten meters in <u>length</u>.
④ I like the <u>length</u> of this skirt.
⑤ Some fish can grow to a <u>length</u> of one meter.

핵심 노트

1 알고 있는지 묻기

A: **Do you know** who he is?

B: Yes, I do. He is Albert Schweitzer.

너는 그가 누구인지 아니?

응. 알아. 그는 Albert Schweitzer야.

Do you know ~?는 어떤 것에 관해 알고 있는지 물을 때 사용하는 표현이다. 특정 인물에 관해 알고 있는지 물을 때는 Do you know who ~ is?로 표현하고, 사물에 관해 알고 있는지 물을 때는 Do you know what ~ is?로 표현한다. Do you know 뒤에 「의문사＋주어＋동사 ～?」의 어순으로 쓰는 것에 유의한다.

e.g.
- A: **Do you know** what this is? 너는 이것이 무엇인지 아니?
  B: Um, it looks like a glue stick. 음. 그것은 막대 모양 풀처럼 보여.
- A: **Do you know** who this man is? 너는 이 남자가 누구인지 아니?
  B: Yes. His name is Alexander Graham Bell. Bell was an inventor.
  응. 그의 이름은 Alexander Graham Bell이야. Bell은 발명가였어.
- A: **Do you know** who she is? 너는 그녀가 누구인지 아니?
  B: No, I don't. Who is she? 아니. 몰라. 그녀가 누구니?
- A: **Do you know** what it is? 너는 그것이 무엇인지 아니?
  B: Well, I'm not sure. 음. 잘 모르겠어.

> **시험 포인트** **point**
> 묻는 대상이 사람인지 사물인지에 따라 Do you know 뒤의 의문사와 주어를 구분해서 사용해야 해요.

2 용도 말하기

A: **What is it for?**

B: **It's for** making ink.

그것의 용도가 무엇이니?

그것은 잉크를 만들기 위한 거야.

What is it for?는 '용도가 무엇이니?'라는 뜻으로 특정 물건의 사용 목적이나 용도를 묻는 표현이다. 물건이 복수형일 때는 What are they for?라고 묻는다. 이에 답할 때 It is(They are) for ~.를 사용하여 해당 물건의 사용 목적이나 용도를 말한다. 전치사 for 뒤에는 명사나 동명사 형태가 이어진다.

e.g.
- A: This looks interesting. **What is it for?** 이거 흥미롭게 보인다. 용도가 뭐야?
  B: **It's for** slicing eggs. 달걀을 얇게 썰기 위한 거야.
- A: **What are they for?** 그것들의 용도가 무엇이니?
  B: **You can** put them on and clean the floor.
  그것들을 신고 바닥을 청소할 수 있어.
- A: A VR headset? **What is it for?** VR 헤드셋? 용도가 뭐니?
  B: **If you** wear it, **you can** experience another world. 그것을 쓰면, 다른 세상을 경험할 수 있어.
- A: **What is this used for?** 이것의 용도가 무엇이니?
  B: **It is used for** making food. 그것은 음식을 만드는 데 쓰여.

> **시험 포인트** **point**
> 용도를 묻는 말에 대한 적절한 답을 고르는 문제가 자주 출제돼요. 용도를 말하는 다양한 표현들을 미리 익혀 두세요.

Listen and Speak 1-A

교과서 102쪽

B: ❶ Do you know what this is?

G: Um, it ❷ looks like a glue stick.

B: No, it's a butter stick.

G: Oh, is there butter in it?

B: Yes, you can ❸ spread butter on the bread ❹ with ❺ it.

❶ '이것이 무엇인지 아니?'라는 뜻으로 어떤 사물에 관해 알고 있는지 묻는 표현
❷ look like: ~처럼 보이다
❸ spread A on B: A를 B에 바르다
❹ 쩐 (수단을 나타내어) ~으로, ~을 써서
❺ = a butter stick

Q1 They are talking about a glue stick. （T / F）

Listen and Speak 1-B

교과서 102쪽

M: Hello, class! Jisu is today's speaker for show and tell. Jisu?

G: Hi, class! ❶ Do you know who this man is? His name is Alexander Graham Bell. Bell was an inventor. He ❷ was interested in sound. What did he invent? Yes, the telephone! His mother and wife ❸ were deaf. So he also made some inventions for ❹ deaf people and opened a school for ❺ them.

❶ '이 남자가 누구인지 아니?'라는 뜻으로 어떤 인물에 관해 알고 있는지 묻는 표현
❷ be interested in: ~에 관심이 있다 / 전치사 in 뒤에 명사나 동명사를 씀
❸ 주어 His mother and wife와 수 일치
❹ = the deaf(청각 장애인들)
❺ 앞에 나온 deaf people을 가리킨다.

Q2 Alexander Graham Bell이 발명한 것은 무엇인가요?

Listen and Speak 1-C

교과서 102쪽

A: He was a doctor. He helped sick people in Africa. Do you know who he is?

B: ❶ Yes, I do. He is Albert Schweitzer.

A: That's right.

- -

A: He was a doctor. He helped sick people in Africa. Do you know who he is?

B: ❷ No, I don't. Who is he?

A: He is Albert Schweitzer.

❶ Do you know ~?에 대한 긍정의 응답
❷ Do you know ~?에 대한 부정의 응답

Q3 What was Albert Schweitzer's job? → He was a(n) _____.

Listen and Speak 2-A

교과서 103쪽

G: This ❶ looks interesting. ❷ What is it for?

M: ❸ It's for slicing eggs.

G: Really? ❹ May I try it?

M: ❺ Sure, ❻ here is an egg.

❶ 「look + 형용사」: ~하게 보이다
❷ '용도가 무엇이니?'라는 뜻으로, 어떤 물건의 사용 목적이나 용도를 묻는 표현
❸ 어떤 물건의 사용 목적이나 용도를 말하는 표현
❹ May I ~?: '~해도 될까요?'라는 뜻으로 허락을 구하는 표현
❺ May I ~?에 대한 긍정의 응답
❻ 「here is/are + 주어」: 여기 ~이 있다

Q4 두 사람은 무엇에 관해 대화하고 있나요?

Listen and Speak 2-B

교과서 103쪽

B: Mom, ❶ look at these slippers. I made ❷ them in science class.

W: Why did you make slippers in science class?

B: ❸ They are not ❹ just for wearing.

W: Then, ❺ what are they for?

B: You can ❻ put them on and clean the floor.

W: Oh, so you will clean your room ❼ from now on?

B: Sure. ❽ Don't worry about my room, Mom.

❶ ~을 보다
❷ 앞에 나온 these slippers를 가리킨다.
❸ 앞에 나온 slippers를 가리킨다.
❹ 児 그저, 단지
❺ 어떤 물건의 사용 목적이나 용도를 묻는 표현
❻ put on: ~을 신다/입다/쓰다(= wear) / them은 slippers 를 가리킨다.
❼ 지금부터
❽ 「Don't(Never)+동사원형 ~」: ~하지 마라 (부정 명령문)

Q5 What did the boy make in science class? → He made _____.

Q6 소년이 만든 물건의 용도로 알맞은 것은 무엇인가요?　① 정전기 차단　② 청소

Listen and Speak 2-C

교과서 103쪽

A: Jane, look at this. It's a meok.

B: I ❶ have never seen it before. What is it for?

A: It's for making ink.

B: Oh, really? ❷ That's interesting.

❶ 「have never + 과거분사」: '결코 ~한 적이 없다'라는 의미로 경험을 나타내는 현재완료
❷ 먹으로 잉크를 만든다는 사실을 가리킨다.

Q7 Jane이 처음 본 물건으로, 잉크를 만드는 데 사용되는 것은 무엇인가요?

Real Life Talk > Watch a Video

교과서 104쪽

Judy: ❶ How was your weekend, Hojin?

Hojin: I ❷ had a great time. I went to a science exhibition with my brother.

Judy: ❸ Did you? ❹ I heard there were so many interesting things.

Hojin: Yes. Look at this. I bought it ❺ there. ❻ Do you know what it is?

Judy: Well, ❼ I'm not sure. What is it?

Hojin: It's a VR headset.

Judy: A VR headset? ❽ What is it for?

Hojin: ❾ If you wear it, you can experience another world.

Judy: Sounds cool. ❿ May I try it?

Hojin: Sure. ⓫ Here you go.

❶ How was ~?: ~은 어땠니?
❷ have a great time: 즐거운 시간을 보내다
❸ 뒤에 go to a science exhibition with your brother 가 생략된 형태
❹ I heard 다음에 접속사 that이 생략되었다.
❺ a science exhibition을 가리킨다.
❻ 어떤 사물에 관해 알고 있는지 묻는 표현
❼ '잘 모르겠다.'라는 뜻으로 Do you know ~?에 대한 부정의 응답
❽ 어떤 물건의 사용 목적이나 용도를 묻는 표현
❾ '만약 ~이라면'이라는 뜻의 접속사
❿ May I ~?: '~해도 될까요?'라는 뜻으로 허락을 구하는 표현
⓫ 여기 있어. (= Here you are.)

Q8 호진이가 남동생과 함께 주말에 간 곳은 어디인가요?

Q9 What did Hojin buy last weekend? → He bought _____.

빈칸 채우기

우리말과 일치하도록 대화의 빈칸에 알맞은 말을 쓰시오.

주요 표현

해석

1 Listen and Speak 1-A

교과서 102쪽

B: Do you know _____ _____ _____ ?

G: Um, it _____ _____ a glue stick.

B: No, it's a butter stick.

G: Oh, is there butter in it?

B: Yes, you _____ _____ _____ on the bread with it.

B: 너는 이것이 무엇인지 아니?
G: 음, 막대 모양 풀처럼 보여.
B: 아니, 그건 막대 모양 버터야.
G: 오, 그 안에 버터가 있니?
B: 응, 그걸로 빵 위에 버터를 바를 수 있어.

2 Listen and Speak 1-B

교과서 102쪽

M: Hello, class! Jisu is today's speaker for show and tell. Jisu?

G: Hi, class! Do you _____ _____ _____ _____

_____ ? His name is Alexander Graham Bell. Bell was _____

_____ . He _____ _____ _____ sound. What did he

invent? Yes, the telephone! His mother and wife _____ _____ .

So he also _____ _____ _____ for deaf people and

opened a school for them.

M: 안녕하세요, 여러분! 지수가 오늘의 발표자예요. 지수야?
G: 안녕, 얘들아! 이 남자가 누구인지 아니? 그의 이름은 Alexander Graham Bell이야. Bell은 발명가였어. 그는 소리에 관심이 있었어. 그가 무엇을 발명했지? 맞아, 전화기야! 그의 어머니와 아내는 청각 장애가 있었어. 그래서 그는 청각 장애인들을 위한 몇 가지 발명품도 만들었고 그들을 위한 학교도 열었어.

3 Listen and Speak 1-C

교과서 102쪽

A: He was a doctor. He _____ _____ _____ in Africa.

_____ _____ _____ _____ _____ _____ ?

B: Yes, I do. He is Albert Schweitzer.

A: _____ _____ .

- -

B: _____ , _____ _____ . Who is he?

A: He is Albert Schweitzer.

A: 그는 의사였어. 그는 아프리카의 아픈 사람들을 도왔어. 그가 누구인지 아니?
B: 응, 알아. 그는 Albert Schweitzer야.
A: 맞아.
- -
B: 아니, 몰라. 그가 누구니?
A: 그는 Albert Schweitzer야.

4 Listen and Speak 2-A

교과서 103쪽

G: This looks interesting. _____ _____ _____ _____ ?

M: It's for slicing eggs.

G: Really? _____ _____ _____ _____ _____ ?

M: Sure, here is an egg.

G: 이거 흥미롭게 보여요. 용도가 뭐예요?
M: 달걀을 얇게 썰기 위한 거야.
G: 정말요? 제가 해 봐도 돼요?
M: 물론이지, 여기 달걀이 있어.

5 Listen and Speak 2-B

교과서 103쪽

B: Mom, look at these slippers. I _____ _____ in science class.

W: Why did you make slippers _____ _____ _____ ?

B: They are _____ _____ _____ _____ .

W: Then, _____ _____ _____ _____ ?

B: You can _____ _____ _____ and clean the floor.

W: Oh, so you will clean your room from now on?

B: Sure. _____ _____ _____ my room, Mom.

B: 엄마, 이 슬리퍼를 보세요. 제가 과학 시간에 만들었어요.
W: 왜 과학 시간에 슬리퍼를 만들었니?
B: 그것들은 단순히 신기 위한 게 아니에요.
W: 그럼, 용도가 무엇이니?
B: 슬리퍼를 신고 바닥을 청소할 수 있어요.
W: 오, 그럼 앞으로는 네가 네 방을 청소하겠구나?
B: 물론이에요. 제 방은 걱정 마세요, 엄마.

6 Listen and Speak 2-C

교과서 103쪽

A: Jane, look at this. It's a meok.

B: I _____ _____ _____ _____ before. What is it for?

A: _____ _____ _____ _____ .

B: Oh, really? That's interesting.

A: Jane, 이것 좀 봐. 그것은 먹이야.
B: 나는 그것을 전에 본 적이 없어. 용도가 무엇이니?
A: 잉크를 만들기 위한 거야.
B: 오, 정말? 그거 흥미롭다.

7 Real Life Talk > Watch a Video

교과서 104쪽

Judy: How was your weekend, Hojin?

Hojin: I had a great time. I went to _____ _____ _____ with my brother.

Judy: Did you? _____ _____ there were so many interesting things.

Hojin: Yes. Look at this. I bought it there. _____ _____ _____ _____ _____ _____ ?

Judy: Well, I'm not sure. What is it?

Hojin: It's a VR headset.

Judy: A VR headset? _____ _____ _____ _____ ?

Hojin: If you wear it, _____ _____ _____ _____ _____ .

Judy: Sounds cool. May I try it?

Hojin: Sure. _____ _____ _____ .

Judy: 주말은 어땠니, 호진아?
호진: 즐거운 시간을 보냈어. 난 남동생과 과학 전시회에 갔어.
Judy: 그랬니? 흥미로운 것들이 굉장히 많다고 들었어.
호진: 응, 이것 좀 봐. 난 그것을 거기에서 샀어. 이게 무엇인지 아니?
Judy: 음, 잘 모르겠어. 그게 뭐니?
호진: VR 헤드셋이야.
Judy: VR 헤드셋? 용도가 뭐니?
호진: 그것을 쓰면, 다른 세상을 경험할 수 있어.
Judy: 멋지다. 내가 써 봐도 될까?
호진: 물론이지. 여기 있어.

Listen & Speak

대화 순서 배열하기

자연스러운 대화가 되도록 순서를 바르게 배열하시오.

1 Listen and Speak 1-A
교과서 102쪽

ⓐ Um, it looks like a glue stick.

ⓑ Oh, is there butter in it?

ⓒ No, it's a butter stick.

ⓓ Do you know what this is?

ⓔ Yes, you can spread butter on the bread with it.

(　　　) – (　　　) – (　　　) – (　　　) – (　　　)

2 Listen and Speak 1-B
교과서 102쪽

A: Hello, class! Jisu is today's speaker for show and tell. Jisu?

B: ⓐ Do you know who this man is?

ⓑ So he also made some inventions for deaf people and opened a school for them.

ⓒ Bell was an inventor. He was interested in sound.

ⓓ Hi, class!

ⓔ His mother and wife were deaf.

ⓕ Yes, the telephone!

ⓖ His name is Alexander Graham Bell.

ⓗ What did he invent?

(ⓓ) – (　　　) – (　　　) – (　　　) – (ⓗ) – (　　　) – (ⓔ) – (　　　)

3 Listen and Speak 1-C
교과서 102쪽

ⓐ No, I don't. Who is he?

ⓑ He is Albert Schweitzer.

ⓒ He was a doctor. He helped sick people in Africa. Do you know who he is?

(　　　) – (　　　) – (　　　)

4 Listen and Speak 2-A
교과서 103쪽

ⓐ Really? May I try it?

ⓑ It's for slicing eggs.

ⓒ Sure, here is an egg.

ⓓ This looks interesting. What is it for?

(　　　) – (　　　) – (　　　) – (　　　)

5 Listen and Speak 2-B

교과서 103쪽

ⓐ Mom, look at these slippers. I made them in science class.
ⓑ Then, what are they for?
ⓒ Oh, so you will clean your room from now on?
ⓓ They are not just for wearing.
ⓔ Sure. Don't worry about my room, Mom.
ⓕ You can put them on and clean the floor.
ⓖ Why did you make slippers in science class?

(ⓐ) – ( ) – (ⓓ) – ( ) – ( ) – ( ) – ( )

6 Listen and Speak 2-C

교과서 103쪽

ⓐ It's for making ink.
ⓑ Jane, look at this. It's a meok.
ⓒ I have never seen it before. What is it for?
ⓓ Oh, really? That's interesting.

( ) – ( ) – ( ) – ( )

7 Real Life Talk > Watch a Video

교과서 104쪽

ⓐ A VR headset? What is it for?
ⓑ Did you? I heard there were so many interesting things.
ⓒ How was your weekend, Hojin?
ⓓ Sounds cool. May I try it?
ⓔ It's a VR headset.
ⓕ Sure. Here you go.
ⓖ Yes. Look at this. I bought it there. Do you know what it is?
ⓗ If you wear it, you can experience another world.
ⓘ I had a great time. I went to a science exhibition with my brother.
ⓙ Well, I'm not sure. What is it?

(ⓒ) – ( ) – ( ) – ( ) – (ⓘ) – ( ) – ( ) – ( ) – ( ) – ( )

01 다음 대화의 밑줄 친 부분의 의도로 알맞은 것은?

A: This looks interesting. What is it for?
B: It's for slicing eggs.

① 원인 말하기
② 용도 말하기
③ 관심 말하기
④ 경험 말하기
⑤ 좋아하는 것 말하기

[02-03] 다음 대화의 빈칸에 들어갈 말로 알맞은 것을 고르시오.

02
A: He was a doctor. He helped sick people in Africa. _____
B: Yes, I do. He is Albert Schweitzer.
A: That's right.

① Who is he?
② Do you know what it is?
③ How do you know him?
④ Do you know who he is?
⑤ What do you know about him?

03
A: I have never seen this before. _____
B: It's for making ink.

① What is it for?
② What are they for?
③ What do you like?
④ What do you need?
⑤ Where did you get it?

04 다음 대화의 빈칸에 들어갈 말로 알맞지 않은 것은?

A: What is it for?
B: _____

① It's for cooking.
② It cleans the air.
③ It's made of crystal.
④ It's for making coffee.
⑤ It's used for washing the dishes.

[05-06] 다음 대화를 읽고, 물음에 답하시오.

Boy:	Mom, look at these slippers. I made them in science class.
Woman:	_____ did you make slippers in science class?
Boy:	They are not just for wearing.
Woman:	Then, _____ are they for?
Boy:	You can put them on and clean the floor.
Woman:	Oh, so you will clean your room from now on?
Boy:	Sure. Don't worry about my room, Mom.

05 위 대화의 빈칸에 들어갈 말이 순서대로 짝 지어진 것은?

① What – who
② Why – what
③ What – why
④ Why – who
⑤ When – what

고
난도
06 위 대화의 내용과 일치하도록 빈칸에 알맞은 말을 쓰시오.

The boy made _____ for _____ the floor in _____ class.

[07-09] 다음 대화를 읽고, 물음에 답하시오.

Judy: How was your weekend, Hojin?

Hojin: (①) I had a great time. I went to a science (A) exhibit / exhibition with my brother.

Judy: Did you? I heard there were so many interesting things.

Hojin: Yes. Look at this. I bought it there. Do you know what it is?

Judy: (②) What is it?

Hojin: (③) It's a VR headset.

Judy: A VR headset? What is it for?

Hojin: (④) ____ⓐ____ you wear it, you can experience (B) several / another world.

Judy: Sounds (C) cool / cold. May I try it?

Hojin: (⑤) Sure. Here you go.

07 위 대화의 (A)~(C)에서 알맞은 말이 순서대로 짝 지어진 것은?

	(A)	(B)	(C)
①	exhibit	– several	– cool
②	exhibit	– another	– cold
③	exhibition	– several	– cool
④	exhibition	– another	– cool
⑤	exhibition	– another	– cold

08 위 대화의 ①~⑤ 중 주어진 문장이 들어갈 알맞은 곳은?

> Well, I'm not sure.

①　　　②　　　③　　　④　　　⑤

09 위 대화의 빈칸 ⓐ에 들어갈 말로 알맞은 것은?

① Before　　② If　　③ Although

④ Unless　　⑤ Because

---

10 다음 대화의 빈칸에 알맞은 말을 [조건]에 맞게 쓰시오.

A: Do you know what this is?

B: No, I don't. What is it?

A: It's a Clean Straw.

B: A Clean Straw? _____

A: It cleans water while you drink.

> [조건]　1. 4단어의 완전한 문장으로 쓸 것
>
> 　　　　2. what, for를 사용할 것

→ _____

11 다음 대화의 밑줄 친 우리말과 같도록 괄호 안의 말을 사용하여 영어로 쓰시오.

> A: 너는 이것이 무엇인지 아니? (know, what)
>
> B: Um, it looks like a glue stick.
>
> A: No, it's a butter stick.
>
> B: Oh, is there butter in it?
>
> A: Yes, you can spread butter on the bread with it.

→ _____

[12-13] 다음 글을 읽고, 물음에 답하시오.

> Hi, class! ⓐWho do you know this man is? ⓑHis name is Alexander Graham Bell. ⓒBell was an inventor. ⓓHe was interested in sound. What did he invent? Yes, the telephone! ⓔHis mother and wife were deaf. So he also made some inventions for deaf people and opened a school for them.

12 위의 밑줄 친 ⓐ~ⓔ 중 틀린 문장을 찾아 기호를 쓰고, 바르게 고쳐 쓰시오.

(　　　) → _____

13 What did Bell invent? Answer the specific item.

→ _____

Grammar
핵심 노트

1 동등 비교

- A year on Mars is about **twice as long as** a year on Earth. 화성에서의 일 년은 지구에서의 일 년의 약 두 배만큼 길다.

- The tree is **as tall as** the ladder. 그 나무는 그 사다리만큼 높다.

- The pear is **as big as** the apple. 그 배는 그 사과만큼 크다.

(1) 형태: 「as+형용사/부사의 원급+as」

(2) 의미: '~만큼 …한/하게'라는 뜻으로 두 대상을 비교하여 서로 동등함을 나타낸다.
- This green car is **as big as** that yellow one.
  이 초록색 자동차는 저 노란색 자동차만큼 크다.
- She can't run **as fast as** Jenny. 그녀는 Jenny만큼 빠르게 달리지 못한다.

(3) 동등 비교의 부정: 「not as(so)+형용사/부사의 원급+as」의 형태로 쓰고, '~만큼 …하지 않은/않게'의 뜻을 나타낸다.
- I am **not as(so) tall as** my brother. 나는 내 형만큼 키가 크지 않다.
- These shoes are **not as(so) comfortable as** those ones.
  이 신발은 저 신발만큼 편하지 않다.

(4) 배수 표현: 「배수사(twice, three times 등)+as+형용사/부사의 원급+as」는 '~의 몇 배만큼 …한/하게'의 뜻을 나타낸다.
- This bag is about **twice as heavy as** that one.
  이 가방이 저 가방의 약 두 배만큼 무겁다.
- He ate **three times as much as** I did.
  그는 내가 먹은 것보다 세 배만큼 많이 먹었다.

---

point 시험 포인트
동등 비교 문장의 as와 as 사이에는 원급을 써야 한다는 것을 반드시 기억하세요.

비교급
Health is **more important than** money.
건강은 돈보다 더 중요하다.
[중1 8과]

한 단계 더!

「배수사+as+원급+as」는
「배수사+비교급+than」과 같은 의미이다.
- Your house is **three times as big as** mine.
  = Your house is **three times bigger than** mine.
  네 집은 내 집의 세 배만큼 크다.

단, twice와 half는 「배수사+비교급+than」 형태로 쓰지 않아요.

QUICK CHECK

1 다음 괄호 안에서 알맞은 것을 고르시오.

(1) I get up as (early / earlier) as my mother.

(2) My grandmother is four times as old (as / than) I.

(3) Money is (as not / not as) important as health.

2 다음 문장의 밑줄 친 부분이 틀렸으면 바르게 고쳐 쓰시오.

(1) This movie is <u>so</u> interesting as that one. → _____

(2) Your book is twice as <u>thick</u> as mine. → _____

(3) Japanese is not as <u>more difficult</u> as English for me. → _____

2 접속사 although

- **Although** there are many movies about Mars, no one has been there yet.

  화성에 관한 많은 영화가 있긴 하지만, 화성에 가 본 사람은 아직 아무도 없다.

- **Although** Mina and I live in different cities, we are best friends.

  미나와 나는 다른 도시에 살지만, 우리는 가장 친한 친구이다.

(1) **의미**: although는 '(비록) ~이지만(일지라도)'이라는 뜻의 접속사로 양보의 부사절을 이끈다. although 뒤에는 주어와 동사를 포함한 절이 오며, though, even though 등이 비슷한 표현이다.

(2) **although가 이끄는 절의 위치**: although가 이끄는 절은 주절의 앞과 뒤에 모두 올 수 있다. 주절의 앞에 올 경우에는 although가 이끄는 절 뒤에 콤마(,)를 쓴다.

- **Although** Tom is younger than me, he is stronger than me.

  = Tom is stronger than me **although** he is younger than me.

  Tom이 나보다 더 어리기는 하지만, 그는 나보다 더 힘이 세다.

- **Although** the weather was bad, we went on a picnic.

  날씨가 안 좋았지만, 우리는 소풍을 갔다.

- **Although** I ran to the station, I missed the train.

  나는 역까지 달려갔지만, 기차를 놓쳤다.

> **시험 포인트** **point**
>
> 문장의 접속사로 although가 쓰일지, 다른 접속사가 쓰일지를 구분하는 문제가 자주 출제돼요. although는 앞의 절과 뒤의 절이 반대되는 의미 관계를 나타낼 때 쓰인다는 것을 기억하세요.

한 단계 더!

despite와 in spite of는 '~에도 불구하고'라는 뜻의 전치사(구)로 뒤에 명사(구)가 온다.

- **Despite** the cold weather, a lot of people gathered at the park.

  추운 날씨에도 불구하고, 많은 사람들이 공원에 모였다.

- He attended the meeting **in spite of** his illness.

  그는 병중임에도 불구하고 회의에 참석했다.

QUICK CHECK

1 다음 괄호 안에서 알맞은 것을 고르시오.

(1) He is not healthy (if / although) he exercises regularly.

(2) (Although / Because) she had a toothache, she didn't go to the dentist.

(3) (Despite / Although) it was raining, we played soccer outside.

2 다음 문장의 밑줄 친 부분을 바르게 고쳐 쓰시오.

(1) Although I studying hard, I failed the final exam. → _____

(2) She although has a lot of fans, she is not happy. → _____

(3) Although his old age, he works very hard. → _____

G Grammar
연습 문제

1 동등 비교

A 다음 괄호 안에서 알맞은 것을 고르시오.

1 I think skiing is (so / as) exciting as skating.

2 This chocolate is (as not / not as) sweet as that candy.

3 Your camera is about twice as (heavy / heavier) as mine.

4 Kevin is as (funny / more funny) as Tony.

5 This one is three (time / times) as big as that one.

B 올바른 동등 비교의 문장이 되도록 다음 문장의 밑줄 친 부분을 바르게 고쳐 쓰시오.

1 My younger brother is as brave than I. → _____

2 This bed is as harder as stone. → _____

3 This picture is as not famous as the *Mona Lisa*. → _____

4 The watch is as cheaper as the hat. → _____

5 Saving money is as more important as making money. → _____

C 다음 우리말과 같도록 괄호 안의 말을 사용하여 문장을 완성하시오.

1 그 부츠는 그 운동화만큼 편안하다. (comfortable)

→ The boots are _____ the sneakers.

2 한국은 러시아만큼 춥지 않다. (cold)

→ Korea is _____ Russia.

3 너의 전화기는 내 것의 두 배만큼 비싸다. (expensive)

→ Your phone is _____ mine.

D 다음 우리말과 같도록 괄호 안의 말과 as ~ as 구문을 사용하여 영작하시오.

1 나는 그 시험에 대비해 내 누나만큼 열심히 공부했다. (study, hard, for the test)

→ _____

2 이 책은 만화책들만큼 재미있지 않다. (interesting, comic books)

→ _____

3 우리 아빠는 내 세 배만큼의 나이이다. (three times, old)

→ _____

2 접속사 although

A 다음 괄호 안에서 알맞은 것을 고르시오.

1 (After / Although) she was 70 years old, she finished the marathon.

2 (Although / Because) he was very tired, he went to bed early.

3 (Although / If) you insert a coin, the vending machine will work.

4 (Although / Because) it was cold, he didn't wear a coat.

5 (Although / When) she was in middle school, she acted in a school play.

B 다음 문장의 빈칸에 Although와 Despite 중 알맞은 말을 쓰시오.

1 _____ we tried our best, we lost the game.

2 _____ the hot weather, she was wearing a jacket.

3 _____ they were late for school, they didn't run.

4 _____ her illness, she enjoyed her trip.

5 _____ he was not rich, he donated some money every year.

C 다음 문장과 의미가 같도록 although를 사용하여 문장을 다시 쓰시오. (although로 문장을 시작할 것)

1 It rained heavily, but we went out.

   → _____

2 He is nearly 80 years old, but he is still very active.

   → _____

3 We did our best, but we failed to win a gold medal.

   → _____

D 다음 우리말과 같도록 괄호 안의 말을 사용하여 문장을 완성하시오.

1 나는 오늘 수업이 없었지만, 온종일 바빴다. (although, had, no)

   → I was busy all day _____.

2 그녀의 늙은 나이에도 불구하고, 그녀는 매우 기억력이 좋다. (despite, age)

   → _____, she has a very good memory.

3 비가 오고 있지만, 그 경기는 취소되지 않을 것이다. (although, be canceled)

   → _____, the game will _____.

4 그는 병중임에도 불구하고 새 소설을 출간했다. (in spite of, illness)

   → He published a new novel _____.

STEP
A

01 다음 빈칸에 들어갈 말로 알맞은 것은?

> _____ I wasn't hungry, I ate the whole pizza.

① As   ② If   ③ Since
④ Although   ⑤ Unless

02 다음 빈칸에 들어갈 수 <u>없는</u> 것은?

> This camera is as _____ as that one.

① light   ② cheap   ③ heavy
④ smaller   ⑤ expensive

한 단계 더!
03 다음 빈칸에 들어갈 수 <u>없는</u> 말을 <u>모두</u> 고르면?

> _____ they are twins, they look different.

① Although   ② Though   ③ Despite
④ Even though   ⑤ In spite of

04 다음 중 어법상 <u>틀린</u> 것은?

① This song is as popular as *Hey Jude*.
② The ground is as softer as sponge.
③ My sister is twice as old as I.
④ Despite his popularity, he was not happy.
⑤ Although she is young, she does everything by herself.

05 다음 중 빈칸에 Although가 들어갈 수 <u>없는</u> 것은?

① _____ he cleaned his room, it was still dirty.
② _____ I know the truth, I won't tell anyone.
③ _____ I was careful, I made the same mistake.
④ _____ he was busy, he couldn't attend the meeting.
⑤ _____ she was tired, she continued to work.

[06-07] 다음 우리말을 바르게 영작한 것을 고르시오.

06 내 코트는 그녀의 코트의 네 배만큼 비싸다.

① My coat is as expensive as hers.
② My coat is four times expensive as hers.
③ My coat is four times as expensive as hers.
④ Her coat is four times as expensive as mine.
⑤ Her coat is four times expensive as mine.

07 비록 가격은 좀 비쌌지만 음식은 맛있었다.

① The food was delicious, so it was a little expensive.
② The food was delicious despite it was a little expensive.
③ The food was delicious because it was a little expensive.
④ Although it was a little expensive, the food was delicious.
⑤ If it was a little expensive, the food was delicious.

08 다음 빈칸에 들어갈 cold의 형태로 알맞은 것은?

> Today is as _____ as yesterday.

① cold   ② colder

③ more cold   ④ most cold

⑤ not cold

[09-10] 다음 두 문장의 의미가 같도록 빈칸에 알맞은 말을 고르시오.

09 Although they live in different cities, they are best friends.
= They live in different cities, _____ they are best friends.

    ① and   ② but   ③ or

    ④ so   ⑤ because

고/난도
10 This computer is more expensive than my smartphone.
= My smartphone is not _____ this computer.

    ① expensive   ② expensive than

    ③ as expensive as   ④ much expensive

    ⑤ much more expensive

[11-12] 다음 두 문장의 의미가 같도록 빈칸에 알맞은 말을 쓰시오.

한 단계 │ 더!
11 The tree is four times taller than the ladder.
= The tree is four times as _____ as the ladder.

한 단계 │ 더!
12 Although it rained, we went to see the soccer match.
= _____ the rain, we went to see the soccer match.

13 다음 문장과 의미가 같은 것은?

> He is short, but he plays basketball well.

① As he is short, he plays basketball well.

② If he is short, he plays basketball well.

③ He is short although he plays basketball well.

④ Although he is short, he plays basketball well.

⑤ He doesn't play basketball well although he is short.

[14-15] 다음 문장에서 어법상 틀린 부분을 찾아 바르게 고치시오.

14 Swimming is as difficulty as riding a bike.

_____ → _____

15 The car still runs well despite it is very old.

_____ → _____

16 다음 중 어법상 틀린 문장끼리 짝 지어진 것은?

> ⓐ Although she was sick, she went to work.
> ⓑ This scarf is as more expensive as that one.
> ⓒ He is not as strong as my father.
> ⓓ Though his efforts, he couldn't pass the exam.

① ⓐ, ⓑ   ② ⓐ, ⓒ   ③ ⓑ, ⓒ
④ ⓑ, ⓓ   ⑤ ⓒ, ⓓ

17 다음 우리말을 영어로 옮길 때 다섯 번째로 오는 단어는?
(축약형은 사용하지 않음)

> 내 배낭은 네 것만큼 무겁지 않다.

① is   ② as   ③ not
④ heavy   ⑤ backpack

18 다음 중 어법상 옳은 문장의 개수는?

> ⓐ Although I fixed the hair dryer, it didn't work well.
> ⓑ Minho can't swim as fastly as my brother.
> ⓒ They went for a walk even though it was raining heavily.
> ⓓ My mother is three times as old as my sister.

① 0개   ② 1개   ③ 2개
④ 3개   ⑤ 4개

19 다음 대화의 빈칸에 들어갈 말로 알맞은 것은?

> A: Who gets up earlier, Nancy or Jason?
> B: Nancy doesn't get up _____ Jason.

① as early so   ② earlier as
③ as early as   ④ more earlier than
⑤ as early than

20 다음 두 문장에 대한 설명으로 틀린 것을 모두 고르면?

> (A) Spanish is as interesting as English for me.
> (B) Although she is not happy, she tries to smile.

① (A)를 부정문으로 만들 때는 as 앞에 not을 쓴다.
② (A)가 부정문이 되면 is 뒤의 as는 so로도 쓸 수 있다.
③ (A)의 interesting은 more interesting이 되어야 한다.
④ (B)의 Although는 Though로 바꿔 쓸 수 있다.
⑤ (B)의 Although는 Despite로 바꿔 쓸 수 있다.

21 다음 표의 내용과 일치하도록 아래 문장에서 틀린 부분을 찾아 바르게 고친 것은?

Building	Height	Completed
Green Building	35m	in 1970
Yellow Building	70m	in 2010

> • The Yellow Building ①is ②three times ③as tall as the Green Building.
> • The Yellow Building ④is not ⑤as old as the Green Building.

① is → are
② three times → twice
③ as tall as → as taller than
④ is not → not is
⑤ as old as → as new as

서술형

22 [보기]에서 알맞은 단어를 골라 as ~ as 구문을 사용하여 그림 속 자동차들의 특징을 비교하는 문장을 자유롭게 쓰시오.

$42,500
2018 model

$31,500
2016 model

$28,000
2016 model

$42,500
2019 model

[보기]   old   big   expensive

(1) The green car is _____.
(2) The red car is _____.
(3) The blue car is _____.

23 (A), (B)에서 알맞은 말을 하나씩 골라 접속사 although로 시작하는 문장을 쓰시오.

(A) • He is alone.
    • He is hungry.
    • He takes regular exercise.

(B) • He can't eat any food.
    • He is not healthy.
    • He is happy.

(1) _____
(2) _____
(3) _____

고단도 한 단계 더!

24 다음 문장과 의미가 같도록 괄호 안의 말을 사용하여 빈칸에 알맞은 말을 쓰시오. (총 4단어)

He is still in good health although he is old.

= _____, he is still in good health. (despite)

25 다음 우리말과 같도록 괄호 안의 말을 사용하여 문장을 쓰시오.

(1) 이 멜론은 꿀처럼 달콤하다.
→ _____
(melon, as, honey)

(2) 도서관은 우체국만큼 멀지 않다.
→ _____
(the library, as, far, the post office)

(3) 이 탑은 저 건물의 두 배만큼 높다.
→ _____
(tower, twice, as, tall, building)

한 단계 더!

26 다음 밑줄 친 문장을 바르게 고쳐 다시 쓰시오.

(1)
This room is three times bigger than mine.은 This room is not three times as big as mine.으로 바꿔 쓸 수 있다.

→ _____

(2)
Despite she got up early, she was late for school.은 '그녀는 일찍 일어났지만, 학교에 늦었다.'라는 의미이다.

→ _____

R Reading

만점 노트

나를 화성으로 데려가요

Fly Me to Mars

01 화성에서 살아요!

01 <u>Live on MARS!</u>
~에 살다

02 다른 행성에서 살고 싶은가요?

02 Do you want <u>to live</u> on another planet?
명사적 용법의 to부정사 (목적어)

03 한국 우주 기구(KSO)는 화성에 갈 사람들을 찾고 있습니다!

03 The Korea Space Organization (KSO) is looking for <u>people</u> to go to MARS!
형용사적 용법의 to부정사

04 우리의 임무는 화성에 도시를 세우는 것입니다.

04 Our mission is <u>to build</u> a city on Mars.
명사적 용법의 to부정사 (보어)

05 우리는 다음과 같은 사람을 찾고 있습니다.

05 We're looking for someone...

06 건강한 사람.

06 who is healthy.
주격 관계대명사 (선행사: someone)

07 창의적이고 호기심이 많은 사람.

07 who is creative and curious.

08 다른 사람들과 잘 지낼 수 있는 사람.

08 who can get along with others.

09 새로운 환경에 빨리 적응할 수 있는 사람.

09 who can adapt to a new environment quickly.
부사적 용법의 to부정사 (목적)

10 지원하려면, 우리에게 짧은 동영상을 보내세요.

10 <u>To apply,</u> send us a short video. (4형식)
= send a short video to us (3형식)

11 동영상은 다음의 질문에 관한 답을 포함해야 합니다.

11 The video must include the answers to the following questions:
~해야 한다 　　　　　　　　　　　 형 다음에 나오는

12 1. 당신은 왜 화성에 가고 싶은가요?

12 1. Why do you want to go to Mars?

13 2. 당신은 유머 감각이 뛰어난가요?

13 2. Do you have a good sense of humor?

14 3. 왜 당신이 이 임무에 적합한 사람인가요?

14 3. Why are you the perfect person for this mission?

15 이것은 일생에 단 한 번뿐인 기회이므로 놓치지 마세요!

15 This is a chance of a lifetime, so don't <u>miss out</u>!
don't+동사원형: ~하지 마라 (부정 명령문)

16 화성, 제2의 지구?

16 Mars, the Second Earth?

17 화성에 관한 많은 책과 영화가 있긴 하지만, 화성에 가 본 사람은 아직 아무도 없다.

there are+복수 명사: ~이 있다
17 Although there are many books and movies about Mars, no one has been
형 비록 ~이지만 (양보의 부사절을 이끎) 　　　　 아무도 ~ 않다(단수 취급) 　 현재완료 (경험)

there yet.
Mars를 가리킴

18 요즘, 과학자들은 화성을 새로운 거주지로 보고 있다.

18 These days, scientists are looking at Mars as a new home.
look at: ~을 보다 　 전 ~로(서)

19 사실, NASA와 몇몇 회사들은 그곳에 사람들을 보내기 위해 바로 지금도 노력하고 있다.

19 In fact, NASA and some companies are trying to send people there right
try to+동사원형: ~하려고 노력하다

now.

20 The big question is, "Can people live on Mars?"

21 Many scientists believe so for several reasons.
'그렇게'라는 뜻의 부사로 People can live on Mars.를 의미
명사절을 이끄는 접속사 (생략 가능)

22 First, they think that there is water on Mars.
there is + 단수 명사: ~이 있다

23 This is great because water is necessary for all life.
앞 문장의 there is water on Mars를 가리킴

24 Second, Mars has hard land to build houses and buildings on.
⑱ 단단한 │ 형용사적 용법의 to부정사

25 Third, the length of day and night on Mars is similar to that on Earth.
A is similar to B: A는 B와 비슷하다 │ = the length of day and night

26 In addition, Mars also has four seasons.

27 So, people can lead similar lives.
⑱ life의 복수형

28 Lastly, Mars is not very far.

the + 서수(second) + 최상급: (두) 번째로 ~한
29 It is the second closest planet to Earth.
= Mars

30 Mars, however, has some differences from Earth.
⑲ 하지만

31 First, Mars is about half the size of Earth.
⑲ 약, 대략 │ ~의 절반 크기

32 It is the second smallest planet in the solar system.
= Mars   the + 서수(second) + 최상급: (두) 번째로 ~한

33 Second, a year on Mars is about twice as long as a year on Earth.
배수사 + as + 형용사의 원급 + as: ~의 몇 배만큼 …한

⑲ 훨씬 (비교급 강조)
34 Third, Mars is much colder than Earth.
형용사의 비교급 + than ~: ~보다 더 …한

35 On average, it is about -60°C on Mars.
비인칭 주어

36 This is because Mars is farther away from the Sun than Earth.
이것은 ~ 때문이다   ⑲ far의 비교급: 더 멀리

37 Although no one can answer the big question right now, it is exciting
아무도 ~ 않다   = Can people live on Mars?   가주어

to imagine this new world.
진주어

38 Who knows?

39 You could be the first Korean on Mars!
조동사 can보다 상대적으로 약한 가능성을 나타냄

---

20 중요한 질문은 '화성에서 사람들이 살 수 있는가?'이다.

21 많은 과학자들은 몇 가지 이유로 그렇게 믿는다.

22 첫째, 그들은 화성에 물이 있다고 생각한다.

23 물은 모든 생명체에 필수적이기 때문에 이것은 아주 중요하다.

24 둘째, 화성은 집과 건물을 지을 수 있는 단단한 땅을 가지고 있다.

25 셋째, 화성의 낮과 밤의 길이는 지구의 낮과 밤의 길이와 비슷하다.

26 게다가, 화성에는 사계절도 있다.

27 그래서, 사람들이 비슷한 생활을 할 수 있다.

28 마지막으로, 화성은 그렇게 멀지 않다.

29 화성은 지구에서 두 번째로 가까운 행성이다.

30 그러나 화성은 지구와 다른 점이 몇 가지 있다.

31 첫째, 화성은 지구의 약 절반 크기이다.

32 화성은 태양계에서 두 번째로 작은 행성이다.

33 둘째, 화성에서의 일 년은 지구에서의 일 년의 약 두 배만큼 길다.

34 셋째, 화성은 지구보다 훨씬 더 춥다.

35 평균적으로, 화성의 기온은 약 섭씨 영하 60도이다.

36 이것은 화성이 지구보다 태양에서 더 멀리 떨어져 있기 때문이다.

37 비록 누구도 그 중요한 질문에 지금 당장 답할 수는 없지만, 이 새로운 세상을 상상하는 것은 흥미진진하다.

38 누가 알겠는가?

39 당신이 화성에 발을 디디는 첫 번째 한국인이 될 수도 있다!

우리말 뜻과 일치하도록 교과서 본문의 문장을 완성하시오.

중요 문장

01 _____ _____ MARS!

01 화성에서 살아요!

02 Do you _____ _____ _____ on another planet?

02 다른 행성에서 살고 싶은가요?

03 The Korea Space Organization (KSO) is looking for people _____ _____ _____ _____!

03 한국 우주 기구(KSO)는 화성에 갈 사람들을 찾고 있습니다!

04 _____ _____ is to build a city on Mars.

04 우리의 임무는 화성에 도시를 세우는 것입니다.

05 We're _____ _____ someone...

05 우리는 다음과 같은 사람을 찾고 있습니다.

06 _____ _____ healthy.

06 건강한 사람.

07 who is _____ _____ _____.

07 창의적이고 호기심이 많은 사람.

08 who can _____ _____ _____ others.

08 다른 사람들과 잘 지낼 수 있는 사람.

09 who can _____ _____ a new environment quickly.

09 새로운 환경에 빨리 적응할 수 있는 사람.

10 To apply, _____ _____ a short video.

10 지원하려면, 우리에게 짧은 동영상을 보내세요.

11 The video _____ _____ the answers to the following questions:

11 동영상은 다음의 질문에 관한 답을 포함해야 합니다.

12 _____ _____ _____ _____ to go to Mars?

12 당신은 왜 화성에 가고 싶은가요?

13 Do you have _____ _____ _____ _____ _____?

13 당신은 유머 감각이 뛰어난가요?

14 Why are you _____ _____ _____ for this mission?

14 왜 당신이 이 임무에 적합한 사람인가요?

15 This is a chance of a lifetime, so _____ _____ _____!

15 이것은 일생에 단 한 번뿐인 기회이므로 놓치지 마세요!

16 Mars, _____ _____ _____ _____?

16 화성, 제2의 지구?

17 _____ there are many books and movies about Mars, no one has been there yet.

17 화성에 관한 많은 책과 영화가 있긴 하지만, 화성에 가 본 사람은 아직 아무도 없다.

18 These days, scientists are looking at Mars _____ _____ _____.

18 요즘, 과학자들은 화성을 새로운 거주지로 보고 있다.

19 _____ _____, NASA and some companies are trying to send people there right now.

19 사실, NASA와 몇몇 회사들은 그곳에 사람들을 보내기 위해 바로 지금도 노력하고 있다.

20 The big question is, "_____ _____ _____ on Mars?"

21 Many scientists believe so _____ _____ _____.

22 First, they think that _____ _____ _____ on Mars.

23 This is great because water is _____ _____ _____ _____.

24 Second, Mars has _____ _____ _____ _____ houses and buildings on.

25 Third, the length of day and night on Mars _____ _____ _____ that on Earth.

26 _____ _____, Mars also has four seasons.

27 So, people _____ _____ similar lives.

28 Lastly, Mars is _____ _____ _____.

29 It is _____ _____ _____ planet to Earth.

30 Mars, however, _____ _____ _____ from Earth.

31 First, Mars is about _____ _____ _____ of Earth.

32 It is the second smallest planet _____ _____ _____ _____.

33 Second, a year on Mars is about _____ _____ _____ _____ a year on Earth.

34 Third, Mars is _____ _____ than Earth.

35 _____ _____, it is about -60°C on Mars.

36 This is because Mars is _____ _____ _____ the Sun than Earth.

37 _____ _____ _____ _____ _____ the big question right now, it is exciting to imagine this new world.

38 _____ _____?

39 You _____ _____ _____ _____ Korean on Mars!

---

20 중요한 질문은 '화성에서 사람들이 살 수 있는가?'이다.

21 많은 과학자들은 몇 가지 이유로 그렇게 믿는다.

22 첫째, 그들은 화성에 물이 있다고 생각한다.

23 물은 모든 생명체에 필수적이기 때문에 이것은 아주 중요하다.

24 둘째, 화성은 집과 건물을 지을 수 있는 단단한 땅을 가지고 있다.

25 셋째, 화성의 낮과 밤의 길이는 지구의 낮과 밤의 길이와 비슷하다.

26 게다가, 화성에는 사계절도 있다.

27 그래서, 사람들이 비슷한 생활을 할 수 있다.

28 마지막으로, 화성은 그렇게 멀지 않다.

29 화성은 지구에서 두 번째로 가까운 행성이다.

30 그러나 화성은 지구와 다른 점이 몇 가지 있다.

31 첫째, 화성은 지구의 약 절반 크기이다.

32 화성은 태양계에서 두 번째로 작은 행성이다.

33 둘째, 화성에서의 일 년은 지구에서의 일 년의 약 두 배만큼 길다.

34 셋째, 화성은 지구보다 훨씬 더 춥다.

35 평균적으로, 화성의 기온은 약 섭씨 영하 60도이다.

36 이것은 화성이 지구보다 태양에서 더 멀리 떨어져 있기 때문이다.

37 비록 누구도 그 중요한 질문에 지금 당장 답할 수는 없지만, 이 새로운 세상을 상상하는 것은 흥미진진하다.

38 누가 알겠는가?

39 당신이 화성에 발을 디디는 첫 번째 한국인이 될 수도 있다!

Reading
바른 어휘 · 어법 고르기

글의 내용과 문장의 어법에 맞게 괄호 안에서 알맞은 어휘를 고르시오.

01 Live (on / to) MARS!

02 Do you want (living / to live) on another planet?

03 The Korea Space Organization (KSO) is (looking at / looking for) people to go to MARS!

04 Our mission is (built / to build) a city on Mars.

05 We're looking for (someone / something)...

06 (which / who) is healthy.

07 who is creative (but / and) curious.

08 who can (get along / get together) with others.

09 who can (adapt to / apply for) a new environment quickly.

10 To apply, (send our / send us) a short video.

11 The video must (include / be included) the answers to the following questions:

12 (Why / Where) do you want to go to Mars?

13 Do you have a good (piece of / sense of) humor?

14 (Who / Why) are you the perfect person for this mission?

15 This is a (chance / difficulty) of a lifetime, so don't miss out!

16 Mars, the (First / Second) Earth?

17 (Although / As) there are many books and movies about Mars, no one has been there yet.

18 These days, scientists are looking at Mars as a new (home / planet).

19 In fact, NASA and some companies are trying (send / to send) people there right now.

20 The big question is, "Can people (arrive / live) on Mars?"

21 Many scientists believe (so / very) for several reasons.

22 First, they think that there is (air / water) on Mars.

23 This is great because water is (necessary / unnecessary) for all life.

24 Second, Mars has hard land (to build / to be built) houses and buildings on.

25 Third, the (long / length) of day and night on Mars is (different / similar) to that on Earth.

26 In addition, Mars also (have / has) four seasons.

27 So, people can (lead / led) similar lives.

28 Lastly, Mars is not very (far / farther).

29 It is the (two / second) closest planet to Earth.

30 Mars, however, has some differences (with / from) Earth.

31 First, Mars is about half the (age / size) of Earth.

32 It is the second (smaller / smallest) planet in the solar system.

33 Second, a year on Mars is about (twice as long as / two longer than) a year on Earth.

34 Third, Mars is (very / much) colder than Earth.

35 (On / To) average, it is about -60°C on Mars.

36 This is because Mars is (far / farther) away from the Sun than Earth.

37 Although (everyone / no one) can answer the big question right now, it is exciting to imagine this new world.

38 (Who / Which) knows?

39 You could (are / be) the first Korean on Mars!

STEP
A

밑줄 친 부분이 내용이나 어법상 바르면 ○, 어색하면 ×에 표시하고 고쳐 쓰시오.

01   <u>Live</u> on MARS!   ○ ×

02   Do you want to live <u>on another planet</u>?   ○ ×

03   The Korea Space Organization (KSO) is <u>looking of</u> people to go to MARS!   ○ ×

04   Our mission <u>are build</u> a city on Mars.   ○ ×

05   We're <u>look for</u> someone...   ○ ×

06   who is <u>sick</u>.   ○ ×

07   <u>who</u> is creative and curious.   ○ ×

08   who can <u>get along with</u> others.   ○ ×

09   who can adapt to <u>a quickly new environment</u>.   ○ ×

10   <u>To applying</u>, send us a short video.   ○ ×

11   The video must <u>exclude</u> the answers to the following questions: ○ ×

12   Why do you want <u>to</u> go to Mars?   ○ ×

13   Do you have <u>a good sense of</u> humor?   ○ ×

14   Why are you the <u>wrong</u> person for this mission?   ○ ×

15   This is <u>chances</u> of a lifetime, so don't miss out!   ○ ×

16   Mars, the <u>Twice</u> Earth?   ○ ×

17   <u>If</u> there are many books and movies about Mars, no one has been there yet. ○ ×

18   These days, scientists are looking at Mars <u>as</u> a new home.   ○ ×

19   In fact, NASA and some companies are <u>try to send</u> people there right now.   ○ ×

20　The big question is, "Can do people live on Mars?"　○　✕

21　Many scientists believe so about several reasons.　○　✕

22　First, they think that there is water on Mars.　○　✕

23　This is great because water is necessarily for all life.　○　✕

24　Second, Mars has soft land to build houses and buildings on.　○　✕

25　Third, the length of day and night on Mars is similar at that on Earth.　○　✕

26　In addition to, Mars also has four seasons.　○　✕

27　So, people can lead similar lives.　○　✕

28　Lastly, Mars is not very far.　○　✕

29　It is the second closer planet to Earth.　○　✕

30　Mars, also, has some differences from Earth.　○　✕

31　First, Mars is about the half size of Earth.　○　✕

32　It is the second smallest planet in the solar system.　○　✕

33　Second, a year on Mars is about two as long as a year on Earth.　○　✕

34　Third, Mars is much colder as Earth.　○　✕

35　On average, it is about -60°C on Mars.　○　✕

36　This is why Mars is farther away from the Sun than Earth.　○　✕

37　Although no one can answer the big question right now, it is exciting to imagine this new world.　○　✕

38　Who know?　○　✕

39　You could be the first Korean on Mars!　○　✕

Reading

배열로 문장 완성하기

정답 보기 >> 104~105쪽

STEP A

주어진 단어를 바르게 배열하여 문장을 쓰시오.

01 화성에서 살아요! (on / MARS / Live)
→

02 다른 행성에서 살고 싶은가요? (do / on / another / planet / to live / you / want)
→

03 한국 우주 기구(KSO)는 화성에 갈 사람들을 찾고 있습니다!
(is looking for / the Korea Space Organization (KSO) / to MARS / to go / people)
→

04 우리의 임무는 화성에 도시를 세우는 것입니다. (to build / our mission / is / on Mars / a city)
→

05 우리는 다음과 같은 사람을 찾고 있습니다. (someone... / looking for / we're)
→

06 건강한 사람. (who / healthy / is)
→

07 창의적이고 호기심이 많은 사람. (curious / is / and / who / creative)
→

08 다른 사람들과 잘 지낼 수 있는 사람. (get along with / who / others / can)
→

09 새로운 환경에 빨리 적응할 수 있는 사람. (adapt to / who / can / quickly / a new environment)
→

10 지원하려면, 우리에게 짧은 동영상을 보내세요. (us / a short video / send / to apply,)
→

11 동영상은 다음의 질문에 관한 답을 포함해야 합니다.
(must / the answers / the video / the following questions: / include / to)
→

12 당신은 왜 화성에 가고 싶은가요? (do / why / to go / you / to Mars / want)
→

13 당신은 유머 감각이 뛰어난가요? (a good sense / of humor / you / have / do)
→

14 왜 당신이 이 임무에 적합한 사람인가요? (the perfect person / why / for this mission / you / are)
→

15 이것은 일생에 단 한 번뿐인 기회이므로 놓치지 마세요! (so / miss out / a chance / of / this is / don't / a lifetime,)
→

16 화성, 제2의 지구? (the Second / Mars, / Earth)
→

17 화성에 관한 많은 책과 영화가 있긴 하지만, 화성에 가 본 사람은 아직 아무도 없다.
(has been there / although / about Mars, / many books and movies / there are / no one / yet)
→

18 요즘, 과학자들은 화성을 새로운 거주지로 보고 있다. (Mars / as / these days, / are looking at / a new home / scientists)
→

19 사실, NASA와 몇몇 회사들은 그곳에 사람들을 보내기 위해 바로 지금도 노력하고 있다.
(people / in fact, / right now / are trying / there / NASA and some companies / to send)
→

20 중요한 질문은 '화성에서 사람들이 살 수 있는가?'이다. (live / "Can / on Mars?" / the big question / people / is,)

→

21 많은 과학자들은 몇 가지 이유로 그렇게 믿는다. (for several reasons / believe / so / many scientists)

→

22 첫째, 그들은 화성에 물이 있다고 생각한다. (there is / they / first, / on Mars / that / think / water)

→

23 물은 모든 생명체에 필수적이기 때문에 이것은 아주 중요하다. (for all life / this is / water / because / great / is necessary)

→

24 둘째, 화성은 집과 건물을 지을 수 있는 단단한 땅을 가지고 있다.

(to build houses / on / Mars / has / second, / buildings / hard land / and)

→

25 셋째, 화성의 낮과 밤의 길이는 지구의 낮과 밤의 길이와 비슷하다.

(the length / third, / on Earth / of day and night / is similar to / on Mars / that)

→

26 게다가, 화성에는 사계절도 있다. (four seasons / in addition, / has / also / Mars)

→

27 그래서, 사람들이 비슷한 생활을 할 수 있다. (can lead / so, / similar lives / people)

→

28 마지막으로, 화성은 그렇게 멀지 않다. (very / far/ Mars / not / lastly, / is)

→

29 그것(화성)은 지구에서 두 번째로 가까운 행성이다. (closest planet / it is / to Earth / the second)

→

30 그러나 화성은 지구와 다른 점이 몇 가지 있다. (some differences / Mars, / has / from Earth / however,)

→

31 첫째, 화성은 지구의 약 절반 크기이다. (half the size / about / first, / of Earth / Mars / is)

→

32 그것은 태양계에서 두 번째로 작은 행성이다. (in the solar system / planet / it is / smallest / the second)

→

33 둘째, 화성에서의 일 년은 지구에서의 일 년의 약 두 배만큼 길다.

(a year on Mars / as long as / second, / a year on Earth / is about twice)

→

34 셋째, 화성은 지구보다 훨씬 더 춥다. (than / is / third, / Earth / Mars / much colder)

→

35 평균적으로, 화성의 기온은 약 섭씨 영하 60도이다. (on Mars / it is / on average, / about -60°C)

→

36 이것은 화성이 지구보다 태양에서 더 멀리 떨어져 있기 때문이다.

(from the Sun / this is / than Earth / Mars / is farther away / because)

→

37 비록 누구도 그 중요한 질문에 지금 당장 답할 수는 없지만, 이 새로운 세상을 상상하는 것은 흥미진진하다.

(no one / although / right now, / the big question / can answer / this new world / exciting / to imagine / it is)

→

38 누가 알겠는가? (knows / who)

→

39 당신이 화성에 발을 디디는 첫 번째 한국인이 될 수도 있다! (could be / you / on Mars / the first Korean)

→

실전 TEST

[01-03] 다음 글을 읽고, 물음에 답하시오.

Do you want (A)live on another ⓐplanet?
  The Korea ⓑSpace ⓒOrganization (KSO) is looking for people (B)go to MARS! Our ⓓmission is (C)to build a city on ⓔMars.

01 윗글의 밑줄 친 (A)live와 (B)go의 알맞은 형태가 바르게 짝 지어진 것은?

① live – go
② to live – going
③ to live – to go
④ living – to go
⑤ living – going

02 윗글의 밑줄 친 ⓐ~ⓔ의 우리말 뜻이 알맞지 <u>않은</u> 것은?

① ⓐ 행성
② ⓑ 공간
③ ⓒ 조직, 단체
④ ⓓ 임무
⑤ ⓔ 화성

03 윗글의 밑줄 친 (C)to build와 쓰임이 같은 것은?

① I am so glad to meet you in person.
② His dream is to be an architect in the future.
③ It is fun to read web comics on smartphones.
④ She went to the market to buy some meat.
⑤ We hope to visit Spain and Portugal someday.

[04-09] 다음 글을 읽고, 물음에 답하시오.

We're looking for someone...
_____ is healthy.
_____ is creative and curious.
_____ can get along with others.
_____ can adapt to a new environment quickly.
ⓐTo apply, send us a short video. The video ⓑmust include the answers to the following questions:
1. Why do you want to go to Mars?
2. Do you have a good sense of humor?
3. Why are you the perfect person for this mission?
This is a chance of a lifetime, so don't miss out!

04 윗글의 빈칸에 공통으로 알맞은 것은?

① what
② which
③ when
④ who
⑤ how

05 윗글의 밑줄 친 ⓐ를 다음과 같이 바꿔 쓸 때 빈칸에 알맞은 것은?

> To apply, send a short video _____ us.

① for
② to
③ from
④ of
⑤ with

06 윗글의 밑줄 친 ⓑmust와 의미가 <u>다른</u> 것은?

① You must fasten your seat belt.
② We must return these books today.
③ He must be at least 40 years old.
④ You must take off your shoes here.
⑤ All these questions must be answered.

07 윗글에서 찾고 있는 사람으로 언급되지 <u>않은</u> 사람은?

① 건강한 사람

② 현명한 사람

③ 호기심이 많은 사람

④ 다른 사람과 잘 지낼 수 있는 사람

⑤ 새로운 환경에 빨리 적응할 수 있는 사람

08 다음 영어 뜻풀이에 해당하는 단어를 윗글에서 찾아 쓰시오.

> the conditions that surround someone or something

→ _____

09 윗글의 내용과 일치하지 <u>않는</u> 것은?

① 사람을 구하는 광고문이다.

② 지원자의 자격 요건을 말하고 있다.

③ 지원자는 짧은 동영상을 제출해야 한다.

④ 지원자는 세 가지 질문에 답해야 한다.

⑤ 지원 동기는 서면으로 제출해야 한다.

[10-15] 다음 글을 읽고, 물음에 답하시오.

Although there are many books and movies about Mars, no one has been ⓐthere yet. These days, scientists are (A) looking at / looking for Mars as a new home. In fact, NASA and some companies are trying ⓑsend people ⓒthere right now.

The big question is, "Can people live on Mars?" Many scientists believe so for several reasons. (①) First, they think that there is water on Mars. (②) Second, Mars has (B) hard / soft land to build houses and buildings on. (③) Third, the length of day and night on Mars is similar to that on Earth. (④) ____ⓓ____, Mars also has four seasons. (⑤) So, people can lead (C) similar / different lives. Lastly, Mars is not very far. It is the second closest planet to Earth.

10 윗글의 밑줄 친 ⓐ와 ⓒ가 공통으로 가리키는 것을 윗글에서 찾아 쓰시오.

→ _____

11 윗글의 (A)~(C)에서 알맞은 것끼리 바르게 짝 지어진 것은?

	(A)	(B)	(C)
①	looking at	– hard	– different
②	looking at	– soft	– similar
③	looking at	– hard	– similar
④	looking for	– hard	– similar
⑤	looking for	– soft	– different

12 윗글의 밑줄 친 ⓑsend의 형태로 알맞은 것은?

① send   ② sent   ③ be sent

④ to send   ⑤ to be sent

13 윗글의 ①~⑤ 중 주어진 문장이 들어갈 알맞은 곳은?

> This is great because water is necessary for all life.

①   ②   ③   ④   ⑤

STEP
A

14 윗글의 빈칸 ⓓ에 들어갈 말로 알맞은 것은?

① In fact   ② In addition

③ However   ④ Although

⑤ For example

15 윗글에서 화성에 사람이 살 수 있는 이유로 언급되지 <u>않은</u> 것은?

① 화성에는 모든 생명체에 필수적인 물이 있다고 여겨진다.

② 화성에는 집과 건물을 지을 수 있는 단단한 땅이 있다.

③ 화성과 지구의 낮과 밤의 길이가 비슷하다.

④ 화성은 지구보다 날씨가 온화하다.

⑤ 화성은 지구에서 그렇게 멀지 않다.

[16-20] 다음 글을 읽고, 물음에 답하시오.

Mars, however, has some differences from Earth. First, (A)화성은 지구의 약 절반 크기이다. It is the second ①smallest planet in the solar system. Second, a year on Mars is about ②twice as long as a year on Earth. Third, Mars is ___(B)___ colder ③than Earth. On average, it is about -60°C on Mars. This is because Mars is ④farthest away from the Sun than Earth.

Although no one can answer the big question right now, it is exciting ⑤to imagine this new world. (C)Who knows? You could be the first Korean on Mars!

16 윗글의 밑줄 친 우리말 (A)와 같도록 괄호 안의 단어들을 바르게 배열하시오.

→ _____

(about, Mars, of, is, half, size, the, Earth)

17 윗글의 빈칸 (B)에 들어갈 말로 알맞지 <u>않은</u> 것은?

① even   ② far   ③ very

④ much   ⑤ a lot

18 윗글의 밑줄 친 ①~⑤ 중 어법상 <u>틀린</u> 것은?

①   ②   ③   ④   ⑤

19 윗글의 밑줄 친 (C)의 의미로 알맞은 것은?

① 아는 사람은 누구인가?

② 혹시 모르지 않는가.

③ 모두가 알고 있는게 틀림없다.

④ 누가 알든 모르든 상관없다.

⑤ 모두가 알아야 한다.

고_{난도} 신_{유형}

20 윗글을 읽고 답할 수 <u>없는</u> 질문의 개수는?

- Which is the second smallest planet in the solar system?
- How many times is Earth bigger than Mars?
- What is the average temperature on Mars?
- Which is colder, Mars or Earth?
- How far is Mars from the Sun?

① 1개   ② 2개   ③ 3개   ④ 4개   ⑤ 5개

서술형

[21-24] 다음 글을 읽고, 물음에 답하시오.

The big question is, "Can people live on Mars?" Many scientists believe (A)so for several reasons. First, they think that there is water on Mars. This is great because water is necessary for all life. Second, Mars has hard land _____(B)_____. Third, the length of day and night on Mars is similar to that on Earth. In addition, Mars also has four seasons. So, people can lead similar lives. Lastly, Mars is not very far. (C)It is the second closer planet to Earth.

21 윗글의 밑줄 친 (A)so가 가리키는 것을 우리말로 쓰시오.

→ _____

22 다음 괄호 안의 말을 바르게 배열하여 윗글의 빈칸 (B)에 알맞은 말을 쓰시오.

→ _____

(build, on, to, houses and buildings)

23 윗글의 밑줄 친 (C)에서 어법상 **틀린** 부분을 찾아 바르게 고쳐 문장을 다시 쓰시오.

→ _____

24 윗글의 내용과 일치하도록 다음 질문에 완전한 영어 문장으로 답하시오.

Q: How many seasons does Mars have?

A: _____

[25-27] 다음 글을 읽고, 물음에 답하시오.

Mars, however, has some differences from Earth. First, Mars is about half the size of Earth. It is the second ⓐsmallest planet in the solar system. Second, a year on Mars is about twice as ⓑlonger as a year on Earth. Third, Mars is ⓒmuch colder than Earth. On average, it is about -60°C on Mars. 이것은 화성이 지구보다 태양에서 더 멀리 떨어져 있기 때문이다. Although no one can answer the big question right now, it is exciting ⓓto imagine this new world. Who knows? You ⓔcould be the first Korean on Mars!

25 윗글의 밑줄 친 ⓐ~ⓔ 중 어법상 **틀린** 것을 골라 기호를 쓰고 바르게 고쳐 쓴 후, **틀린** 이유를 우리말로 쓰시오.

(1) 틀린 부분: ( ) → _____

(2) 틀린 이유: _____

26 윗글의 밑줄 친 우리말과 같도록 [조건]에 맞게 쓰시오.

> [조건] 1. 12단어의 완전한 문장으로 쓸 것
> 2. 괄호 안의 단어를 사용할 것
> (because, far, away, than)

→ _____

27 윗글의 내용과 일치하도록 다음 문장을 완성하시오.

> The writer explains three _____ between _____ and _____.

만점 노트

After You Read_A

All about Mars!
Size
- It is about ❶ half the size of Earth.
- It is ❷ the second smallest planet in the solar system.

Temperature
- It is ❸ much colder than Earth.
- ❹ On average, it is about -60°C on Mars.

Similarities with Earth
- It has hard land ❺ to build houses on.
- The length of day and night on ❻ it ❼ is similar to ❽ that on Earth.
- It has four seasons.

화성에 관한 모든 것!
크기
- 지구의 약 절반 크기이다.
- 태양계에서 두 번째로 작은 행성이다.
기온
- 지구보다 훨씬 더 춥다.
- 평균적으로, 화성의 기온은 약 섭씨 영하 60도이다.
지구와의 유사점
- 집을 지을 수 있는 단단한 땅을 가지고 있다.
- 화성의 낮과 밤의 길이가 지구의 낮과 밤의 길이와 비슷하다.
- 사계절이 있다.

❶ ~의 절반 크기
❷ the + 서수(second) + 최상급: (두) 번째로 ~한
❸ much: 비교급 수식 부사
❹ on average: 평균적으로
❺ 형용사적 용법의 to부정사 (명사구 hard land를 수식)
❻ it = Mars
❼ be similar to: ~과 비슷하다
❽ that = the length of day and night

Think and Write

My name is Suji Lee from Korea. I'm 15 years old. I want ❶ to go to Mars ❷ because I've been curious about space. I'm friendly and I ❸ enjoy making friends. ❹ I'm good at ❺ taking photos.

I'm the perfect person for this mission because I can ❻ adapt to a new environment quickly. ❼ Although I'm young, I can ❽ communicate well with others. Give me the chance ❾ to live on Mars!

제 이름은 이수지이고 한국 출신입니다. 저는 열다섯 살입니다. 저는 우주에 대해 호기심을 가져 왔기 때문에 화성에 가고 싶습니다. 저는 친절하고 친구들을 사귀는 것을 즐깁니다. 저는 사진을 잘 찍습니다.

저는 새로운 환경에 빨리 적응할 수 있기 때문에 이 임무에 적합한 사람입니다. 비록 저는 어리지만, 다른 사람들과 의사소통을 잘할 수 있습니다. 저에게 화성에서 살 기회를 주세요!

❶ 명사적 용법의 to부정사 (동사 want의 목적어 역할)
❷ 웹 ~이기 때문에 (이유를 나타냄)
❸ enjoy + 동사-ing: ~하는 것을 즐기다
❹ be good at: ~을 잘하다
❺ take photos: 사진을 찍다
❻ adapt to: ~에 적응하다
❼ 웹 비록 ~이지만 (양보를 나타냄)
❽ 통 의사소통하다
❾ 형용사적 용법의 to부정사 (the chance를 수식)

Project

It ❶ looks blue. ❷ I'd like to see it ❸ with my own eyes. ❹ I think it's ❺ the most beautiful planet in the solar system.

It has 14 moons. It's a very cold planet. ❻ It's named after the god of the sea. It's ❼ the farthest planet from the Sun in the solar system.

그것은 푸르게 보인다. 나는 내 눈으로 그것을 보고 싶다. 나는 그것이 태양계에서 가장 아름다운 행성이라고 생각한다.

그것은 14개의 위성을 가지고 있다. 그것은 매우 추운 행성이다. 그것은 바다의 신의 이름을 따서 이름 지어졌다. 그것은 태양계에서 태양으로부터 가장 멀리 떨어져 있는 행성이다.

❶ look + 형용사: ~하게 보이다
❷ would like to: ~하고 싶다
❸ with one's own eyes: ~ 자신의 눈으로
❹ I think 뒤에 접속사 that 생략
❺ the + 최상급: 가장 ~한
❻ be named after: ~을 따서 이름 지어지다
❼ the + 최상급: 가장 ~한

실전 TEST

[01-03] 다음 글을 읽고, 물음에 답하시오.

All about Mars!

Size
- It is about half the size of Earth.
- It is the second ____ⓐ____ planet in the solar system.

Temperature
- It is much ____ⓑ____ than Earth.
- On average, it is about -60°C on Mars.

Similarities with Earth
- It has hard land to build houses on.
- The length of day and night on it is similar to (A)that on Earth.
- It has four seasons.

01 윗글의 빈칸 ⓐ와 ⓑ에 들어갈 말이 순서대로 짝 지어진 것은?

① small – cold
② smaller – colder
③ smaller – coldest
④ smallest – colder
⑤ smallest – coldest

서술형1

02 윗글의 밑줄 친 (A)that이 가리키는 것을 윗글에서 찾아 쓰시오.

→ _____

03 윗글 속 화성에 관한 내용과 일치하지 <u>않는</u> 것은?

① 지구의 약 절반 크기이다.
② 태양계에서 두 번째로 작은 행성이다.
③ 평균 기온이 영하 60도로 춥다.
④ 낮과 밤의 길이가 지구보다 짧다.
⑤ 지구와 마찬가지로 사계절이 있다.

[04-05] 다음 글을 읽고, 물음에 답하시오.

My name is Suji Lee from Korea. I'm 15 years old. I want ①to go to Mars because I've been curious about space. I'm friendly and I enjoy ②making friends. I'm good at ③taking photos.

I'm the perfect person for this mission because I can ④adapt to a new environment quickly. Although I'm young, I can communicate well with others. Give me the chance ⑤living on Mars!

04 윗글의 밑줄 친 ①~⑤ 중 어법상 <u>틀린</u> 것은?

① ② ③ ④ ⑤

서술형2

05 윗글의 내용과 일치하도록 다음 질문에 완전한 영어 문장으로 답하시오.

Q: Why does Suji want to go to Mars?
A: _____

서술형3 고난도

06 다음 글의 밑줄 친 우리말과 같도록 괄호 안의 말을 이용하여 문장을 완성하시오.

This is Neptune. It has 14 moons. It's a very cold planet. It's named after the god of the sea. 그것은 태양계에서 태양으로부터 가장 멀리 떨어져 있는 행성이다.

→ It's _____ from the Sun in the solar system. (far, planet)

W Words
고득점 맞기

01 다음 중 나머지 넷과 성격이 <u>다른</u> 것은?

① lastly   ② perfect   ③ curious

④ friendly   ⑤ different

02 다음 문장의 밑줄 친 부분과 바꿔 쓸 수 있는 것은?

> I bought <u>several</u> things at the grocery store.

① few   ② little   ③ a few

④ a little   ⑤ many

03 다음 짝 지어진 단어의 관계가 같도록 빈칸에 알맞은 단어를 쓰시오.

> exhibit : exhibition = organize : _____

04 다음 중 단어의 영어 뜻풀이가 알맞지 <u>않은</u> 것은?

① deaf: not able to see

② mission: a task or job that someone is given to do

③ slice: to cut something into thin pieces

④ peel: to remove the skin from a fruit, vegetable, etc.

⑤ organization: a group such as a club or business that is formed for a particular purpose

05 다음 단어들을 포함할 수 있는 단어를 주어진 철자로 시작하여 쓰시오.

> Earth   Mars   Venus   Jupiter

p_____

06 다음 중 짝 지어진 두 단어의 관계가 나머지와 <u>다른</u> 것은?

① lose – win   ② long – length

③ similar – different   ④ expensive – cheap

⑤ friendly – unfriendly

07 다음 중 밑줄 친 부분의 우리말 뜻으로 옳은 것은?

① I'm very <u>interested in</u> history.
  (~에 만족한)

② Her ideas are quite <u>similar to</u> mine.
  (~과 같은)

③ You <u>missed out</u> several important facts.
  (놓쳤다)

④ You'll be working with me <u>from now on</u>.
  (지금까지)

⑤ They are always <u>looking for</u> ways to save money.
  (~을 보고 있는)

08 다음 중 밑줄 친 단어의 의미가 <u>다른</u> 것은?

① We found a parking <u>space</u> close to the museum.

② Write your name in the blank <u>space</u>.

③ I need to make <u>space</u> for Mark's things.

④ Who was the first human in <u>space</u>?

⑤ Is there any <u>space</u> for my clothes in the closet?

09 다음 문장의 빈칸에 공통으로 들어갈 말로 알맞은 것은?

• Do you get along _____ your friends?
• They communicate _____ each other by mail.

① on   ② at   ③ with
④ of   ⑤ from

10 다음 중 밑줄 친 단어의 쓰임이 어색한 것은?

① Is there life on other planets?
② How much farther is it to the airport?
③ The price for the hotel includes breakfast.
④ Children are curious about animals and how they live.
⑤ We advertised three jobs, and over 50 people adapted.

11 다음 중 주어진 영어 뜻풀이에 해당하는 단어가 쓰인 문장은?

the amount of time that something lasts

① Hope is necessary in every condition.
② Each lesson is about an hour in length.
③ My little sister is half my height.
④ Can you tell me the difference between the two?
⑤ David joined a student organization.

[12-13] 다음 우리말과 같도록 빈칸에 알맞은 말을 쓰시오.

12 게다가, 그 건물에는 운동 센터도 있다.
→ _____ _____, there is a fitness center in the building.

13 영화표 가격은 평균적으로 약 10달러이다.
→ Ticket prices for movies are about 10 dollars _____ _____.

14 다음 (A)~(C)에서 문맥상 알맞은 것을 골라 쓰시오.

• It is necessary to (A) peel / spread the pear before eating it.
• She isn't able to buy the car because it's too (B) cheap / expensive.
• They are twins, so they look very (C) similar / different.

(A) _____
(B) _____
(C) _____

15 다음 우리말과 같도록 빈칸에 알맞은 말을 쓰시오.

태양계에는 9개의 행성이 있었다. 그러나 2006년에 명왕성은 몇 가지 이유로 제외되었다. 지금 태양계에는 8개의 행성이 있다. 그것들은 수성, 금성, 지구, 화성, 목성, 토성, 천왕성, 해왕성이다.

↓

There used to be nine _____ in the _____ _____. In 2006, however, Pluto was removed _____ _____ _____. Now there are eight _____ in the _____ _____. They are Mercury, Venus, _____, _____, Jupiter, Saturn, Uranus and Neptune.

Listen & Speak
영작하기

정답 보기 >> 88~89쪽

우리말과 일치하도록 대화를 바르게 영작하시오.

1 Listen and Speak 1–A

교과서 102쪽

B: _____

G: _____

B: _____

G: _____

B: _____

해석

B: 너는 이것이 무엇인지 아니?
G: 음, 막대 모양 풀처럼 보여.
B: 아니, 그건 막대 모양 버터야.
G: 오, 그 안에 버터가 있니?
B: 응, 그걸로 빵 위에 버터를 바를 수 있어.

2 Listen and Speak 1–B

교과서 102쪽

M: _____

G: _____

_____

_____

_____

M: 안녕하세요, 여러분! 지수가 오늘의 발표자예요. 지수야?
G: 안녕, 얘들아! 이 남자가 누구인지 아니? 그의 이름은 Alexander Graham Bell이야. Bell은 발명가였어. 그는 소리에 관심이 있었어. 그가 무엇을 발명했지? 맞아, 전화기야! 그의 어머니와 아내는 청각 장애가 있었어. 그래서 그는 청각 장애인들을 위한 몇 가지 발명품도 만들었고 그들을 위한 학교도 열었어.

3 Listen and Speak 1–C

교과서 102쪽

A: _____

B: _____

A: _____

- -

B: _____

A: _____

A: 그는 의사였어. 그는 아프리카의 아픈 사람들을 도왔어. 그가 누구인지 아니?
B: 응, 알아. 그는 Albert Schweitzer야.
A: 맞아.

- -

B: 아니, 몰라. 그가 누구니?
A: 그는 Albert Schweitzer야.

4 Listen and Speak 2–A

교과서 103쪽

G: _____

M: _____

G: _____

M: _____

G: 이거 흥미롭게 보여요. 용도가 뭐예요?
M: 달걀을 얇게 썰기 위한 거야.
G: 정말요? 제가 해 봐도 돼요?
M: 물론이지, 여기 달걀이 있어.

5 Listen and Speak 2-B

B: _____

W: _____

B: _____

W: _____

B: _____

W: _____

B: _____

해석

B: 엄마, 이 슬리퍼를 보세요. 제가 과학 시간에 만들었어요.

W: 왜 과학 시간에 슬리퍼를 만들었니?

B: 그들은 단순히 신기 위한 게 아니에요.

W: 그럼, 용도가 무엇이니?

B: 슬리퍼를 신고 바닥을 청소할 수 있어요.

W: 오, 그럼 앞으로는 네가 네 방을 청소하겠구나?

B: 물론이에요. 제 방은 걱정 마세요, 엄마.

6 Listen and Speak 2-C

A: _____

B: _____

A: _____

B: _____

A: Jane, 이것 좀 봐. 그것은 먹이야.

B: 나는 그것을 전에 본 적이 없어. 용도가 무엇이니?

A: 잉크를 만들기 위한 거야.

B: 오, 정말? 그거 흥미롭다.

7 Real Life Talk > Watch a Video

Judy: _____

Hojin: _____

Judy: _____

Hojin: _____

Judy: _____

Hojin: _____

Judy: _____

Hojin: _____

Judy: _____

Hojin: _____

Judy: 주말은 어땠니, 호진아?

호진: 즐거운 시간을 보냈어. 난 남동생과 과학 전시회에 갔어.

Judy: 그랬니? 흥미로운 것들이 굉장히 많다고 들었어.

호진: 응. 이것 좀 봐. 난 그것을 거기에서 샀어. 이게 무엇인지 아니?

Judy: 음, 잘 모르겠어. 그게 뭐니?

호진: VR 헤드셋이야.

Judy: VR 헤드셋? 용도가 뭐니?

호진: 그것을 쓰면, 다른 세상을 경험할 수 있어.

Judy: 멋지다. 내가 써 봐도 될까?

호진: 물론이지. 여기 있어.

01 다음 대화의 순서를 바르게 배열한 것은?

> (A) It's for making ink.
> (B) I have never seen it before. What is it for?
> (C) Oh, really? That's interesting.
> (D) Jane, look at this. It's a meok.

① (A)–(C)–(B)–(D)   ② (A)–(D)–(B)–(C)
③ (C)–(B)–(A)–(D)   ④ (D)–(A)–(B)–(C)
⑤ (D)–(B)–(A)–(C)

02 다음 중 짝 지어진 대화가 <u>어색한</u> 것은?

① A: Do you know who he is?
  B: Yes, I do. He is Albert Schweitzer.
② A: What is it for?
  B: It is for cutting bread.
③ A: Do you know what this is?
  B: No, I don't. It's for carrying people.
④ A: What are the shoes for?
  B: You can put them on and clean the floor.
⑤ A: This ball produces electricity when you play with it.
  B: Wow, that's great!

03 다음 대화의 빈칸에 들어갈 수 있는 말끼리 짝 지어진 것은?

> A: This looks interesting. _____
> B: It's for slicing eggs.
> A: Really? May I try it?
> B: Sure, here is an egg.

ⓐ What is it for?
ⓑ What are they for?
ⓒ What is it used for?
ⓓ What does it look like?
ⓔ Can you tell me what it is used for?

① ⓐ, ⓑ, ⓓ   ② ⓐ, ⓒ, ⓔ   ③ ⓑ, ⓒ, ⓔ
④ ⓑ, ⓓ, ⓔ   ⑤ ⓒ, ⓓ, ⓔ

04 다음 대화의 ①~⑤ 중 흐름상 <u>어색한</u> 것은?

> A: ① Do you know who this is?
> B: ② Um, it looks like a glue stick.
> A: ③ No, it's a butter stick.
> B: ④ Oh, is there butter in it?
> A: ⑤ Yes, you can spread butter on the bread with it.

[05-06] 다음 대화를 읽고, 물음에 답하시오.

> Judy: How was your weekend, Hojin?
> Hojin: I had a great time. I went to a science exhibition with my brother.
> Judy: Did you? I heard there were so many interesting things.
> Hojin: Yes. Look at this. I bought it there. Do you know what it is?
> Judy: _____ What is it?
> Hojin: It's a VR headset.
> Judy: A VR headset? What is it for?
> Hojin: If you wear it, you can experience another world.
> Judy: Sounds cool.

05 위 대화의 빈칸에 들어갈 말로 알맞은 것은?

① I don't like it.   ② Yes, I'm sure.
③ Of course, I do.   ④ Well, I'm not sure.
⑤ I have seen it before.

06 위 대화의 내용과 일치하지 <u>않는</u> 것은?

① Hojin went to a science exhibition last weekend.
② Judy heard there were a lot of interesting things at the science exhibition.
③ Hojin bought a VR headset at the exhibition.
④ Judy already knew what a VR headset is for.
⑤ We can experience another world by wearing a VR headset.

[07-08] 다음 대화를 읽고, 물음에 답하시오.

A: Hello, class! Jisu is today's speaker for show and tell. Jisu?

B: Hi, class! Do you know who this man is? His name is Alexander Graham Bell. Bell was an ___ⓐ___. He was interested in sound. What did he invent? Yes, the telephone! His mother and wife were deaf. So he also made some ___ⓑ___ for deaf people and opened a school for them.

07 위 대화의 빈칸 ⓐ와 ⓑ에 들어갈 말이 되도록 invent를 알맞은 형태로 바꿔 쓰시오.

ⓐ _____   ⓑ _____

08 Read the dialogue above and fill in the blanks.

Alexander Graham Bell was interested in _____. He invented the _____.

09 자연스러운 대화가 되도록 [조건]에 맞게 빈칸에 알맞은 말을 쓰시오.

[조건] 1. decorate your hair를 사용할 것
      2. 주어와 동사는 축약형으로 쓸 것
      3. 필요 시 단어의 형태를 변형할 것

A: Jane, look at this. It's a binyeo.

B: I have never seen it before. What is it for?

A: _____

B: Oh, really? That's interesting.

10 다음 대화의 빈칸에 알맞은 말을 [보기]에서 골라 쓰시오.

A: (1) _____

B: No, I don't. (2) _____

A: It's a Clean Straw.

B: A Clean Straw? (3) _____

A: It cleans water while you drink.

B: Wow, that's great!

[보기] • What is it?
      • What is it for?
      • Do you know what this is?

[11-12] 다음 대화를 읽고, 물음에 답하시오.

A: Mom, look at these slippers. I made them in science class.

B: Why did you make slippers in science class?

A: They are not just for wearing.

B: Then, what are they for?

A: 슬리퍼를 신고 바닥을 청소할 수 있어요.

B: Oh, so you will clean your room from now on?

A: Sure. Don't worry about my room, Mom.

11 위 대화의 밑줄 친 우리말과 같도록 주어진 단어들을 바르게 배열하여 문장을 완성하시오.

→ You can _____.
(on, clean, them, put, and, the floor)

12 위 대화의 내용과 일치하도록 [조건]에 맞게 빈칸에 알맞은 말을 쓰시오.

[조건] 1. wear와 clean을 한 번씩 사용할 것
      2. 필요 시 단어의 형태를 변형할 것

The slippers are not just for _____ but for _____.

Grammar
고득점 맞기

01 다음 빈칸에 들어갈 말로 알맞지 <u>않은</u> 것은?

> Jack is as _____ as my elder brother.

① tall   ② wiser   ③ short
④ clever   ⑤ handsome

[02-03] 두 문장의 의미가 같도록 할 때 빈칸에 알맞은 말이 순서대로 짝 지어진 것을 고르시오.

02

> _____ he was very tired, he couldn't sleep.
> = He was very tired, _____ he couldn't sleep.

① If – but   ② Although – but
③ If – although   ④ Although – because
⑤ Though – if

03 _{고난도}

> This bed is not as _____ as mine.
> = My bed is _____ than this one.

① comfortable – comfortable
② comfortable – much comfortable
③ comfortable – more comfortable
④ most comfortable – comfortable
⑤ more comfortable – more comfortable

04 다음 문장을 부정문으로 만들 때 not이 들어갈 알맞은 곳은?

> A year on Earth (①) is (②) as (③) long (④) as (⑤) a year on Mars.

05 다음 중 빈칸에 Although가 들어갈 수 <u>없는</u> 것은?

① _____ I failed this time, I'll never give up.
② _____ the house was built 30 years ago, it still looks new.
③ _____ they are not twins, they look similar.
④ _____ the snow, trains are still running.
⑤ _____ I liked the band, I couldn't go to their concert.

06 _{신유형} 다음 우리말을 영어로 옮길 때 다섯 번째로 오는 단어는?

> 저 가방은 내 것의 약 5배만큼 비싸다.

① as   ② about   ③ five
④ times   ⑤ expensive

07 다음 문장에서 어법상 <u>틀린</u> 부분을 찾아 바르게 고친 것은?

> You speak English as good as my English teacher.

① speak → speaks
② good → well
③ as ... as → as ... than
④ my → a
⑤ teacher → teach

08 다음 중 밑줄 친 As(as)의 쓰임이 같은 것끼리 짝 지어진 것은?

> ⓐ The song is not so popular as *Yesterday*.
> ⓑ As I got up late, I was late for the meeting.
> ⓒ He plays tennis as well as Jiyun.
> ⓓ She works at the supermarket as a cashier.

① ⓐ, ⓑ   ② ⓐ, ⓒ   ③ ⓑ, ⓒ
④ ⓑ, ⓓ   ⑤ ⓒ, ⓓ

09 다음 중 문맥상 어색한 것은?

① Though I lost the game, I wasn't disappointed.
② Because he has sense of humor, many people like him.
③ I was happy because I won the first prize.
④ Because I got a bad grade, I wasn't disappointed.
⑤ Even though she was very busy, she didn't stop exercising.

10 Which one is NOT grammatically correct?

① The band is as popular as the Beatles.
② He is as funny as a famous comedian.
③ Your dress is so beautiful as mine.
④ Though he was very busy, he did volunteer work.
⑤ She has to clean her room although she is tired.

11 다음 중 각 문장에 대한 설명으로 알맞지 <u>않은</u> 것은?

① The coat is as expensive as the jacket.
   → as와 as 사이에는 반드시 원급을 쓴다.
② Although the movie was exciting, I couldn't watch it to the end.
   → Although를 Even though로 바꿔 쓸 수 있다.
③ *A* is three times as big as *B*.
   → *B* is three times bigger than *A*.와 같은 의미이다.
④ My bag is bigger than yours.
   → Your bag is not as big as mine.과 의미하는 바가 같다.
⑤ Despite her efforts, she could not find a job.
   → Despite를 Though로 바꿔 쓸 수 없다.

12 다음 중 어법상 옳은 문장의 개수는?

> • Japan is not as cold as Korea.
> • In spite of the traffic jam, he arrived on time.
> • Despite she is young, she is very smart.
> • The tree in the garden is as old as my father.

① 0개   ② 1개   ③ 2개
④ 3개   ⑤ 4개

13 다음 중 어법상 <u>틀린</u> 것끼리 짝 지어진 것은?

> ⓐ Although your new offer, we can't accept it.
> ⓑ Jihun can swim about twice as fast as Mike.
> ⓒ Mina plays the guitar as well as my brother.
> ⓓ This novel is as interesting than that one.
> ⓔ Despite he tried harder, he couldn't get a perfect score.

① ⓐ, ⓒ   ② ⓐ, ⓓ, ⓔ
③ ⓑ, ⓒ, ⓓ   ④ ⓑ, ⓔ
⑤ ⓒ, ⓓ, ⓔ

14 다음 두 문장의 의미가 같도록 as ~ as를 사용하여 빈칸에 알맞은 말을 쓰시오.

> I think soccer is more popular than basketball in Korea.
> = I think basketball is _____ soccer in Korea.

15 다음 우리말과 같도록 괄호 안의 말을 사용하여 주어진 글을 완성하시오.

> 저는 나이 드신 분들을 돕고 싶기 때문에 이 동호회에 지원했습니다. 비록 저는 어리지만, 그분들과 의사소통을 잘할 수 있습니다. 저에게 기회를 주세요.
>
> ↓
>
> I applied for this club _____
> _____. _____,
> I can communicate well with them. Give me the chance. (because, the elderly, although)

16 다음을 읽고, as ~ as를 사용하여 두 대상을 비교하는 문장을 완성하시오.

(1)
> Jiyun runs 100 meters in 14 seconds.
> Mina also runs 100 meters in 14 seconds.
>
> → Jiyun _____.

(2)
> This bridge is 160 meters long.
> That bridge is 80 meters long.
>
> → This bridge _____.

17 다음 표를 보고, 두 사람의 키와 몸무게를 비교하는 문장을 [조건]에 맞게 쓰시오.

Name	Height	Weight
Yuna	160cm	51kg
Jimin	163cm	51kg

> [조건]   1. as ~ as 구문을 사용할 것
>   2. tall, heavy를 한 번씩 사용할 것
>   3. Yuna를 주어로 문장을 시작할 것

(1) _____
(2) _____

[18-19] 다음 글을 읽고, 물음에 답하시오.

> I was in line at the bus stop. There was a man in front of me. (1) He stepped on my foot, but he didn't say sorry. (2) I didn't get angry at him even though it was his fault. However, I couldn't understand him.

18 윗글의 밑줄 친 문장 (1)을 접속사 although를 사용하여 다시 쓰시오.

→ _____

_____

19 윗글의 밑줄 친 (2)의 우리말 뜻을 쓰시오.

→ _____

다음 우리말과 일치하도록 각 문장을 바르게 영작하시오.

01 _____

화성에서 살아요!

02 _____

다른 행성에서 살고 싶은가요?

03 _____

☆ 한국 우주 기구(KSO)는 화성에 갈 사람들을 찾고 있습니다!

04 _____

우리의 임무는 화성에 도시를 세우는 것입니다.

05 _____

우리는 다음과 같은 사람을 찾고 있습니다.

06 _____

건강한 사람.

07 _____

창의적이고 호기심이 많은 사람.

08 _____

다른 사람들과 잘 지낼 수 있는 사람.

09 _____

새로운 환경에 빨리 적응할 수 있는 사람.

10 _____

지원하려면, 우리에게 짧은 동영상을 보내세요.

11 _____

동영상은 다음의 질문에 관한 답을 포함해야 합니다.

12 _____

당신은 왜 화성에 가고 싶은가요?

13 _____

당신은 유머 감각이 뛰어난가요?

14 _____

왜 당신이 이 임무에 적합한 사람인가요?

15 _____

이것은 일생에 단 한 번뿐인 기회이므로 놓치지 마세요!

16 _____

화성, 제2의 지구?

17 _____

☆ 화성에 관한 많은 책과 영화가 있긴 하지만, 화성에 가 본 사람은 아직 아무도 없다.

18 _____

요즘, 과학자들은 화성을 새로운 거주지로 보고 있다.

19 _____

사실, NASA와 몇몇 회사들은 그곳에 사람들을 보내기 위해 바로 지금도 노력하고 있다.

20
_____

☆ 중요한 질문은 '화성에서 사람들이 살 수 있는가?'이다.

21
_____

많은 과학자들은 몇 가지 이유로 그렇게 믿는다.

22
_____

☆ 첫째, 그들은 화성에 물이 있다고 생각한다.

23
_____

물은 모든 생명체에 필수적이기 때문에 이것은 아주 중요하다.

24
_____

☆ 둘째, 화성은 집과 건물을 지을 수 있는 단단한 땅을 가지고 있다.

25
_____

☆ 셋째, 화성의 낮과 밤의 길이는 지구의 그것(낮과 밤의 길이)과 비슷하다.

26
_____

☆ 게다가, 화성에는 사계절도 있다.

27
_____

그래서, 사람들이 비슷한 생활을 할 수 있다.

28
_____

☆ 마지막으로, 화성은 그렇게 멀지 않다.

29
_____

그것(화성)은 지구에서 두 번째로 가까운 행성이다.

30
_____

그러나 화성은 지구와 다른 점이 몇 가지 있다.

31
_____

☆ 첫째, 화성은 지구의 약 절반 크기이다.

32
_____

그것(화성)은 태양계에서 두 번째로 작은 행성이다.

33
_____

☆ 둘째, 화성에서의 일 년은 지구에서의 일 년의 약 두 배만큼 길다.

34
_____

☆ 셋째, 화성은 지구보다 훨씬 더 춥다.

35
_____

평균적으로, 화성의 기온은 약 섭씨 영하 60도이다.

36
_____

이것은 화성이 지구보다 태양에서 더 멀리 떨어져 있기 때문이다.

37
_____

☆ 비록 누구도 그 중요한 질문에 지금 당장 답할 수는 없지만, 이 새로운 세상을 상상하는 것은 흥미진진하다.

38
_____

누가 알겠는가?

39
_____

당신이 화성에 발을 디디는 첫 번째 한국인이 될 수도 있다!

고득점 맞기

[01-05] 다음 글을 읽고, 물음에 답하시오.

Do you want to live on another planet?

The Korea Space Organization (KSO) is looking for people to go to MARS! Our mission is to build a city on Mars.

We're looking for someone...

who is ①healthy.

who is creative and ②curious.

who can get along with others.

who can ③adapt to a new environment quickly.

(A) To apply, send us a short video. The video must include the answers to the ④following questions:

1. Why do you want to go to Mars?

2. Do you have a good sense of humor?

3. Why are you the perfect person for this mission?

This is a ⑤chance of a lifetime, so don't ___(B)___ !

01 윗글을 쓴 목적으로 알맞은 것은?

① 화성에 대해 알려주려고

② 동영상 촬영 기사를 모집하려고

③ 우주 관련 동영상을 수집하려고

④ 화성에 갈 사람들을 모집하려고

⑤ 한국 우주 기구에 대해 소개하려고

02 윗글의 밑줄 친 ①~⑤의 우리말 뜻이 알맞지 <u>않은</u> 것은?

① 건강한   ② 호기심이 많은

③ 적응하다   ④ 다음에 나오는

⑤ 가능성

03 다음 영어 뜻풀이에 해당하는 단어를 윗글에서 찾으면?

> a group such as a club or business that is formed for a particular purpose

① planet   ② mission   ③ space

④ organization   ⑤ environment

04 윗글의 밑줄 친 (A)To apply와 쓰임이 같은 것은?

① They decided to join the magic club.

② She was glad to win a gold medal.

③ He grew up to be a great musician.

④ Tony needs something to eat.

⑤ I saved money to buy a new bicycle.

05 윗글의 빈칸 (B)에 들어갈 말로 알맞은 것은?

① look at   ② look for   ③ get out

④ miss out   ⑤ put off

[06-09] 다음 글을 읽고, 물음에 답하시오.

Although there are many books and movies about Mars, no one ①has been there yet. These days, scientists are looking at Mars as a new home. ___ⓐ___, NASA and some companies are trying to send people there right now.

The big question is, "Can people live on Mars?" Many scientists believe so for several reasons. First, they think ②that there is water on Mars. This is great because water is ___ⓑ___ for all life. Second, Mars has hard land to build houses and buildings ③in. Third, the length of day and night on Mars is similar to ④this on Earth. In addition, Mars also has four seasons. ___ⓒ___, people can lead similar lives. Lastly, Mars is not very far. It is the second ⑤closest planet to Earth.

06 윗글의 밑줄 친 ①~⑤ 중 어법상 틀린 것의 개수는?

① 1개   ② 2개   ③ 3개

④ 4개   ⑤ 5개

07 윗글의 빈칸 ⓐ와 ⓒ에 알맞은 말이 바르게 짝 지어진 것은?

① In fact – So   ② In fact – However

③ However – So   ④ However – Then

⑤ So – In fact

08 윗글의 빈칸 ⓑ에 들어갈 말로 알맞은 것은?

① similar   ② perfect

③ different   ④ necessary

⑤ comfortable

09 윗글을 읽고 답할 수 없는 질문은?

① Has anyone been to Mars?

② Who are looking at Mars as a new home?

③ Who are trying to send people to Mars?

④ Which is the closest planet to Earth?

⑤ How many seasons does Mars have?

[10-12] 다음 글을 읽고, 물음에 답하시오.

Mars, however, has some (A) differences / similarities from Earth. First, Mars is ⓐabout ①half the size of Earth. It is ②the second small planet in the solar system. Second, a year on Mars is about twice as (B) tall / long as a year on Earth. Third, Mars is ③very (C) colder / hotter than Earth. On average, it is about -60°C on Mars. This is because Mars is ④far away from the Sun than Earth.

Although no one can answer the big question right now, it is exciting ⑤that imagine this new world. Who knows? You could be the first Korean on Mars!

10 윗글의 (A)~(C)에서 문맥상 알맞은 것끼리 바르게 짝 지어진 것은?

	(A)	(B)	(C)
①	similarities	tall	colder
②	similarities	long	hotter
③	differences	long	hotter
④	differences	long	colder
⑤	differences	tall	hotter

11 윗글의 밑줄 친 ⓐabout과 의미가 같은 것은?

① Can you tell me about the movie?

② Do you know about Albert Schweitzer?

③ This article is about global warming.

④ I read about the accident in the newspaper.

⑤ The height of the tower is about 200 meters.

12 윗글의 밑줄 친 ①~⑤ 중 어법상 옳은 것은?

①   ②   ③   ④   ⑤

13 다음 글의 밑줄 친 부분을 문맥상 바르게 고쳐 쓰시오.

> Although there are many books and movies about Mars, <u>no one has gone there already.</u> These days, scientists are looking at Mars as a new home. In fact, NASA and some companies are trying to send people there right now.

→ _____

[14-15] 다음 글을 읽고, 물음에 답하시오.

> The big question is, "Can people live on Mars?" Many scientists believe so for several reasons. First, they think that there is water on Mars. This is great because water is necessary for all life. Second, (1) 화성은 집과 건물을 지을 수 있는 단단한 땅을 가지고 있다. Third, the length of day and night on Mars is similar to that on Earth. In addition, Mars also has four seasons. So, people can lead similar lives. Lastly, Mars is not very far. (2) 그것은 지구에서 두 번째로 가까운 행성이다.

14 윗글의 밑줄 친 우리말을 [조건]에 맞게 영어로 쓰시오.

> [조건] 1. 괄호 안의 말을 사용할 것
>   2. (1)은 10단어, (2)는 8단어로 된 문장을 쓸 것

(1) _____

(hard land, build, on)

(2) _____

(second, close, planet)

15 윗글의 내용과 일치하도록 다음 문장을 완성하시오.

> Many scientists think that _____ _____ _____ _____ _____ for several reasons.

[16-17] 다음 글을 읽고, 물음에 답하시오.

> Mars, however, has some differences from Earth. First, Mars is about half the size of Earth. It is the second smallest planet in the solar system. Second, a year on Mars is about twice as long as a year on Earth. Third, Mars is much colder than Earth. On average, it is about -60°C on Mars. This is because Mars is farther away from the Sun than Earth.

16 Why is Mars much colder than Earth? Answer in English.

→ _____

17 윗글의 내용을 다음과 같이 정리할 때 빈칸에 알맞은 말을 쓰시오.

> Earth is different from Mars in several ways.
> • Earth is about (1) _____ _____ _____ as Mars.
> • A year on Earth is about (2) _____ the length of a year on Mars.
> • Earth is (3) _____ _____ _____ as Mars.

서술형 100% TEST

01 다음 빈칸에 알맞은 단어를 [조건]에 맞게 쓰시오.

> This shirt is _____ the price of the others.

> [조건]
> - The word starts with the letter "h."
> - The word has 4 letters.
> - The word means "one of two equal parts that together make up a whole."

02 다음 밑줄 친 단어를 포함하는 문장을 [조건]에 맞게 영작하시오.

> The <u>length</u> of the river is about 10 kilometers.

> [조건]
> 1. 주어진 문장의 length와 같은 의미로 쓸 것
> 2. 주어와 동사를 포함한 완전한 문장으로 쓸 것

_____

03 다음 빈칸에 들어갈 알맞은 말을 [보기]에서 골라 쓰시오.

> [보기] adapt apply include

(1) Service is _____(e)d in the price.

(2) Thank you for giving me the chance to _____ for this position.

(3) We had to _____ quickly to our new environment.

04 다음 대화의 밑줄 친 우리말과 같도록 괄호 안의 단어들을 사용하여 쓰시오. (7단어)

> A: He was an artist. He painted the *Mona Lisa*. <u>너는 이 남자가 누구인지 아니?</u>
> B: Yes, I do. He is Leonardo da Vinci.
> A: That's right.

→ _____ (know, man)

05 자연스러운 대화가 되도록 빈칸에 알맞은 말을 [보기]에서 골라 쓰시오. (필요 시 형태를 변형할 수 있음)

> A: Jane, look at this. It's a Jige.
> B: I have never seen it before. What is it for?
> A: It's for _____.
> B: Oh, really? That's interesting.

> [보기]
> - carry people
> - carry many different things

[06-07] 다음 대화를 읽고, 물음에 답하시오.

> Judy: How was your weekend, Hojin?
> Hojin: I had a great time. I went to a science exhibition with my brother.
> Judy: Did you? I heard there were so many interesting things.
> Hojin: Yes. Look at this. I bought it there.
>   (1) _____
> Judy: Well, I'm not sure. What is it?
> Hojin: It's a VR headset.
> Judy: A VR headset? (2) _____
> Hojin: If you wear it, you can experience another world.
> Judy: Sounds cool. (3) _____
> Hojin: Sure. Here you go.

06 위 대화의 빈칸에 알맞은 말을 [보기]에서 골라 쓰시오.

> [보기] May I try it?
>
> What is it for?
>
> How can I get there?
>
> Do you know what it is?
>
> Can you tell me who she is?

(1) _____

(2) _____

(3) _____

07 위 대화의 내용을 바탕으로 호진이가 쓴 일기를 완성하시오.

> Saturday, June 15
>
> I went to (1) _____ today.
> I bought (2) _____ there. If I wear it,
> (3) _____ .
> It is really cool. I will show it to Judy at school
> on Monday. She will love it.

[08-09] 다음 대화를 읽고, 물음에 답하시오.

> A: Mom, ⓐlook at these slippers. I made them in
> science class.
> B: ⓑWhy did you make slippers in science class?
> A: ⓒThey are not just for wearing.
> B: Then, what are they for?
> A: ⓓYou can put on them and clean the floor.
> B: Oh, so you will clean your room from now on?
> A: Sure. ⓔDon't worry about my room, Mom.

08 위 대화의 밑줄 친 ⓐ~ⓔ 중 어법상 틀린 문장을 찾아 기
호를 쓰고, 바르게 고쳐 문장을 다시 쓰시오.

(   ) → _____

09 위 대화의 내용과 일치하도록 다음 질문에 완전한 영어 문
장으로 답하시오.

Q: What will the boy do from now on?

A: _____

[10-11] 다음 두 문장을 as ~ as 구문을 사용하여 한 문장으
로 쓰시오.

10
> Nancy is 175 centimeters tall.
> Jonathan is 175 centimeters tall, too.

→ Nancy is _____ Jonathan.

11
> Kevin is 16 years old.
> His father, Mr. Brown, is 48 years old.

→ Mr. Brown is _____ Kevin.

12 다음 두 문장을 Although로 시작하는 한 문장으로 바꿔
쓰시오.

> The weather was nice. They stayed at home.

→ _____

13 다음 표를 보고, 세 개의 전화기를 비교하는 문장을 [조건]에 맞게 쓰시오.

	Size	Weight	Price
Phone A	148×68mm	170g	$75
Phone B	148×68mm	155g	$100
Phone C	151×71mm	170g	$100

[조건] 1. as ~ as 구문을 사용할 것
　　　 2. heavy, big, expensive를 한 번씩 사용할 것

(1) Phone A is _____ Phone B.

(2) Phone A is _____ Phone C.

(3) Phone B is _____ Phone C.

고
난도
14 다음 우리말과 같도록 [조건]에 맞게 문장을 쓰시오.

모두가 잘했지만 우리는 그 경기에서 졌다.

[조건] 1. 괄호 안의 말을 순서대로 이용할 것
　　　　 (although, play, lose)
　　　 2. 시제에 유의할 것
　　　 3. 8단어의 문장을 완성할 것

→ _____

15 다음 글을 읽고, 어법상 틀린 부분을 찾아 바르게 고쳐 문장을 다시 쓰시오.

Today is my mother's birthday. My father bought her roses. There were as many roses as my mother's age. My sister wrote a card to her. And I made spaghetti for her. Despite the spaghetti was not delicious, she ate it happily.

→ _____

_____

신
유형
16 다음 글을 읽고, 주어진 질문 중 답할 수 있는 것을 골라 기호를 쓴 후, 완전한 영어 문장으로 답하시오.

My name is Suji Lee from Korea. I'm 15 years old. I want to go to Mars because I've been curious about space. I'm friendly and I enjoy making friends. I'm good at taking photos.

I'm the perfect person for this mission because I can adapt to a new environment quickly. Although I'm young, I can communicate well with others. Give me the chance to live on Mars!

ⓐ When did Suji decide to go to Mars?
ⓑ What is Suji like?
ⓒ What is Suji poor at?
ⓓ Why is Suji the perfect person for the mission?

(　　　) → _____

(　　　) → _____

[17-18] 다음 글을 읽고, 물음에 답하시오.

The big question is, "Can people live on Mars?" Many scientists believe so for several reasons. First, they think that there is water on Mars. This is great because water is necessary for all life. Second, Mars has hard land to build houses and buildings on. Third, the length of day and night on Mars is similar to that on Earth. In addition, Mars also has four seasons. So, people can lead similar lives. Lastly, Mars is not very far. _____

17 주어진 말을 바르게 배열하여 윗글의 빈칸에 알맞은 말을 쓰시오.

> Earth, is, planet, to, second, It, the, closest

→ _____

18 윗글의 내용과 일치하도록 우리말로 다음 표를 완성하시오.

과학자들이 화성에서 사람이 살 수 있다고 믿는 이유
(1)
(2)
(3)
(4)
(5)

[19-20] 다음 글을 읽고, 물음에 답하시오.

> Do you want to live on another planet?
> The Korea Space Organization (KSO) is looking for people to go to MARS! Our mission is to build a city on Mars.
> We're looking for someone...
> who is healthy.
> whom is creative and curious.
> whose can get along with others.
> which can adapt to a new environment quickly.

19 윗글에서 어법상 틀린 부분을 모두 찾아 바르게 고쳐 쓰시오.

(1) _____ → _____

(2) _____ → _____

(3) _____ → _____

20 Answer the question according to the text above.

Q: What will we have to do if we go to Mars as a member of the KSO?

A: _____

[21-22] 다음 글을 읽고, 물음에 답하시오.

> Mars, however, has some differences from Earth. First, Mars is about half the size of Earth. It is the second (A) _(small)_ planet in the solar system. Second, a year on Mars is about twice as (B) __(long)__ as a year on Earth. Third, Mars is much (C) __(cold)__ than Earth. On average, it is about -60°C on Mars. This is because Mars is (D) _____ (far) _____ away from the Sun than Earth. Although no one can answer the big question right now, it is exciting to imagine this new world. Who knows? You could be the first Korean on Mars!

21 윗글을 두 단락으로 나눌 때, 두 번째 단락을 시작하는 세 단어를 찾아 쓰시오.

_____

22 윗글의 (A)~(D)에 알맞은 말이 되도록 괄호 안의 단어를 알맞은 형태로 쓰시오.

(A) _____   (B) _____

(C) _____   (D) _____

23 윗글의 내용과 일치하도록 화성과 지구를 비교하는 다음 글을 완성하시오.

> 화성은 지구의 약 (1) _____ 크기이다. 화성에서의 일 년은 지구에서의 일 년의 약 (2) _____ 만큼 길다. 화성은 지구보다 훨씬 더 (3) _____.

01 다음 중 짝 지어진 단어의 관계가 [보기]와 다른 것은? [3점]

[보기]   organize – organization

① invent – invention
② exhibit – exhibition
③ different – difference
④ decorate – decoration
⑤ communicate – communication

02 다음 영어 뜻풀이에 해당하는 단어는? [4점]

a task or job that someone is given to do

① slice   ② mission
③ average   ④ organization
⑤ environment

03 다음 빈칸에 공통으로 들어갈 말로 알맞은 것은? [3점]

• It's cold. Put _____ your coat.
• _____ average, I read four books a month.

① in(In)   ② at(At)   ③ from(From)
④ on(On)   ⑤ with(With)

서술형 1

04 다음 괄호 안의 단어를 알맞은 형태로 바꿔 문장을 완성하시오. [3점]

We arrive in Paris on Sunday, and leave the _____ Wednesday. (follow)

05 다음 대화의 빈칸에 들어갈 말로 알맞은 것은? [3점]

A: He was a doctor. He helped sick people in Africa. _____
B: Well, I'm not sure. Who is he?
A: He is Albert Schweitzer.

① Guess what it is.
② What does he do?
③ Are you sure about it?
④ What did he do there?
⑤ Do you know who he is?

06 자연스러운 대화가 되도록 (A)~(D)를 바르게 배열한 것은? [4점]

(A) It's for slicing eggs.
(B) Really? May I try it?
(C) This looks interesting. What is it for?
(D) Sure, here is an egg.

① (A)-(B)-(C)-(D)   ② (A)-(C)-(B)-(D)
③ (B)-(A)-(C)-(D)   ④ (C)-(A)-(B)-(D)
⑤ (C)-(D)-(A)-(B)

서술형 2

07 다음 대화의 빈칸에 알맞은 말을 [조건]에 맞게 쓰시오. [5점]

[조건]   1. 괄호 안의 우리말과 같은 뜻의 문장을 쓸 것
         2. It's로 문장을 시작할 것
         3. carry를 반드시 사용할 것
         4. 필요 시 단어의 형태를 변형할 것

A: Jane, look at this. It's a Gama.
B: I have never seen it before. What is it for?
A: _____
   (그것은 사람들을 옮기기 위한 거야.)
B: Oh, really? That's interesting.

[08-09] 다음 대화를 읽고, 물음에 답하시오.

> A: (1) <u>너는 이것이 무엇인지 아니?</u>
> B: No, I don't. What is it?
> A: It's a Soccket.
> B: A Soccket? (2) <u>그것의 용도는 무엇이니?</u>
> A: It produces electricity when you play with it.
> B: Wow, that's great!

서술형 **3**

08 위 대화의 밑줄 친 우리말을 다음 지시에 따라 영어로 옮기시오. [각 2점]

(1) 6단어의 문장으로 쓸 것

→ _____

(2) 4단어의 문장으로 쓸 것

→ _____

서술형 **4**

09 What does a Soccket produce? Answer in English.
[4점]

→ _____

[10-11] 다음 글을 읽고, 물음에 답하시오.

> Hi, class! Do you know who this man is? His name is Alexander Graham Bell. Bell was an ___(A)___. He was interested in sound. What did he ___(B)___? Yes, the telephone! His mother and wife were deaf. So he also made some ___(C)___ for deaf people and opened a school for them.

10 윗글의 빈칸 (A)~(C)에 알맞은 말이 바르게 짝 지어진 것은? [4점]

	(A)	(B)	(C)
①	inventer	invent	invention
②	inventer	invents	inventions
③	inventor	invent	invention
④	inventor	invents	inventions
⑤	inventor	invent	inventions

11 윗글 속 Graham Bell에 관한 설명으로 알맞지 <u>않은</u> 것은? [3점]

① 발명가였다.
② 소리에 관심이 많았다.
③ 전화기를 발명했다.
④ 어머니와 아내는 청각 장애인이었다.
⑤ 발명가 양성을 위한 학교를 열었다.

[12-13] 다음 대화를 읽고, 물음에 답하시오.

> A: Mom, ①look at these slippers. I made them in science class.
> B: Why did you make slippers in science class?
> A: They are not just ②for wearing.
> B: Then, (A) what are they for?
> A: You can ③put on them and clean the floor.
> B: Oh, so you will clean your room ④from now on?
> A: Sure. Don't ⑤worry about my room, Mom.

12 위 대화의 밑줄 친 ①~⑤ 중 어법상 틀린 것은? [4점]

①   ②   ③   ④   ⑤

13 위 대화의 밑줄 친 문장 (A)와 같은 의미가 되도록 할 때, 빈칸에 들어갈 말로 알맞은 것은? [4점]

> Can you tell me what they are _____ for?

① put   ② used   ③ worn
④ made   ⑤ cleaned

서술형**5**

14 다음 표를 보고, 괄호 안의 단어를 사용하여 as ~ as 구문이 쓰인 문장을 완성하시오. [각 2점]

	Price	Length
Pencil	500 won	15cm
Eraser	500 won	5cm
Ruler	1,000 won	20cm

(1) The pencil is _____.
　　　　　　　　　　　　 (cheap)

(2) The pencil is _____
　　 the eraser. 　　　　　　　(long)

(3) The ruler is _____
　　 the pencil. 　　　　　(expensive)

(4) The eraser is _____
　　 the ruler. 　　　　　　(not, long)

서술형**6**

15 접속사 although를 사용하여 다음 두 문장을 한 문장으로 바꿔 쓰시오. [각 2점]

(1) She heard the shocking news. She stayed calm.
　　→ _____

(2) I ate much. I didn't gain weight.
　　→ _____

16 다음 중 어법상 옳은 문장끼리 짝 지어진 것은? [4점]

> ⓐ This computer works as fast as that one.
> ⓑ Web comics are more interesting as novels.
> ⓒ Yesterday was much hotter than today.
> ⓓ He is three times as taller as his son.
> ⓔ This question is not as hard as that one.

① ⓐ, ⓑ, ⓒ　　　　　② ⓐ, ⓒ, ⓓ
③ ⓐ, ⓒ, ⓔ　　　　　④ ⓑ, ⓒ, ⓔ
⑤ ⓒ, ⓓ, ⓔ

서술형**7**

17 다음 문장을 지시에 맞게 고쳐 쓰시오. [각 4점]

(1) Although the weather was bad, the game was not canceled. (despite를 사용할 것)
　　→ _____

(2) The Eiffel Tower is higher than the N Seoul Tower. (as ~ as 구문을 사용할 것)
　　→ _____

[18-20] 다음 글을 읽고, 물음에 답하시오.

> Do you want to live on another planet?
> The Korea Space Organization (KSO) is looking for people to go to MARS! Our mission is to build a city on Mars.
> We're looking for someone...
> who is healthy.
> who is creative and curious.
> who can ①get along with others.
> who can ②adapt to a new environment quickly.
> To apply, send a short video _____ us. The video must include the answers _____ the ③following questions:
> 1. Why do you want to go to Mars?
> 2. Do you have a good ④sense of humor?
> 3. Why are you the perfect person for this mission?
> This is a chance of a lifetime, so don't ⑤miss out!

18 윗글의 밑줄 친 ①~⑤의 우리말 뜻이 알맞지 <u>않은</u> 것은? [3점]

① ~와 잘 지내다　　　　② ~할 여유가 되다
③ 다음에 나오는　　　　④ 유머 감각
⑤ 놓치다

19 윗글의 빈칸에 공통으로 알맞은 전치사는? [3점]

① for ② on ③ to
④ of ⑤ with

20 윗글을 읽고 알 수 <u>없는</u> 내용은? [3점]

① KSO의 임무
② 공고의 목적
③ 지원자 자격 요건
④ 지원 방법
⑤ 지원 기한

[21-24] 다음 글을 읽고, 물음에 답하시오.

_____(A)_____ there are many books and movies about Mars, no one has been there yet. These days, scientists are looking at Mars as a new home. In fact, NASA and some companies are trying to send people there right now.

The big question is, "Can people live on Mars?" Many scientists believe so for several reasons. ①First, they think that there is water on Mars. This is great _____(B)_____ water is necessary for all life. ②Second, Mars has hard land to build houses and buildings on. ③About one fourth of Earth is dry land. ④Third, the length of day and night on Mars is similar to that on Earth. ⑤In addition, Mars also has four seasons. So, people can lead similar lives. Lastly, Mars is not very far. ⓐIt is the second close planet to Earth.

21 윗글의 빈칸 (A)와 (B)에 알맞은 말이 순서대로 짝 지어진 것은? [4점]

① If – therefore
② Although – because
③ Although – however
④ As – because
⑤ Because – therefore

22 윗글의 ①~⑤ 중 흐름상 관계없는 것은? [4점]

① ② ③ ④ ⑤

서술형8
23 윗글의 밑줄 친 ⓐ를 어법상 바르게 고쳐 쓰시오. [4점]

→ _____

24 윗글을 바르게 이해하지 <u>못한</u> 사람은? [3점]

① 지윤: 화성에 가 본 사람은 아직 아무도 없어.
② 미성: 많은 과학자들이 화성에 물이 있다고 생각해.
③ 영진: 화성의 땅은 집과 건물을 지을 수 있을 만큼 단단해.
④ 민아: 화성의 낮과 밤의 길이는 지구의 낮과 밤의 길이의 두 배야.
⑤ 정민: 화성에도 사계절이 있어.

25 다음 글의 Neptune에 관한 내용과 일치하지 <u>않는</u> 것은? [4점]

This is Neptune. It has 14 moons. It's a very cold planet. It's named after the god of the sea. It's the farthest planet from the Sun in the solar system.

① 14개의 위성을 가지고 있다.
② 아주 추운 행성이다.
③ 바다의 신의 이름을 따서 이름 지어졌다.
④ 태양계 행성 중 태양에서 가장 멀리 떨어져 있다.
⑤ 태양계에 속해 있지 않다.

서술형1

01 다음 짝 지어진 단어의 관계가 같도록 빈칸에 알맞은 단어를 쓰시오. [3점]

> different : difference = _____ : similarity

02 다음 중 밑줄 친 단어의 쓰임이 알맞지 <u>않은</u> 것은? [4점]

① We should protect our environment.
② The long of the vacation was 35 days.
③ Peel the carrot and cut it into small pieces.
④ I spread strawberry jam on a piece of toast.
⑤ Our mission is to deliver fresh food every morning.

서술형2

03 다음 우리말과 같도록 빈칸에 알맞은 말을 쓰시오. [각 2점]

(1) Elizabeth는 아주 친절해. 그녀는 항상 사람들과 잘 지내려고 노력해.
→ Elizabeth is very kind. She always tries to _____ _____ _____ people.

(2) Austin은 수줍음이 많아. 그가 새로운 환경에 적응하는 것은 힘들었어.
→ Austin is very shy. It was hard for him to _____ _____ a new environment.

04 다음 대화의 빈칸에 공통으로 알맞은 말은? [3점]

> A: I'm going to make cheese sandwiches.
> B: Is there anything I can do for you?
> A: Oh, thank you. Will you _____ the bread?
> B: OK. Anything else?
> A: Can you get me some _____s of cheese?
> B: Sure.

① peel ② slice ③ glue
④ stick ⑤ spread

05 다음 중 짝 지어진 대화가 <u>어색한</u> 것은? [3점]

① A: May I try it?
  B: Sure. Here you go.
② A: It looks like a glue stick.
  B: No, it's a butter stick.
③ A: Do you know who he is?
  B: No, I don't. What is it?
④ A: What is it for?
  B: It's for decorating your hair.
⑤ A: It is for making ink.
  B: Oh, really? That sounds interesting.

06 다음 A의 말에 이어질 대화의 순서를 바르게 배열한 것은? [4점]

> A: Look at these slippers. I made them in science class.
> (A) Then, what are they for?
> (B) Why did you make slippers in science class?
> (C) They are not just for wearing.
> (D) You can put them on and clean the floor.

① (A)-(C)-(B)-(D) ② (B)-(C)-(A)-(D)
③ (B)-(D)-(A)-(C) ④ (C)-(A)-(B)-(D)
⑤ (C)-(B)-(A)-(D)

07 다음 괄호 안의 단어들을 바르게 배열하여 대화를 완성하시오. [4점]

> A: I made it in science class.
>
> _____
>
> (know, is, what, do, you, it)
> B: Well, I'm not sure. What is it?
> A: It's a Clean Straw. It cleans water while you drink.
> B: Wow, that's great!

08 다음 대화의 밑줄 친 ①~⑤ 중 어법상 어색한 것은? [4점]

> A: Hello, class! Jisu is today's ①speaker for show and tell. Jisu?
> B: Hi, class! Do you know ②who this man is? His name is Alexander Graham Bell. Bell was an inventor. He was ③interesting in sound. What did he invent? Yes, the telephone! His mother and wife ④were deaf. So he also made some ⑤inventions for deaf people and opened a school for them.

①   ②   ③   ④   ⑤

[09-11] 다음 대화를 읽고, 물음에 답하시오.

> Judy: How was your weekend, Hojin?
> Hojin: I had a great time. I went to a science exhibition with my brother.
> Judy: ①Did you? I heard there were so many interesting things.
> Hojin: Yes. Look at this. I bought it there. ②Do you know what it is?
> Judy: Well, I'm not sure. ③What is it?
> Hojin: It's a VR headset.
> Judy: A VR headset? ④What is it for?
> Hojin: If you wear it, you can experience another world.
> Judy: Sounds cool. ⑤Will you try it?
> Hojin: Sure. Here you go.

09 위 대화의 밑줄 친 ①~⑤ 중 흐름상 어색한 것은? [4점]

①   ②   ③   ④   ⑤

10 위 대화를 읽고 알 수 없는 것은? [3점]

① 호진이가 주말에 간 곳
② Judy가 전시회에 관해 들은 내용
③ 호진이가 산 물건
④ VR 헤드셋의 용도
⑤ VR 헤드셋의 가격

11 위 대화의 내용과 일치하도록 다음 질문에 완전한 영어 문장으로 답하시오. [각 3점]

(1) What did Judy hear about the science exhibition?
→ _____

(2) What can we do if we wear a VR headset?
→ _____

12 다음 문장과 의미가 같은 것은? [4점]

> Paul is the same height as Daniel.

① Paul is as tall as Daniel.
② Paul is as taller as Daniel.
③ Paul is as tallest as Daniel.
④ Paul is taller than Daniel.
⑤ Paul is not as tall as Daniel.

13 다음 빈칸에 알맞은 말을 모두 고르면? [4점]

> Her voice was shaking ＿＿＿＿＿＿＿ all her efforts to control it.

① although   ② despite

③ though   ④ in spite of

⑤ even though

14 다음 두 문장을 한 문장으로 바꿔 쓸 때, 빈칸에 들어갈 말로 알맞은 것은? [3점]

> Jenny and Jessy are twins. They are 12 years old.
> → Jenny is ＿＿＿＿＿＿＿ Jessy.

① as old as   ② as older as

③ not so old as   ④ older than

⑤ younger than

15 다음 중 의미하는 바가 다른 것은? [4점]

① She is young, but she takes good care of her brother.

② Although she is young, she takes good care of her brother.

③ As she is young, she takes good care of her brother.

④ Despite her young age, she takes good care of her brother.

⑤ She takes good care of her brother though she is young.

서술형 5

16 다음 자유의 여신상과 에펠탑의 높이를 보고, [조건]에 맞게 문장을 완성하시오. [5점]

| The Statue of Liberty | 46m |
| The Eiffel Tower | 324m |

> [조건] 1. as ~ as 구문을 사용할 것
>   2. 배수사를 사용할 것

→ ＿＿＿＿＿＿＿＿＿＿＿＿＿＿＿＿＿

＿＿＿＿＿＿＿＿＿＿＿＿＿＿＿＿＿

서술형 6

17 다음 우리말과 같도록 괄호 안에 주어진 단어를 배열하여 문장을 쓰시오. [4점]

> 비록 그녀는 많이 먹지 않았지만, 배가 아팠다.
> → ＿＿＿＿＿＿＿＿＿＿＿＿＿＿＿
> (she, much, although, got, eat, she, didn't, a stomachache)

[18-20] 다음 글을 읽고, 물음에 답하시오.

> The big question is, "＿＿＿ ⓐ ＿＿＿" Many scientists believe so (A) 몇 가지 이유로. First, they think that there is water on Mars. This is great because water is (B) ~에게 필수적인 all life. Second, Mars has hard land to build houses and buildings on. Third, the length of day and night on Mars is (C) ~와 비슷한 that on Earth. In addition, Mars also has four seasons. So, people can lead similar lives. Lastly, Mars is not very far. ⓑ그것은 지구에서 두 번째로 가까운 행성이다.

18 윗글의 빈칸 ⓐ에 들어갈 말로 알맞은 것은? [4점]

① Can people live on Mars?

② How far is Mars from Earth?

③ Do you want to live on Mars?

④ When can people go to Mars?

⑤ What are the differences between Mars and Earth?

서술형 **7**

19 윗글의 밑줄 친 (A)~(C)의 우리말을 영어로 옮겨 쓰시오.
[각 2점]

(A) _____

(B) _____

(C) _____

서술형 **8**

20 윗글의 밑줄 친 ⓑ의 우리말과 같도록 [조건]에 맞게 영작하시오. [4점]

[조건] 1. 서수와 최상급을 사용할 것

2. close, planet을 활용하여 총 8단어로 쓸 것

→ _____

[21-23] 다음 글을 읽고, 물음에 답하시오.

Mars, however, has some differences from Earth. (①) First, Mars is about half the size of Earth. (②) It is the second smallest planet in the solar system. (③) Second, 화성에서의 일 년은 지구에서의 일 년의 약 두 배만큼 길다. (④) Third, Mars is much colder than Earth. (⑤) This is because Mars is farther away from the Sun than Earth. Although no one can answer the big question right now, it is exciting to imagine this new world. Who knows? You could be the first Korean on Mars!

21 윗글의 ①~⑤ 중 주어진 문장이 들어갈 알맞은 곳은? [4점]

On average, it is about -60˚C on Mars.

①　　　　②　　　　③　　　　④　　　　⑤

서술형 **9**

22 윗글의 밑줄 친 우리말과 같도록 괄호 안의 말을 배열하여 쓰시오. [4점]

→ _____

(about, as, a year on Mars, long, is, twice, as, a year on Earth)

23 윗글을 읽고 다음 답을 할 수 있는 질문으로 알맞은 것은? [4점]

It is because Mars is farther away from the Sun than Earth.

① How far is the Mars from the Sun?

② Why is Mars much colder than Earth?

③ Why is Mars about half the size of Earth?

④ What is the similarities between Mars and Earth?

⑤ Which is farther from the Sun, Mars or Earth?

[24-25] 다음 글을 읽고, 물음에 답하시오.

All about ⓐMars!

ⓑSize

• It is about half the size of Earth.

• It is the second _____ planet in the solar system.

ⓒTemperature

• It is much colder than Earth.

• On average, it is about -60˚C on Mars.

ⓓDifferences with ⓔEarth

• It has hard land to build houses on.

• The length of day and night on it is similar to that on Earth.

• It has four seasons.

24 윗글의 밑줄 친 ⓐ~ⓔ 중 내용상 어색한 것을 찾아 바르게 고친 사람은? [4점]

① 정아: ⓐ Mars → Earth

② 하윤: ⓑ Size → Distance

③ 유준: ⓒ Temperature → Weather

④ 태영: ⓓ Differences → Similarities

⑤ 민준: ⓔ Earth → Mars

25 윗글의 빈칸에 들어갈 말로 알맞은 것은? [4점]

① small　　　② smaller　　　③ smallest

④ more small　　　⑤ most smallest

01 다음 중 어울리지 <u>않는</u> 단어가 포함된 것은? [3점]

① 동사: imagine, include, invent
② 명사: decoration, difference, length
③ 형용사: curious, healthy, deaf
④ 부사: lastly, friendly, quickly
⑤ 접속사: although, though, if

02 다음 영어 뜻풀이에 해당하는 단어는? [4점]

> to ask formally for something such as a job, admission to a school, etc.

① miss   ② lead   ③ lose
④ adapt   ⑤ apply

03 다음 빈칸에 들어가지 <u>않는</u> 단어는? [4점]

> • Sometimes it is _____ to say no.
> • Babies are _____ about everything around them.
> • He is _____. He can't see anything.
> • Your new sweater is _____ to mine.

① similar   ② deaf   ③ curious
④ blind   ⑤ necessary

04 다음 두 문장의 빈칸에 공통으로 알맞은 것은? [3점]

> • _____ addition, Busan is the city of film.
> • John is very interested _____ the solar system.

① In(in)   ② On(on)   ③ For(for)
④ At(at)   ⑤ From(from)

05 다음 대화의 빈칸에 들어갈 말로 알맞은 것은? [4점]

> A: This looks interesting. What is it for?
> B: It's for slicing eggs.
> A: Really? _____
> B: Sure, here is an egg.

① May I try it?   ② May I have it?
③ Will you try it?   ④ Will you help me?
⑤ Can I help you?

서술형 **1**

06 다음 대화의 빈칸에 알맞은 말을 괄호 안의 단어를 사용하여 쓰시오. [4점]

> A: This man was an artist. He painted *Sunflowers*. _____
>   (know, he)
> B: No, I don't. Who is he?
> A: His name is Vincent van Gogh.

[07-08] 다음 대화를 읽고, 물음에 답하시오.

> A: Hello, class! Jisu is today's ____(A)____ for show and tell. Jisu?
> B: Hi, class! ⓐDo you know who is this man? ⓑHis name is Alexander Graham Bell. Bell was an ____(B)____. ⓒHe was interested in sound. ⓓWhat did he invent? Yes, the telephone! ⓔHis mother and wife were deaf. So he also made some inventions for deaf people and opened a school for them.

서술형2

07 위 대화의 빈칸 (A), (B)에 알맞은 말이 되도록 괄호 안의 단어의 형태를 바꿔 쓰시오. [각 2점]

(A) _____ (speak)

(B) _____ (invent)

서술형3

08 위 대화의 밑줄 친 ⓐ~ⓔ 중 어법상 어색한 문장을 찾아 기호를 쓰고, 바르게 고쳐 문장을 다시 쓰시오. [4점]

(   ) → _____

서술형4

09 Read the dialogue and answer the question in English. [4점]

> A: Do you know what this is?
> B: Um, it looks like a glue stick.
> A: No, it's a butter stick.
> B: Oh, is there butter in it?
> A: Yes, you can spread butter on the bread with it.

↓

> Q: What are they talking about?
> A: _____

서술형5

10 다음 대화의 빈칸에 알맞은 말을 [조건]에 맞게 쓰시오. [4점]

> [조건]   1. decorate your hair를 이용할 것
>   2. 축약형을 포함한 5단어의 완전한 문장으로 쓸 것

> A: Julie, this is a binyeo.
> B: I have never seen it before. What is it for?
> A: _____
> B: Oh, really? That's interesting.

11 다음 빈칸에 알맞은 말이 순서대로 짝 지어진 것은? [4점]

> This ruler is not as long as that ruler.
> = This ruler is _____ than that one.
> = That ruler is _____ than this one.

① short – longer   ② longer – shorter

③ taller – shorter   ④ higher – longer

⑤ shorter – longer

12 다음 빈칸에 들어갈 수 있는 것을 모두 고르면? [4점]

> _____ the kitchen is small, it is well designed.

> ⓐ Although   ⓑ In spite of   ⓒ Despite
> ⓓ Even though   ⓔ Though

① ⓐ, ⓒ, ⓔ   ② ⓐ, ⓓ, ⓔ   ③ ⓑ, ⓒ

④ ⓑ, ⓓ   ⑤ ⓒ, ⓓ, ⓔ

13 다음 문장과 의미가 같은 것은? [5점]

> The blue bag is not as expensive as the red bag.

① The blue bag is as expensive as the red bag.

② The blue bag is more expensive than the red bag.

③ The red bag is cheaper than the blue bag.

④ The red bag is more expensive than the blue bag.

⑤ The red bag is not so expensive as the blue bag.

14 다음 두 사람의 키와 몸무게를 비교하는 표를 보고, 바르게 말한 사람을 <u>모두</u> 고르면? [5점]

Name	Height	Weight
Kevin	165cm	60kg
Jason	165cm	70kg

① 수진: Kevin is as tall as Jason.

② 인철: Jason is not as tall as Kevin.

③ 경아: Kevin is as heavy as Jason.

④ 영진: Jason is not as heavy as Kevin.

⑤ 민호: Kevin is not as heavy as Jason.

15 다음 우리말을 영어로 바르게 옮긴 것은? [4점]

> 여름은 신나는 계절이기는 하지만, 더위는 참을 수가 없다.

① Despite summer is a fun season, I can't stand the heat.

② Summer is a fun season, so I can't stand the heat.

③ As summer is a fun season, I can't stand the heat.

④ Because I can't stand the heat, summer is a fun season.

⑤ Although summer is a fun season, I can't stand the heat.

16 다음 글의 빈칸에 although가 들어갈 수 <u>없는</u> 문장의 개수는? [5점]

> • We enjoyed our camping trip _____ the rain.
> • _____ it costs a lot, I will buy it.
> • _____ the pain in his leg, he finished the marathon.
> • I will never give up, _____ I failed the test.
> • _____ he is very young, he acts like an old man.

① 1개　　　② 2개　　　③ 3개

④ 4개　　　⑤ 5개

17 다음 두 문장의 의미가 같도록 할 때, 빈칸에 들어갈 말로 알맞은 것은? [4점]

> Content is more important than writing style.
> = Writing style is _____ the content.

① as important as　　② not as important as

③ the most important　　④ most important than

⑤ twice as important as

[18-20] 다음 글을 읽고, 물음에 답하시오.

> The big question is, "Can people live on Mars?" Many scientists believe so for several reasons. First, they think that there is water on Mars. This is great (because, is, all, water, necessary, for, life). Second, Mars has hard land ⓐto build houses and buildings on. Third, the length of day and night on Mars is _____ⓑ_____ to that on Earth. In addition, Mars also has four seasons. So, people can lead _____ⓒ_____ lives. Lastly, Mars is not very far. It is the second closest planet to Earth.

서술형 6

18 윗글의 문맥에 맞게 괄호 안의 단어들을 바르게 배열하여 문장을 완성하시오. [5점]

→ This is great _____.

19 윗글의 밑줄 친 ⓐ와 쓰임이 <u>다른</u> 것은? [3점]

① Do you have a pen to write with?

② There's no space to park my car.

③ I have an interesting book to read.

④ He is looking for a house to live in.

⑤ They practiced hard to win the game.

20 윗글의 빈칸 ⓑ와 ⓒ에 공통으로 알맞은 것은? [4점]

① easy   ② difficult   ③ important
④ similar   ⑤ different

[21-22] 다음 글을 읽고, 물음에 답하시오.

Mars, however, has some differences from Earth. First, Mars is about half the size of Earth. It is the second smallest planet in the solar system. Second, ⓐa year on Mars is about twice as long as a year on Earth. Third, Mars is much colder than Earth. On average, it is about -60°C on Mars. This is because Mars is farther away from the Sun than Earth.

Although no one can answer the big question right now, ⓑto imagine this new world is exciting. Who knows? You could be the first Korean on Mars!

21 윗글의 밑줄 친 ⓐ와 의미하는 바가 같도록 할 때, 빈칸에 들어갈 말로 알맞은 것은? [4점]

A year on Earth is about _____ the length of a year on Mars.

① long   ② half   ③ twice
④ three times   ⑤ four times

서술형 **7**

22 윗글의 밑줄 친 ⓑ를 가주어 it을 사용하여 다시 쓰시오. [4점]

→ _____

[23-25] 다음 글을 읽고, 물음에 답하시오.

My name is Suji Lee from Korea. I'm 15 years old. I want ___(A)___ to Mars because I've been curious about space. I'm friendly and I enjoy ___(B)___ friends. I'm good at ___(C)___ photos.

I'm the perfect person for this mission because I can adapt to a new environment quickly. Although I'm young, I can communicate well with others. Give me the chance to live on Mars!

23 윗글의 종류로 알맞은 것은? [3점]

① 수필   ② 일기   ③ 지원서
④ 감상문   ⑤ 신문 기사

24 윗글의 빈칸 (A)~(C)에 알맞은 말이 바르게 짝 지어진 것은? [4점]

	(A)		(B)		(C)
①	going	–	making	–	taking
②	going	–	to make	–	taking
③	to go	–	making	–	taking
④	to go	–	to make	–	to take
⑤	to go	–	making	–	to take

서술형 **8**

25 윗글의 내용과 일치하도록 다음 질문에 완전한 영어 문장으로 답하시오. [4점]

Q: Why does Suji think she is the perfect person for the mission on Mars?

A: _____

01 다음 중 밑줄 친 부분의 우리말 뜻으로 알맞지 <u>않은</u> 것은? [3점]

① She has no <u>sense of humor</u>.
(유머 감각)

② He eats two meals a day <u>on average</u>.
(평균적으로)

③ This is the last chance. Don't <u>miss out</u>!
(놓치다)

④ There are eight planets in the <u>solar system</u>.
(태양계)

⑤ <u>From now on</u>, use this room as a dancing room.
(지금까지)

02 다음 중 밑줄 친 두 단어의 의미가 같은 것은? [4점]

① Will you lend me the <u>glue</u>?
I <u>glued</u> the picture on the wall.

② I'd like to have two <u>slices</u> of pizza.
<u>Slice</u> the potatoes and carrots thinly.

③ Can you <u>peel</u> the apples for me?
Be careful not to slip on a banana <u>peel</u>.

④ I don't know the <u>length</u> of the bridge.
Do you know the <u>length</u> of the music lesson?

⑤ We need more <u>space</u> to serve our customers.
There is an empty <u>space</u> under the ground.

03 다음 중 단어의 영어 뜻풀이가 알맞지 <u>않은</u> 것은? [4점]

① lead: to have a particular type of life

② slice: a thin piece of wood or other material

③ average: the sum of the values in a set divided by their number

④ difference: the way in which two things are not like each other

⑤ similar: like somebody or something but not exactly the same

서술형 1

04 동사 invent를 알맞은 형태로 써서 다음 문장을 완성하시오. [4점]

A(n) (1) _____ is a person who has
(2) _____ something or whose job is to
(3) _____ things.

05 다음 대화의 빈칸에 들어갈 말로 알맞은 것은? [4점]

A: He was an artist. He painted the *Mona Lisa*.

_____

B: Yes, I do. He is Leonardo da Vinci.

A: That's right.

① Guess who he is.

② How do you know him?

③ Do you know what it is?

④ Do you know who he is?

⑤ Can you tell me who he is?

서술형 2

06 다음 대화의 내용과 일치하도록 빈칸에 알맞은 말을 쓰시오. [4점]

A: Do you know what this is?

B: No, I don't. What is it?

A: It's a Clean Straw.

B: A Clean Straw? What is it for?

A: It cleans water while you drink.

B: Wow, that's great!

↓

This is a Clean Straw. When you _____ water, it makes the water _____.

서술형 3

07 다음 대화에서 어법상 틀린 부분을 모두 찾아 바르게 고쳐 쓰시오. [각 2점]

> A: Look at this. It's a meok.
> B: I have never seen it before. What is it using for?
> A: It's for make ink.
> B: Oh, really? That's interesting.

(1) _____ → _____
(2) _____ → _____

[08-09] 다음 대화를 읽고, 물음에 답하시오.

> A: Mom, look ___ⓐ___ these slippers. I made them in science class.
> B: Why did you make slippers in science class?
> A: They are not just ___ⓑ___ wearing.
> B: Then, what are they for?
> A: You can put them on and clean the floor.
> B: Oh, so you will clean your room from now on?
> A: Sure. Don't worry ___ⓒ___ my room, Mom.

08 위 대화의 빈칸 ⓐ~ⓒ에 들어갈 말이 순서대로 짝 지어진 것은? [3점]

① at – for – with　　② at – for – about
③ at – on – about　　④ for – for – of
⑤ for – on – about

09 위 대화의 내용과 일치하도록 다음 문장을 완성하시오. [3점]

> While you wear the slippers, you can _____
> _____ _____ with them.

[10-11] 다음 대화를 읽고, 물음에 답하시오.

> Judy: How was your weekend, Hojin?
> Hojin: I had a great time. I went to a science exhibition with my brother.
> Judy: (A) Did you? I heard there were so many interesting things.
> Hojin: Yes. Look at this. I bought it there. Do you know what it is?
> Judy: Well, I'm not sure. What is it?
> Hojin: It's a VR headset.
> Judy: A VR headset? What is it for?
> Hojin: 그것을 쓰면, 너는 다른 세상을 경험할 수 있어.
> Judy: Sounds cool. May I try it?
> Hojin: Sure. Here you go.

서술형 4

10 위 대화의 밑줄 친 (A)를 생략된 말을 포함한 완전한 문장으로 쓰시오. [3점]

_____

서술형 5

11 위 대화의 밑줄 친 우리말을 [조건]에 맞게 영어로 쓰시오. [4점]

> [조건]　1. 접속사 if로 문장을 시작할 것
> 　　　　2. 9단어의 문장으로 쓸 것
> 　　　　3. wear, experience, another를 반드시 사용할 것

_____

12 다음 빈칸에 들어갈 말로 알맞은 것은? [3점]

> _____ it was raining heavily, the football game went on.

① Since　　② However　　③ Despite
④ Because　　⑤ Although

13 다음 우리말과 같도록 괄호 안의 단어들을 순서대로 배열할 때, 여섯 번째로 오는 단어는? [4점]

> 롯데월드타워는 63스퀘어보다 약 두 배만큼 높다.
> (as, Lotte World Tower, about, twice, high, as, is, the 63 SQUARE)

① about　　② is　　③ twice

④ high　　⑤ as

14 다음 빈칸에 알맞은 말이 순서대로 짝 지어진 것은? [4점]

> _____ his mistake, I didn't blame him.
> = _____ he made a mistake, I didn't blame him.
> = He made a mistake, _____ I didn't blame him.

① Although – Despite – but

② Although – Despite – so

③ Despite – Although – but

④ Despite – Although – or

⑤ Despite – Although – so

서술형 6

15 다음 표의 내용과 일치하도록 [조건]에 맞게 문장을 완성하시오. [각 2점]

	white watch	red watch	black watch
가격	$10	$45	$45
무게	65g	65g	90g

> [조건]　1. as ~ as 구문을 사용할 것
> 　　　2. light나 expensive를 사용할 것 (중복 사용 가능)

(1) The white watch is _____ the red watch.

(2) The red watch is _____ the black watch.

(3) The black watch is _____ the white watch.

16 다음 중 어법상 틀린 부분을 찾아 바르게 고친 것은? [4점]

> ⓐ This smartphone is not as light as my smartphone.
> ⓑ Daisy works as hardly as her sister.
> ⓒ This river is as long as the Han River.
> ⓓ My room is bigger than my younger brother's.
> ⓔ Baseball is not as exciting as soccer.

① ⓐ: not as → not so　　② ⓑ: hardly → hard

③ ⓒ: long → longer　　④ ⓓ: bigger → big

⑤ ⓔ: as ... as → as ... than

서술형 7

17 다음 빈칸에 알맞은 말을 자유롭게 쓰시오. [각 3점]

(1) Although _____, it wasn't warm.

(2) In spite of _____, he failed.

서술형 8

18 다음 중 어법상 틀린 문장을 골라 기호를 쓰고, 바르게 고쳐 문장을 다시 쓰시오. [5점]

> ⓐ This car is not as popular as that car.
> ⓑ I ran as quickly as my brother.
> ⓒ Despite he lost everything, I still love him.
> ⓓ This house is twice as larger as that one.
> ⓔ Although I don't have classes today, I have a lot of things to do.

(　　) → _____

(　　) → _____

19 다음 중 밑줄 친 as의 쓰임이 나머지와 다른 것은? [4점]

① She speaks English as fluently as you.

② He dances as well as K-pop stars.

③ He is as handsome as a movie star.

④ My bag is not so heavy as her bag.

⑤ Aron works as a designer in an automobile company.

[20-22] 다음 글을 읽고, 물음에 답하시오.

> Do you want to live on another planet?
> The Korea Space Organization (KSO) is looking for people to go to MARS! Our mission is to build a city on Mars.
> We're looking for someone...
> who is healthy.
> who is creative and curious.
> who can get along with others.
> who can adapt to a new environment quickly.
> To apply, send us a short video. The video must include the answers to the following questions:
> 1. Why do you want to go to Mars?
> 2. Do you have a good sense of humor?
> 3. Why are you the perfect person for this mission?
> This is a chance of a lifetime, so don't miss out!

20 윗글에서 KSO가 요구하는 지원자의 요건으로 언급되지 않은 것은? [3점]

① 건강함　　② 창의성　　③ 전문 지식

④ 호기심　　⑤ 친화성

서술형 **9**

21 윗글의 내용과 일치하도록 다음 질문에 완전한 영어 문장으로 답하시오. [4점]

Q: If you want to apply for the job on Mars, what should you do?

A: _____

서술형 **10**

22 다음 영어 뜻풀이에 해당하는 단어를 윗글에서 찾은 후, 그 단어를 사용하여 자유롭게 문장을 만드시오. [5점]

> to change your behavior in order to live in a new situation successfully

→ _____

[23-25] 다음 글을 읽고, 물음에 답하시오.

> Mars, however, has some differences from Earth. First, Mars is about ①half the size of Earth. It is the second ②smallest planet in the solar system. Second, a year on Mars is about twice as long ③than a year on Earth. Third, (A) 화성은 지구보다 훨씬 더 춥다. On average, it is about -60°C on Mars. This is ___(B)___ Mars is ④farther away from the Sun than Earth.
> Although no one can answer the big question right now, it is exciting ⑤to imagine this new world. Who knows? You could be the first Korean on Mars!

23 윗글의 밑줄 친 ①~⑤ 중 어법상 틀린 것은? [4점]

①　　　②　　　③　　　④　　　⑤

24 윗글의 밑줄 친 (A)를 바르게 영작한 것은? [4점]

① Mars is very cold than Earth.

② Mars is very colder than Earth.

③ Mars is much as cold as Earth.

④ Mars is much colder than Earth.

⑤ Mars is much colder as Earth.

25 윗글의 빈칸 (B)에 들어갈 말로 알맞은 것은? [4점]

① why　　② how　　③ what

④ because　　⑤ the reason that

● 틀린 문항을 표시해 보세요.

● 부족한 영역을 점검해 보고 어떻게 더 학습할지 학습 계획을 적어 보세요.

〈제1회〉 대표 기출로 내신 **적중** 모의고사   총점 _____ / 100

문항	영역	문항	영역	문항	영역
01	p.84(W)	10	p.88(L&S)	19	pp.104-105(R)
02	p.84(W)	11	p.88(L&S)	20	pp.104-105(R)
03	p.82(W)	12	p.89(L&S)	21	pp.104-105(R)
04	p.82(W)	13	p.89(L&S)	22	pp.104-105(R)
05	p.88(L&S)	14	p.96(G)	23	pp.104-105(R)
06	p.88(L&S)	15	p.97(G)	24	pp.104-105(R)
07	p.87(L&S)	16	p.96(G)	25	p.118(M)
08	p.89(L&S)	17	pp.96-97(G)		
09	p.89(L&S)	18	pp.104-105(R)		

오답 공략
부족한 영역
학습 계획

〈제2회〉 대표 기출로 내신 **적중** 모의고사   총점 _____ / 100

문항	영역	문항	영역	문항	영역
01	p.84(W)	10	p.89(L&S)	19	pp.104-105(R)
02	p.82(W)	11	p.89(L&S)	20	pp.104-105(R)
03	p.82(W)	12	p.96(G)	21	pp.104-105(R)
04	p.82(W)	13	p.97(G)	22	pp.104-105(R)
05	p.87(L&S)	14	p.96(G)	23	pp.104-105(R)
06	p.89(L&S)	15	p.97(G)	24	p.118(M)
07	p.89(L&S)	16	p.96(G)	25	p.118(M)
08	p.88(L&S)	17	p.97(G)		
09	p.89(L&S)	18	pp.104-105(R)		

오답 공략
부족한 영역
학습 계획

〈제3회〉 대표 기출로 내신 **적중** 모의고사   총점 _____ / 100

문항	영역	문항	영역	문항	영역
01	p.82(W)	10	p.87(L&S)	19	pp.104-105(R)
02	p.84(W)	11	p.96(G)	20	pp.104-105(R)
03	p.82(W)	12	p.97(G)	21	pp.104-105(R)
04	p.82(W)	13	p.96(G)	22	pp.104-105(R)
05	p.88(L&S)	14	p.96(G)	23	p.118(M)
06	p.87(L&S)	15	p.97(G)	24	p.118(M)
07	p.88(L&S)	16	p.97(G)	25	p.118(M)
08	p.88(L&S)	17	p.96(G)		
09	p.88(L&S)	18	pp.104-105(R)		

오답 공략
부족한 영역
학습 계획

〈제4회〉 고난도로 내신 **적중** 모의고사   총점 _____ / 100

문항	영역	문항	영역	문항	영역
01	p.82(W)	10	p.89(L&S)	19	p.96(G)
02	p.82, 84(W)	11	p.89(L&S)	20	pp.104-105(R)
03	p.84(W)	12	p.97(G)	21	pp.104-105(R)
04	p.82(W)	13	p.96(G)	22	pp.104-105(R)
05	p.87(L&S)	14	p.97(G)	23	pp.104-105(R)
06	p.89(L&S)	15	p.96(G)	24	pp.104-105(R)
07	p.89(L&S)	16	p.96(G)	25	pp.104-105(R)
08	p.89(L&S)	17	p.97(G)		
09	p.89(L&S)	18	pp.96-97(G)		

오답 공략
부족한 영역
학습 계획

Lesson 7

Can I Trust It?

주요 학습 내용	의사소통 기능	추천 요청하기	A: **Can you recommend** a musical for me? (나에게 뮤지컬을 추천해 줄래?) B: **How about** *The Lion King*? ("The Lion King"은 어때?)
		만족 여부 묻고 답하기	A: **How do you like** your bicycle? (네 자전거가 마음에 드니?) B: I'm really **happy with** it. (나는 정말 만족스러워.)
	언어 형식	so ~ that	The movie is **so** boring **that** I want to cry. (그 영화는 너무 지루해서 나는 울고 싶다.)
		목적격 관계대명사	In the ad, "Best Picture" is the award **which** the movie won. (광고에서 "Best Picture"는 그 영화가 받은 상이다.)

학습 단계 PREVIEW	STEP **A**	Words	Listen & Speak	Grammar	Reading	기타 지문
	STEP **B**	Words	Listen & Speak	Grammar	Reading	서술형 100% TEST
	내신 적중 모의고사	제 1 회	제 2 회	제 3 회	제 4 회	

Words
만점 노트

☆ 자주 출제되는 어휘
* 완벽히 외운 단어는 □ 안에 √ 표 해 봅시다.

Listen & Speak

□□ adventure	몡 모험	□□ perfect	혱 완벽한
□□ check out	~을 확인하다	□□ pocket	몡 주머니
□□ difficult	혱 어려운, 힘든 (= tough)	□□ popular☆	혱 인기 있는
□□ else	틧 또(그 밖의) 다른	□□ price	몡 가격
□□ fantastic	혱 환상적인, 굉장한	□□ side	몡 옆(면), 측면
□□ main character	몡 주인공	□□ recommend☆	틩 추천하다
□□ meal	몡 식사	□□ right now	지금, 지금 당장
□□ navy	몡 남색 혱 남색의	□□ touching	혱 감동적인 (= moving)
□□ number one	몡 (인기 순위) 1위	□□ worth	혱 ~의 가치가 있는
□□ favorite	혱 매우 좋아하는 몡 좋아하는 것(사람)	□□ yet	틧 아직

Reading

□□ advertisement	몡 광고 (= ad)	□□ including	젠 ~을 포함하여
□□ award	몡 상	□□ lie	틩 거짓말하다 (-lied-lied)
□□ based on	~을 바탕으로	□□ make a choice☆	선택하다
□□ be full of	~으로 가득 차다	□□ mix	틩 섞다
□□ belief	몡 신념, 믿음	□□ mix A with B	A와 B를 섞다
□□ choice	몡 선택	□□ opinion☆	몡 의견
□□ connection	몡 관련성, 연관성	□□ prove☆	틩 증명하다
□□ difference☆	몡 차이(점) (↔ similarity)	□□ purple	몡 보라색, 자색
□□ explain☆	틩 설명하다	□□ rest	몡 나머지
□□ express☆	틩 나타내다, 표현하다	□□ simple	혱 간단한, 단순한 (↔ complex)
□□ fact☆	몡 사실	□□ trust	틩 신뢰하다, 믿다
□□ follow	틩 이해하다	□□ truth	몡 진실, 사실
□□ for example	예를 들어	□□ unlike☆	젠 ~와 달리
□□ from now on	지금부터	□□ wisely	틧 현명하게
□□ hold on	기다리다	□□ win	틩 (상을) 타다 (-won-won)

Language Use

□□ heavy	혱 무거운	□□ solve	틩 (문제 등을) 풀다, 해결하다
□□ miss	틩 놓치다, 그리워하다	□□ wake up	(잠에서) 깨다
□□ lift	틩 들어 올리다	□□ whole	혱 전체의, 전부의

Think and Write • Project

□□ especially	틧 특히	□□ review	몡 논평, 비평
□□ fantasy	몡 공상	□□ strongly	틧 강력하게
□□ friendship	몡 우정	□□ traditional	혱 전통적인

Words
연습 문제

A 다음 단어의 우리말 뜻을 쓰시오.

01	prove	
02	unlike	
03	adventure	
04	solve	
05	express	
06	fact	
07	meal	
08	review	
09	whole	
10	touching	
11	side	
12	lie	
13	award	
14	yet	
15	else	
16	lift	
17	fantastic	
18	advertisement	
19	miss	
20	follow	

B 다음 우리말에 해당하는 영어 단어를 쓰시오.

21	선택	
22	인기 있는	
23	전통적인	
24	차이(점)	
25	~을 포함하여	
26	주인공	
27	~의 가치가 있는	
28	좋아하는 것[사람]	
29	섞다	
30	의견	
31	설명하다	
32	(인기 순위) 1위	
33	신뢰하다, 믿다	
34	주머니	
35	관련성, 연관성	
36	추천하다	
37	간단한, 단순한	
38	나머지	
39	특히	
40	(상을) 타다	

C 다음 영어 표현의 우리말 뜻을 쓰시오.

01	make a choice	
02	hold on	
03	check out	
04	for example	
05	based on	
06	from now on	
07	right now	
08	mix A with B	

Words Plus
만점 노트

영어 뜻풀이

□□ advertisement	광고	a notice, picture, or short film telling people about something
□□ award	상	a prize such as money, etc. for something that somebody has done
□□ connection	관련성, 연관성	the way in which two things are related to each other
□□ especially	특히	very much; more than usual
□□ explain	설명하다	to tell somebody about something in a way that is easy to understand
□□ express	나타내다, 표현하다	to show what you think or feel
□□ fact	사실	something that is known to be true
□□ lie	거짓말하다	to say or write something that is not true
□□ lift	들어 올리다	to move something to a higher position
□□ meal	식사	the food eaten or prepared at one time
□□ mix	섞다	to add something to something else
□□ navy	남색(의)	very dark blue
□□ opinion	의견	ideas or feelings about something
□□ pocket	주머니	a small bag that is attached to something
□□ prove	증명하다	to use facts, evidence, etc. to show that something is true
□□ simple	간단한, 단순한	easy to understand or do
□□ trust	신뢰하다, 믿다	to believe that something is true
□□ truth	진실, 사실	the real facts about something
□□ wisely	현명하게	in a way that shows good judgment
□□ worth	~의 가치가 있는	important, good or enjoyable enough for something

단어의 의미 관계

- **유의어**
  fantastic = wonderful (굉장한)
  fact = truth (사실)
  touching = moving (감동적인)
  difficult = tough (힘든)

- **반의어**
  difference (차이점) ↔ similarity (유사점)
  like (~처럼, ~ 같은) ↔ unlike (~와 달리)
  simple (간단한, 단순한) ↔ complex (복잡한)

- **동사 – 명사**
  advertise (광고하다) – advertisement (광고)
  choose (선택하다) – choice (선택)
  connect (관련시키다) – connection (관련성)
  express (표현하다) – expression (표현)
  recommend (추천하다) – recommendation (추천)

다의어

- **lie** 1. 통 거짓말하다 (– lied – lied) 2. 통 눕다 (– lay – lain)
  1. Don't trust her. She's **lying**.
     그녀를 믿지 마. 그녀는 거짓말을 하고 있어.
  2. A cat **lay** in front of the fire.
     고양이 한 마리가 불 앞에 누워 있었다.

- **rest** 1. 명 나머지 2. 명 휴식 3. 통 쉬다
  1. The **rest** of the money is for you.
     그 돈의 나머지는 네 거야.
  2. He took a short **rest** in the afternoon.
     그는 오후에 짧은 휴식을 취했다.
  3. We stopped and **rested** for a while.
     우리는 멈춰서 잠시 쉬었다.

Words Plus
연습 문제

A 다음 뜻풀이에 알맞은 말을 [보기]에서 골라 쓴 후, 우리말 뜻을 쓰시오.

[보기]	lie	meal	prove	express	truth	award	lift	opinion

1 _____ : the real facts about something : _____

2 _____ : to show what you think or feel : _____

3 _____ : ideas or feelings about something : _____

4 _____ : the food eaten or prepared at one time : _____

5 _____ : to move something to a higher position : _____

6 _____ : to say or write something that is not true : _____

7 _____ : to use facts, evidence, etc. to show that something is true : _____

8 _____ : a prize such as money, etc. for something that somebody has done : _____

B 다음 짝 지어진 두 단어의 관계가 같도록 빈칸에 알맞은 말을 쓰시오.

1 simple : complex = similarity : _____

2 express : expression = _____ : advertisement

3 fantastic : wonderful = _____ : moving

4 connect : connection = choose : _____

C 다음 빈칸에 알맞은 말을 [보기]에서 골라 쓰시오.

[보기]	connection	rest	solve	adventure	recommend

1 Who would you _____ for this job?

2 He always used to tell us about his _____ at sea.

3 Are there any better ways to _____ the problem?

4 There is a(n) _____ between pollution and the death of trees.

5 The first question was difficult, but the _____ were pretty easy.

D 다음 우리말과 같도록 빈칸에 알맞은 말을 쓰시오.

1 기다려! 난 준비가 안 되었어. → _____ _____! I'm not ready.

2 그 영화는 실화를 바탕으로 하였다. → The film is _____ _____ a real-life story.

3 그는 몇 가지 중요한 결정을 해야 한다. → He has to _____ some important _____.

4 밀가루와 계란과 버터를 섞어라. → _____ the flour _____ the eggs and butter.

5 지금부터 너는 혼자 일할 수 있다. → _____ _____ _____ you can work by yourself.

실전 TEST

01 다음 중 짝 지어진 두 단어의 관계가 나머지와 <u>다른</u> 것은?

① fact – truth
② difficult – tough
③ simple – complex
④ touching – moving
⑤ fantastic – wonderful

02 다음 영어 뜻풀이에 해당하는 단어로 알맞은 것은?

> ideas or feelings about something

① opinion
② adventure
③ connection
④ difference
⑤ advertisement

03 다음 빈칸에 들어갈 말로 알맞은 것은?

> Never _____ a man who doesn't look you in the eye.

① lift
② trust
③ lie
④ solve
⑤ express

04 다음 밑줄 친 단어와 같은 의미로 쓰인 것은?

> I'm not really hungry. Do you want the <u>rest</u>?

① I'm sure you need a good <u>rest</u>.
② He stopped work and took a <u>rest</u>.
③ You should go and get some <u>rest</u>.
④ How would you like to spend the <u>rest</u> of the day?
⑤ The doctor told him that he should <u>rest</u> for a few days.

05 다음 중 밑줄 친 부분의 우리말 뜻이 알맞지 <u>않은</u> 것은?

① Can you <u>hold on</u> a minute, please?
(붙잡다)
② If you <u>mix</u> blue <u>with</u> yellow, you get green.
(~와 …를 섞다)
③ Please try to be more careful <u>from now on</u>.
(지금부터)
④ What time do you usually <u>wake up</u> in the morning?
(깨다)
⑤ The novel is <u>based on</u> his experiences in the war.
(~을 바탕으로)

06 다음 빈칸에 들어갈 수 <u>없는</u> 단어는?

> ⓐ What's the _____ between an ape and a monkey?
> ⓑ Stories about animals are more _____ than any human stories.
> ⓒ The recipe is very _____.
> ⓓ You're wrong, and I can _____ it.

① simple
② prove
③ award
④ touching
⑤ difference

07 다음 우리말과 같도록 빈칸에 알맞은 말을 쓰시오.

> 그녀는 두 방법 중에서 선택을 해야 했다.
> = She had to _____ _____ _____ between the two ways.

L&S · Listen & Speak
핵심 노트

1 추천 요청하기

> A: **Can you recommend** a musical for me?　　　　　나에게 뮤지컬을 추천해 줄래?
> B: **How about** *The Lion King*?　　　　　　　　　"The Lion King"은 어때?

Can you recommend ~?는 '~을 추천해 줄래?'라는 뜻으로, 상대방에게 무언가를 추천해 달라고 요청하는 표현이다. 이에 답해 무언가를 추천해 줄 때 How about ~?, Why don't you ~?, I recommend ~., Try ~., I think ~. 등으로 말할 수 있다.

e.g.
- A: **Can you recommend** a good movie? 좋은 영화를 추천해 줄래요?
  Can you suggest a good movie?
  What do you recommend? 무엇을 추천하나요?
  What do you think would be the best? 무엇이 가장 좋다고 생각하나요?
  B: **Why don't you** see *Star Wars*? "Star Wars"를 보는 게 어때요?
  I recommend watching this movie. 나는 이 영화를 볼 것을 추천해요.
  Try *Star Wars*. "Star Wars"를 봐요.
- A: I'm looking for a backpack. **Can you recommend** one? 나는 배낭을 찾고 있어요. 하나 추천해 주시겠어요?
  B: **I think** the brown bag is good. 저는 갈색 가방이 좋다고 생각해요.

> 시험 포인트　**point**
> 추천해 달라고 하는 범주에 알맞은 대상을 추천하는지 살펴야 해요.

2 만족 여부 묻고 답하기

> A: **How do you like** your bicycle?　　　　　　네 자전거가 마음에 드니?
> B: I'm really **happy with** it.　　　　　　　　　나는 정말 만족스러워.

How do you like ~?는 '~이 마음에 드니?'라는 뜻으로, 상대방에게 특정 물건이나 장소 등에 대해 만족하는지를 묻는 표현이다. 이에 대한 대답으로 만족을 표현할 때는 I'm happy with ~.로, 불만족을 표현할 때는 I'm not happy with ~.로 말할 수 있다.

e.g.
- A: **How did you like** your trip to Gyeongju? 경주 여행은 마음에 들었니?
  B: I was very **happy with** it. The weather was great. 매우 즐거웠어. 날씨가 좋았어.
- A: **How do you like** your new smartphone? 네 새 스마트폰이 마음에 드니?
  B: **I'm not happy with** it. It's a little heavy. 마음에 들지 않아. 조금 무거워.
- A: **How do you like** the service? 서비스는 마음에 드니?
  B: **I'm satisfied/pleased with** it. 매우 만족스러워.
  I'm disappointed with it. 실망스러워.
  It's **perfect/great/fantastic**. 완벽해/매우 좋아/환상적이야.

> 시험 포인트　**point**
> 만족 여부를 답하는 말과 그 뒤에 이어지는 이유가 자연스럽게 연결되는지 확인하는 문제가 출제돼요.

Listen and Speak 1-A

교과서 118쪽

B: ❶ Can you recommend a good movie?

G: ❷ Try *Star Wars*. ❸ I really liked it.

B: Oh, ❹ I haven't seen it yet.

G: It's the ❺ number one movie right now.

❶ Can you recommend ~?: '~을 추천해 줄래?'라는 뜻으로 상대방에게 무언가를 추천해 달라고 요청하는 표현

❷ Try ~.: '~을 해 봐.'라는 뜻으로 상대방에게 무언가를 추천할 때 쓰는 표현

❸ 추천하는 이유를 나타내는 말

❹ '경험'을 나타내는 현재완료 문장

❺ ⑱ (인기 순위) 1위

Q1 지금 1위인 영화의 제목은 무엇인가요?

Listen and Speak 1-B

교과서 118쪽

W: ❶ May I help you?

B: Yes. I'm ❷ looking for a backpack. ❸ Can you recommend one?

W: ❹ How about this red one? Red is ❺ the most popular color these days.

B: My old backpack was red, so I want a different color.

W: ❹ How about this navy one? It has side pockets.

B: Oh, that ❻ looks good. ❼ I'll take it.

❶ '도와드릴까요?'라는 뜻으로 점원이 손님을 맞을 때 쓰는 표현

❷ look for: ~을 찾다

❸ 추천해 달라고 부탁하는 표현 / one은 a backpack을 가리킨다.

❹ How about ~?: '~은 어때요?'라는 뜻으로 무언가를 추천할 때 쓰는 표현 / red(navy) one = red(navy) backpack

❺ '가장 인기 있는'이라는 뜻의 popular의 최상급 표현

❻ look + 형용사: ~하게 보이다

❼ '그것을 살게요.'라는 뜻으로 구매를 결정할 때 쓰는 표현

Q2 두 사람이 대화하고 있는 장소는 어디인가요?

Q3 What did the boy decide to buy?　He decided to buy _____.

Listen and Speak 1-C

교과서 118쪽

A: Jiho, ❶ can you recommend a musical for me?

B: ❷ How about *The Lion King*? The dancing is fantastic.

A: Okay. Sounds good.

B: ❸ I'm sure you'll like it.

❶ Can you recommend ~ for me?: 상대방에게 무언가를 추천해 달라고 부탁하는 표현

❷ How about ~?: 상대방에게 무언가를 추천할 때 쓰는 표현

❸ I'm sure ~.: '나는 ~을 확신해.'라는 뜻으로 확신을 나타내는 표현

Q4 지호가 뮤지컬 "The Lion King"을 추천한 이유는 무엇인가요?

Listen and Speak 2-A

교과서 119쪽

G: Tom, ❶ you got a new smartphone.

B: Yes, I did. ❷ I'm really happy with it.

G: ❸ What do you like most about it?

B: I love the camera. It takes great pictures.

❶ You got ~.: '너 ~이 생겼구나.'라는 뜻의 표현

❷ I'm really happy with ~.: 특정 대상에 대해 매우 만족함을 나타내는 표현 / it은 새로 생긴 스마트폰을 가리킨다.

❸ What do you like most about ~?: ~에 대해 무엇이 가장 마음에 드니?

Q5 Tom은 자신의 스마트폰의 어떤 점을 가장 마음에 들어 하는지 우리말로 쓰세요.

Listen and Speak 2-B

B: Hi, Suji. ❶ How did you like your trip to Gyeongju?

G: ❷ I was very happy with it.

B: Where did you visit?

G: I visited Cheomseongdae. It was great.

B: Where ❸ else did you go?

G: Bulguksa. It was a wonderful place.

B: ❹ Sounds like the perfect trip.

G: Yeah, but walking up to Seokguram was difficult.

B: But I'm sure it was ❺ worth it.

❶ How did you like ~?: '~이 마음에 들었니?'라는 뜻으로 과거에 경험한 일에 대해 만족 여부를 묻는 표현

❷ I was very happy with ~.: 과거에 경험한 일에 대해 매우 만족함을 나타내는 표현

❸ 또(그 밖에) 다른

❹ sound like + 명사(구): ~인 것 같다 / 앞에 주어 It 또는 That이 생략되었다.

❺ 그만한 가치가 있는

Q6 수지가 경주에서 방문한 세 곳을 우리말로 쓰세요.

Q7 What was not easy for Suji?   ⓐ visiting Cheomseongdae ⓑ walking up to Seokguram

Listen and Speak 2-C

A: How do you like your bicycle?

B: I'm really happy with it.

A: ❶ What do you like about it?

B: It's light and fast.

- - - - - - - - - - - - - - - - - - - -

A: How do you like your bicycle?

B: ❷ I'm not happy with it.

A: ❸ Why not?

B: It's ❹ too heavy.

❶ 특정 대상에 대해 만족하는 점이 무엇인지 묻는 표현 / it = your bicycle

❷ I'm not happy with ~.: 특정 대상에 대해 만족하지 못함을 나타내는 표현

❸ = Why aren't you happy with it?

❹ 형용사나 부사 앞에 쓰여 '너무나, 지나치게'를 뜻하는 부사

Q8 B는 왜 자신의 자전거가 마음에 들지 않나요?

Real Life Talk > Watch a Video

Brian: Mina, can you recommend a good pizza restaurant?

Mina: ❶ Why don't you try Antonio's? It's my ❷ favorite.

Brian: What do you like about ❸ it?

Mina: The food is delicious. ❹ I recommend the bulgogi pizza.

Brian: How are the prices?

Mina: ❺ I think the prices are good, too.

Brian: Sounds like a good restaurant. How do you like the service?

Mina: ❻ It's a little slow on the weekends.

Brian: Okay. I'll ❼ check it out. Thanks.

Mina: ❽ No problem. Enjoy your meal!

❶ Why don't you ~?: '~하지 그래?'라는 뜻으로 상대방에게 어떤 일을 해 볼 것을 추천하는 표현

❷ 똉 좋아하는 것(곳)

❸ it은 식당 Antonio's를 가리킨다.

❹ I recommend ~.: '나는 ~을 추천해.'라는 뜻으로 상대방에게 무언가를 추천하는 표현

❺ I think ~.: 나는 ~이라고 생각해.

❻ It = the service

❼ check out: ~을 확인하다

❽ '천만에.'라는 뜻으로 감사를 표현하는 말에 대해 응답하는 표현

Q9 What food does Mina recommend to Brian?

Q10 What does Mina think about the prices?   ⓐ good ⓑ a little expensive

빈칸 채우기

우리말과 일치하도록 대화의 빈칸에 알맞은 말을 쓰시오.

1 Listen and Speak 1-A

B: _____ _____ _____ a good movie?

G: Try *Star Wars*. I really liked it.

B: Oh, I _____ _____ _____ yet.

G: It's the number one movie right now.

 해석

교과서 118쪽

B: 좋은 영화를 추천해 줄래?
G: "Star Wars"를 봐. 정말 좋았어.
B: 오, 나는 아직 그 영화를 본 적이 없어.
G: 지금 1위 영화야.

2 Listen and Speak 1-B

W: May I help you?

B: Yes. _____ _____ _____ a backpack. Can you recommend one?

W: _____ _____ _____ _____ _____? Red is the most popular color these days.

B: My old backpack was red, so I want _____ _____ _____.

W: How about this navy one? It _____ _____ _____.

B: Oh, that looks good. _____ _____ _____.

교과서 118쪽

W: 도와드릴까요?
B: 네. 배낭을 찾고 있어요. 하나 추천해 주시겠어요?
W: 이 빨간 배낭은 어떤가요? 빨간색은 요즘 가장 인기 있는 색이에요.
B: 제 옛 배낭이 빨간색이어서, 다른 색을 원해요.
W: 이 남색 배낭은 어떤가요? 양옆에 주머니가 있어요.
B: 오, 좋아 보여요. 그걸로 살게요.

3 Listen and Speak 1-C

A: Jiho, _____ _____ _____ _____ _____ _____ _____?

B: How about *The Lion King*? _____ _____ _____.

A: Okay. Sounds good.

B: _____ _____ _____ _____ _____.

교과서 118쪽

A: 지호야, 나에게 뮤지컬을 추천해 줄래?
B: "The Lion King"은 어때? 춤이 환상적이야.
A: 알겠어. 좋을 것 같네.
B: 나는 네가 그 뮤지컬을 좋아할 거라고 확신해.

4 Listen and Speak 2-A

G: Tom, you got a new smartphone.

B: Yes, I did. _____ _____ _____ _____ it.

G: _____ _____ _____ _____ _____ about it?

B: I love the camera. It _____ _____ _____.

교과서 119쪽

G: Tom, 새 스마트폰을 샀구나.
B: 응, 그래. 나는 정말 만족스러워.
G: 무엇이 가장 마음에 드니?
B: 카메라가 정말 좋아. 사진이 정말 잘 나와.

5 Listen and Speak 2-B

교과서 119쪽

B: Hi, Suji. _____ _____ _____ _____
_____ to Gyeongju?

G: I was very happy with it.

B: _____ _____ _____ _____ _____ ?

G: I visited Cheomseongdae. It was great.

B: _____ _____ did you go?

G: Bulguksa. It was _____ _____ _____.

B: _____ _____ the perfect trip.

G: Yeah, but walking up to Seokguram was difficult.

B: But I'm sure _____ _____ _____ _____.

해석

B: 안녕, 수지야. 경주 여행은 마음에 들었니?

G: 매우 즐거웠어.

B: 어디를 방문했니?

G: 첨성대를 방문했어. 좋았어.

B: 또 어디를 방문했니?

G: 불국사. 멋진 곳이었어.

B: 완벽한 여행이었던 것 같네.

G: 응, 하지만 석굴암까지 걸어 올라가는 것은 힘들었어.

B: 하지만 그것이 그만한 가치가 있었을 거라고 확신해.

6 Listen and Speak 2-C

교과서 119쪽

A: _____ _____ _____ _____ _____ ?

B: I'm really happy with it.

A: _____ _____ _____ _____ _____ ?

B: It's light and fast.

A: How do you like your bicycle?

B: _____ _____ _____ _____ _____.

A: Why not?

B: It's _____ _____.

A: 네 자전거는 마음에 드니?

B: 나는 정말 만족스러워.

A: 무엇이 마음에 드니?

B: 그것은 가볍고 빨라.

A: 네 자전거는 마음에 드니?

B: 나는 만족스럽지 않아.

A: 왜 만족스럽지 않은데?

B: 그것은 너무 무거워.

7 Real Life Talk > Watch a Video

교과서 120쪽

Brian: Mina, _____ _____ _____ a good pizza restaurant?

Mina: _____ _____ _____ _____ Antonio's? It's
_____ _____.

Brian: What do you like about it?

Mina: The food is delicious. _____ _____ the bulgogi pizza.

Brian: How are the prices?

Mina: I think _____ _____ _____ _____ _____, too.

Brian: Sounds like a good restaurant. _____ _____ _____
_____ _____ _____ ?

Mina: It's a little _____ _____ _____.

Brian: Okay. I'll _____ _____ _____. Thanks.

Mina: No problem. _____ _____ _____ !

Brian: 미나야, 괜찮은 피자 식당을 추천해 줄래?

미나: Antonio's에 가 보는 게 어때? 내가 가장 좋아하는 곳이야.

Brian: 그곳의 무엇이 마음에 드니?

미나: 음식이 맛있어. 나는 불고기 피자를 추천해.

Brian: 가격은 어때?

미나: 가격도 괜찮다고 생각해.

Brian: 괜찮은 식당 같네. 서비스는 마음에 드니?

미나: 주말에는 좀 느려.

Brian: 알겠어. 내가 확인해 볼게. 고마워.

미나: 천만에. 맛있게 먹어!

Listen & Speak

대화 순서 배열하기

자연스러운 대화가 되도록 순서를 바르게 배열하시오.

1 Listen and Speak 1-A

교과서 118쪽

ⓐ Try *Star Wars*. I really liked it.
ⓑ It's the number one movie right now.
ⓒ Oh, I haven't seen it yet.
ⓓ Can you recommend a good movie?

(   ) – (   ) – (   ) – (   )

2 Listen and Speak 1-B

교과서 118쪽

ⓐ May I help you?
ⓑ Yes. I'm looking for a backpack. Can you recommend one?
ⓒ Oh, that looks good. I'll take it.
ⓓ How about this navy one? It has side pockets.
ⓔ How about this red one? Red is the most popular color these days.
ⓕ My old backpack was red, so I want a different color.

(ⓐ) – (   ) – (   ) – (   ) – (   ) – (   )

3 Listen and Speak 1-C

교과서 118쪽

ⓐ Okay. Sounds good.
ⓑ Jiho, can you recommend a musical for me?
ⓒ How about *The Lion King*? The dancing is fantastic.
ⓓ I'm sure you'll like it.

(   ) – (   ) – (   ) – (   )

4 Listen and Speak 2-A

교과서 119쪽

ⓐ Yes, I did. I'm really happy with it.
ⓑ What do you like most about it?
ⓒ Tom, you got a new smartphone.
ⓓ I love the camera. It takes great pictures.

(   ) – (   ) – (   ) – (   )

5 Listen and Speak 2-B

교과서 119쪽

ⓐ Hi, Suji. How did you like your trip to Gyeongju?

ⓑ I visited Cheomseongdae. It was great.

ⓒ Yeah, but walking up to Seokguram was difficult.

ⓓ I was very happy with it.

ⓔ Sounds like the perfect trip.

ⓕ Where did you visit?

ⓖ Where else did you go?

ⓗ But I'm sure it was worth it.

ⓘ Bulguksa. It was a wonderful place.

(ⓐ) – ( ) – ( ) – (ⓑ) – ( ) – ( ) – ( ) – ( ) – ( )

6 Listen and Speak 2-C ①

교과서 119쪽

ⓐ What do you like about it?

ⓑ I'm really happy with it.

ⓒ It's light and fast.

ⓓ How do you like your bicycle?

( ) – ( ) – ( ) – ( )

7 Listen and Speak 2-C ②

교과서 119쪽

ⓐ How do you like your bicycle?

ⓑ Why not?

ⓒ I'm not happy with it.

ⓓ It's too heavy.

( ) – ( ) – ( ) – ( )

8 Real Life Talk > Watch a Video

교과서 120쪽

ⓐ Mina, can you recommend a good pizza restaurant?

ⓑ The food is delicious. I recommend the bulgogi pizza.

ⓒ It's a little slow on the weekends.

ⓓ What do you like about it?

ⓔ How are the prices?

ⓕ Okay. I'll check it out. Thanks.

ⓖ Why don't you try Antonio's? It's my favorite.

ⓗ No problem. Enjoy your meal!

ⓘ I think the prices are good, too.

ⓙ Sounds like a good restaurant. How do you like the service?

(ⓐ) – ( ) – ( ) – ( ) – (ⓔ) – ( ) – ( ) – ( ) – ( ) – ( )

01 다음 대화의 빈칸에 알맞은 말이 순서대로 짝 지어진 것은?

> A: _____ do you like your jacket?
> B: I'm really happy with it.
> A: _____ do you like about it?
> B: It's stylish and cool.

① How – Who
② How – What
③ Who – What
④ Who – How
⑤ What – How

[02-03] 다음 대화의 빈칸에 들어갈 말로 알맞은 것을 고르시오.

02
> A: Can you recommend a good movie?
> B: _____
> A: Oh, I haven't seen it yet.

① Try *Star Wars*.
② I don't like horror movies.
③ What's your favorite movie?
④ What time is the next movie?
⑤ We still have ten minutes before the movie.

03
> A: How do you like your bicycle?
> B: _____ It's too heavy.

① It's fantastic.
② I'm satisfied with it.
③ I'm not happy with it.
④ I'm really happy with it.
⑤ I often enjoy riding my bicycle.

04 자연스러운 대화가 되도록 (A)~(D)를 순서대로 배열한 것은?

> (A) I love the camera. It takes great pictures.
> (B) Tom, you got a new smartphone.
> (C) What do you like most about it?
> (D) Yes, I did. I'm really happy with it.

① (B)–(A)–(D)–(C)
② (B)–(D)–(C)–(A)
③ (C)–(A)–(D)–(B)
④ (C)–(D)–(B)–(A)
⑤ (D)–(C)–(A)–(B)

[05-07] 다음 대화를 읽고, 물음에 답하시오.

> Clerk: May I help you? (①)
> Minho: Yes. I'm looking for a backpack. (②)
> Clerk: How about this _____ one? Red is the most popular color these days. (③)
> Minho: My old backpack was red, so I want a different color.
> Clerk: How about this _____ one? It has side pockets. (④)
> Minho: Oh, that looks good. I'll take it. (⑤)

05 위 대화의 ①~⑤ 중 주어진 문장이 들어갈 알맞은 곳은?

> Can you recommend one?

① ② ③ ④ ⑤

06 위 대화의 빈칸에 알맞은 말이 순서대로 짝 지어진 것은?

① red – red
② red – navy
③ navy – red
④ white – navy
⑤ white – red

07 위 대화의 내용과 일치하지 <u>않는</u> 것은?

① 민호는 배낭을 사려고 한다.

② 민호는 점원에게 배낭 추천을 부탁한다.

③ 점원은 요즘 유행하는 색의 배낭을 추천한다.

④ 민호가 사려고 하는 배낭에는 주머니가 없다.

⑤ 민호는 점원의 추천에 따라 배낭을 구입할 것이다.

08 다음 대화의 밑줄 친 부분의 의도로 알맞은 것은?

> A: How do you like your camera?
>
> B: <u>I'm not happy with it.</u>

① to introduce oneself

② to give information about something

③ to express interest in something

④ to recommend something to someone

⑤ to express dissatisfaction about something

09 다음 대화의 빈칸 ⓐ~ⓔ에 들어갈 말로 알맞지 <u>않은</u> 것은?

> A: Hi, Suji. How did you like your trip to Gyeongju?
>
> B: _____ⓐ_____
>
> A: _____ⓑ_____
>
> B: I visited Cheomseongdae. It was great.
>
> A: _____ⓒ_____
>
> B: Bulguksa. It was a wonderful place.
>
> A: _____ⓓ_____
>
> B: Yeah, but walking up to Seokguram was difficult.
>
> A: _____ⓔ_____

① ⓐ I wasn't very happy with it.

② ⓑ Where did you visit?

③ ⓒ Where else did you go?

④ ⓓ Sounds like the perfect trip.

⑤ ⓔ But I'm sure it was worth it.

 서술형

10 다음 대화의 빈칸에 알맞은 말을 [보기]에서 골라 쓰시오.

> [보기]
>
> • How are the prices?
>
> • What do you like about it?
>
> • How do you like the service?
>
> • Can you recommend a good pizza restaurant?

> Brian: (1) _____
>
> Mina: Why don't you try Antonio's? It's my favorite.
>
> Brian: (2) _____
>
> Mina: The food is delicious. I recommend the bulgogi pizza.
>
> Brian: (3) _____
>
> Mina: I think the prices are good, too.
>
> Brian: Sounds like a good restaurant.
>
> (4) _____
>
> Mina: It's a little slow on the weekends.
>
> Brian: Okay. I'll check it out. Thanks.

11 다음 대화의 빈칸에 알맞은 말을 괄호 안의 단어들을 사용하여 쓰시오. (7단어)

> A: _____
>
> (can, recommend, for)
>
> B: How about *The Little Prince*? It's my favorite book.

12 다음 대화에서 흐름상 <u>어색한</u> 문장을 찾아 밑줄을 긋고 바르게 고쳐 쓰시오.

> A: What did you do yesterday?
>
> B: I went to Blue Boys' concert.
>
> A: Why did you like it?
>
> B: I was really happy with it. It was fantastic.

→ _____

STEP A

1 so ~ that

- The movie is **so** boring **that** I want to cry.
  <small>so + 형용사 + that절</small>
- Last night, Nick was **so** tired **that** he went to bed early.
  <small>so + 형용사 + that절</small>
- The book is **so** difficult **that** children can't understand it.
  <small>so + 형용사 + that절</small>

그 영화는 너무 지루해서 나는 울고 싶다.

어젯밤, Nick은 너무 피곤해서 일찍 잠자리에 들었다.

그 책은 너무 어려워서 어린이들이 이해할 수 없다.

(1) so + 형용사/부사 + that + 주어 + 동사 ...

'너무 ~해서 …하다'는 뜻으로, so 뒤의 형용사나 부사가 원인이 되어 that절의 결과로 나타날 때 쓴다.

- She is **so** cute **that** many people like her.

  그녀가 너무 귀여워서 많은 사람들이 그녀를 좋아한다.

- The problem was **so** easy **that** I could solve it in no time.

  그 문제가 너무 쉬워서 나는 곧 그것을 풀 수 있었다.

- He ran **so** fast **that** I couldn't catch him.

  그가 너무 빠르게 달려서 나는 그를 잡을 수 없었다.

(2) so + 형용사/부사 + that + 주어 + can't + 동사원형 ...

'너무 ~해서 …할 수 없다'는 뜻으로, 「too + 형용사/부사 + to + 동사원형 ....」으로 바꿔 쓸 수 있다.

- Cathy was **so** tired **that** she **could not** wake up at six.

  Cathy는 너무 피곤해서 6시에 일어날 수 없었다.

  = Cathy was **too** tired **to** wake up at six.

- Tony is **so** young **that** he **can't** read books by himself.

  Tony는 너무 어려서 혼자서 책을 읽을 수 없다.

  = Tony is **too** young **to** read books by himself.

> **시험 포인트** **point**
>
> so ~ that 구문과 too ~ to 구문을 바꿔 쓰기 하거나 같은 의미를 가진 문장을 찾는 문제가 자주 출제돼요. too ~ to 구문에 부정의 의미가 포함되어 있음에 주의하세요.

QUICK CHECK

1 다음 괄호 안에서 알맞은 것을 고르시오.

(1) The speech was (so / too) long that everybody was bored.

(2) The weather was so hot (and / that) I was thirsty.

(3) She is so busy that she (can / can't) visit her parents.

2 다음 괄호 안의 말을 바르게 배열하여 문장을 완성하시오.

(1) He speaks ＿＿＿＿＿＿＿＿＿＿ understand him. (that, so, can't, fast, I)

(2) The weather was ＿＿＿＿＿＿＿＿＿＿ the trip. (so, we, that, canceled, cold)

(3) That ice is ＿＿＿＿＿＿＿＿＿＿ on. (to, stand, too, thin)

Answers p. 35

2 목적격 관계대명사

- In the *Forrest Gump* ad, "Best Picture" is the award **which** the movie won.
  관계대명사절이 앞의 선행사 수식

  "Forrest Gump" 광고에서, "Best Picture"는 그 영화가 받은 상이다.

- She is the girl **whom(who)** Tom likes so much.
  관계대명사절이 앞의 선행사 수식

  그녀는 Tom이 매우 좋아하는 소녀이다.

- Chris found the bicycle **that** he lost yesterday.
  관계대명사절이 앞의 선행사 수식

  Chris는 어제 잃어버린 자전거를 찾았다.

(1) 쓰임

목적격 관계대명사는 목적어 역할을 하는 명사나 대명사를 대신하는 대명사의 역할과 문장을 연결하는 접속사의 역할을 한다. 관계대명사가 이끄는 절은 앞의 명사나 대명사를 수식한다. 목적격 관계대명사는 생략할 수 있다.

- Lucy will call **the doctor**. My mother knows **him**.
  → Lucy will call the doctor (**whom**) my mother knows.
  선행사　　　　관계대명사절

  Lucy는 내 어머니가 아는 의사에게 전화를 걸 것이다.

(2) 종류

선행사	주격 관계대명사	목적격 관계대명사
사람	who	whom / who
동물/사물	which	which
사람/동물/사물	that	that

참고! 현대 영어에서는 선행사가 사람일 때 목적격 관계대명사로 whom과 who를 모두 써요.

- The people (**who**) we met in France have sent us a card.
  우리가 프랑스에서 만났던 사람들이 우리에게 카드를 보냈다.

- She loves the chocolate (**which**) I bought.
  그녀는 내가 사 준 초콜릿을 매우 좋아한다.

시험 포인트 point

① 선행사에 따라 어떤 목적격 관계대명사를 쓰는지 구분할 수 있어야 해요.
② 관계대명사절 안에 빠진 문장 성분이 무엇인지를 살펴, 어떤 관계대명사가 필요한지 파악해요. 주어가 빠진 경우는 주격 관계대명사가, 목적어가 빠진 경우는 목적격 관계대명사가 들어가야 해요.

주격 관계대명사
I ate the apple **which** was on the table. 나는 식탁 위에 있던 사과를 먹었다.
[중2 4과]

한 단계 더!

관계대명사가 전치사의 목적어일 때 전치사를 관계대명사 앞에 둘 수 있는데, 이때 관계대명사는 생략할 수 없다. 단, 관계대명사 who와 that 앞에는 전치사를 둘 수 없다.
The people **who(m)** I work *with* are very friendly. (who(m) 생략 가능)
= The people *with* **whom** I work are very friendly. (whom 생략 불가능)
내가 같이 일하는 사람들은 매우 다정하다.

QUICK CHECK

1 다음 괄호 안에서 알맞은 것을 모두 고르시오.

(1) The woman (who / whom) my uncle loves is from Mexico.
(2) They found the bag (whom / which) I lost.
(3) This is the book (that / what) I borrowed from Mr. Simon.

2 다음 두 문장을 한 문장으로 바꿔 쓰시오.

(1) The food was delicious. David cooked it. → _____
(2) The girl is on TV now. I met her yesterday. → _____
(3) I visited the town. You told me about it. → _____

STEP
A

1 so ~ that

A 다음 괄호 안에서 알맞은 것을 고르시오.

1 He was (so / such) weak that he could hardly stand up.

2 Everything happened so quickly (that / which) I didn't have time to think.

3 She is still (to / too) upset (to / too) talk about it.

B 다음 두 문장을 so ~ that 구문을 사용하여 한 문장으로 바꿔 쓰시오.

1 He was very lazy. He did nothing all day long.

→ _____

2 The painting was very beautiful. Diana wanted to buy it.

→ _____

3 The book is very interesting. I can't put it down.

→ _____

C 다음 문장을 괄호 안의 구문을 사용하여 바꿔 쓰시오.

1 I'm so hungry that I can't walk. (too ~ to ...)

→ _____

2 He is very humorous, so he can make anyone laugh. (so ~ that ...)

→ _____

3 I was too excited to sleep. (so ~ that ...)

→ _____

D 다음 우리말과 같도록 괄호 안의 말을 바르게 배열하시오.

1 그는 너무 어려서 자동차를 운전할 수 없다.

→ _____

(a car, to, too, drive, he, young, is)

2 그녀는 매우 일찍 일어나서 첫 기차를 탈 수 있었다.

→ _____

(the first train, early, got up, that, she, catch, so, could, she)

3 너는 너무 작아서 이 놀이 기구를 탈 수 없다.

→ _____

(to, this ride, too, you, take, are, small)

2 목적격 관계대명사

A 다음 빈칸에 알맞은 관계대명사를 쓰시오.

1 The table _____ you made for me was really nice.

2 The library did not have the book _____ I wanted.

3 The child _____ we see often is playing in the garden.

4 The doctor _____ my grandmother liked lives in New York.

B 다음 문장에서 생략할 수 있는 말이 있으면 밑줄을 그으시오.

1 The man who had long hair smiled.

2 The fruit that I bought is on the table.

3 The teacher who I like most is Ms. Harrison.

C 다음 우리말과 같도록 괄호 안의 말과 관계대명사를 사용하여 문장을 완성하시오.

1 그는 어제 산 시계를 차고 있다. (buy)

   → He is wearing the watch _____.

2 내가 지난주에 만난 여자는 중국어를 할 수 있다. (meet)

   → The woman _____ can speak Chinese.

3 나는 도서관에서 빌린 책을 찾을 수가 없다. (borrow, from)

   → I can't find the books _____.

4 우리가 공원에서 본 남자는 새에게 먹이를 주고 있었다. (see, at)

   → The man _____ was feeding the birds.

D 다음 우리말과 같도록 괄호 안의 말을 바르게 배열하여 문장을 완성하시오.

1 그들은 내가 돌보고 있는 아이들이다.

   → _____

   (the children, taking care of, I, are, they, who, am)

2 내가 작년에 산 의자가 부러졌다.

   → _____

   (bought, broken, is, the chair, I, last year, which)

3 그녀는 그가 그녀에게 준 반지를 잃어버렸다.

   → _____

   (her, that, he, she, the ring, gave, lost)

4 그는 자신이 자랑스러워하는 딸이 하나 있다.

   → _____

   (a daughter, is proud, has, he, whom, he, of)

[01-02] 다음 빈칸에 들어갈 말로 알맞은 것을 [보기]에서 골라 쓰시오.

[보기]	so	too	much	a lot	very

01 The weather was _____ nice that we went out.

02 I'm _____ tired even to think.

[03-04] 다음 빈칸에 알맞은 말이 순서대로 짝 지어진 것을 고르시오.

03 • This is the letter _____ I got yesterday.
• I remember the girl _____ you met at the bus stop.

① who – that
② who – which
③ whom – that
④ that – which
⑤ which – whom

04 • She was _____ angry to calm down.
• The soup is _____ hot that I can't eat it.

① enough – so
② enough – much
③ too – so
④ too – not
⑤ too – much

05 다음 빈칸에 들어갈 말로 알맞은 것을 모두 고르면?

This is my best friend _____ I told you about.

① who
② that
③ whom
④ which
⑤ whose

[06-07] 다음 빈칸에 들어갈 말로 알맞은 것을 고르시오.

06 Robin spoke so _____ that I couldn't hear what he said.

① clear
② clearly
③ really
④ quiet
⑤ quietly

한 단계 더!

07 This is the book about _____ everyone is talking.

① who
② what
③ that
④ whom
⑤ which

08 다음 빈칸에 들어갈 말로 가장 알맞은 것은?

> The box is so light that _____.

① he can't lift it easily

② she can carry it easily

③ you can't buy it

④ you can make it easily

⑤ you can put lots of things in it

09 다음 문장의 밑줄 친 ①~⑤ 중 생략할 수 있는 것은?

> The school ①which I go ②to ③is ④too far ⑤from my house.

신유형

10 다음 우리말을 영어로 옮길 때 쓰이지 <u>않는</u> 것은?

> 그녀는 너무 행복해서 춤을 췄다.

① too   ② so   ③ danced

④ happy   ⑤ she

[11-12] 다음 빈칸에 공통으로 들어갈 말로 알맞은 것을 고르시오.

11
- This is the house _____ he was born in.
- Look at the man and his dog _____ are running over there.

① who   ② that   ③ which

④ whom   ⑤ whose

12
- I was very excited, _____ I couldn't get to sleep.
- The exam was _____ hard that I couldn't pass it.

① to   ② so   ③ too

④ much   ⑤ but

13 다음 문장과 의미가 같은 것은?

> She is so young that she can't travel abroad alone.

① She is too young to travel abroad alone.

② She is too young, but she can travel abroad alone.

③ She is not young and she can travel abroad alone.

④ She is very young and she can travel abroad alone.

⑤ She can travel abroad alone although she is young.

한 단계 더!

14 다음 문장의 ①~⑤ 중 in이 들어갈 수 있는 곳을 <u>모두</u> 고르면?

> (①) P.E. is (②) the subject (③) which I am (④) interested (⑤).

STEP A

15 다음 중 어법상 <u>틀린</u> 것은?

① This cake is too sweet to eat.
② I'll keep the secret John told me.
③ The police arrested a man lived next door.
④ The dog is so smart that it can guide a blind person.
⑤ It is so dark that I cannot see my hands.

16 다음 중 밑줄 친 <u>who</u>의 쓰임이 나머지 넷과 <u>다른</u> 하나는?

① <u>Who</u> are all those people?
② I don't know <u>who</u> I should talk to.
③ Can you tell me <u>who</u> I should believe?
④ The girl <u>who</u> you talked with is my sister.
⑤ I asked the man <u>who</u> would pick me up at the airport.

17 다음 중 밑줄 친 부분을 생략할 수 있는 것은?

① Where is the waiter <u>who</u> served us?
② He likes films <u>which</u> come from Asia.
③ We have some tennis balls <u>that</u> you can play with.
④ That's the woman <u>who</u> showed me the way.
⑤ I want to meet someone with <u>whom</u> I can go on a trip.

18 다음 우리말을 영어로 바르게 옮긴 것은?

나는 너무 바빠서 그녀를 도울 수 없었다.

① I was too busy to help her.
② I was so busy that I could help her.
③ I was too busy in order to help her.
④ I couldn't help her, so I was too busy.
⑤ As I wasn't very busy, I could help her.

19 다음 중 어법상 <u>틀린</u> 문장의 개수는?

ⓐ I like the dress whose Ann is wearing.
ⓑ They saw the man whom closed the door.
ⓒ Do you remember the photos which I showed you?
ⓓ This is the book about that everyone is talking.

① 0개　② 1개　③ 2개　④ 3개　⑤ 4개

20 다음 중 의미가 같은 문장끼리 짝 지어진 것은?

ⓐ He got up too late to get on the first train.
ⓑ Although he got up early, he couldn't get on the first train.
ⓒ He got up so late that he couldn't get on the first train.
ⓓ He got up early, but he couldn't get on the first train.
ⓔ As he got up very early, he could get on the first train.

① ⓐ, ⓑ　　② ⓐ, ⓒ　　③ ⓑ, ⓒ, ⓓ
④ ⓒ, ⓔ　　⑤ ⓒ, ⓓ, ⓔ

서술형

21 자연스러운 문장이 되도록 〈A〉와 〈B〉에서 알맞은 말을 하나씩 골라 so ~ that 구문을 사용하여 문장을 완성하시오.

〈A〉
- his wife was weak
- the fire spread fast
- the laptop was expensive

〈B〉
- she often got ill
- Brian didn't buy it
- we couldn't save anything

(1) _____

(2) _____

(3) _____

22 다음 두 문장을 관계대명사를 사용하여 한 문장으로 바꿔 쓰시오.

(1) Have you been to the restaurant?
It has just opened in town.

→ _____

_____

(2) The girl was very kind.
I met her in Canada.

→ _____

(3) I haven't read any of the books.
I bought them last month.

→ _____

_____

23 다음 우리말과 같도록 [조건]에 맞게 문장을 완성하시오.

[조건] 1. so ~ that 또는 too ~ to 구문을 한 번씩 사용할 것
2. 괄호 안의 말을 이용할 것

(1) 그 바다가 너무 아름다워서 나는 사진을 많이 찍었다.

→ The sea was _____
of it. (beautiful, take)

(2) Lucy는 너무 아파서 친구들과 놀 수 없었다.

→ Lucy was _____ with her
friends. (sick, play)

한 단계 더!

24 다음 괄호 안의 말을 바르게 배열하여 문장을 완성하시오.

(1) I can't find the money _____.
(I, under my bed, that, hid)

(2) I love reading the book _____.
(last year, which, wrote, he)

(3) The woman _____ is
a dentist. (with, talked, whom, I)

25 다음 두 문장의 의미가 같도록 빈칸에 알맞은 말을 쓰시오.

I was too sleepy to keep my eyes open.
= I was so sleepy _____.

현명한 선택을 하는 것

Making Good Choices

01 뭐 하고 있니, Kyle?

Emma: 01 What are you doing, Kyle?

02 오, Emma. 난 컴퓨터로 영화 "Y-Men 7"을 보고 있어.

Kyle: 02 Oh, Emma. I'm watching the movie, *Y-Men 7* on my computer.
전 ~으로(수단을 나타냄)

03 어때?

┌ 영화 "Y-Men 7"을 가리킴

Emma: 03 How is it?
How is ~?: 어떤 대상이 어떠한지 의견을 묻는 표현
= What do you think of ~? / How do you like ~?

04 묻지 마.

Kyle: 04 Don't ask.
Don't+동사원형: 부정명령문

05 너무 지루해서 울고 싶어.

05 It's so boring that I want to cry.
so+형용사+that+주어+동사 ...:
너무 ~해서 …하다

06 유감이야.

Emma: 06 I'm sorry to hear that.
형 유감스러운 └ 부사적 용법의 to부정사(감정의 원인)

07 난 정말 화가 나.

Kyle: 07 I'm so mad.
형 몹시 화가 난

08 영화 광고에는 이것이 "올해의 가장 흥미진진한 영화"라고 쓰여 있었어.

┌ = Y-Men 7
08 The movie advertisement said it was "The Most Exciting Movie
명사절을 이끄는 (that)   형용사 exciting의 최상급
접속사 that 생략

of the Year."
of+명사: 최상급의 비교 범위를 나타냄

09 음, 넌 네가 읽는 모든 것을 믿을 수는 없어.

Emma: 09 Well, you can't believe everything [that you read].
선행사   목적격 관계대명사

10 그들은 광고에 거짓말을 한 거야.

Kyle: 10 They lied on the advertisement.
lie 통 거짓말하다 (-lied-lied)

11 돈을 환불해 달라고 할 거야.

11 I'm going to ask for my money back.
요청하다, 청구하다   부 (이전의 상태로) 다시

12 기다려, Kyle!

Emma: 12 Hold on, Kyle!

13 그들은 사실이 아닌 의견을 사용했기 때문에 꼭 거짓말을 한 것은 아니야.

13 They didn't really lie because they used opinions, not facts.
~ 때문에(이유를 나타내는 접속사)   부 ~이 아니라
의문을 나타내는 표현

14 뭐라고? 네 말을 이해하지 못하겠어.

Kyle: 14 Huh? I'm not following you.
follow 통 이해하다

15 의견은 "사막은 아름다워."와 같이 사람들의 감정을 표현하는 거야.

Emma: 15 Opinions express people's feelings like, "The desert is beautiful."
전 ~처럼, ~같이

16 그것이 사실인지 아닌지 말할 수는 없어.

16 You can't say that it's true or not.
명사절을 이끄는 접속사

17 하지만, 사실은 증명할 수 있어.

17 But, facts can be proven.
조동사+be+과거분사(조동사를 포함한 수동태)

18 For example, "The Atacama Desert is in Chile," is a fact.

18 예를 들어, "아타카마 사막은 칠레에 있다."는 사실이야.

19 You can check that on the map.
앞 문장의 The Atacama Desert is in Chile.를 가리킴

19 넌 그것을 지도에서 확인할 수 있어.

Kyle: **20** Okay.... But what's the connection with movies?
⑲ 연관성, 관련성

20 알겠어…. 하지만 그게 영화와 무슨 관련이 있니?

Emma: **21** Let me explain.
사역동사(let)+목적어+동사원형: (목적어)가 …하게 하다 (5형식)

21 설명해 줄게.

22 What's your favorite movie?

22 네가 가장 좋아하는 영화가 뭐니?

Kyle: **23** It's *Forrest Gump*.

23 "Forrest Gump"야.

Emma: **24** Okay. Let's look for its advertisement.
it의 소유격

24 좋아. 그 영화의 광고를 찾아보자.

25 What does it say?
= its advertisement

25 그 광고에 뭐라고 쓰여 있니?

Kyle: **26** It says, "Winner of 6 Academy Awards including Best Picture."
say ⑧ 나타내다, ~라고 쓰여 있다   ⑳ ~을 포함하여

26 "최우수 작품상을 포함한 6개 부문 아카데미상 수상작"이라고 쓰여 있어.

Emma: **27** See? It uses facts unlike the *Y-Men 7* advertisement.
⑧ 이해하다   ⑳ ~와 달리

27 알겠니? "Y-Men 7" 광고와는 달리 사실을 사용하고 있어.

28 Do you see the difference?
⑲ 차이(점)

28 차이를 알겠니?

Kyle: **29** Not exactly.
'정확히는 아니다.'라는 뜻

29 잘 모르겠어.

30 The *Y-Men 7* ad says "Most Exciting Movie" and the *Forrest Gump*
advertisement의 줄임말

ad says "Best Picture."

30 "Y-Men 7" 광고는 "Most Exciting Movie"라고 쓰여 있고 "Forrest Gump" 광고는 "Best Picture"라고 쓰여 있잖아.

부정의문문   '둘 다'라는 뜻의 대명사
31 Aren't they both opinions?
앞 문장의 "Most Exciting Movie"와 "Best Picture"를 가리킴

31 둘 다 의견 아니니?

Emma: **32** That's a great question, Kyle.

32 좋은 질문이야, Kyle.

33 When people use words like "best" or "most," they are usually
~할 때(시간을 나타내는 접속사)   ⑳ ~처럼, ~같이

expressing opinions.

33 사람들이 'best'나 'most'와 같은 말을 사용할 때, 그들은 대개 의견을 표현하는 거야.

34 But in the *Forrest Gump* ad, "Best Picture" is the award [which
선행사   목적격
관계대명사

the movie won].

34 하지만 "Forrest Gump" 광고에서, "Best Picture"는 그 영화가 받은 상이야.

STEP
A

35 우리는 인터넷에서 그것을 확인할 수 있어.

35 We can check that on the Internet.
앞 문장의 "Best Picture" is the award which the movie won을 가리킴

36 그건 사실이야.

36 That's a fact.

Kyle: 37 아해! 난 지금부터 사실로 이루어진 광고만 믿을 거야.

Kyle: 37 Aha! From now on I'm only going to trust ads with facts.

38 그게 그렇게 간단하지 않아.

Emma: 38 It's not that simple.
⑨ 그렇게, 그 정도로

39 대부분의 광고에는 사실과 의견이 섞여 있어.

39 Most ads mix facts with opinions.
⑱ 대부분의   mix A with B: A와 B를 섞다
have to+동사원형: ~해야 한다

40 그러니 그 둘을 바탕으로 현명한 선택을 해야 해.

40 So you have to make a smart choice based on both of them.
그래서, 그러니까 (결과를 나타내는 접속사)   앞 문장의 facts와 opinions를 가리킴

41 알겠어!

Kyle: 41 Got it!
(I) 주어 I 생략

42 Emma, "Y-Men 7"의 남은 부분을 나와 함께 볼래?

42 Emma, do you want to watch the rest of Y-Men 7 with me?
~의 남은 부분
명사적 용법의 to부정사(목적어 역할)

43 고맙지만, 사양할게.

Emma: 43 Thanks, but no thanks.
상대방의 제안을 거절하는 표현

44 영화의 남은 부분 잘 봐!

44 Enjoy the rest of the movie!

Reading
빈칸 채우기

Answers p. 37

우리말 뜻과 일치하도록 교과서 본문의 문장을 완성하시오.

중요 문장

01 What _____ _____ _____, Kyle?

01 뭐 하고 있니, Kyle?

02 Oh, Emma. I'm _____ _____ _____, *Y-Men 7* on my computer.

02 오, Emma. 난 컴퓨터로 영화 "Y-Men 7"을 보고 있어.

03 _____ is it?

03 어때?

04 _____ ask.

04 묻지 마.

05 It's _____ _____ _____ I want to cry.

05 너무 지루해서 울고 싶어.

06 I'm sorry _____ _____ that.

06 그 말을 들으니 유감이야.

07 I'm so _____.

07 난 정말 화가 나.

08 The movie advertisement _____ it was "The Most Exciting Movie of the Year."

08 영화 광고에는 이것이 "올해의 가장 흥미진진한 영화"라고 쓰여 있었어.

09 Well, you can't believe _____ _____ _____ _____.

09 음, 넌 네가 읽는 모든 것을 믿을 수는 없어.

10 They _____ on the advertisement.

10 그들은 광고에 거짓말을 한 거야.

11 I'm going to _____ _____ my money _____.

11 돈을 환불해 달라고 할 거야.

12 _____ _____, Kyle!

12 기다려, Kyle!

13 They didn't really lie because they _____ _____, _____ _____.

13 그들은 사실이 아닌 의견을 사용했기 때문에 꼭 거짓말을 한 것은 아니야.

14 Huh? I'm not _____ you.

14 뭐라고? 네 말을 이해하지 못하겠어.

15 Opinions _____ _____ _____ like, "The desert is beautiful."

15 의견은 "사막은 아름다워."와 같이 사람들의 감정을 표현하는 거야.

16 You can't say that _____ _____ _____ _____.

16 그것이 사실인지 아닌지 말할 수는 없어.

17 But, facts _____ _____ _____.

17 하지만, 사실은 증명할 수 있어.

18 _____ _____, "The Atacama Desert is in Chile," is a fact.

18 예를 들어, "아타카마 사막은 칠레에 있다."는 사실이야.

19 You _____ _____ that on the map.

19 넌 그것을 지도에서 확인할 수 있어.

20 Okay.... But what's _____ _____ _____ movies?

20 알겠어…. 하지만 그게 영화와 무슨 관련이 있니?

21 Let me _____.

21 설명해 줄게.

22 What's your _____ movie?

22 네가 가장 좋아하는 영화가 뭐니?

STEP A

23 _____ *Forrest Gump*.

24 Okay. Let's _____ _____ its advertisement.

25 _____ _____ _____ _____ ?

26 _____ _____ , "Winner of 6 Academy Awards including Best Picture."

27 See? It uses facts _____ the *Y-Men 7* advertisement.

28 Do you _____ _____ _____ ?

29 _____ exactly.

30 The *Y-Men 7* ad says "Most Exciting Movie" and the *Forrest Gump* _____ _____ "Best Picture."

31 Aren't they _____ _____ ?

32 That's a great _____ , Kyle.

33 When people use words like "best" or "most," they are _____ _____ _____ .

34 But in the *Forrest Gump* ad, "Best Picture" is the award which _____ _____ _____ .

35 We can _____ that _____ _____ _____ .

36 That's a _____ .

37 Aha! _____ _____ _____ I'm only going to trust ads with facts.

38 It's not that _____ .

39 Most ads _____ facts with opinions.

40 So you have to _____ _____ _____ _____ based on both of them.

41 Got _____ !

42 Emma, do you want to _____ _____ _____ of *Y-Men 7* with me?

43 Thanks, but _____ _____ .

44 _____ the rest of the movie!

23 "Forrest Gump"야.

24 좋아. 그 영화의 광고를 찾아보자.

25 그것에 뭐라고 쓰여 있니?

26 그것은 "최우수 작품상을 포함한 6개 부문 아카데미상 수상작"이라고 쓰여 있어.

27 알겠니? "Y-Men 7" 광고와는 달리 사실을 사용하고 있어.

28 차이를 알겠니?

29 잘 모르겠어.

30 "Y-Men 7" 광고는 "Most Exciting Movie"라고 쓰여 있고 "Forrest Gump" 광고는 "Best Picture"라고 쓰여 있잖아.

31 둘 다 의견 아니니?

32 좋은 질문이야, Kyle.

33 사람들이 'best'나 'most'와 같은 말을 사용할 때, 그들은 대개 의견을 표현하는 거야.

34 하지만 "Forrest Gump" 광고에서, "Best Picture"는 그 영화가 받은 상이야.

35 우리는 인터넷에서 그것을 확인할 수 있어.

36 그건 사실이야.

37 아하! 난 지금부터 사실로 이루어진 광고만 믿을 거야.

38 그게 그렇게 간단하지 않아.

39 대부분의 광고에는 사실과 의견이 섞여 있어.

40 그러니 그 둘을 바탕으로 현명한 선택을 해야 해.

41 알겠어!

42 Emma, "Y-Men 7"의 남은 부분을 나와 함께 볼래?

43 고맙지만, 사양할게.

44 영화의 남은 부분 즐겨!

Reading

바른 어휘 • 어법 고르기

글의 내용과 문장의 어법에 맞게 괄호 안에서 알맞은 어휘를 고르시오.

01 What are you (does / doing), Kyle?

02 Oh, Emma. I'm (watching / watched) the movie, *Y-Men 7* on my computer.

03 (What / How) is it?

04 Don't (ask / asking).

05 It's (very / so) boring that I want to cry.

06 I'm sorry (hearing / to hear) that.

07 I'm (so / such) mad.

08 The movie (advertisement / appointment) said it was "The Most Exciting Movie of the Year."

09 Well, you can't believe everything (whom / that) you read.

10 They (lied / lay) on the advertisement.

11 I'm going to ask for my money (again / back).

12 (Hold on / Watch out), Kyle!

13 They didn't really lie (because of / because) they used opinions, not facts.

14 Huh? I'm not (following / understand) you.

15 Opinions (expresses / express) people's feelings like, "The desert is beautiful."

16 You can't say that it's true (and / or) not.

17 But, facts can (prove / be proven).

18 For example, "The Atacama Desert is in Chile," is a(n) (fact / opinion).

19 You can (check / checked) that on the map.

20 Okay.... But (why's / what's) the connection with movies?

21 (Let / Don't) me explain.

22   What's your (like / favorite) movie?

23   (It's / They're) *Forrest Gump*.

24   Okay. Let's (write / look for) its advertisement.

25   What (do / does) it say?

26   It says, "Winner of 6 Academy Awards (included / including) Best Picture."

27   See? It uses facts (like / unlike) the *Y-Men 7* advertisement.

28   Do you see the (difference / different)?

29   Not (exactly / same).

30   The *Y-Men 7* ad says "Most Exciting Movie" and the *Forrest Gump* ad (say / says) "Best Picture."

31   Aren't they (both / only) opinions?

32   That's a great (answer / question), Kyle.

33   When people use words like "best" or "most," they are usually expressing (facts / opinions).

34   But in the *Forrest Gump* ad, "Best Picture" is the award (when / which) the movie won.

35   We can check that (on / to) the Internet.

36   That's a(n) (fact / opinion).

37   Aha! (For example / From now on) I'm only going to trust ads with facts.

38   It's not (that / this) simple.

39   Most ads mix facts (at / with) opinions.

40   So you have to make a smart choice (based on / because of) both of them.

41   (Get / Got) it!

42   Emma, do you want to (look / watch) the rest of *Y-Men 7* with me?

43   Thanks, but (any / no) thanks.

44   Enjoy the (first / rest) of the movie!

R **Reading**
틀린 문장 고치기

밑줄 친 부분이 내용이나 어법상 바르면 ○, 어색하면 ×에 표시하고 고쳐 쓰시오.

01 <u>Who</u> are you doing, Kyle? ○ ×

02 Oh, Emma. I'm watching the movie, *Y-Men 7* <u>on my computer</u>. ○ ×

03 How <u>it is</u>? ○ ×

04 <u>Don't</u> ask. ○ ×

05 It's so boring <u>to</u> I want to cry. ○ ×

06 I'm sorry <u>hear</u> that. ○ ×

07 I'm so <u>mad</u>. ○ ×

08 The movie advertisement <u>said</u> it was "The Most Exciting Movie of the Year." ○ ×

09 Well, you can't believe <u>everyone</u> that you read. ○ ×

10 They <u>lay</u> on the advertisement. ○ ×

11 I'm going to <u>ask for</u> my money back. ○ ×

12 <u>Hold on</u>, Kyle! ○ ×

13 They didn't really lie because they used <u>facts, not opinions</u>. ○ ×

14 Huh? I'm <u>following</u> you. ○ ×

15 Opinions express people's <u>feelings</u> like, "The desert is beautiful." ○ ×

16 You <u>can</u> say that it's true or not. ○ ×

17 But, facts can be <u>prove</u>. ○ ×

18 <u>For example</u>, "The Atacama Desert is in Chile," is a fact. ○ ×

19 You can check <u>that</u> on the map. ○ ×

20 Okay.... But what's the <u>connect</u> with movies? ○ ×

21 Let me <u>explain</u>. ○ ×

22 Who's your favorite movie? ☐ O ☐ ×

23 It's *Forrest Gump*. ☐ O ☐ ×

24 Okay. Let's look for its adventure. ☐ O ☐ ×

25 What does they say? ☐ O ☐ ×

26 It says, "Winner of 6 Academy Awards including Best Picture." ☐ O ☐ ×

27 See? It uses opinions unlike the *Y-Men 7* advertisement. ☐ O ☐ ×

28 Do you see the different? ☐ O ☐ ×

29 Never exactly. ☐ O ☐ ×

30 The *Y-Men 7* ad says "Most Exciting Movie" and the *Forrest Gump* ad says "Best Picture." ☐ O ☐ ×

31 Aren't they both opinion? ☐ O ☐ ×

32 That's a great question, Kyle. ☐ O ☐ ×

33 When people use words like "best" or "most," they are usually express opinions. ☐ O ☐ ×

34 But in the *Forrest Gump* ad, "Best Picture" is the award who the movie won. ☐ O ☐ ×

35 We can check that on the Internet. ☐ O ☐ ×

36 That's an opinion. ☐ O ☐ ×

37 Aha! From now on I'm only going to trust ads with facts. ☐ O ☐ ×

38 It's not that simply. ☐ O ☐ ×

39 Most ad mix facts with opinions. ☐ O ☐ ×

40 So you have to make a smart choose based on both of them. ☐ O ☐ ×

41 Got it! ☐ O ☐ ×

42 Emma, does she want to watch the rest of *Y-Men 7* with me? ☐ O ☐ ×

43 Thanks, but thanks. ☐ O ☐ ×

44 Enjoy the rest of the movie! ☐ O ☐ ×

Reading

배열로 문장 완성하기

정답 보기 >> 178~180쪽

주어진 단어를 바르게 배열하여 문장을 쓰시오.

01 뭐 하고 있니, Kyle? (Kyle / doing, / what / are / you)
→

02 오, Emma. 난 컴퓨터로 영화 "Y-Men 7"을 보고 있어.
(Emma / oh, / I'm / on my computer / watching / *Y-Men 7* / the movie,)
→

03 어때? (it / is / how)
→

04 묻지 마. (ask / don't)
→

05 너무 지루해서 울고 싶어. (want / it's / that / I / so / to cry / boring)
→

06 그 말을 들으니 유감이야. (to hear / sorry / I'm / that)
→

07 난 정말 화가 나. (mad / I'm / so)
→

08 영화 광고에는 이것이 "올해의 가장 흥미진진한 영화"라고 쓰여 있었어.
("The Most Exciting Movie of the Year." / advertisement / the movie / was / said / it)
→

09 음, 넌 네가 읽는 모든 것을 믿을 수는 없어. (can't believe / well, / that / you / everything / you read)
→

10 그들은 광고에 거짓말을 한 거야. (they / on the advertisement / lied)
→

11 돈을 환불해 달라고 할 거야. (I'm / back / ask for / my money / going to)
→

12 기다려, Kyle! (Kyle / hold on,)
→

13 그들은 사실이 아닌 의견을 사용했기 때문에 꼭 거짓말을 한 것은 아니야.
(because / they / used / didn't really lie / they / not facts / opinions,)
→

14 뭐라고? 네 말을 이해하지 못하겠어. (huh? / following / not / you / I'm)
→

15 의견은 "사막은 아름다워."와 같이 사람들의 감정을 표현하는 거야.
(like, / express / people's feelings / "The desert is beautiful." / opinions)
→

16 그것이 사실인지 아닌지 말할 수는 없어. (true or not / it's / can't say / you / that)

→

17 하지만, 사실은 증명할 수 있어. (facts / but, / can be proven)

→

18 예를 들어, "아타카마 사막은 칠레에 있다."는 사실이야.

(is / "The Atacama Desert is in Chile," / a fact / for example,)

→

19 넌 그것을 지도에서 확인할 수 있어. (on the map / can check / you / that)

→

20 알겠어···. 하지만 그게 영화와 무슨 관련이 있니? (what's / but / with movies / the connection / okay....)

→

21 설명해 줄게. (let / explain / me)

→

22 네가 가장 좋아하는 영화가 뭐니? (favorite movie / your / what's)

→

23 "Forrest Gump"야. (*Forrest Gump* / it's)

→

24 좋아. 그것의 광고를 찾아보자. (its advertisement / let's / look for / okay)

→

25 그것에 뭐라고 쓰여 있니? (does / what / it / say)

→

26 그것은 "최우수 작품상을 포함한 6개 부문 아카데미상 수상작"이라고 쓰여 있어.

(it / "Winner of 6 Academy Awards including Best Picture." / says,)

→

27 알겠니? 그것은 "Y-Men 7" 광고와는 달리 사실을 사용하고 있어.

(unlike / it / uses / see / the *Y-Men 7* advertisement / facts)

→

28 차이를 알겠니? (the difference / do / you / see)

→

29 잘 모르겠어. (exactly / not)

→

30 "Y-Men 7" 광고는 "Most Exciting Movie"라고 쓰여 있고 "Forrest Gump" 광고는 "Best Picture"라고 쓰여 있잖아.

("Most Exciting Movie" / and / the *Y-Men 7* ad / says / "Best Picture." / the *Forrest Gump* ad / says)

→

31 둘 다 의견 아니니? (aren't / both / opinions / they)

→

32 좋은 질문이야, Kyle. (a / that's / Kyle / question, / great)

→

33 사람들이 'best'나 'most'와 같은 말을 사용할 때, 그들은 대개 의견을 표현하는 거야.

(people / when / like "best" or "most," / are / use words / usually / expressing / they / opinions)

→

34 하지만 "Forrest Gump" 광고에서, "Best Picture"는 그 영화가 받은 상이야.

(but / which / the award / the movie won / "Best Picture" / is / in the *Forrest Gump* ad,)

→

35 우리는 인터넷에서 그것을 확인할 수 있어. (we / on the Internet / check / can / that)

→

36 그건 사실이야. (a fact / that's)

→

37 아하! 난 지금부터 사실로 이루어진 광고만 믿을 거야. (aha / trust / from now on / with facts / ads / I'm only going to)

→

38 그게 그렇게 간단하지 않아. (it's / that simple / not)

→

39 대부분의 광고에는 사실과 의견이 섞여 있어. (facts / mix / with opinions / most ads)

→

40 그러니 그 둘을 바탕으로 현명한 선택을 해야 해. (have to / so / both of them / make a smart choice / based on / you)

→

41 알겠어! (got / it)

→

42 Emma, "Y-Men 7"의 남은 부분을 나와 함께 볼래?

(Emma, / to watch / with me / want / do / you / the rest of *Y-Men 7*)

→

43 고맙지만, 사양할게. (thanks, / no thanks / but)

→

44 영화의 남은 부분 잘 봐! (enjoy / of / the rest / the movie)

→

[01-03] 다음 대화를 읽고, 물음에 답하시오.

(A) How is it?
(B) Don't ask. ⓐIt's so boring that I want to cry.
(C) Oh, Emma. I'm watching the movie, *Y-Men 7* on my computer.
(D) I'm sorry ⓑto hear that.
(E) What are you doing, Kyle?

01 자연스러운 대화가 되도록 (A)~(E)를 순서대로 배열한 것은?

① (C)–(A)–(E)–(B)–(D)
② (C)–(B)–(A)–(E)–(D)
③ (E)–(B)–(A)–(C)–(D)
④ (E)–(C)–(A)–(B)–(D)
⑤ (E)–(D)–(C)–(A)–(B)

02 위 대화의 밑줄 친 ⓐ와 의미가 같은 것은?

① The movie is very boring, so I want to cry.
② The movie is not boring, but I want to cry.
③ The movie is very boring because I want to cry.
④ I want to cry because the movie is not boring.
⑤ The movie is not boring, and I don't want to cry.

03 위 대화의 밑줄 친 ⓑ와 쓰임이 같은 것은?

① This is the only way to solve the problem.
② The dog is looking for something to eat.
③ They were disappointed to hear the news.
④ Does your sister have homework to finish by tomorrow?
⑤ It is very difficult to get up early in the morning.

[04-07] 다음 대화를 읽고, 물음에 답하시오.

Kyle: I'm so mad. The movie advertisement said it was "The Most Exciting Movie of the Year."
Emma: Well, you can't believe everything ___ⓐ___ you read.
Kyle: They (A) lay / lied on the advertisement. I'm going to (B) give / ask for my money back.
Emma: (C) Hold on / Keep going, Kyle! They didn't really lie because they used opinions, not facts.
Kyle: Huh? ⓑI'm not following you.

04 위 대화의 빈칸 ⓐ에 들어갈 말로 알맞은 것은?

① how   ② who   ③ that
④ what   ⑤ whom

05 위 대화의 (A)~(C)에서 문맥상 알맞은 말이 순서대로 짝지어진 것은?

	(A)		(B)		(C)
①	lay	–	give	–	Hold on
②	lay	–	ask for	–	Keep going
③	lied	–	give	–	Hold on
④	lied	–	ask for	–	Hold on
⑤	lied	–	ask for	–	Keep going

06 다음 영어 뜻풀이에 해당하는 단어를 위 대화에서 찾아 쓰시오.

> a notice, picture, or short film telling people about something

→ _____

07 위 대화의 밑줄 친 ⓑ와 바꿔 쓸 수 있는 것은?

① I agree with you.

② Let me follow you.

③ I'll follow after you.

④ I'm tired of chasing you.

⑤ I don't understand what you said.

[08-11] 다음 글을 읽고, 물음에 답하시오.

(①) Opinions express people's feelings ⓐlike, "The desert is beautiful." (②) You can't say that it's true or not. (③) But, facts can be ⓑprove. (④) For example, "The Atacama Desert is in Chile," is a fact. (⑤)

08 윗글의 주제로 가장 알맞은 것은?

① 사실을 검증하는 방법

② 사실과 의견의 차이점

③ 사실과 의견의 공통점

④ 효과적인 의사 전달 방법

⑤ 사실과 의견을 적절히 제시하는 방법

09 윗글의 ①~⑤ 중 주어진 문장이 들어갈 알맞은 곳은?

You can check that on the map.

①   ②   ③   ④   ⑤

10 윗글의 밑줄 친 ⓐ와 쓰임이 같은 것은?

① I'd like some Italian food.

② Which story do you like best?

③ The garden looked like a jungle.

④ What did you like about the movie?

⑤ I would like to thank you all for coming tonight.

11 윗글의 밑줄 친 ⓑprove의 형태로 알맞은 것은?

① proves   ② proof   ③ proven

④ proving   ⑤ to prove

[12-14] 다음 대화를 읽고, 물음에 답하시오.

Emma: Let me explain. What's your favorite movie?

Kyle: ⓐIt's *Forrest Gump*.

Emma: Okay. Let's look for ⓑits advertisement. What does ⓒit say?

Kyle: ⓓIt says, "Winner of 6 Academy Awards including Best Picture."

Emma: See? ⓔIt uses facts unlike the *Y-Men 7* advertisement. Do you see the difference?

Kyle: (A)Not exactly.

12 위 대화의 밑줄 친 ⓐ~ⓔ 중 가리키는 것이 <u>다른</u> 하나는?

① ⓐ   ② ⓑ   ③ ⓒ   ④ ⓓ   ⑤ ⓔ

13 위 대화의 밑줄 친 (A)가 뜻하는 바로 알맞은 것은?

① 잘 모르겠다.

② 하나도 모르겠다.

③ 정확히 이해했다.

④ 네 말에 전부 동의하는 것은 아니다.

⑤ 네 말이 꼭 맞는 것은 아니다.

_고_{산도} _신_{유형}

14 위 대화를 읽고 답할 수 <u>없는</u> 질문을 <u>모두</u> 고르면?

ⓐ What's Kyle's favorite movie?

ⓑ What does Emma think about the movie *Forrest Gump*?

ⓒ What does the *Y-Men 7* advertisement say?

ⓓ Which movie is the winner of 6 Academy Awards including Best Picture?

① ⓐ, ⓑ   ② ⓐ, ⓒ   ③ ⓑ, ⓒ

④ ⓑ, ⓓ   ⑤ ⓒ, ⓓ

STEP
A

[15-19] 다음 대화를 읽고, 물음에 답하시오.

Kyle: The *Y-Men 7* ad says "Most Exciting Movie" and the *Forrest Gump* ad says "Best Picture." ①Don't they both opinions?

Emma: That's a great question, Kyle. When people use words like "best" or "most," they ②are usually express opinions. But in the *Forrest Gump* ad, "Best Picture" is the award ③who the movie won. We can check that on the Internet. That's a fact.

Kyle: Aha! _____ I'm only going to trust ads with facts.

Emma: It's not that simple. Most ads mix facts ④for opinions. So you have to make a smart choice ⑤based on both of them.

Kyle: Got it! Emma, do you want to watch the rest of *Y-Men 7* with me?

Emma: Thanks, but no thanks. Enjoy the rest of the movie!

고
단도
15 위 대화의 밑줄 친 ①~⑤ 중 어법상 옳은 것은?

① ② ③ ④ ⑤

16 위 대화의 빈칸에 들어갈 말로 알맞은 것은?

① Until now ② Up to now
③ For a while ④ From now on
⑤ The day before

17 위 대화의 밑줄 친 rest와 같은 의미로 쓰인 것은?

① The doctor told me to rest.
② Why don't you have a rest?
③ Get some rest while you can.
④ It's too hot. You'd better rest for a while.
⑤ Eat some cake and put the rest in the refrigerator.

18 위 대화의 내용을 바탕으로 다음 중 의견으로만 이루어진 광고는?

①

②

③

④ FREE DRINK WITH EVERY PIZZA
Order Pizza Online, Save $2

⑤ 40% off Only One Week!

19 위 대화의 내용을 바르게 이해한 사람은?

① 미나: 영화에 관한 감상은 광고에 넣어서는 안 돼.
② 호진: 광고는 사실 정보만을 담고 있어.
③ 지민: 광고에서 영화에 관한 사실 정보를 기대할 수 없구나.
④ 기우: 수상 경력이 없다고 꼭 훌륭하지 않은 영화는 아니야.
⑤ 혜진: 광고의 사실과 의견을 바탕으로 현명한 선택을 해야 해.

[20-21] 다음 대화를 읽고, 물음에 답하시오.

Emma: How is the movie?

Kyle: Don't ask. 그것이 너무 지루해서 나는 울고 싶어.

Emma: (1) _____.

Kyle: I'm so mad. The movie advertisement said it was "The Most Exciting Movie of the Year."

Emma: Well, you can't believe everything that you read.

Kyle: They lied on the advertisement.
(2) _____.

Emma: (3) _____, Kyle! They didn't really lie because they used opinions, not facts.

20 위 대화의 빈칸에 들어갈 알맞은 말을 [보기]에서 골라 쓰시오.

[보기] • Hold on
• I'm sorry to hear that
• I'm going to ask for my money back

21 위 대화의 밑줄 친 우리말을 so ~ that 구문을 사용하여 영어로 쓰시오.

→ _____

22 다음 대화를 읽고, 질문에 완전한 영어 문장으로 답하시오.

Emma: Opinions express people's feelings like, "The desert is beautiful." You can't say that it's true or not. But, facts can be proven. For example, "The Atacama Desert is in Chile," is a fact. You can check that on the map.

Kyle: Okay.... But what's the connection with movies?

Emma: Let me explain. What's your favorite movie?

Kyle: It's *Forrest Gump*.

Emma: Okay. Let's look for its advertisement. What does it say?

Kyle: It says, "Winner of 6 Academy Awards including Best Picture."

Emma: See? It uses facts unlike the *Y-Men 7* advertisement.

(1) Q: What is something that can be proven?
A: _____

(2) Q: What does the *Y-Men 7* ad use?
A: _____

[23-24] 다음 대화를 읽고, 물음에 답하시오.

Kyle: The *Y-Men 7* ad says "Most Exciting Movie" and the *Forrest Gump* ad says "Best Picture." Aren't they both opinions?

Emma: That's a great question, Kyle. When people use words like "best" or "most," they are usually expressing opinions. But in the *Forrest Gump* ad, "Best Picture" is the award whom the movie won. We can check that on the Internet. That's a fact.

Kyle: Aha! From now on I'm only going to trust ads with facts.

Emma: It's not that simple. Most ads mix facts with opinions. So _____.

23 위 대화의 Emma의 말 중 어법상 틀린 문장을 찾아 바르게 고쳐 쓰시오.

→ _____

_____

24 위 대화의 빈칸에 알맞은 말이 되도록 괄호 안의 말을 바르게 배열하시오.

→ _____

(have to, based on, a smart choice, you, both of them, make)

After You Read_A

Need help?

Q. I want ❶ to watch a good movie. ❷ What kind of ads can I trust?

Ben: ❸ Don't trust ads because they ❹ are full of ❺ lies.
Ann: Watch only movies ❻ that use opinions in their ads.
Tony: Check ❼ both facts and opinions and choose wisely.

도움이 필요하세요?
질문: 저는 좋은 영화를 보고 싶어요. 어떤 종류의 광고를 신뢰할 수 있을까요?

Ben: 광고는 거짓말로 가득 차 있으니까 신뢰하지 마세요.
Ann: 광고에 의견을 사용한 영화만 보세요.
Tony: 사실과 의견을 둘 다 확인하고 현명하게 선택하세요.

❶ 동사 want의 목적어 역할을 하는 명사적 용법의 to부정사
❸ 「Don't+동사원형 ~.」은 '~하지 마라.'는 뜻의 부정명령문
❺ lie(거짓말)의 복수형
❼ both A and B: A와 B 둘 다

❷ What kind of ~?: 어떤 종류의 ~? (kind = type)
❹ be full of: ~으로 가득 차 있다
❻ movies를 선행사로 하는 주격 관계대명사

Think and Write

❶ Book Review by Semi

Title: Harry Potter   ❷ Genre: fantasy
Author: J. K. Rowling   ❸ Rating: ★★★★☆

Harry Potter is a fantasy novel. It ❹ was written by J. K. Rowling. Harry Potter is the ❺ main character of the book. When Harry goes to magic school, his adventures begin. I especially like the friendship of Harry and his friends. The book was ❻ so interesting that I couldn't ❼ put it down. I strongly recommend it to everyone.

세미의 독서 감상문
제목: Harry Potter   장르: 공상 소설
저자: J. K. Rowling   평가: ★★★★☆

"Harry Potter"는 공상 소설이다. 이 책은 J. K. Rowling에 의해 쓰였다. Harry Potter는 이 책의 주인공이다. Harry가 마법 학교에 갈 때, 그의 모험은 시작된다. 나는 특히 Harry와 그의 친구들의 우정을 좋아한다. 이 책은 너무 재미있어서 나는 책을 내려놓을 수가 없었다. 나는 모두에게 이 책을 강력히 추천한다.

❶ book review: 서평, 독서 감상문
❸ rating: 평가
❺ main character: 주요 등장인물, 주인공
❼ put down: 내려놓다

❷ genre: (예술 작품의) 장르, 유형
❹ be동사+과거분사+by+행위자: 수동태 구문
❻ so+형용사+that+주어+can't+동사원형 ...: 너무 ~해서 …할 수 없다

Project

Korean ❶ folk village

Facts
• It ❷ is located in Yongin.
• ❸ There are Korean traditional houses.
• Visitors can watch nongak and Jultagi.

Opinions
• It's a fun place in Yongin.
• Korean traditional houses are beautiful.
• Nongak and Jultagi will be ❹ exciting.

한국 민속촌
사실
• 용인에 위치해 있다.
• 한국 전통 가옥들이 있다.
• 방문객들은 농악과 줄타기를 관람할 수 있다.
의견
• 용인에 있는 재미있는 장소이다.
• 한국 전통 가옥들은 아름답다.
• 농악과 줄타기는 흥미진진할 것이다.

❶ folk village: 민속촌, 민속 마을
❸ there are+복수 명사: ~들이 있다

❷ be located in: ~에 위치해 있다
❹ 주어인 '농악과 줄타기'는 감정을 일으키는 대상이므로 현재분사 exciting 사용

more M 기타 지문

실전 TEST

[01-02] 다음 글을 읽고, 물음에 답하시오.

> **Need help?**
>
> Q. I want to watch a good movie. What kind of ads can I trust?
>
> Ben: Don't trust ads because they are full of @lies.
>
> Ann: Watch only movies ⓑthat use opinions in their ads.
>
> Tony: Check both facts and opinions and choose wisely.

01 윗글의 밑줄 친 @와 같은 의미로 쓰인 것은?

① Are you lying to me?
② I lay on the grass and fell asleep.
③ Clothes were lying all over the floor.
④ I told a lie when I said I liked her haircut.
⑤ I love to lie down in front of the fire and read.

02 윗글의 밑줄 친 ⓑ와 쓰임이 같은 것은?

① The bag that I saw was red.
② Donate the items that you don't use.
③ Is this the train that goes to Seoul?
④ This is the worst movie that I have ever watched.
⑤ The decision that the company made will cause a lot of problems.

[03-05] 다음 글을 읽고, 물음에 답하시오.

> *Harry Potter* is a fantasy novel. It was written by J. K. Rowling. Harry Potter is the main character of the book. When Harry goes to magic school, his adventures begin. I especially like the friendship of Harry and his friends. The book was so interesting that I could put it down. I strongly recommend it to everyone.

03 윗글의 종류로 가장 알맞은 것은?

① travel essay   ② order sheet
③ book review   ④ letter of invitation
⑤ letter of recommendation

서술형1

04 윗글의 밑줄 친 문장을 문맥상 자연스럽게 고쳐 다시 쓰시오.

→ _____

05 윗글 속 소설 "Harry Potter"에 관해 알 수 없는 것은?

① 장르   ② 저자   ③ 내용
④ 주인공   ⑤ 출판 연도

[06-07] 다음 표를 보고, 물음에 답하시오.

Korean folk village

Facts	Opinions
It is located in Yongin.	It's a fun place in Yongin.
(1) _____	(2) _____

06 위 표의 빈칸에 알맞은 문장을 [보기]에서 골라 기호를 쓰시오.

> [보기] @ Nongak and Jultagi will be exciting.
> ⓑ There are Korean traditional houses.
> ⓒ Visitors can watch nongak and Jultagi.
> ⓓ Korean traditional houses are beautiful.

(1) _____   (2) _____

서술형2

07 위 표의 내용을 참고하여, 다음 문장을 완성하시오.

> You can see (1) _____ and enjoy (2) _____ and Jultagi at the Korean folk village.

W **Words**
고득점 맞기

01 다음 짝 지어진 단어의 관계가 같도록 빈칸에 알맞은 말을 쓰시오.

advertise : advertisement = connect : _____

02 다음 중 단어의 성격이 나머지와 다른 것은?

① meal   ② prove   ③ choice
④ opinion   ⑤ difference

03 다음 중 주어진 영어 뜻풀이에 해당하는 단어가 쓰인 문장은?

to show what you think or feel

① The hotel is highly recommended.
② The lesson is pretty easy to follow.
③ Words can't express how happy I am.
④ I don't think it's worth talking about it anymore.
⑤ The book is full of facts about the World Cup.

04 다음 빈칸에 알맞은 말이 순서대로 짝 지어진 것은?

• Mix the butter _____ the sugar and then add the egg.
• I made a phone call to check _____ his address.

① for – in   ② for – out
③ with – in   ④ with – out
⑤ up – with

05 다음 빈칸에 들어갈 말로 알맞은 것은?

If you _____ something, you move it to a higher position.

① mix   ② lift   ③ prove
④ explain   ⑤ recommend

06 다음 중 밑줄 친 부분의 쓰임이 알맞지 않은 것은?

① Hold on a minute and I'll get you one.
② We're very busy right now.
③ He has to make some important choices.
④ You can be eco-friendly by, based on, using recycled paper.
⑤ I go to sleep on my back but I always wake up in a different position.

07 다음 중 단어의 영어 뜻풀이가 알맞지 않은 것은?

① truth: the real facts about something
② lie: to believe that something is true
③ wisely: in a way that shows good judgment
④ meal: the food eaten or prepared at one time
⑤ pocket: a small bag that is attached to something

08 다음 빈칸에 공통으로 들어갈 말로 알맞은 것은?

• Can we stop for a minute? I need a _____.
• He lived here with his family for the _____ of his life.

① rest   ② trust   ③ check
④ express   ⑤ follow

고난도

09 다음 중 밑줄 친 단어의 의미가 서로 <u>다른</u> 것끼리 짝 지어진 것은?

① Don't <u>lie</u> in the sun for too long.
Movie stars often <u>lie</u> about their age.
② Coffee is probably the most <u>popular</u> drink in the world.
The singer is more <u>popular</u> among the elderly.
③ You'll <u>miss</u> your flight if you don't hurry up.
I <u>missed</u> the beginning of the show.
④ The film is <u>recommended</u> for teens.
Which type of oil do you <u>recommend</u> for my car?
⑤ The speech was very <u>touching</u>.
He wrote me a <u>touching</u> letter of thanks.

10 다음 영어 뜻풀이를 참고하여 빈칸에 알맞은 말을 쓰시오.

to tell somebody about something in a way that is easy to understand

Hold on! I will _____ how the machine works.

신유형

11 다음 문장의 빈칸에 들어갈 수 <u>없는</u> 것을 두 개 고르면?

ⓐ The _____ between stress and illness is well known.
ⓑ One of the pictures is _____ $50,000.
ⓒ The recipe is very _____. You can make the dish within 5 minutes.

① expression
② worth
③ connection
④ complex
⑤ simple

12 다음 중 밑줄 친 This가 가리키는 것으로 알맞은 것은?

<u>This</u> means a prize such as money, etc. for something that somebody has done.

① award
② fact
③ favorite
④ adventure
⑤ advertisement

13 다음 중 밑줄 친 단어의 우리말 뜻으로 알맞지 <u>않은</u> 것을 <u>모두</u> 고르면?

① You're wrong, and I can <u>prove</u> it. (증명하다)
② I asked for their <u>opinions</u> about her new novel. (의견)
③ His <u>choice</u> of words made Rodney angry. (선택)
④ He'll be in a wheelchair for the <u>rest</u> of his life. (휴식)
⑤ I can't really see the <u>difference</u> between these two colors. (어려움)

고난도

14 다음 중 밑줄 친 부분에 대한 설명으로 알맞지 <u>않은</u> 것은?

① I'm not feeling very good <u>right now</u>.
(at the present time)
② I don't think I can <u>hold on</u> longer.
(to wait for a short time)
③ <u>From now on</u> I'll be more careful.
(from this moment and always in the future)
④ She didn't <u>wake up</u> to the sound of the alarm clock. (to stop sleeping, or to make someone stop sleeping)
⑤ <u>Check out</u> the new comedy show on tonight.
(used when giving an example of the type of thing you mean)

Listen & Speak
영작하기

정답 보기 >> 162~163쪽

우리말과 일치하도록 대화를 바르게 영작하시오.

1 Listen and Speak 1-A

B: _____

G: _____

B: _____

G: _____

해석

교과서 118쪽

B: 좋은 영화를 추천해 줄래?
G: "Star Wars"를 봐. 정말 좋았어.
B: 오, 나는 아직 그 영화를 본 적이 없어.
G: 지금 1위 영화야.

2 Listen and Speak 1-B

W: _____

B: _____

W: _____

B: _____

W: _____

B: _____

교과서 118쪽

W: 도와드릴까요?
B: 네. 배낭을 찾고 있어요. 하나 추천해 주시
    겠어요?
W: 이 빨간 배낭은 어떤가요? 빨간색은 요즘
    가장 인기 있는 색이에요.
B: 제 옛 배낭이 빨간색이어서, 다른 색을 원
    해요.
W: 이 남색 배낭은 어떤가요? 양옆에 주머니
    가 있어요.
B: 오, 좋아 보여요. 그걸로 살게요.

3 Listen and Speak 1-C

A: _____

B: _____

A: _____

B: _____

교과서 118쪽

A: 지호야, 나에게 뮤지컬을 추천해 줄래?
B: "The Lion King"은 어때? 춤이 환상적
    이야.
A: 알겠어. 좋을 것 같네.
B: 나는 네가 그 뮤지컬을 좋아할 거라고 확신
    해.

4 Listen and Speak 2-A

G: _____

B: _____

G: _____

B: _____

교과서 119쪽

G: Tom, 새 스마트폰을 샀구나.
B: 응, 그래. 나는 정말 만족스러워.
G: 무엇이 가장 마음에 드니?
B: 카메라가 정말 좋아. 사진이 정말 잘 나와.

5 Listen and Speak 2-B

B: _____
G: _____
B: _____
G: _____
B: _____
G: _____
B: _____
G: _____
B: _____
G: _____
B: _____

교과서 119쪽

B: 안녕, 수지야. 경주 여행은 마음에 들었니?
G: 매우 즐거웠어.
B: 어디를 방문했니?
G: 첨성대를 방문했어. 좋았어.
B: 또 어디를 방문했니?
G: 불국사. 멋진 곳이었어.
B: 완벽한 여행이었던 것 같네.
G: 응, 하지만 석굴암까지 걸어 올라가는 것은 힘들었어.
B: 하지만 그것이 그만한 가치가 있었을 거라고 확신해.

6 Listen and Speak 2-C

A: _____
B: _____
A: _____
B: _____

A: _____
B: _____
A: _____
B: _____

교과서 119쪽

A: 네 자전거는 마음에 드니?
B: 나는 정말 만족스러워.
A: 무엇이 마음에 드니?
B: 그것은 가볍고 빨라.

A: 네 자전거는 마음에 드니?
B: 나는 만족스럽지 않아.
A: 왜 만족스럽지 않은데?
B: 그것은 너무 무거워.

7 Real Life Talk > Watch a Video

Brian: _____
Mina: _____
Brian: _____
Mina: _____
Brian: _____
Mina: _____
Brian: _____
Mina: _____
Brian: _____
Mina: _____

교과서 120쪽

Brian: 미나야, 괜찮은 피자 식당을 추천해 줄래?
미나: Antonio's에 가 보는 게 어때? 내가 가장 좋아하는 곳이야.
Brian: 그곳의 무엇이 마음에 드니?
미나: 음식이 맛있어. 나는 불고기 피자를 추천해.
Brian: 가격은 어때?
미나: 가격도 괜찮다고 생각해.
Brian: 괜찮은 식당 같네. 서비스는 마음에 드니?
미나: 주말에는 좀 느려.
Brian: 알겠어. 내가 확인해 볼게. 고마워.
미나: 천만에. 맛있게 먹어!

01 다음 대화의 빈칸에 들어갈 말로 알맞은 것은?

> A: _____
>
> B: Why don't you see *The Lion King*?
>   The dancing is fantastic.

① Let me recommend a good musical.

② Have you seen the musical *The Lion King*?

③ I often go to see a musical. How about you?

④ Can you recommend a musical for me?

⑤ Do you know what the number one musical is right now?

^{신유형}

02 다음 대화의 밑줄 친 우리말을 영어로 옮길 때, 쓰이지 <u>않는</u> 단어는?

> A: 네 새 운동화가 <u>마음에 드니</u>?
>
> B: I'm happy with it. It's comfortable.

① how   ② new   ③ like

④ about   ⑤ sneakers

[03-05] 다음 대화를 읽고, 물음에 답하시오.

> Brian: Mina, can you recommend a good pizza restaurant? (①)
>
> Mina: Why don't you try Antonio's? It's my favorite.
>
> Brian: What do you like about it? (②)
>
> Mina: (③) I recommend the bulgogi pizza.
>
> Brian: How are the prices?
>
> Mina: (④) I think the prices are good, too.
>
> Brian: Sounds like a good restaurant. How do you like the service?
>
> Mina: It's a little slow on the weekends.
>
> Brian: Okay. I'll check it out. Thanks. (⑤)
>
> Mina: No problem. Enjoy your meal!

03 위 대화의 ①~⑤ 중 주어진 문장이 들어갈 알맞은 곳은?

> The food is delicious.

①   ②   ③   ④   ⑤

04 위 대화를 읽고 답할 수 <u>없는</u> 질문은?

① Which pizza restaurant is Mina's favorite?

② What does Mina like about Antonio's?

③ What does Mina think of the prices at Antonio's?

④ What will Brian check out?

⑤ When are they going to visit Antonio's together?

05 위 대화 속 식당에 대해 알 수 없는 것을 <u>모두</u> 고르면?

① 가격   ② 위치

③ 서비스   ④ 음식의 맛

⑤ 주차 가능 여부

^{고난도}

06 다음 대화의 밑줄 친 부분과 바꿔 쓸 수 있는 것은?

> A: Can you recommend a book for me?
>
> B: How about *Frindle?* The story is touching.

① I'm not sure you will like *Frindle*.

② I recommend reading *Frindle*.

③ Do you know what *Frindle* is?

④ How do you like *Frindle*?

⑤ Why don't you look for some information about *Frindle*?

서술형

[07-08] 다음 대화를 읽고, 물음에 답하시오.

Clerk: May I help you?
Dave: Yes. I'm looking for a backpack. Can you recommend one?
Clerk: How about this red one? Red is the most popular color these days.
Dave: My old backpack was red, so I want a different color.
Clerk: How about this navy one? It has side pockets.
Dave: Oh, that looks good. I'll take it.

07 위 대화의 내용과 일치하도록 빈칸에 알맞은 말을 쓰시오.

At first, the clerk recommended _____ _____ because _____ _____.

08 위 대화에서 Dave가 사기로 한 배낭의 특징 두 가지를 [조건]에 맞게 쓰시오.

[조건] 1. The backpack을 주어로 쓸 것
      2. 각각 주어와 동사를 포함한 완전한 영어 문장으로 쓸 것

(1) _____
(2) _____

[09-10] 다음 대화를 읽고, 물음에 답하시오.

A: Hi, Suji. ⓐ 경주 여행은 마음에 들었니?
B: I was very happy with it.
A: Where did you visit?
B: I visited Cheomseongdae. It was great.
A: Where else did you go?
B: Bulguksa. It was a wonderful place.
A: Sounds like the perfect trip.
B: Yeah, but walking up to Seokguram was difficult.
A: But I'm sure ⓑ it was worth it.

09 위 대화의 밑줄 친 우리말 ⓐ를 [조건]에 맞게 영어로 쓰시오.

[조건] 1. 괄호 안의 단어들을 사용하되, 한 단어는 제외할 것
      2. 대소문자와 문장 부호를 정확히 쓸 것

→ _____
(how, like, trip, about, to, Gyeongju)

10 위 대화의 밑줄 친 ⓑit이 가리키는 것을 찾아 쓰시오.

→ _____

[11-12] 다음 대화를 읽고, 물음에 답하시오.

A: Tom, you got a new smartphone.
B: Yes, I did. I'm really happy with it.
A: _____
B: I love the camera. It takes great pictures.

11 괄호 안의 단어들을 바르게 배열하여 위 대화의 빈칸에 들어갈 알맞은 말을 쓰시오.

→ _____
(you, most, about, do, what, like, it)

12 위 대화의 내용과 일치하도록 다음 질문에 완전한 문장으로 답하시오.

(1) How does Tom like his new smartphone?
  → _____
(2) Why does Tom love the camera on the smartphone?
  → _____

Grammar
고득점 맞기

01 다음 중 의미하는 바가 <u>다른</u> 하나는?

① She went home very late and she couldn't change her clothes.
② She went home too late to change her clothes.
③ Though she went home late, she could change her clothes.
④ She went home so late that she couldn't change her clothes.
⑤ She went home very late, so she couldn't change her clothes.

한 단계 │ 더!

02 다음 우리말을 영어로 옮긴 것 중 어법상 <u>틀린</u> 것은?

Bill이 함께 춤추고 있는 소녀를 봐.

① Look at the girl with Bill is dancing.
② Look at the girl that Bill is dancing with.
③ Look at the girl Bill is dancing with.
④ Look at the girl with whom Bill is dancing.
⑤ Look at the girl whom Bill is dancing with.

03 다음 빈칸에 공통으로 들어갈 말로 알맞은 것은?

• I like someone _____ makes me smile.
• The people _____ I met in Paris were very kind.

① why   ② who   ③ whom
④ what   ⑤ which

신유형
04 다음 우리말을 영어로 옮길 때, 세 번째로 오는 단어는?

그는 너무 영리해서 매우 어려운 문제를 해결할 수 있다.

① so   ② can   ③ he
④ solve   ⑤ clever

한 단계 │ 더!

05 다음 빈칸에 공통으로 들어가기에 알맞은 관계대명사를 쓰시오.

• This is the tree _____ my father planted last year.
• The picture for _____ you are looking is in the drawer.

→ _____

신유형
06 다음 중 문맥상 자연스러운 문장의 개수는?

ⓐ This smartphone is too small to hold in one hand.
ⓑ He is so strong that you can beat him easily.
ⓒ The water is so salty that I cannot drink it.
ⓓ She's very short, so she can reach the top shelf.
ⓔ The farmers were too busy to rest.

① 1개   ② 2개   ③ 3개   ④ 4개   ⑤ 5개

07 다음 중 밑줄 친 who의 쓰임이 나머지와 다른 것은?

① The man who offered me a seat was tall.
② Did you see the police officer who was chasing a man?
③ This is the cook who Ms. Kim recommended.
④ She sent a gift to her friend who lives in Vietnam.
⑤ The musician who wrote this song is Canadian.

08 다음 문장과 의미가 같은 것을 모두 고르면?

He is too proud to see his own mistake.

① He is so proud that he can't see his own mistake.
② Even though he is very proud, he can see his own mistake.
③ He is very proud, so he can't see his own mistake.
④ He is so proud that he can see his own mistake.
⑤ He is very proud, but he can see his own mistake.

고난도
09 다음 중 밑줄 친 말이 어법상 알맞지 않은 것은?

① I was too full to eat dessert.
② I found the purse that I lost yesterday.
③ I need someone which I can depend on.
④ The ice was so thick that we could walk on it.
⑤ The stone was so heavy that I couldn't lift it.

한 단계 더!
10 다음 빈칸에 들어갈 말로 알맞은 것은?

The woman with _____ I want to talk is very humorous.

① who   ② that   ③ what
④ whom   ⑤ which

한 단계 더!
11 다음 중 빈칸에 that이 들어갈 수 있는 문장의 개수는?

ⓐ She is my daughter _____ I take care of.
ⓑ Here are the keys _____ you gave to me.
ⓒ Look at the stars _____ are shining in the sky.
ⓓ We like the actor _____ was in a famous film.
ⓔ The bus for _____ I waited didn't arrive on time.

① 1개   ② 2개   ③ 3개   ④ 4개   ⑤ 5개

고난도
12 다음 중 문맥상 또는 어법상 올바른 문장끼리 짝 지어진 것은?

ⓐ He was too healthy to go to school.
ⓑ This is the pen that he wrote the letter with.
ⓒ It is too late that you have to take a taxi.
ⓓ The person whom I invited hasn't arrived yet.
ⓔ This problem is so difficult that we can't answer it right now.

① ⓐ, ⓑ   ② ⓐ, ⓒ, ⓔ   ③ ⓑ, ⓒ
④ ⓑ, ⓓ, ⓔ   ⑤ ⓒ, ⓓ, ⓔ

서술형

STEP B

고난도

13 다음 우리말과 같도록 괄호 안의 말과 알맞은 관계대명사를 사용하여 문장을 쓰시오.

(1) 그는 내가 만나 보고 싶은 내가 가장 좋아하는 스타이다.

→ _____

(is, meet)

(2) 나는 우리 엄마가 나에게 만들어 주신 그 낡은 스웨터가 그립다.

→ _____

(miss, made)

(3) 그녀는 Tom이 다니는 그 학교를 찾을 수 없었다.

→ _____

(find, goes to)

14 다음 우리말과 같도록 괄호 안의 단어들을 사용하여 두 문장을 완성하시오.

나는 어제 너무 아파서 일하러 갈 수 없었다. (sick, go)

(1) I was _____ _____ _____

_____ to work yesterday.

(2) I was _____ _____ _____

I _____ go to work yesterday.

15 주어진 문장의 내용과 같도록 관계대명사를 사용하여 각 문장을 완성하시오.

(1) You use an air-conditioner to keep the air in a building cool.

→ An air-conditioner is a machine _____

_____.

(2) I look up the meaning of a word in a dictionary.

→ A dictionary is a book _____

_____.

(3) Korean people eat tteokguk on New Year's Day.

→ Tteokguk is a food _____

_____.

고난도

16 다음 〈A〉와 〈B〉에서 알맞은 말을 하나씩 골라 [조건]에 맞게 문장을 쓰시오.

> [조건]   1. so ~ that 구문을 사용할 것
>   2. 〈A〉의 말이 원인, 〈B〉의 말이 결과에 해당하도록 사용할 것
>   3. 시제에 유의해 자유롭게 문장을 완성할 것

〈A〉	fast	difficult	expensive

〈B〉	win	buy	answer

(1) _____

(2) _____

(3) _____

17 다음 중 어법상 틀린 문장을 찾아 기호를 쓴 후, 바르게 고쳐 쓰시오.

> ⓐ I need someone I can trust.
> ⓑ We arrived too late not to have dinner.
> ⓒ I want to buy a gift which my mom will like.
> ⓓ The test was very easy, so everyone passed.
> ⓔ The food was so spicy that I couldn't eat it.

(   ) → _____

18 자연스러운 문장이 되도록 빈칸에 알맞은 말을 자유롭게 써넣어 문장을 완성하시오.

(1) We got up so late that _____

_____.

(2) He was too nervous to _____

_____.

(3) The movie was so boring that _____

_____.

다음 우리말과 일치하도록 각 문장을 바르게 영작하시오.

01
_____

뭐 하고 있니, Kyle?

02
_____

오, Emma. 난 컴퓨터로 영화 "Y-Men 7"을 보고 있어.

03
_____

어때?

04
_____

묻지 마.

05
_____

☆ 너무 지루해서 울고 싶어.

06
_____

그 말을 들으니 유감이야.

07
_____

난 정말 화가 나.

08
_____

영화 광고에는 이것이 "올해의 가장 흥미진진한 영화"라고 쓰여 있었어.

09
_____

☆ 음, 넌 네가 읽는 모든 것을 믿을 수는 없어.

10
_____

그들은 광고에 거짓말을 한 거야.

11
_____

돈을 환불해 달라고 할 거야.

12
_____

기다려, Kyle!

13
_____

☆ 그들은 사실이 아닌 의견을 사용했기 때문에 꼭 거짓말을 한 것은 아니야.

14
_____

뭐라고? 네 말을 이해하지 못하겠어.

15
_____

☆ 의견은 "사막은 아름다워."와 같이 사람들의 감정을 표현하는 거야.

16
_____

☆ 그것이 사실인지 아닌지 말할 수는 없어.

17
_____

☆ 하지만, 사실은 증명할 수 있어.

18
_____

예를 들어, "아타카마 사막은 칠레에 있다."는 사실이야.

19
_____

넌 그것을 지도에서 확인할 수 있어.

20
_____

알겠어…. 하지만 그게 영화와 무슨 관련이 있니?

21
_____

설명해 줄게.

22

네가 가장 좋아하는 영화가 뭐니?

23

"Forrest Gump"야.

24

좋아. 그것의 광고를 찾아보자.

25

☆ 그것에 뭐라고 쓰여 있니?

26

그것은 "최우수 작품상을 포함한 6개 부문 아카데미상 수상작"이라고 쓰여 있어.

27

알겠니? 그것은 "Y-Men 7" 광고와는 달리 사실을 사용하고 있어.

28

차이를 알겠니?

29

잘 모르겠어.

30

"Y-Men 7" 광고는 "Most Exciting Movie"라고 쓰여 있고 "Forrest Gump" 광고는 "Best Picture"라고 쓰여 있잖아.

31

둘 다 의견 아니니?

32

좋은 질문이야, Kyle.

33

사람들이 'best'나 'most'와 같은 말을 사용할 때, 그들은 대개 의견을 표현하는 거야.

34

☆ 하지만 "Forrest Gump" 광고에서, "Best Picture"는 그 영화가 받은 상이야.

35

☆ 우리는 인터넷에서 그것을 확인할 수 있어.

36

그건 사실이야.

37

아하! 난 지금부터 사실로 이루어진 광고만 믿을 거야.

38

그게 그렇게 간단하지 않아.

39

☆ 대부분의 광고에는 사실과 의견이 섞여 있어.

40

☆ 그러니 그 둘을 바탕으로 현명한 선택을 해야 해.

41

알겠어!

42

Emma, "Y-Men 7"의 남은 부분을 나와 함께 볼래?

43

고맙지만, 사양할게.

44

영화의 남은 부분 즐겨!

고득점 맞기

[01-04] 다음 대화를 읽고, 물음에 답하시오.

Emma: What are you doing, Kyle?

Kyle: Oh, Emma. I'm watching the movie, *Y-Men 7* on my computer.

Emma: ⓐ How is it?

Kyle: Don't ask. It's so boring _____ⓑ_____.

Emma: I'm sorry to hear that.

Kyle: I'm so _____ⓒ_____. The movie advertisement said it was "The Most Exciting Movie of the Year."

Emma: Well, you can't believe everything that you read.

Kyle: They lied on the advertisement. I'm going to ask for my money back.

Emma: Hold on, Kyle! They didn't really lie because they used opinions, not facts.

01 위 대화의 밑줄 친 ⓐ와 바꿔 쓸 수 있는 것은?

① How does it work?

② How's the weather?

③ How do you like it?

④ How are you feeling now?

⑤ How's everything with you?

02 위 대화의 빈칸 ⓑ에 들어갈 말로 흐름상 어색한 것은?

① that I want to cry

② that I want to stop watching it

③ that I'd like to turn off the computer

④ that I don't want to watch it anymore

⑤ that I want to recommend it to all my friends

03 위 대화의 빈칸 ⓒ에 들어갈 말로 알맞은 것은?

① mad   ② busy   ③ happy

④ excited   ⑤ pleased

04 위 대화의 내용과 일치하도록 빈칸에 알맞은 말을 쓰시오.

According to Emma, "The Most Exciting Movie of the Year" on the advertisement is a(n) _____ statement.

[05-07] 다음 대화를 읽고, 물음에 답하시오.

Kyle: Huh? I'm not following you.

Emma: (A)Opinions express people's feelings _____ⓐ_____, "The desert is beautiful." (①) But, facts can be proven. For example, "The Atacama Desert is in Chile," is a fact. (②) You can _____ⓑ_____ that on the map.

Kyle: Okay.... But what's the _____ⓒ_____ with movies?

Emma: Let me explain. What's your favorite movie? (③)

Kyle: It's *Forrest Gump*.

Emma: Okay. Let's look for its advertisement. What does it say? (④)

Kyle: It says, "Winner of 6 Academy Awards _____ⓓ_____ Best Picture."

Emma: See? (⑤) It uses facts unlike the *Y-Men 7* advertisement. Do you see the _____ⓔ_____?

05 위 대화의 밑줄 친 (A)에 해당하지 <u>않는</u> 것은?

① Dogs are the best pets.

② Strawberries taste better than blueberries.

③ April is a month with 30 days.

④ Fried chicken is one of the most delicious foods.

⑤ Playing computer games is very fun.

06 위 대화의 빈칸 ⓐ～ⓔ에 들어갈 말로 알맞지 <u>않은</u> 것은?

① ⓐ: like   ② ⓑ: check   ③ ⓒ: connection

④ ⓓ: including   ⑤ ⓔ: similarity

07 위 대화의 ①～⑤ 중 주어진 문장이 들어갈 알맞은 곳은?

> You can't say that it's true or not.

①   ②   ③   ④   ⑤

[08-11] 다음 대화를 읽고, 물음에 답하시오.

Kyle: The *Y-Men 7* ad says "Most Exciting Movie" and the *Forrest Gump* ad says "Best Picture." Aren't they both opinions?

Emma: ⓐThat's a great question, Kyle. When people use words like "best" or "most," they are usually expressing opinions. But in the *Forrest Gump* ad, "Best Picture" is the award ⓑthat the movie won. We can check ⓒthat on the Internet. ⓓThat's a fact.

Kyle: Aha! From now on I'm only going to trust ads with facts.

Emma: It's not ⓔthat simple. Most ads mix facts with opinions. So you have to make a smart choice based on both of them.

Kyle: Got it! Emma, do you want to watch the rest of *Y-Men 7* with me?

Emma: Thanks, but no thanks. Enjoy the rest of the movie!

08 위 대화의 밑줄 친 ⓐ～ⓔ 중 다음 문장의 <u>that</u>과 쓰임이 같은 것은?

> This is the movie that I like the most.

① ⓐ   ② ⓑ   ③ ⓒ   ④ ⓓ   ⑤ ⓔ

고난도 / 신유형

09 다음 영어 뜻풀이에 해당하는 단어 중 위 대화에서 찾을 수 <u>없는</u> 것은?

① to show what you think or feel

② to believe that something is true

③ ideas or feelings about something

④ the way in which two things are related to each other

⑤ a prize such as money, etc. for something that somebody has done

10 위 대화의 내용과 일치하는 것은?

① Words like "best" or "most" are only used with facts.

② *Y-Men 7* won the "Best Picture" award.

③ Most ads use both facts and opinions.

④ Kyle couldn't understand what Emma meant after all.

⑤ Emma and Kyle are going to watch the movie *Y-Men 7* together.

고난도

11 위 대화에서 Emma가 말하고자 하는 바로 알맞은 것은?

① Ads should always tell the truth.

② We should only trust ads with facts.

③ Ads always tell lies about their products.

④ We have to check both facts and opinions in the ads and choose wisely.

⑤ We don't need to pay attention to boring ads.

12 다음 대화의 내용과 일치하도록 글을 완성하시오.

> Emma: What are you doing, Kyle?
>
> Kyle: Oh, Emma. I'm watching the movie, *Y-Men 7* on my computer.
>
> Emma: How is it?
>
> Kyle: Don't ask. It is so boring that I want to cry.
>
> Emma: I'm sorry to hear that.
>
> Kyle: I'm so mad. The movie advertisement said it was "The Most Exciting Movie of the Year."
>
> Emma: Well, you can't believe everything that you read.
>
> Kyle: They lied on the advertisement. I'm going to ask for my money back.
>
> Emma: Hold on, Kyle! They didn't really lie because they used opinions, not facts.

▼

> Kyle and Emma are talking about the movie, _____ and its _____. Kyle thinks the ad didn't tell the truth because the movie is _____, rather than "exciting." But Emma says the ad used _____, not _____.

[13-15] 다음 두 대화를 읽고, 물음에 답하시오.

〈A〉

> Kyle: I'm not following you.
>
> Emma: Opinions express people's feelings like, "_____ⓐ_____." You can't say that it's true or not. But, facts can be proven. For example, "_____ⓑ_____," is a fact. You can check that on the map.

〈B〉

> Kyle: The *Forrest Gump* ad says, "_____ⓒ_____."
>
> Emma: See? It uses facts unlike the *Y-Men 7* advertisement. Do you see the difference?
>
> Kyle: Not exactly. The *Y-Men 7* ad says "Most Exciting Movie" and the *Forrest Gump* ad says "Best Picture." Aren't they both opinions?
>
> Emma: That's a great question, Kyle. When people use words like "best" or "most," they are usually expressing opinions. But in the *Forrest Gump* ad, "Best Picture" is the award which the movie won. We can check that on the Internet. That's a fact.

13 위 대화의 빈칸 ⓐ~ⓒ에 들어갈 알맞은 말을 [보기]에서 골라 쓰시오.

> [보기] • Winner of 6 Academy Awards including Best Picture
> • The Atacama Desert is in Chile
> • The desert is beautiful

ⓐ _____

ⓑ _____

ⓒ _____

14 위 대화를 바탕으로 아래 문장을 완성하시오.

> Emma is explaining the _____ between _____ and opinions.

15 What does "Best Picture" mean in the *Forrest Gump* ad? Answer in English.

→ _____

서술형 100% TEST

01 다음 빈칸에 알맞은 단어를 [조건]에 맞게 쓰시오.

They placed an _____ for a new car in the newspaper.

[조건] 1. The word starts with "a."
2. The word has 13 letters.
3. The word means "a notice, picture, or short film telling people about something."

02 다음 주어진 문장의 밑줄 친 단어를 포함하는 문장을 [조건]에 맞게 자유롭게 영작하시오.

What will you do for the rest of the time?

[조건] 1. 밑줄 친 단어의 의미를 그대로 사용할 것
2. 주어와 동사를 포함한 완전한 문장으로 쓸 것

→ _____

03 다음 글의 내용과 일치하도록 대화를 완성하시오.

Tony asks Amy to recommend a novel for him. She recommends *The Adventures of Tom Sawyer*. It is her favorite. She thinks it has lots of exciting adventures.

▼

Tony: Hey, Amy. (1) _____ _____?

Amy: Why (2) _____ *The Adventures of Tom Sawyer*? It's my favorite.

Tony: What do you like about it?

Amy: (3) _____

04 다음 대화의 밑줄 친 말과 바꿔 쓸 수 있는 표현을 두 개 쓰시오.

A: Can you recommend a good song?
B: I recommend *Hello*. It's my favorite.

→ _____

_____

05 다음 미나의 음식점 후기를 나타낸 표를 보고, 대화를 완성하시오.

Mina's Restaurant Review	
name	Antonio's
type	pizza restaurant
rating	★★★★☆
food	delicious The bulgogi pizza is highly recommended.
prices	good
service	a little slow on the weekends

Brian: Mina, can you recommend a good pizza restaurant?

Mina: (1) _____
It's my favorite.

Brian: What do you like about it?

Mina: (2) _____
I recommend the bulgogi pizza.

Brian: How are the prices?

Mina: (3) _____

Brian: Sounds like a good restaurant. How do you like the service?

Mina: (4) _____

Brian: Okay. I'll check it out. Thanks.

Mina: No problem. Enjoy your meal!

06 다음 그림을 보고, 대화를 완성하시오.

A: Nick, how do you like your T-shirt?

B: (1) _____

A: Why not?

B: (2) _____

07 다음 표를 보고, 대화를 완성하시오.

Movie Review		
Title	*Shrek*	*To the Future*
Rating	★★★★⯪	★★☆☆☆
Comment	All the characters are funny.	It's too long and boring.

A: Can you recommend a movie?

B: How about (1) _____?

A: What do you like about it?

B: (2) _____

08 다음 대화를 읽고, 주어진 질문에 완전한 문장으로 답하시오.

Man: May I help you?

Ella: Yes. I'm looking for a jacket. Can you recommend one?

Man: How about this blue one? Blue is the most popular color these days.

Ella: I don't like blue, so I want a different color.

Man: How about this red one? It's only $10.

Ella: Oh, that looks good. I'll take it.

(1) Q: What does the man recommend first?

A: _____

(2) Q: What will Ella buy?

A: _____

09 다음의 원인(cause)과 결과(result)를 나타내는 각 문장을 괄호 안의 말을 사용하여 한 문장으로 바꿔 쓰시오.

(1) Cause: It was too cloudy.

Result: We couldn't go sailing.

→ _____

(so ~ that)

(2) Cause: The dress was very beautiful.

Result: I couldn't take my eyes off it.

→ _____

(so ~ that)

(3) Cause: The news is very good.

Result: It cannot be true.

→ _____

(too ~ to)

10 다음 우리말과 같도록 목적격 관계대명사를 사용하여 문장을 완성하시오.

(1) Sam이 연주하고 있는 그 피아노는 매우 낡았다.

→ The piano _____ is very old.

(2) 그는 대부분의 학생들이 좋아하는 교사이다.

→ He is the teacher _____
_____.

(3) 이것은 내가 어제 구입한 소파이다.

→ This is the sofa _____.

11 다음 [조건]에 맞게 문장을 완성하시오.

[조건] 1. so ~ that 구문이나 too ~ to 구문으로 문장을 완성할 것
       2. 괄호 안의 표현을 이용할 것

(1) The film was _____ exciting that she _____ _____. (watch, twice)

(2) He is _____ young to _____ by himself. (board a plane)

12 다음 우리말과 같도록 [조건]에 맞게 문장을 완성하시오.

> [조건] 1. so ~ that 구문이나 too ~ to 구문 중 하나를 사
> 용하여 문장을 완성할 것 (단, 각 구문을 한 번 이
> 상 사용할 것)
> 2. 주어진 단어 중 알맞은 것을 골라 사용할 것

> walk   open   catch

(1) 바람이 너무 불어서 그녀는 우산을 펼 수 없다.

　　→ It's _____ .

(2) Dave는 너무 피곤해서 더 이상 걸을 수 없었다.

　　→ Dave was _____ .

(3) 그들은 너무 늦어서 기차를 탈 수 없었다.

　　→ They were _____ .

13 다음 [조건]에 맞게 문장을 완성하시오.

> [조건] 1. 〈A〉와 〈B〉에서 문장을 하나씩 골라 한 문장으로
> 쓸 것
> 2. 〈A〉의 문장으로 시작할 것
> 3. 알맞은 관계대명사를 사용할 것

> 〈A〉　(1) There's the man.
> (2) She loved the cake.
> (3) The people are really nice and kind.

> 〈B〉　• I made it for her.
> • I saw him yesterday.
> • I'd like to make friends with them.

(1) _____

(2) _____

(3) _____

14 다음 글의 내용과 일치하도록 관계대명사 which나 whom
을 사용하여 문장을 완성하시오.

> 　Karen likes reading fantasy novels. Her
> favorite is *The Golden Compass*. She has read
> this book several times. These days she is
> writing a novel. It is about a moving house.
> Yesterday, she read her novel to her best friend,
> James. He loved it. Karen wants to be a great
> writer. James will be her first fan.

(1) *The Golden Compass* is the book _____

_____ several times.

(2) The novel _____

is about a moving house.

(3) James _____

will be her first fan.

[15-16] 다음 대화를 읽고, 물음에 답하시오.

> Emma: What are you doing, Kyle?
> Kyle:　Oh, Emma. I'm watching the movie, *Y-Men 7*
> on my computer.
> Emma: How is it?
> Kyle:　Don't ask. It's so boring that I want to cry.
> Emma: I'm sorry to hear that.
> Kyle:　I'm so mad. The movie advertisement said it
> was "The Most Exciting Movie of the Year."
> Emma: Well, you can't believe everything that you
> read.
> Kyle:　They lied on the advertisement. I'm going to
> ask for my money back.

15 위 대화의 내용과 일치하도록 Kyle의 영화평을 완성하시오.

MOVIE REVIEW	
Title	_____
Rating	★☆☆☆☆
Comment	It's so _____. I think they _____ on the advertisement.

16 위 대화의 내용과 일치하도록 주어진 질문에 완전한 문장으로 답하시오.

(1) Q: What is Kyle doing?

A: _____

(2) Q: What did the advertisement say about the movie, *Y-Men 7*?

A: _____

[17-18] 다음 글을 읽고, 물음에 답하시오.

Opinions express people's feelings like, "The desert is beautiful." You can't say that it's true or not. But, facts can be proven. For example, "The Atacama Desert is in Chile," is a fact. You can check that on the map.

17 윗글을 참고하여 사실과 의견의 차이점을 우리말로 쓰고, [보기]의 문장들을 사실과 의견으로 구분하시오.

[보기] ⓐ There are 12 months in a year.

ⓑ Joining street parades is a lot of fun.

ⓒ It is exciting to build a city in a desert.

ⓓ Mars is the second closest planet to Earth.

ⓔ The Korean folk village is located in Yongin.

(1) 차이점: _____

_____

(2) Fact 문장: _____

(3) Opinion 문장: _____

18 윗글의 밑줄 친 문장을 대신할 수 있는 문장을 자유롭게 쓰시오.

→ _____

[19-20] 다음 대화를 읽고, 물음에 답하시오.

Kyle: The *Forrest Gump* ad says, "Winner of 6 Academy Awards including Best Picture."

Emma: See? ⓐ It uses facts like the *Y-Men 7* advertisement. Do you see the difference?

Kyle: ⓑ Not exactly. The *Y-Men 7* ad says "Most Exciting Movie" and the *Forrest Gump* ad says "Best Picture." ⓒ Aren't they both opinions?

Emma: That's a great question, Kyle. ⓓ When people use words like "best" or "most," they are usually expressing facts. But in the *Forrest Gump* ad, "Best Picture" is the award which the movie won. ⓔ We can check that on the Internet. That's a fact.

Kyle: Aha! From now on I'm only going to trust ads with facts.

Emma: It's not that simple. Most ads mix facts with opinions. So you have to make a smart choice based on both of them.

Kyle: Got it!

19 위 대화의 ⓐ~ⓔ 중 흐름상 어색한 문장을 두 개 찾아 바르게 고쳐 쓰시오.

(   ) → _____

_____

(   ) → _____

_____

20 위 대화의 내용과 일치하도록 Kyle이 쓴 아래의 글을 완성하시오.

Thanks to Emma, I learned that we should be careful when we read (1) _____. Most ads have both (2) _____ and _____. So, we have to pay attention to notice the facts or opinions. By doing this, we can (3) _____ _____ _____ _____.

01 다음 밑줄 친 단어와 바꿔 쓸 수 있는 것은? [3점]

> It was a touching and heart-warming experience.

① simple   ② moving   ③ different

④ popular   ⑤ fantastic

02 다음 영어 뜻풀이에 해당하는 단어는? [4점]

> to tell somebody about something in a way that is easy to understand

① mix   ② trust   ③ explain

④ express   ⑤ prove

03 다음 빈칸에 들어갈 말이 순서대로 짝 지어진 것은? [3점]

> • The film was based _____ a famous book.
> • Many countries, _____ example Mexico and Japan, have a lot of earthquakes.

① on – for   ② on – with

③ up – for   ④ up – with

⑤ with – unlike

04 다음 중 밑줄 친 단어의 쓰임이 알맞지 <u>않은</u> 것은? [5점]

① The plot is a little difficult to <u>follow</u>.

② This band is very <u>popular</u> with teens.

③ You should always wash your hands before <u>meals</u>.

④ He <u>expressed</u> his thoughts on the issue.

⑤ It is an <u>opinion</u> that the Earth is round.

05 다음 대화의 빈칸에 들어갈 말로 알맞은 것은? [3점]

> A: How do you like your bicycle?
> B: I'm really happy with it.
> A: What do you like about it?
> B: _____

① It's too heavy.

② It's light and fast.

③ I like another model.

④ It's too small for me.

⑤ I don't like the design.

06 자연스러운 대화가 되도록 (A)~(D)를 순서대로 배열한 것은? [4점]

> (A) Oh, I haven't seen it yet.
> (B) It's the number one movie right now.
> (C) Try *Star Wars*. I really liked it.
> (D) Can you recommend a good movie?

① (B)–(C)–(D)–(A)   ② (C)–(B)–(D)–(A)

③ (C)–(D)–(A)–(B)   ④ (D)–(A)–(B)–(C)

⑤ (D)–(C)–(A)–(B)

[07-08] 다음 대화를 읽고, 물음에 답하시오.

> Clerk: May I help you?
> Minho: Yes. I'm looking for a backpack. 하나 추천해 주시겠어요?
> Clerk: How about this red one? Red is the most popular color these days.
> Minho: My old backpack was red, so I want a different color.
> Clerk: How about this navy one? It has side pockets.
> Minho: Oh, that looks good. I'll take it.

서술형 1

07 위 대화의 밑줄 친 우리말을 [조건]에 맞게 영어로 쓰시오. [4점]

> [조건] 1. can을 포함하여 4단어로 쓸 것
>
> 2. 주어와 동사를 포함한 완전한 문장으로 쓸 것

→ _____

08 위 대화의 내용과 일치하지 <u>않는</u> 것은? [3점]

① 두 사람이 대화를 나누는 장소는 가방 가게이다.

② 점원은 민호에게 배낭을 추천해 준다.

③ 민호는 빨간색이 아닌 배낭을 찾는다.

④ 민호는 요즘 가장 인기 있는 색의 배낭을 살 것이다.

⑤ 민호가 사기로 한 배낭에는 옆 주머니가 있다.

[09-10] 다음 대화를 읽고, 물음에 답하시오.

> Brian: Mina, can you recommend a good pizza restaurant?
>
> Mina: Why don't you try Antonio's? It's my favorite.
>
> Brian: What do you like about it?
>
> Mina: The food is delicious. I recommend the bulgogi pizza.
>
> Brian: How are the prices?
>
> Mina: I think the prices are good, too.
>
> Brian: Sounds like a good restaurant.
>
> _____
>
> Mina: It's a little slow on the weekends.
>
> Brian: Okay. I'll check it out. Thanks.
>
> Mina: No problem. Enjoy your meal!

서술형 2

09 위 대화의 빈칸에 알맞은 말을 괄호 안의 단어를 바르게 배열하여 쓰시오. [3점]

→ _____

(you, like, how, do, the service)

서술형 3

10 위 대화의 내용과 일치하도록 Brian의 일기를 완성하시오. [5점]

> October 20th
>
> Today, I asked Mina to (1) _____
> _____. She recommended
> (2) _____. It's her favorite. She said the
> food is delicious and (3) _____,
> but (4) _____.
> I'll check out the restaurant later.

11 다음 빈칸에 들어갈 수 있는 것을 <u>모두</u> 고르면? [4점]

> She is an athlete _____ most people know and love.

① who   ② what   ③ which

④ when   ⑤ whom

12 다음 빈칸에 들어갈 말로 알맞은 것은? [3점]

> She is too shy to perform on stage.
> = She is so shy that she _____ perform on stage.

① can   ② will   ③ does

④ cannot   ⑤ should

서술형 4

13 다음 문장에서 생략된 것을 포함하여 문장을 다시 쓰시오. [각 2점]

(1) This is the house she lives in.

→ _____

(2) They are the police officers I can trust.

→ _____

(3) The cookies my mother made for me were very delicious.

→ _____

_____

서술형5

14 다음 [조건]에 맞게 문장을 바꿔 쓰시오. [각 3점]

> [조건] so ~ that 구문은 too ~ to 구문으로, too ~ to 구문은 so ~ that 구문으로 바꿔 쓸 것

(1) I'm so tired that I can't climb the mountain.

→ _____

(2) The car was too old to move.

→ _____

[15-18] 다음 대화를 읽고, 물음에 답하시오.

Emma: What are you doing, Kyle?

Kyle:　Oh, Emma. I'm watching the movie, *Y-Men 7* on my computer.

Emma: How is it?

Kyle:　Don't ask. It's so boring _____ I want to cry.

Emma: I'm sorry to hear that.

Kyle:　I'm so mad. The movie advertisement said it was "The Most Exciting Movie of the Year."

Emma: Well, you can't believe everything _____ you read.

Kyle:　They lied on the advertisement. I'm going to ask for my money back.

Emma: ⓐ Hold on, Kyle! They didn't really ⓑ lie because they used opinions, not facts.

15 위 대화의 빈칸에 공통으로 들어갈 말로 알맞은 것은? [4점]

① who　　② why　　③ that
④ when　　⑤ which

16 위 대화의 밑줄 친 ⓐ와 바꿔 쓸 수 있는 것은? [3점]

① Wait　　　　② Cheer up
③ Be careful　　④ Guess what
⑤ That's too bad

17 위 대화의 밑줄 친 ⓑlie의 영어 뜻풀이로 알맞은 것은? [4점]

① to show what you think or feel
② to add something to something else
③ to move something to a higher position
④ to say or write something that is not true
⑤ to use facts, evidence, etc. to show that something is true

18 위 대화의 내용과 일치하지 <u>않는</u> 것은? [4점]

① Kyle은 보고 있던 영화가 흥미진진하다고 생각하지 않는다.
② 영화는 Kyle의 기대와 달랐다.
③ Kyle은 영화 관람 비용의 환불을 요청할 생각이다.
④ Emma는 영화의 광고에 거짓말이 사용된 것은 아니라고 생각한다.
⑤ 영화 광고 문구는 사실 정보를 사용하여 쓰였다.

[19-22] 다음 대화를 읽고, 물음에 답하시오.

Kyle:　Huh? <u>난 네 말을 이해하지 못하겠어.</u>

Emma: _____(A)_____ express people's feelings like, "The desert is beautiful." You can't say that ⓐ it's true or not. But, _____(B)_____ can be proven. For example, "The Atacama Desert is in Chile," is a fact. You can check ⓑthat on the map. (①)

Kyle:　Okay.... But what's the connection with movies?

Emma: Let me explain. (②)

Kyle:　It's *Forrest Gump*.

Emma: Okay. Let's look for its advertisement. (③) What does it say?

Kyle:　It says, "Winner of 6 Academy Awards including Best Picture." (④)

Emma: See? It uses facts unlike the *Y-Men 7* advertisement. Do you see the difference?

Kyle:　Not exactly. (⑤)

서술형 6

19 위 대화의 밑줄 친 우리말을 괄호 안의 말을 사용하여 영어로 쓰시오. (축약형을 포함해 4단어로 쓸 것) [4점]

→ _____ (follow)

20 위 대화의 빈칸 (A)와 (B)에 알맞은 말이 순서대로 짝 지어진 것은? [4점]

① Lies – facts   ② Lies – fantasies

③ Facts – lies   ④ Opinions – facts

⑤ Opinions – lies

서술형 7

21 위 대화의 밑줄 친 ⓐ와 ⓑ가 각각 가리키는 것이 무엇인지 찾아 쓰시오. [4점]

ⓐ _____

ⓑ _____

22 위 대화의 ①~⑤ 중 주어진 문장이 들어갈 알맞은 곳은? [4점]

> What's your favorite movie?

①   ②   ③   ④   ⑤

[23-25] 다음 대화를 읽고, 물음에 답하시오.

> Kyle: The *Y-Men 7* ad says "Most Exciting Movie" and the *Forrest Gump* ad says "Best Picture." Aren't they both opinions?
>
> Emma: That's a great question, Kyle. When people use words like "best" or "most," they are usually expressing opinions. But in the *Forrest Gump* ad, "Best Picture" is the award which the movie won. We can check that on the Internet. That's a fact.
>
> Kyle: Aha! From now on I'm only going to trust ads with facts.
>
> Emma: It's not that _____. Most ads mix facts with opinions. So you have to make a smart choice based on both of them.
>
> Kyle: Got it! Emma, do you want to watch the rest of *Y-Men 7* with me?
>
> Emma: Thanks, but no thanks. Enjoy the rest of the movie!

서술형 8

23 다음 [조건]에 맞게 문장을 자유롭게 쓰시오. [5점]

> [조건] 1. 위 대화의 밑줄 친 which를 사용할 것
>   2. 선행사로 the baby, the bus, the dog, the teacher 중 알맞은 하나를 골라 사용할 것

→ _____

24 위 대화의 빈칸에 들어갈 말로 알맞은 것은? [4점]

① bad   ② hard   ③ simple

④ difficult   ⑤ complex

25 위 대화를 읽고 알 수 없는 것은? [4점]

① 영화 "Y-Men 7"의 광고 문구

② 영화 "Forrest Gump"의 광고 문구

③ Best Picture 상을 받은 영화

④ 광고를 볼 때 주의해야 할 점

⑤ 대화 후 두 사람이 함께 할 일

01 다음 빈칸에 들어갈 말로 알맞은 것은? [3점]

> The painting must be _____ a lot of money now.

① worth   ② whole   ③ perfect

④ favorite   ⑤ fantastic

02 다음 중 밑줄 친 부분의 우리말 뜻이 알맞은 것은? [3점]

① He's not in the house right now. (지금부터)

② Hold on! This isn't the right road. (붙잡다)

③ The story is based on historical facts. (~을 바탕으로)

④ He mixed the blue paint with the yellow paint to make green paint. (~으로 …을 분쇄하다)

⑤ Many languages, for example French and Italian, have similar words. (다시 말해)

03 다음 영어 뜻풀이가 공통으로 가리키는 단어는? [4점]

> • to say or write something that is not true
> • to be or put yourself in a flat position so that you are not standing or sitting

① lie   ② win   ③ lift

④ trust   ⑤ recommend

04 다음 대화의 밑줄 친 부분의 의도로 알맞은 것은? [3점]

> A: How do you like your new shoes?
> B: I'm really happy with them. They're very comfortable.

① 확신 말하기   ② 성격 말하기

③ 소망 표현하기   ④ 외모 묘사하기

⑤ 만족 표현하기

05 다음 중 짝 지어진 대화가 어색한 것은? [3점]

① A: How do you like your cap?
   B: I'm really happy with it.

② A: How did you like your trip to Jeju-do?
   B: It was perfect.

③ A: What do you like about your smartphone?
   B: Why don't you try this blue one?

④ A: What food would you recommend for me?
   B: Try this steak. It's today's special.

⑤ A: Can you recommend a good restaurant?
   B: Yes, I recommend Ming's. Their Chinese food is very delicious.

06 다음 대화의 빈칸에 들어갈 말로 알맞은 것을 모두 고르면? [3점]

> A: Can you recommend a good movie?
> B: _____ I really liked it.
> A: Oh, I haven't seen it yet.
> B: It's the number one movie right now.

① Try *Star Wars*.

② I usually watch movies.

③ I think *Star Wars* is good.

④ Because *Star Wars* is interesting.

⑤ Do you know what *Star Wars* is?

서술형1

07 다음 글의 내용과 일치하도록 대화를 완성하시오. [5점]

> Sam asks Yujin to recommend a book for him. Yujin recommends *The Little Prince*. She especially likes the main character. She thinks he is very special. The book sounds good, so Sam wants to read it.

▼

Sam: (1) _____ for me?

Yujin: How about (2) _____ ?

Sam: What do you like about it?

Yujin: I like (3) _____ .

He is (4) _____ .

Sam: Sounds good. I'll read it.

10 다음 빈칸에 들어갈 말로 알맞은 것은? [4점]

He is _____ walk without help.

① too healthy to

② very old in order to

③ so old that he cannot

④ so healthy that he won't

⑤ very healthy, so he cannot

[08-09] 다음 대화를 읽고, 물음에 답하시오.

Brian: Mina, can you recommend a good pizza restaurant?

(A) What do you like about it?

(B) Why don't you try Antonio's? It's my favorite.

(C) How are the prices?

(D) The food is delicious. I recommend the bulgogi pizza.

Mina: I think the prices are good, too.

Brian: Sounds like a good restaurant. 서비스는 마음에 드니?

Mina: It's a little slow on the weekends.

Brian: Okay. I'll check it out. Thanks.

Mina: No problem. Enjoy your meal!

08 자연스러운 대화가 되도록 위 대화의 (A)~(D)를 순서대로 배열한 것은? [3점]

① (A)–(C)–(D)–(B)   ② (A)–(D)–(B)–(C)

③ (B)–(A)–(D)–(C)   ④ (B)–(D)–(A)–(C)

⑤ (D)–(B)–(A)–(C)

서술형 **2**

09 위 대화의 밑줄 친 우리말을 6단어의 영어 문장으로 쓰시오. [4점]

→ _____

서술형 **3**

11 다음 문장을 괄호 안의 구문을 사용하여 바꿔 쓰시오. [각 3점]

(1) Babies can't eat the food because it is very salty. (so ~ that)

→ _____

(2) I was so tired that I couldn't drive. (too ~ to)

→ _____

(3) She is very busy, so she can't have breakfast. (too ~ to)

→ _____

12 다음 밑줄 친 부분 중 생략할 수 없는 것을 모두 고르면? [4점]

① I know the boy who you talked to on the bus.

② The person who phoned my mother yesterday is my teacher.

③ The visitors for whom you were waiting have arrived.

④ The TV program that Lucy recommended was very funny.

⑤ I went to the restaurant which I read about in the newspaper.

서술형 **4**

13 다음 두 문장을 관계대명사를 사용하여 한 문장으로 바꿔 쓰시오. [각 3점]

(1) Can I borrow your umbrella? You never use it.

→ _____

(2) Do you remember Lisa? You played baseball with her yesterday.

→ _____

모의고사

[14-22] 다음 대화를 읽고, 물음에 답하시오.

Emma: What are you doing, Kyle?

Kyle: Oh, Emma. I'm watching the movie, *Y-Men 7* on my computer.

Emma: How is it?

Kyle: Don't ask. ⓐIt's very boring, so I want to cry.

Emma: I'm sorry to hear that.

Kyle: I'm so mad. The movie advertisement said it was "The Most Exciting Movie of the Year."

Emma: Well, ⓑyou can't believe everything that you read.

Kyle: They ⓒlie on the advertisement. I'm going to ask for my money back.

Emma: Hold on, Kyle! They didn't really lie because they used opinions, not facts.

Kyle: Huh? I'm not following you.

Emma: Opinions express people's feelings like, "ⓓThe desert is beautiful." You can't say ⓔthat it's true or not. But, facts can be proven. ____(A)____, "The Atacama Desert is in Chile," is a fact. You can check that on the map.

Kyle: Okay.... But what's the connection with movies?

Emma: Let me explain. What's your favorite movie?

Kyle: It's *Forrest Gump*.

Emma: Okay. Let's look for its advertisement. What does it say?

Kyle: It says, "Winner of 6 Academy Awards including Best Picture."

Emma: See? It uses facts unlike the *Y-Men 7* advertisement. Do you see ⓕthe difference?

서술형 5

14 위 대화의 밑줄 친 ⓐ를 괄호 안의 구문을 사용하여 바꿔 쓰시오. [4점]

→ _____

(so ~ that)

15 위 대화의 밑줄 친 ⓑ가 뜻하는 것으로 알맞은 것은? [3점]

① 광고 내용은 모두 믿을 만하다.

② 광고 내용의 대부분은 거짓말이다.

③ 광고 내용은 어떤 것도 믿어서는 안 된다.

④ 광고 내용을 무턱대고 믿어서는 안 된다.

⑤ 영화 선택에 있어 광고 내용은 중요하지 않다.

16 위 대화의 밑줄 친 ⓒlie의 형태로 올바른 것은? [3점]

① lay   ② lied   ③ laid

④ lays   ⑤ lying

서술형 6

17 위 대화의 밑줄 친 ⓓ를 대신할 수 있는 문장을 자유롭게 쓰시오. [5점]

→ _____

18 위 대화의 밑줄 친 ⓔthat과 쓰임이 같은 것은? [4점]

① The office that I visited was closed.

② This is the dog that was hit by a car.

③ She told me that she wasn't angry with me.

④ This is my towel and that's yours.

⑤ It is certain that AI robots are useful.

19 위 대화의 빈칸 (A)에 들어갈 말로 알맞은 것은? [3점]

① At first   ② Therefore

③ However   ④ As a result

⑤ For example

서술형**7**

20 위 대화의 밑줄 친 ①the difference를 구체적으로 설명한 문장을 완성하시오. [4점]

> The *Y-Men 7* advertisement uses _____,
> but the *Forrest Gump* advertisement uses
> _____.

21 위 대화를 읽고 답할 수 <u>없는</u> 질문은? [4점]

① What is an opinion?

② What can be proven?

③ Is there any connection between two movies, *Y-Men 7* and *Forrest Gump*?

④ What's Kyle's favorite movie?

⑤ What does the advertisement of *Forrest Gump* say?

22 위 대화를 바르게 이해한 사람은? [4점]

① **Mark**: Kyle enjoyed watching *Y-Men 7*.

② **Ann**: *Y-Men 7* used facts in its advertisement.

③ **Tina**: Opinions express people's feelings.

④ **Ben**: Ads always tell lies about their products.

⑤ **Rachel**: *Forrest Gump* used opinions in its advertisement.

[23-25] 다음 대화를 읽고, 물음에 답하시오.

> **Emma**: Do you see the difference?
>
> **Kyle**: ____ⓐ____ The *Y-Men 7* ad says "Most Exciting Movie" and the *Forrest Gump* ad says "Best Picture." Aren't they both opinions?
>
> **Emma**: That's a great question, Kyle. ____ⓑ____ people use words like "best" or "most," they are usually expressing opinions. ____ⓒ____ in the *Forrest Gump* ad, "Best Picture" is the award ____(A)____ the movie won. We can check that on the Internet. That's a fact.
>
> **Kyle**: Aha! ____ⓓ____ I'm only going to trust ads with facts.
>
> **Emma**: It's not that simple. Most ads mix facts with opinions. ____ⓔ____ you have to make a smart choice based on both of them.
>
> **Kyle**: Got it! Emma, do you want to watch the rest of *Y-Men 7* with me?
>
> **Emma**: Thanks, but no thanks. Enjoy the rest of the movie!

23 위 대화의 빈칸 ⓐ~ⓔ에 들어갈 말로 알맞지 <u>않은</u> 것은? [4점]

① ⓐ Not exactly.   ② ⓑ When

③ ⓒ But   ④ ⓓ From now on

⑤ ⓔ Lastly

24 위 대화의 빈칸 (A)에 들어갈 말로 알맞은 것을 <u>모두</u> 고르면? [3점]

① that   ② what   ③ which

④ whom   ⑤ where

서술형**8**

25 Why did Emma say that trusting ads with only facts is not simple? Answer in English. [5점]

→ _____

01 다음 중 짝 지어진 두 단어의 관계가 나머지와 <u>다른</u> 것은?
[3점]

① choose – choice
② believe – belief
③ connect – connection
④ simple – simply
⑤ advertise – advertisement

02 다음 중 밑줄 친 단어의 의미가 <u>다른</u> 것은? [4점]

① I'm going upstairs to have a <u>rest</u>.
② They decided to take a short <u>rest</u>.
③ We stopped driving for a <u>rest</u> near the lake.
④ Try to get some <u>rest</u>. You'll have a busy day tomorrow.
⑤ They spent the <u>rest</u> of the day watching TV.

03 다음 빈칸에 공통으로 들어갈 말로 알맞은 것은? [3점]

> • Can you hold _____? I'll see if he's here.
> • From now _____ I'm going to clean my room.

① in   ② up   ③ on
④ for   ⑤ with

04 다음 중 밑줄 친 단어의 쓰임이 <u>어색한</u> 것은? [4점]

① I like this recipe because it's so <u>simple</u>.
② I <u>recommend</u> this song to all my friends.
③ There's no <u>connection</u> between the two events.
④ He wrote a book about his <u>adventures</u> in the Antarctic.
⑤ It is difficult to tell the difference between <u>award</u> and rumor.

서술형 **1**

05 다음 괄호 안의 단어들을 사용하여 대화의 빈칸에 알맞은 말을 쓰시오. [4점]

> A: Can you recommend a good movie?
> B: _____ *Exit*? (don't, try)
> It's the number one movie right now.
> A: Sounds good.

06 자연스러운 대화가 되도록 (A)~(E)를 순서대로 배열하시오. [4점]

> (A) The dancing is fantastic.
> (B) What do you like about the musical?
> (C) Yujin, can you recommend a musical for me?
> (D) How about *The Lion King*?
> (E) Sounds good. I'll see it.

(   ) – (   ) – (   ) – (   ) – (   )

07 다음 대화의 빈칸에 알맞은 말이 되도록 괄호 안의 단어들을 배열할 때, 네 번째로 오는 단어는? [4점]

> A: Tom, you got a new smartphone.
> B: Yes, I did. I'm really happy with it.
> A: _____
> (about, it, you, what, like, do, most)
> B: I love the camera. It takes great pictures.

① it   ② you   ③ like
④ most   ⑤ about

서술형2

08 다음 대화의 빈칸에 알맞은 말을 쓰시오. [4점]

A: (1) _____ _____ _____ _____
   your new hairstyle?
B: I'm not happy with it.
A: (2) _____ _____?
B: It's too short and the color is dark.

[09-10] 다음 대화를 읽고, 물음에 답하시오.

Clerk: May I help you?
Minho: Yes. I'm looking for a backpack. ①Can you
   recommend one?
Clerk: ②How about this red one? Red is the most
   popular color these days.
Minho: ③My old backpack was red, so I want a
   different color.
Clerk: ④Then, I recommend that red one. It has
   side pockets.
Minho: Oh, that looks good. ⑤I'll take it.

09 위 대화의 밑줄 친 ①~⑤ 중 흐름상 어색한 것은? [4점]

①   ②   ③   ④   ⑤

서술형3

10 위 대화를 읽고, 주어진 질문에 완전한 문장으로 답하시오. [각 3점]

(1) What is Minho looking for?
   → _____
(2) What does the clerk do for Minho?
   → _____

11 다음 문장의 밑줄 친 that과 쓰임이 같은 것은? [4점]

This is the house that Jack built.

① I was so tired that I fell asleep.
② Was that her cousin or her friend?
③ Are you sure that they live in Park Lane?
④ We found a house that will be perfect for us.
⑤ There are lots of things that I need to buy before
   the trip.

12 다음 중 짝 지어진 두 문장의 의미가 같지 <u>않은</u> 것은? [4점]

① She is the woman with whom I worked.
   = She is the woman that I worked with.
② He is so smart that he can solve this problem.
   = He is too smart to solve this problem.
③ John made a copy of the photo I took.
   = John made a copy of the photo which I took.
④ I don't know the person to whom she gave the
   book.
   = I don't know the person who she gave the book
   to.
⑤ We took lots of blankets, so we could keep
   ourselves warm.
   = Because we took lots of blankets, we could
   keep ourselves warm.

[13-14] 다음 우리말을 [조건]에 맞게 영작하시오.

> [조건]   1. 주어진 말 중 알맞은 것을 골라 쓸 것
>   2. 괄호 안에 주어진 단어 수로 이루어진 문장을 쓸 것

| that | who | whom | so ~ that | too ~ to |

서술형4

13 (8단어) [4점]

> Andy는 너무 어려서 그 영화를 볼 수 없었다.

→ _____

서술형5

14 (10단어) [4점]

> Jessie는 내가 사고 싶었던 그 신발을 신고 있다.

→ _____

[15-17] 다음 대화를 읽고, 물음에 답하시오.

> Emma: What are you doing, Kyle?
>
> Kyle: Oh, Emma. ⓐI'm watching the movie, *Y-Men 7* on my computer.
>
> Emma: How is it?
>
> Kyle: Don't ask. ⓑIt's so boring that I want to cry.
>
> Emma: ⓒGood for you!
>
> Kyle: ⓓI'm so mad. The movie advertisement said it was "The Most Exciting Movie of the Year."
>
> Emma: Well, you can't believe everything that you read.
>
> Kyle: (A)They lied on the advertisement. ⓔI'm going to ask for my money back.
>
> Emma: Hold on, Kyle! They didn't really lie because they used opinions, not facts.

15 위 대화의 밑줄 친 ⓐ~ⓔ 중 흐름상 어색한 것은? [4점]

① ⓐ   ② ⓑ   ③ ⓒ   ④ ⓓ   ⑤ ⓔ

서술형6

16 위 대화의 밑줄 친 (A)가 뜻하는 바를 나타내는 다음 문장을 완성하시오. [4점]

> Kyle thinks the movie is very _____.

17 위 대화를 읽고 알 수 **없는** 것은? [4점]

① Kyle이 보고 있던 영화의 제목

② 보고 있던 영화에 대한 Kyle의 생각

③ Emma가 기분이 좋지 않은 이유

④ Kyle이 보고 있던 영화의 광고 문구

⑤ Kyle이 환불을 받으려는 이유

[18-20] 다음 대화를 읽고, 물음에 답하시오.

> Emma: (①) Opinions express people's feelings like, "The desert is beautiful." (②) You can't say that it's true or not. (③) For example, "The Atacama Desert is in Chile," is a fact. (④) You can check that on the map. (⑤)
>
> Kyle: Okay…. But _____ is the connection with movies?
>
> Emma: Let me explain. What's your favorite movie?
>
> Kyle: It's *Forrest Gump*.
>
> Emma: Okay. Let's look for its advertisement. _____ does it say?
>
> Kyle: It says, "Winner of 6 Academy Awards including Best Picture."
>
> Emma: See? It uses facts unlike the *Y-Men 7* advertisement. Do you see the difference?
>
> Kyle: ⓐNot exactly.

18 위 대화의 ①~⑤ 중 주어진 문장이 들어갈 알맞은 곳은? [4점]

> But, facts can be proven.

①   ②   ③   ④   ⑤

19 위 대화의 빈칸에 공통으로 들어갈 말로 알맞은 것은? [3점]

① who(Who) ② why(Why) ③ how(How)
④ what(What) ⑤ when(When)

서술형**7**

20 위 대화의 밑줄 친 ⓐ를 완전한 문장으로 쓰시오. [5점]

→ I don't quite _____ _____ _____ between the two _____.

[21-23] 다음 대화를 읽고, 물음에 답하시오.

Kyle: The *Y-Men 7* ad says "Most Exciting Movie" and the *Forrest Gump* ad says "Best Picture." Aren't they both opinions?

Emma: That's a great question, Kyle. When people use words like "best" or "most," they are usually expressing opinions. ___(A)___ in the *Forrest Gump* ad, "Best Picture" is 그 영화가 받은 상. We can check that on the Internet. That's a fact.

Kyle: Aha! From now on I'm only going to trust ads with facts.

Emma: It's not that simple. Most ads mix facts with opinions. ___(B)___ you have to make a smart choice based on both of them.

Kyle: Got it! Emma, do you want to watch the rest of *Y-Men 7* with me?

Emma: Thanks, but no thanks. Enjoy the rest of the movie!

21 위 대화를 읽고 알 수 있는 것은? [4점]

① 광고의 효과
② 영화 "Forrest Gump"의 감독
③ 좋은 영화를 선택하는 기준
④ Kyle이 보고 있던 영화의 제목
⑤ 영화를 끝까지 봐야 하는 이유

22 위 대화의 빈칸 (A)와 (B)에 알맞은 말이 순서대로 짝 지어진 것은? [4점]

① So – But ② In fact – But
③ But – So ④ After all – So
⑤ In fact – After all

서술형**8**

23 위 대화의 밑줄 친 우리말과 같도록 괄호 안의 말을 사용하여 쓰시오. [4점]

→ _____
(the award, win)

[24-25] 다음 수진이의 독서 감상문을 읽고, 물음에 답하시오.

Harry Potter is a fantasy novel. It was written by J. K. Rowling. Harry Potter is the main character of the book. When Harry goes to magic school, his adventures begin. I especially like the friendship of Harry and his friends. Because the book was very interesting, I couldn't put it down. I strongly recommend it to everyone.

서술형**9**

24 윗글의 밑줄 친 문장을 so ~ that 구문을 사용하여 바꿔 쓰시오. [4점]

→ _____

25 윗글을 읽고 답할 수 없는 질문은? [4점]

① What is the genre of the novel, *Harry Potter*?
② Who is the writer of *Harry Potter*?
③ Who is the main character of the book?
④ Who recommended *Harry Potter* to Sujin?
⑤ What does Sujin like most about the book?

제**4**회 고난도로 내신 **적중 모의고사**

01 다음 중 밑줄 친 단어의 의미가 같은 것끼리 짝 지어진 것은? [3점]

① Do you <u>miss</u> your family?
　You completely <u>missed</u> the first part of the film.
② The hikers stopped for a <u>rest</u>.
　The beginning was boring, but the <u>rest</u> was fun.
③ Don't <u>lie</u> to your parents from now on.
　When Pinocchio <u>lies</u>, his nose grows.
④ The explanation is pretty easy to <u>follow</u>.
　Please <u>follow</u> the guide through the museum.
⑤ A <u>popular</u> belief is that air travel is more dangerous than travel by car.
　That song was <u>popular</u> with the young in the 1980s.

02 다음 주어진 단어의 영어 뜻풀이에 해당하지 <u>않는</u> 것은? [4점]

> lift　　prove　　wisely　　especially

① very much; more than usual
② in a way that shows good judgment
③ to move something to a higher position
④ the way in which two things are related to each other
⑤ to use facts, evidence, etc. to show that something is true

03 다음 중 빈칸에 <u>두 번</u> 들어가는 단어는? [5점]

> ⓐ It's a difficult _____ to make.
> ⓑ Could you _____ a good restaurant near here?
> ⓒ Her latest novel is quite popular, _____ her earlier work.
> ⓓ The last scene of the movie is so _____.
> ⓔ The virus is not passed on through _____ or shaking hands.

① choice　　　② unlike　　　③ worth
④ touching　　⑤ recommend

04 다음 대화의 빈칸에 들어갈 말로 알맞지 <u>않은</u> 것은? [3점]

> A: May I help you?
> B: Yes. I'm looking for a backpack. Can you ___①___ one?
> A: How ___②___ this red one? ___③___ is the most popular color these days.
> B: My old backpack was red, so I want a ___④___ color.
> A: Then, ___⑤___ about this navy one? It has side pockets.
> B: Oh, that looks good. I'll take it.

① recommend　② about　　　③ Red
④ same　　　　⑤ how

[05-06] 다음 대화를 읽고, 물음에 답하시오.

> Mike: Hi, Suji. How did you like your trip to Gyeongju?
> Suji: I was very happy with it.
> Mike: Where did you visit?
> Suji: I visited Cheomseongdae. It was great.
> Mike: Where else did you go?
> Suji: Bulguksa. It was a wonderful place.
> Mike: Sounds like the perfect trip.
> Suji: Yeah, but walking up to Seokguram was difficult.
> Mike: But I'm sure it was worth it.

05 Which one is NOT right about Suji? [3점]

① She went on a trip to Gyeongju.
② She was not satisfied with her trip.
③ She thinks Cheomseongdae was great.
④ She visited Bulguksa.
⑤ It was difficult for her to walk up to Seokguram.

서술형1

06 What does Mike think was worth it? Answer in English. [4점]

→ _____

[07-08] 다음 대화를 읽고, 물음에 답하시오.

> Brian: Mina, can you recommend a good pizza restaurant?
>
> Mina: (1) _____ Antonio's? It's my favorite.
>
> Brian: (2) _____ do you like about it?
>
> Mina: The food is delicious. (3) _____ the bulgogi pizza.
>
> Brian: How are the prices?
>
> Mina: I think the prices are good, too.
>
> Brian: Sounds like a good restaurant. How do you like the service?
>
> Mina: It's a little slow on the weekends.
>
> Brian: Okay. I'll check it out. Thanks.
>
> Mina: No problem. Enjoy your meal!

서술형 **2**

07 위 대화의 빈칸에 알맞은 말을 쓰시오. [5점]

(1) _____

(2) _____

(3) _____

서술형 **3**

08 위 대화의 내용과 일치하도록 다음 문장을 완성하시오. [3점]

> On the weekends, you can be served _____
> _____ _____ at Antonio's.

서술형 **4**

09 다음 [조건]에 맞게 대화의 빈칸에 알맞은 말을 쓰시오. [각 2점]

> [조건]   1. 괄호 안의 단어들을 사용할 것
>   2. 주어와 동사를 포함한 완전한 문장으로 쓸 것

> A: (1) _____
>   (recommend, movie)
> B: How about *Frozen*?
> A: (2) _____
>   (what, like)
> B: The music is so beautiful.

10 다음 중 어법상 틀린 부분을 찾아 바르게 고쳐 쓴 것은? [4점]

> ⓐ That is the dress she wore at the party.
> ⓑ This is the house in that I've lived for 8 years.
> ⓒ The light was so bright that I had to cover my eyes.

① ⓐ the dress → the dress that

② ⓐ wore → wear

③ ⓑ in → of

④ ⓑ that → which

⑤ ⓒ so bright that → very bright that

11 다음 빈칸에 알맞은 것끼리 순서대로 짝 지어진 것은? [3점]

> • The child was so short _____ the roller coaster.
> • The music _____ Jane listened to that evening was good.

① to ride – who

② not to ride – which

③ that he could ride – who

④ that he couldn't ride – whom

⑤ that he couldn't ride – that

12 다음 중 의미가 다른 하나는? [3점]

① He studied hard for good grades.

② He studied hard so as to get good grades.

③ He studied so hard that he could get good grades.

④ He studied hard to get good grades.

⑤ He studied hard in order to get good grades.

서술형 **5**

13 다음 문장의 밑줄 친 부분을 어법상 바르게 고쳐 쓰시오. [각 2점]

(1) Do you have some money I can borrow it for a while?

→ _____

(2) This is the person with who I talked at the party.

→ _____

모의고사

서술형6

14 다음 각 문장을 so ~ that 구문이 쓰인 문장으로 바꿔 쓰시오. [각 2점]

(1) He was too angry to calm down.

→ _____

(2) The water in the lake is very clear, so you can see the bottom.

→ _____

(3) Because the thief ran so fast, the police officers could not catch him.

→ _____

[15-17] 다음 대화를 읽고, 물음에 답하시오.

> Emma: What are you doing, Kyle?
>
> Kyle: Oh, Emma. I'm watching the movie, *Y-Men 7* on my computer.
>
> Emma: How is it?
>
> Kyle: Don't ask. It's so boring that I want to cry.
>
> Emma: I'm sorry to hear that.
>
> Kyle: I'm so mad. The movie advertisement said it was "The Most Exciting Movie of the Year."
>
> Emma: Well, you can't believe everything that you read.
>
> Kyle: They lied on the advertisement. I'm going to ask for my money back.
>
> Emma: Hold on, Kyle! They didn't really lie because they used opinions, not facts.

15 위 대화의 밑줄 친 that과 쓰임이 같은 것은? [4점]

① It is certain that he will come here.

② This is a company that can be trusted.

③ I forgot to bring the homework that I did yesterday.

④ The town is so small that it is not shown on the maps.

⑤ Do you see the cat that is on the roof?

16 위 대화의 내용과 일치하는 것은? [3점]

① Emma was watching the movie with Kyle.

② Kyle has watched the movie before.

③ Kyle was very disappointed with the movie.

④ Kyle wants to cry because the movie is touching.

⑤ Emma agrees with Kyle about the advertisement.

서술형7

17 위 대화의 내용과 일치하도록 다음 문장을 완성하시오. [4점]

> Kyle believed the movie advertisement and began to watch _____. But he found that it is very _____, unlike the claims of the _____.

[18-21] 다음 대화를 읽고, 물음에 답하시오.

> Kyle: Huh? I'm not ①following you.
>
> Emma: ⓐOpinions express people's feelings ___(A)___, "The desert is beautiful." You can't say that it's true or not. But, ⓑfacts can be ②proving. For example, "The Atacama Desert is in Chile," is a fact. You can check that on the map.
>
> Kyle: Okay.... But what's the connection with movies?
>
> Emma: Let me ③to explain. What's your favorite movie?
>
> Kyle: It's *Forrest Gump*.
>
> Emma: Okay. Let's look for its advertisement. What does it say?
>
> Kyle: It says, "Winner of 6 Academy Awards ④including Best Picture."
>
> Emma: See? It uses facts ___(B)___ the *Y-Men 7* advertisement. Do you see the difference?
>
> Kyle: Not ⑤exactly.

서술형8

18 위 대화의 밑줄 친 ①~⑤ 중 어법상 틀린 것을 두 개 찾아 번호를 쓴 후, 바르게 고쳐 쓰시오. [각 2점]

(   ) → _____

(   ) → _____

서술형 9

19 위 대화의 밑줄 친 ⓐ와 ⓑ를 나타내는 문장을 자유롭게 쓰시오. [각 3점]

ⓐ: _____

ⓑ: _____

20 위 대화의 빈칸 (A)와 (B)에 알맞은 말이 순서대로 짝 지어진 것은? [4점]

① like – like
② unlike – like
③ like – unlike
④ unlike – unlike
⑤ like – likely

21 다음 중 위 대화에 나오는 단어의 영어 뜻풀이가 <u>아닌</u> 것은? [4점]

① not interesting or exciting
② to show what you think or feel
③ the way in which two people or things are not like each other
④ to tell somebody about something in a way that is easy to understand
⑤ a large, dry area where there is very little rain and few plants

[22-25] 다음 대화를 읽고, 물음에 답하시오.

Kyle: The *Y-Men 7* ad says "Most Exciting Movie" and the *Forrest Gump* ad says "Best Picture." Aren't they both opinions?

Emma: That's a great question, Kyle. When people use words like "best" or "most," they are usually expressing opinions. But in the *Forrest Gump* ad, "Best Picture" is the award _____ the movie won. We can check that on the Internet. (①) That's a fact. (②)

Kyle: Aha! From now on I'm only going to trust ads with facts. (③)

Emma: (④) Most ads mix facts with opinions. So you have to make a smart choice based on both of them.

Kyle: (⑤) Got it! Emma, do you want to watch the rest of *Y-Men 7* with me?

Emma: Thanks, but no thanks. Enjoy the rest of the movie!

22 위 대화의 빈칸에 들어갈 말이 같은 쓰임으로 쓰인 문장은? [4점]

① I don't know which is better for me.
② There are things about which I can't speak.
③ I want to meet someone whom I enjoy talking to.
④ I don't like movies which have sad endings.
⑤ Ms. Tylor is a teacher whom I respect.

23 위 대화의 ①~⑤ 중 주어진 문장이 들어갈 알맞은 곳은? [3점]

It's not that simple.

①　　　②　　　③　　　④　　　⑤

24 위 대화를 읽고 답할 수 있는 질문을 <u>두 개</u> 골라 기호를 쓴 후, 완전한 문장으로 답하시오. [각 3점]

ⓐ Which is Emma's favorite movie?
ⓑ What does "Best Picture" mean in the *Forrest Gump* ad?
ⓒ What are the words like "best" or "most" usually used to express?
ⓓ What did the movie *Y-Men 7* win?
ⓔ What are they going to do together after the conversation?

(　　　) → _____

(　　　) → _____

서술형 10

25 위 대화의 내용과 일치하도록 Emma가 Kyle에게 하는 충고의 말을 완성하시오. [4점]

When you read ads, you should _____ _____ _____ _____ based on _____ _____ _____ used in them.

● 틀린 문항을 표시해 보세요.

〈제1회〉 대표 기출로 내신 **적중** 모의고사   총점 _____ / 100

문항	영역	문항	영역	문항	영역
01	p.156(W)	10	p.163(L&S)	19	pp.178-180(R)
02	p.158(W)	11	p.171(G)	20	pp.178-180(R)
03	p.156(W)	12	p.170(G)	21	pp.178-180(R)
04	p.156(W)	13	p.171(G)	22	pp.178-180(R)
05	p.163(L&S)	14	p.170(G)	23	pp.178-180(R)
06	p.162(L&S)	15	pp.178-180(R)	24	pp.178-180(R)
07	p.162(L&S)	16	pp.178-180(R)	25	pp.178-180(R)
08	p.162(L&S)	17	pp.178-180(R)		
09	p.163(L&S)	18	pp.178-180(R)		

〈제2회〉 대표 기출로 내신 **적중** 모의고사   총점 _____ / 100

문항	영역	문항	영역	문항	영역
01	p.156(W)	10	p.170(G)	19	pp.178-180(R)
02	p.156(W)	11	p.170(G)	20	pp.178-180(R)
03	p.158(W)	12	p.171(G)	21	pp.178-180(R)
04	p.161(L&S)	13	p.171(G)	22	pp.178-180(R)
05	p.161(L&S)	14	pp.178-180(R)	23	pp.178-180(R)
06	p.162(L&S)	15	pp.178-180(R)	24	pp.178-180(R)
07	p.163(L&S)	16	pp.178-180(R)	25	pp.178-180(R)
08	p.163(L&S)	17	pp.178-180(R)		
09	p.163(L&S)	18	pp.178-180(R)		

〈제3회〉 대표 기출로 내신 **적중** 모의고사   총점 _____ / 100

문항	영역	문항	영역	문항	영역
01	p.158(W)	10	p.162(L&S)	19	pp.178-180(R)
02	p.158(W)	11	p.171(G)	20	pp.178-180(R)
03	p.156(W)	12	pp.170-171(G)	21	pp.178-180(R)
04	p.156(W)	13	p.170(G)	22	pp.178-180(R)
05	p.161(L&S)	14	p.171(G)	23	pp.178-180(R)
06	p.162(L&S)	15	pp.178-180(R)	24	p.194(M)
07	p.162(L&S)	16	pp.178-180(R)	25	p.194(M)
08	p.163(L&S)	17	pp.178-180(R)		
09	p.162(L&S)	18	pp.178-180(R)		

〈제4회〉 고난도로 내신 **적중** 모의고사   총점 _____ / 100

문항	영역	문항	영역	문항	영역
01	p.158(W)	10	pp.170-171(G)	19	pp.178-180(R)
02	p.158(W)	11	pp.170-171(G)	20	pp.178-180(R)
03	p.156(W)	12	p.170(G)	21	pp.178-180(R)
04	p.162(L&S)	13	p.171(G)	22	pp.178-180(R)
05	p.163(L&S)	14	p.170(G)	23	pp.178-180(R)
06	p.163(L&S)	15	pp.178-180(R)	24	pp.178-180(R)
07	p.163(L&S)	16	pp.178-180(R)	25	pp.178-180(R)
08	p.163(L&S)	17	pp.178-180(R)		
09	p.161(L&S)	18	pp.178-180(R)		

● 부족한 영역을 점검해 보고 어떻게 더 학습할지 학습 계획을 적어 보세요.

	오답 공략
부족한 영역	
학습 계획	

	오답 공략
부족한 영역	
학습 계획	

	오답 공략
부족한 영역	
학습 계획	

	오답 공략
부족한 영역	
학습 계획	

동아출판 영어 교재 가이드

영역	브랜드	초1~2	초3~4	초5~6	중1	중2	중3	고1	고2	고3
문법	[초·중등] 개념서 **그래머 클리어 스타터** **중학 영문법 클리어**		Grammar CLEAR Starter 1	Grammar CLEAR Starter 2	중학 영문법 클리어 1	중학 영문법 클리어 2	중학 영문법 클리어 3			
	[중등] 문법 문제서 **그래머 클라우드 3000제**				그래머 클라우드 3000제 LEVEL 1	그래머 클라우드 3000제 LEVEL 2	그래머 클라우드 3000제 LEVEL 3			
	[중등] 실전 문제서 **빠르게 통하는 영문법** **핵심 1200제**				빠르게 통하는 영문법 1200제 1	빠르게 통하는 영문법 1200제 2	빠르게 통하는 영문법 1200제 3			
	[중등] 서술형 영문법 **서술형에 더 강해지는** **중학 영문법**				서술형에 더 강해지는 중학 영문법 1	서술형에 더 강해지는 중학 영문법 2	서술형에 더 강해지는 중학 영문법 3			
	[고등] 시험 영문법 **시험에 더 강해지는** **고등 영문법**							시험에 더 강해지는 고등영문법		
	[고등] 개념서 **Supreme 고등 영문법**							Supreme 고등영문법		
어법	[고등] 기본서 **Supreme 수능 어법** 기본 실전							Supreme 수능 어법 (기본) / Supreme 수능 어법 (실전)		
쓰기	[중등] 영작 집중 훈련서 **중학 문법+쓰기 클리어**				중학 문법 쓰기 클리어 1	중학 문법 쓰기 클리어 2	중학 문법 쓰기 클리어 3			

동아출판이 만든 진짜 기출예상문제집

특급기출

중학 영어 **2-2**

이병민

정답 및 해설

동아출판

Lesson 5
Come One, Come All

STEP A

W Words 연습 문제   p. 9

A 01 따라가다, 뒤를 잇다   **B** 21 decorate
02 개최하다   22 near
03 올리다, 게시하다   23 fireworks
04 모든 곳에서(으로)   24 musician
05 고향   25 last
06 뒤쫓다   26 adult
07 근처, 이웃, 인근   27 take
08 나타나다   28 sail
09 해변   29 advertise
10 형형색색의   30 shape
11 ~ 동안   31 cross
12 가루, 분말   32 regularly
13 블록, 구획   33 soft
14 완전히   34 artwork
15 야외의   35 celebration
16 거의   36 festival
17 모이다, 모으다   37 competition
18 거대한   38 pile
19 (문제를) 풀다, 해결하다   39 throw
20 축하하다, 기념하다   40 live

C 01 A와 B 사이에   02 왼쪽으로 돌다
03 ~ 때문에   04 ~ 옆에
05 서로   06 내리다, 하차하다
07 처음부터 끝까지   08 앞으로 곧장 가다

W Words Plus 연습 문제   p. 11

A 1 adult, 성인, 어른   2 chase, 뒤쫓다
3 gather, 모으다, 모이다   4 sled, 썰매   5 hold, 개최하다
6 parade, 퍼레이드, 행진   7 advertise, 광고하다
8 sail, 돛

B 1 get off   2 adult   3 competition   4 regularly

C 1 neighborhood   2 everywhere   3 celebrate   4 hold
5 gathered

D 1 in person   2 get off   3 each other   4 went on
5 Make a right

W Words 실전 TEST   p. 12

01 ②   02 (a)dult   03 completely, complete   04 ③   05 ⑤
06 ①   07 ④

01 completely와 totally는 '완전히'라는 뜻의 유의어 관계이고, almost 와 nearly는 '거의'라는 뜻의 유의어 관계이다. ①과 ⑤는 「동사 – 명사」 관계이고, ③과 ④는 반의어 관계이다.
|해석| ① 해결하다 – 해결책 ③ 나타나다 – 사라지다
④ 타다 – 내리다 ⑤ 기념하다 – 기념행사

02 '다 자란 사람'을 뜻하는 단어는 adult(성인, 어른)이다.

03 첫 번째 빈칸에는 형용사 relaxed를 꾸며 주는 부사 completely가 알맞고, 두 번째 빈칸에는 명사 waste를 꾸며 주는 형용사 complete 가 알맞다.
|해석| • 그녀는 완전히 편안해졌다.
• 그 회의는 완전 시간 낭비였다.

04 주어진 문장과 ③의 last는 '지속하다, 계속되다'라는 뜻의 동사이다. ① 은 '지난'을 뜻하는 형용사로, ②는 '마지막 것'을 뜻하는 명사로, ④는 '마 지막으로'를 뜻하는 부사로, ⑤는 '마지막의'를 뜻하는 형용사로 쓰였다.
|해석| 내 생각에 너의 결혼은 오랫동안 지속될 거야.
① 나는 지난밤에 그를 봤다.
② 내 생각에 이 상자가 마지막인 것 같아.
③ 경기는 80분간 계속된다.
④ 너는 언제 마지막으로 Tara의 소식을 들었니?
⑤ 마지막 기차가 몇 시에 떠납니까?

05 빈칸에는 '기념하다'라는 뜻을 나타내는 celebrate가 들어가는 것이 알맞다.
|해석| 너는 보통 새해를 어떻게 기념하니?

06 go on은 '(어떤 상황이) 계속되다'라는 뜻으로 쓰였다.
|해석| ① 비행은 계속될 것만 같았다.
② 달이 구름 뒤에서 나왔다.
③ 그들은 매일 밤 전화로 서로에게 이야기를 한다.
④ 영어 알파벳에서 Q는 P와 R 사이에 온다.
⑤ 이 길을 따라 곧장 가다가 신호등에서 좌회전해라.

07 ④ '이 회사들은 잡지에 자신들의 제품을 쫓는다.'는 말은 어색하다. '광 고하다'라는 뜻의 advertise가 들어가는 것이 자연스럽다.
|해석| • 10개의 학교가 대회에 참가했다.
• 그 싸움을 보려고 군중이 모였다.
• 눈이 가루 같았다.
• 나는 아직 시험을 볼 준비가 안 된 것 같다.

Listen & Speak 만점 노트   pp.14~15

Q1 도서관
Q2 함께 점심을 먹기로 했다.
Q3 near the school
Q4 1st Street까지 곧장 가서 오른쪽으로 돌면 오른편에 우체국이 있다.
Q5 버스로 15분 정도 걸릴 거야.
Q6 ⓐ
Q7 샌드위치를 만들 것이다.
Q8 버스
Q9 the festival

 Listen & Speak 빈칸 채우기   pp.16~17

1 How can I get to, Cross the street, make a left
2 Are you free, having lunch together, near, How can I get there, go straight to Green Street, be on your left
3 Excuse me, get to the post office, make a right, on your right, Is it far from here
4 be late for the movie, How long will it take, about 15 minutes by bus
5 I'm so excited, to advertise it, post them in our neighborhood, How long, take, about three hours
6 what will you do, How long will it take, it'll take
7 How can I get to, Do you see, Take, get off at the sixth stop, How long will it take to get there, for the festival, have a great time

 Listen & Speak 대화 순서 배열하기   pp.18~19

1 ⓒ - ⓐ - ⓑ
2 ⓓ - ⓑ - ⓖ - ⓐ - ⓔ - ⓘ - ⓒ - ⓕ - ⓗ - ⓙ
3 ⓒ - ⓓ - ⓐ - ⓔ - ⓑ
4 ⓑ - ⓓ - ⓐ - ⓒ
5 ⓐ - ⓕ - ⓑ - ⓓ - ⓖ - ⓒ - ⓔ
6 ⓐ - ⓓ - ⓒ - ⓑ
7 ⓘ - ⓒ - ⓙ - ⓐ - ⓕ - ⓔ - ⓑ - ⓗ - ⓓ - ⓖ

Listen & Speak 실전 TEST   pp.20~21

01 ①   02 ④   03 ⓓ, ⓐ, ⓑ   04 theater   05 ③   06 ④
07 ④   08 ④   09 ③

[서술형]

10 How can I get to the police station?
11 Go straight to Green Street, make a right, between, and
12 How often → How long

01 길을 물을 때는 「How can I get to+장소?」로 묻고, 소요 시간을 물을 때는 「How long will it take to+동사원형 ~?」으로 묻는다.
02 소요 시간을 물을 때 How long이나 How much time을 사용하여 묻는다.
  |해석| A: 내 컴퓨터를 고치는 데 시간이 얼마나 걸릴까요?
        B: 아마 이틀 정도 걸릴 거예요.
03 표지판은 순서대로 '길을 건너시오.', '직진하시오.' '좌회전하시오.'를 의미한다.
04 1st Street까지 직진해서 우회전을 하면 왼편에서 찾을 수 있는 것은 극장이다.
05 은행에 가는 길을 물었으므로, 가는 방법을 구체적으로 답하는 것이 알맞다. ③은 가는 방법이 아니라 여기서 멀지 않다고 말하는 표현이다.
  |해석| A: 실례합니다. 은행에 어떻게 갈 수 있나요?
        B: _____ 그리고 오른쪽으로 도세요.
  ① 길을 건너세요
  ② 곧장 앞으로 걸으세요
  ③ 그곳은 여기서 멀지 않아요
  ④ 세 블록을 곧장 가세요
  ⑤ Yellow Street까지 곧장 가세요
06 영화 시간에 늦을 것 같으니 서두르라는 말(D) 다음에 영화관까지 가는 데 시간이 얼마나 걸리는지 묻는 말(B)과 그 소요 시간을 말하는 답(A)이 나오고, '알겠어. 나 거의 준비 되었어.'라는 말(C)이 이어지는 흐름이 되는 것이 자연스럽다.
07 첫 번째 빈칸에는 안부를 묻는 말이 되도록 What이, 두 번째 빈칸에는 이유를 묻는 말이 되도록 Why가, 세 번째 빈칸에는 제안하는 표현 「How about+동명사 ~?」가 되도록 How about이, 네 번째 빈칸에는 길을 묻는 말이 되도록 How가 들어가는 것이 알맞다.
08 ④ A가 음식점으로 가는 길을 묻고 B가 이를 설명해 준 것으로 보아, 두 사람이 만날 장소로 음식점이 알맞다.
09 ③ 포스터를 만들자는 A의 제안에 B가 수락(Great idea.)했으므로, 두 사람은 함께 포스터를 만들 것이다.
10 길을 물을 때 「How can I get to+장소?」로 말할 수 있다.
11 Start 위치에서 Green Street까지 곧장 가서 길을 건넌 다음 오른쪽으로 돌면, 경찰서는 꽃 가게와 제과점 사이에 있다.
12 소요 시간을 물을 때 How long을 사용한다.

ⓖ Grammar 핵심 노트 1   p.22

QUICK CHECK

1 (1) to talk   (2) It   (3) to build
2 (1) difficult to keep the secret
  (2) was not easy to fix the machine
  (3) is necessary to make good friends

1 |해석| (1) 당신과 다시 이야기해서 좋았어요.
  (2) 각양각색의 장소들을 방문하는 것은 즐겁다.
  (3) 하루 만에 집을 짓는 것은 불가능하다.

2 |해석| (1) 비밀을 지키는 것은 어려웠다.

(2) 그 기계를 고치는 것은 쉽지 않았다.

(3) 좋은 친구를 사귀는 것은 필요하다.

G Grammar 핵심 노트 2　　　　p. 23

QUICK CHECK

1 (1) go　(2) knocking　(3) move

2 (1) to move　(2) rise/rising　(3) 옳음

1 |해석| (1) 너는 누군가가 나가는 것을 보았니?

(2) 그녀는 누군가가 문을 두드리는 것을 들었다.

(3) 나는 내 뒤에서 무언가가 움직이는 것을 느꼈다.

2 |해석| (1) 그는 내게 의자들을 옮겨 달라고 부탁했다.

(2) 나는 오늘 아침 태양이 떠오르는 것을 보았다.

(3) 그녀는 오븐에서 쿠키가 구워지는 냄새를 맡았다.

G Grammar 연습 문제 1　　　　p. 24

A **1** It, to meet　**2** it, to drink　**3** It, to write

4 It, to keep

B **1** It is dangerous to swim in the river.

2 It is natural to feel sleepy after lunch.

3 It is difficult to learn a foreign language.

4 It is certain that he is alive.

C **1** for　**2** of　**3** for　**4** of　**5** of

D **1** It is important to exercise regularly.

2 It is not safe to drive at night.

3 It was difficult to find a cheap hotel.

4 It is kind of you to help me.

A |해석| **1** 만나서 반가워요.

2 이 물을 마시는 것은 안전합니까?

3 시를 쓸 것은 쉽지 않다.

4 너의 약속을 지키는 것은 매우 중요하다.

B |해석| **1** 강에서 헤엄치는 것은 위험하다.

2 점심 식사 후에 졸린 것은 자연스럽다.

3 외국어를 배우는 것은 어렵다.

4 그가 살아 있는 것이 확실하다.

C |해석| **1** 그녀가 직업을 구하는 것은 어렵다.

2 너의 생일을 잊다니 내가 어리석었다.

3 학생들이 동아리에 가입하는 것은 필요하다.

4 그가 내 조언을 따른 것은 현명했다.

5 이 문제를 풀다니 너는 똑똑했다.

G Grammar 연습 문제 2　　　　p. 25

A **1** going　**2** blow　**3** to clean　**4** singing　**5** to eat

B **1** his → him　**2** to chase → chase/chasing

3 studied → study/studying　**4** they → them

5 to not watch → not to watch

C **1** He felt someone touching his shoulder.

2 I could see John getting on the bus.

3 She watched her child drawing a picture.

4 Did you hear someone play the piano last night?

D **1** I watched her dance/dancing

2 The doctor advised Chris to eat lots of vegetables.

3 She felt the earth shake/shaking.

4 The man heard a baby cry/crying in the house.

A |해석| **1** 나는 그들이 쇼핑몰 안으로 들어가는 것을 보았다.

2 나는 머리카락이 바람에 흩날리는 것을 느꼈다.

3 White 선생님은 Tony에게 칠판을 닦아 달라고 부탁했다.

4 그녀는 그녀의 어머니가 노래하는 것을 들었다.

5 그 의사는 Rachel에게 패스트푸드를 먹지 말라고 말했다.

B |해석| **1** 나는 그가 내 이름을 부르는 것을 들었다.

2 나는 고양이가 쥐를 쫓는 것을 보았다.

3 나는 여동생이 내 책상에서 공부하는 것을 보았다.

4 너는 그들이 길을 건너는 것을 보았니?

5 엄마는 내가 밤에 TV를 보지 않기를 원하셨다.

G Grammar 실전 TEST　　　　pp. 26~29

01 ②　02 ①　03 ①　04 ①, ③　05 ②, ④　06 ②　07 ①

08 ⑤　09 ④　10 ④　11 ②　12 ④　13 ①　14 ②　15 ③

16 ②　17 ③　18 ⑤　19 ⑤

[서술형]

20 (1) It is impossible to live without water.

(2) It is difficult to set up a tent alone.

(3) It is always interesting to find out about your family history.

21 (1) a stranger passing by

(2) the dog barking outside

(3) something following her in the darkness

22 (1) It is difficult to work with many people.

(2) It was stupid to go out in the rain without an umbrella.

23 (1) felt her look/looking　(2) heard him sing/singing

(3) see my sister dance/dancing

24 (1) learn → to learn　(2) to → that　(3) of you → for you

25 (1) I watched the woman come/coming out of the house.

(2) She heard the birds sing/singing this morning.

01 목적격보어로 현재분사가 올 수 있는 동사는 지각동사 saw이다. 나머지는 모두 목적격보어로 to부정사를 취하는 동사이다.
|해석| 우리는 그들이 공원에서 배드민턴 치는 것을 보았다.

02 지각동사 heard의 목적격보어로 동사원형이나 현재분사가 와야 한다.
|해석| Sarah는 한밤중에 개가 짖는 소리를 들었다.

03 첫 번째 문장에는 that절을 진주어로 하는 가주어 It이, 두 번째 문장에는 to부정사구를 진주어로 하는 가주어 It이 들어가는 것이 알맞다.
|해석| ·그가 4개 국어를 말할 수 있다는 것은 사실이다.
·영어로 소설을 쓰는 것은 어렵다.

04 kind, nice와 같이 사람의 성격이나 태도를 나타내는 형용사가 올 때 to부정사의 의미상의 주어를 「of+목적격」의 형태로 쓰고, 일반적인 경우는 「for+목적격」의 형태로 쓴다.

05 목적격보어로 동사원형이 올 수 있는 동사는 지각동사 saw, felt이다. 나머지는 모두 목적격보어로 to부정사를 취하는 동사이다.
|해석| 나는 누군가가 나를 따라오는 것을 보았다/느꼈다.

06 가주어 it이 문장 맨 앞에, 진주어 to부정사구가 문장 뒤에 쓰인 것을 고른다. that이 이끄는 절이 진주어인 경우, that 뒤에 「주어+동사」 관계가 성립되어야 한다.

07 「지각동사+목적어+동사원형/현재분사」의 형태로 쓰인 문장을 고른다.

08 주어진 문장과 ⑤의 it은 가주어로 쓰였다. ①, ③, ④의 it은 비인칭 주어로 각각 날씨, 명암, 날씨를 나타낸다. ②는 지시대명사로 쓰였다.
|해석| 마라톤을 완주하는 것은 어려울 것이다.
① 3일 동안 눈이 내리고 있었다.
② 그것은 박물관 건너편에 있어요.
③ 이 계절에는 밖이 너무 어둡다.
④ 이번 주말은 비가 오고 춥겠습니다.
⑤ 다른 나라들을 여행하는 것이 즐거웠나요?

09 첫 번째 빈칸에는 for가 들어가 의미상의 주어를 만드는 것이 알맞고, 사람의 성격이나 태도를 나타내는 형용사 smart가 있는 두 번째 빈칸에는 전치사 of가 알맞다.
|해석| ·그녀가 그 게임을 이기는 것은 가능하다.
·이 퍼즐을 풀다니 너는 매우 똑똑했다.

10 smell과 see는 지각동사이므로, 목적격보어로 동사원형이나 현재분사가 올 수 있다.
|해석| ·나는 음식이 타는 냄새를 맡았다.
·나는 창밖으로 고양이 한 마리가 뛰어나오는 것을 보았다.

11 ② 빈칸 뒤에 주어와 동사가 이어지는 것으로 보아 진주어 역할을 하는 that절이 되어야 하므로, 빈칸에는 that이 알맞다. 나머지 빈칸에는 진주어 to부정사구를 이루는 to가 들어가는 것이 알맞다.
|해석| ① 일찍 일어나는 것은 쉽지 않다.
② 애완동물이 좋은 친구가 될 수 있는 것은 사실이다.
③ 당신의 여권을 챙기는 것은 중요하다.
④ 유명한 가수를 만나서 정말 좋았다.
⑤ 나에게 돈을 빌려주다니 너는 친절하다.

12 지각동사 hear의 목적격보어로 동사원형이나 현재분사가 오므로, to부정사 to scream을 scream이나 screaming으로 고쳐 써야 한다.

|해석| 나는 지난밤 누군가가 밖에서 소리치는 것을 들었다.

13 to부정사구가 진주어이므로 There를 가주어 It으로 고쳐야 한다.
|해석| 내가 항상 최선을 다하는 것은 중요하다.

14 ② ask는 목적격보어로 to부정사를 취한다. (open → to open)
|해석| ① 모두가 그 소녀가 소리치는 것을 들었다.
② 그는 내게 문을 열어 달라고 부탁했다.
③ 너는 그가 방을 나가는 것을 보았니?
④ 선생님은 우리에게 교실에 머무르라고 말씀하셨다.
⑤ 그들은 사자가 자신의 새끼를 돌보는 것을 보았다.

15 주어진 문장의 to부정사는 진주어 역할을 하여 명사적 용법으로 쓰였고, ③은 보어 역할을 하여 명사적 용법으로 쓰였다.
①, ④ 형용사적 용법 ② 부사적 용법(감정의 원인)
⑤ 부사적 용법(목적)
|해석| 밤에 길을 건너는 것은 위험하다.
① 잠자리에 들 시간이야.
② 나는 그 말을 들으니 행복하다.
③ 내 꿈은 예술가가 되는 것이다.
④ 나는 쓸 연필이 필요하다.
⑤ 나는 뉴스를 듣기 위해 라디오를 켰다.

16 ⓐ 지각동사 see의 목적격보어로 동사원형이나 현재분사가 와야 한다. (to read → read/reading)
ⓑ 진주어는 to부정사 to play가 되어야 한다. ⓓ ask는 목적격보어로 to부정사를 써야 하므로 open은 to open이 되어야 한다.
|해석| ⓐ 너는 그곳에서 그녀가 책을 읽는 것을 보았니?
ⓑ 내 남동생과 테니스를 치는 것은 재미있다.
ⓒ 나는 내 룸메이트가 샤워하면서 노래하는 것을 들었다.
ⓓ 그는 내게 창문을 열어 달라고 부탁했다.
ⓔ 너의 영어 실력을 향상시키는 것은 가능하다.

17 ③ 사람의 성격을 나타내는 형용사 wise가 있으므로 to부정사의 의미상의 주어가 「of+목적격」의 형태로 쓰여야 한다.
|해석| ① 내가 그곳에 가는 것은 불가능하다.
② 나 자신을 아는 것은 어렵다.
③ 그가 그 돈을 쓰지 않은 것은 현명했다.
④ 네가 좋은 친구를 선택하는 것은 중요하다.
⑤ 그들이 그 산을 오르는 것은 위험하다.

18 ⑤ 지각동사 feel의 목적격보어로 동사원형이나 현재분사가 와야 한다. (kicks → kick/kicking)
|해석| ·나는 그에게 그녀를 기다리라고 말했다.
·Alex는 누군가가 우는 것을 들었다.
·그녀는 어머니에게 책을 읽어 달라고 부탁했다.
·그는 한 남자가 맛있는 케이크를 굽는 것을 보았다.
·너는 누군가가 네 의자를 발로 차는 것을 느꼈니?

19 ⑤ 「It(가주어)+is(+not)+형용사+to부정사(진주어)」 형태의 문장이 되어야 하므로, not과 진주어 to eat 사이에 형용사 good을 써야 한다.

20 가주어 It을 문장 맨 앞에 쓰고, 주어인 동명사구를 진주어 to부정사구로 고쳐 문장 뒤로 보낸다.
|해석| (1) 물 없이 사는 것은 불가능하다.

(2) 혼자 텐트를 치는 것은 어렵다.

(3) 너의 가족사에 관해 발견하는 것은 항상 흥미롭다.

21 「지각동사+목적어+현재분사」 형태의 문장을 완성한다.

|해석| (1) 그녀는 한 낯선 사람을 보았다. 그는 지나가는 중이었다.

(2) 나는 강아지 소리를 들었다. 그것은 밖에서 짖고 있었다.

(3) Mia는 무엇인가를 느낄 수 있었다. 그것은 어둠속에서 그녀를 따라 오고 있었다.

22 「It(가주어)+is(was)+형용사+to부정사(진주어)」 형태의 문장을 완성한다.

23 「지각동사+목적어+동사원형/현재분사」 형태의 문장을 완성한다.

24 (1) It은 가주어이고, learn을 진주어인 to부정사 to learn으로 고쳐 써야 한다.

(2) It은 가주어이고 to 뒤에 주어와 동사가 이어지는 것으로 보아, to 를 진주어 that절을 이루는 접속사 that으로 고쳐 써야 한다.

(3) important는 사람의 성격이나 태도를 나타내는 형용사가 아니므 로 to부정사의 의미상의 주어는 「for+목적격」의 형태로 써야 한다.

|해석| (1) 중국어를 배우는 것은 쉽지 않다.

(2) 지난밤 그가 그곳에 있었다는 것은 사실이 아니다.

(3) 네가 꿈을 갖는 것은 중요하다.

25 「지각동사+목적어+동사원형/현재분사」 형태의 문장을 완성한다.

ⓡ Reading 빈칸 채우기   pp. 32~33

01 Colors   02 from   03 the most popular festival   04 in March   05 say goodbye to cold winter   06 celebrate, everywhere   07 gather around a big fire   08 begins 09 chase each other   10 What is   11 pink powder   12 to run around, throw   13 street parades   14 Festival   15 from 16 Have you heard of   17 happens in my hometown   18 get completely dark   19 hold   20 starts in May, lasts 21 During the festival   22 The most popular event   23 red sails, appears   24 fireworks, follows   25 hear musicians playing   26 Snow   27 Sweden   28 because of   29 in the last week, goes on   30 The largest event   31 piles of snow, other beautiful artworks   32 from beginning to end   33 the dog sled ride   34 It, to fly

---

ⓡ Reading 바른 어휘·어법 고르기   pp. 34~35

01 Colors   02 from   03 most popular   04 usually 05 During, goodbye   06 everywhere   07 around 08 begins   09 chase   10 What   11 It is   12 to run 13 join   14 White Nights   15 Russia   16 heard

---

17 happens   18 completely   19 hold   20 in, for 21 During   22 is   23 appears   24 follows   25 playing 26 Snow   27 Sweden   28 Winter, because of 29 goes on   30 event   31 piles of, artworks 32 watch, from   33 favorite   34 It

---

ⓡ Reading 틀린 문장 고치기   pp. 36~37

01 ○   02 ×, Indian → India
03 ×, the popularest → the most popular   04 ○
05 ×, hot winter → cold winter
06 ×, during two days → for two days
07 ×, sing and dancing → sing and dance
08 ×, the day before → the next day
09 ×, to *gulal* → with *gulal*   10 ○   11 ○
12 ×, run around and throw → to run around and throw
13 ○   14 ○   15 ×, through → from
16 ×, Have you hear of → Have you heard of
17 ×, this amazed thing → this amazing thing
18 ×, bright → dark   19 ○   20 ○
21 ×, While the festival → During the festival   22 ○
23 ×, slow appears → slowly appears   24 ○
25 ×, hear musicians to play → hear musicians playing
26 ○   27 ×, Swedish → Sweden
28 ×, favorite my season → my favorite season   29 ○
30 ×, compete → competition
31 ×, huge snow piles of → huge piles of snow
32 ×, to shape → shaping   33 ○   34 ×, fly → to fly

ⓡ Reading 실전 TEST   pp. 40~43

01 ②   02 ③   03 each other   04 ④   05 ⑤   06 밤에 큰 모닥불 주변에 모여 노래하고 춤을 춘다.   07 ④   08 ②   09 The night sky does not get completely dark.   10 ①   11 ④
12 ④   13 ⑤   14 ③   15 ④   16 ②   17 ④   18 ③   19 ①
20 ①   21 ④

[서술형]

22 It's a lot of fun to run around

23 We can gather around a big fire at night and sing and dance.

24 does not get completely dark, in May, for about a month

25 You can also hear musicians playing beautiful live music.

26 Kiruna Snow Festival, the dog sled ride, the artists shaping

01 ⓐ, ⓑ, ⓒ는 '홀리 축제'를, ⓓ는 홀리 축제의 '주요 행사'를, ⓔ는 형형색색의 가루인 gulal을 가리킨다.

02 홀리 축제가 3월에 열린다고 한 것으로 보아, 축제 기간 동안 '추운 겨울에는 작별 인사를 하고(say goodbye) 따뜻한 봄을 맞는 인사를 하다(say hello)'라는 뜻이 되는 것이 알맞다.

03 each other: 서로

04 gulal은 파랑, 노랑, 초록, 분홍의 '형형색색의 가루'를 말한다.

05 문장의 맨 앞에 쓰인 It은 가주어이고, 빈칸에는 진주어 역할을 하는 to부정사 to run이 들어가는 것이 알맞다.

06 홀리 축제의 첫 번째 날에는 밤에 큰 모닥불 주변에 모여서 노래하고 춤을 춘다고 하였다.

07 어린이들과 어른들 모두 gulal이라는 형형색색의 가루를 모든 사람들에게 던지며 즐거워한다고 하였다.

08 ② '놀라게 하는, 놀라운'을 뜻하는 형용사 amazing이 되어야 한다.

09 백야는 밤하늘이 완전히 어두워지지 않는 현상을 말한다.

10 문맥상 '개최하다'를 뜻하는 hold가 들어가는 것이 알맞다.

11 특정 기간을 나타내는 말 앞에 '~ 동안'의 의미로 during을 쓴다. 숫자로 된 구체적인 기간 앞에는 for를 쓴다.

12 ⓑ 백야에는 밤하늘이 완전히 어두워지지 않는다고 하였다.
ⓓ 백야 축제 때 거의 매일 밤 발레와 오페라 공연이 있다고는 하였지만, 무료(for free)라고 하지는 않았다.
|해석| ⓐ 상트페테르부르크는 여름에 '백야'가 있다.
ⓑ '백야' 동안에 당신은 완전히 어두워진 밤하늘을 볼 수 있다.
ⓒ 백야 축제는 약 한 달 동안 열린다.
ⓓ 사람들은 발레나 오페라를 거의 매일 밤 무료로 즐길 수 있다.

13 본문에서 sail은 '돛'을 뜻하는 명사로 쓰였다.
|해석| ① 다 자란 성인
② 사람들이 무언가를 기념하는 특별한 날이나 기간
③ 눈이나 얼음 위로 미끄러지기 위해 사용되는 작은 탈 것
④ 무언가를 기념하기 위해 공개적으로 하는 공식적인 보행이나 행군
⑤ 배나 보트 위에 바람을 가두기 위한 커다란 천 조각

14 밑줄 친 ⓑ에서 주어는 A boat이고 with red sails는 주어를 꾸며주는 어구이므로 동사는 단수형인 appears로 써야 한다.

15 can이 쓰인 문장이므로 지각동사 hear의 목적격보어로 현재분사가 와야 한다.

16 fireworks는 '불꽃놀이'를 뜻한다. 본문에서 '모닥불'에 대한 언급은 없었다.

17 (A) 뒤에 명사구가 이어지는 것으로 보아 because of가 알맞다.
(B) 의미상 '5일이나 6일 동안 계속된다'는 말이 되는 것이 자연스러우므로 goes on(계속되다)이 알맞다.
(C) snow의 단위 명사로 pile이 쓰여 piles of snow가 되는 것이 알맞다.

18 밑줄 친 우리말을 영어로 옮기면 People watch the artists shaping their works가 된다. 여기에서 쓰이지 않는 것은 for이다.

19 ① 여기서 last는 '마지막의'라는 의미의 형용사로 쓰였다.

20 to fly 이하의 to부정사구를 진주어로 하는 가주어 It이 들어가는 것이 알맞다.

21 눈 디자인 대회가 열린다고 했으나, 우승자에 대한 언급은 없었다.

22 진주어가 to부정사가 되도록 run around 앞에 to를 쓴다.

23 Holi의 첫째 날에는 밤에 큰 모닥불 주변에 모여 노래하고 춤을 춘다고 하였다.

24 백야에는 밤하늘이 완전히 어두워지지 않는다. 축제는 보통 5월에 시작하여 한 달 동안 지속된다고 했다.

25 「지각동사 hear+목적어+목적격보어(현재분사)」의 5형식 문장을 완성한다.

26 Ebba는 키루나 눈 축제를 소개하고 있으므로, 축제에 오라고 제안을 하는 것이 알맞다. Ebba는 키루나 눈 축제에서 할 수 있는 활동 중 개 썰매 타기와 예술가들의 눈 조각 감상을 추천하고 있다.
|해석| Ebba: 키루나 눈 축제에 와서 개 썰매를 타는 게 어때요? 만약 당신이 속도감을 즐기지 않는다면, 눈 디자인 대회를 즐길 수 있어요. 당신은 예술가들이 거대한 눈 덩어리를 아름다운 작품으로 만드는 것을 볼 수 있답니다.

Ⓜ 기타 지문 실전 TEST   p.45

01 ①   **02** ④   **03** ②   **04** ①   **05** It is fun to paint your body with colorful mud.   **06** ③, ⑤

---

01 (A) 문맥상 '~에 싫증이 나다'라는 뜻의 be tired of가 되는 것이 알맞다.
(B) 소제목이 'Holi, the Festival of Colors'이므로 colorful powder가 되는 것이 알맞다.
(C) '개 썰매(dog sled)'를 타라고 하는 것이 알맞다.

02 백야 축제에서는 매일 밤 오페라를 즐길 수 있다.

03 ② 문장의 It은 가주어이고, swim을 진주어 역할을 하는 to부정사 to swim으로 고쳐 써야 한다.
④ 문장의 주어 It은 앞 문장의 a famous hanok을 가리키므로, '불린다'는 뜻이 되도록 수동태 is called가 되는 것이 알맞다.

04 ① 글쓴이는 강릉에 살고 있다고 했다.
|해석| ① 글쓴이는 어디에 사는가?
② 강릉에서 가장 유명한 해변은 무엇인가?
③ 율곡은 무엇을 하였나?
④ 글쓴이는 어디에서 태어났는가?
⑤ 글쓴이가 가장 좋아하는 음식은 무엇인가?

05 가주어 It을 문장 맨 앞에 쓰고, 진주어 역할을 하는 to부정사구를 문장 뒤에 쓴다.

06 ③ 진흙 축제가 7월에 열린다고는 했으나 구체적인 개최 시간은 나와 있지 않다.
⑤ 축제 참여 시 주의할 점에 대해서는 언급되지 않았다.

01 ① 02 ⑤ 03 ③ 04 ② 05 ① 06 ③ 07 ⑤ 08 a left
09 ① 10 ⑤ 11 ② 12 ④ 13 ⑤ 14 (A) following (B) appeared (C) posted

01 ready는 형용사이고 나머지는 모두 부사이다.
|해석| ① 준비가 된 ② 거의 ③ 규칙적으로 ④ 형형색색으로 ⑤ 완전히

02 나머지는 모두 「동사 – 명사」의 관계인데, ⑤는 각각 '이웃 사람'과 '근처, 이웃, 인근'의 뜻으로 「동사 – 명사」의 관계가 아니다.
|해석| ① 해결하다 – 해결책 ② 기념하다 – 기념행사 ③ 경쟁하다 – 경쟁, 대회 ④ 광고하다 – 광고

03 nearly와 almost는 '거의'라는 뜻으로 바꿔 쓸 수 있다.

04 in person: 직접 / go on: (어떤 상황이) 계속되다
from beginning to end: 처음부터 끝까지
|해석| • 네가 직접 그곳에 갈 수 없다면, 그 다음으로 가장 좋은 것은 TV로 그것을 시청하는 것이다.
• 소음이 하루 24시간 계속된다.
• 나는 그 경기를 처음부터 끝까지 봤다.

05 advertise(광고하다)의 뜻풀이로 '뭔가를 대중적으로 알리다'가 되는 것이 자연스러우므로, 빈칸에는 known이 알맞다.

06 '태어나거나 자란 도시나 마을'을 뜻하는 것은 hometown(고향)이다. neighborhood는 '근처, 이웃, 인근'을 뜻하는 단어이다.
|해석| ① chase(뒤쫓다): 따라가서 누군가나 무언가를 잡으려고 하다
② gather(모이다): 무리로 함께 모이다
④ celebrate(기념하다): 중요한 행사나 휴일 등을 위해 특별한 것을 하다
⑤ decorate(장식하다): 어떤 것을 더함으로써 무언가를 더 아름답게 보이게 하다

07 ⑤의 hold는 모두 '열다, 개최하다'라는 뜻으로 쓰였다.
① 막다 / 블록 ② 항해하다 / 돛 ③ 지속하다 / 지난
④ 가로지르다, 가로질러 건너다 / 교차하다
|해석| ① 차 한 대가 길을 막고 있었다.
박물관은 딱 여섯 블록 떨어져 있다.
② 그 배는 대서양을 항해할 것이다.
흰 돛을 단 요트가 천천히 움직였다.
③ 눈이 다음 주까지 계속될 것이라고 한다.
지난 여름에 우리는 한 달 동안 그리스를 여행했다.
④ 길을 건너서 곧장 가라.
그 남자는 가슴 위에 팔짱을 꼈다.
⑤ 그들은 그의 생일을 축하하기 위해 파티를 열 것이다.
우리는 올해 더 큰 회의장에서 회의를 열 계획이다.

08 make a left: 왼쪽으로 돌다

09 문맥상 '엉뚱한 정류장에서 내렸다'라는 의미가 되는 것이 자연스러우므로, 빈칸에는 got off(내렸다)가 알맞다.
|해석| 나는 엉뚱한 정류장에서 내려서 다른 버스를 기다려야 했다.

10 ⑤ 의미상 '아버지 생신을 위한 축하 행사(celebration)'를 여는 것이 알맞다. competition은 '대회, 시합'이라는 의미이다.
|해석| ① 그는 진흙을 벽돌 모양으로 만들었다.
② 그의 책상 위에 종이 더미가 있었다.
③ 이 페인트가 마르는 데 얼마나 오래 걸릴까?
④ 여름철 동안에는 모든 호텔이 꽉 찬다.

11 run after them or follow them quickly in order to catch or reach them(그들을 붙잡거나 그들에게 닿기 위해 그들을 빨리 쫓아가거나 따라가다)은 chase(뒤쫓다)에 대한 설명이다. 따라서 빈칸에는 chase가 들어가는 것이 알맞다.

12 '교차하다', '가로지르다' 모두를 뜻하는 단어는 cross이다.
|해석| • 다른 것의 위에 무언가를 얹거나 두다
• 한쪽에서 다른 쪽으로 건너가다

13 ⑤의 hold는 '열다, 개최하다'라는 뜻으로 쓰였고, 나머지 모두는 '잡다'라는 뜻으로 쓰였다.
|해석| ① 양손으로 핸들을 잡아라.
② Jackson은 커다란 갈색 가방을 들고 있었다.
③ 그것은 가위를 잡는 바른 방법이 아니다.
④ 우리가 길을 건널 때 너는 내 손을 잡아야 한다.
⑤ 그 나라는 20년 만에 첫 자유선거를 개최할 예정이다.

14 (A) 문맥상 '누군가가 어둠 속에서 나를 따라오고 있었다'라는 뜻이 되도록 following이 알맞다.
(B) '낯선 사람이 나타났다'라는 뜻이 되도록 appeared가 알맞다.
(C) '웹 사이트에 게시될 것이다'라는 뜻이 되도록 posted가 알맞다.
|해석| • 나는 누군가가 어둠 속에서 나를 따라오고 있는 것을 느꼈다.
• 어느 날 낯선 사람이 우리 마을에 나타났다.
• 더 자세한 사항은 내일 웹 사이트에 게시될 것이다.

01 ⑤ 02 ③ 03 ⑤ 04 ④ 05 ④ 06 ⑤
[서술형]
07 make sandwiches, How long will it take to make them (sandwiches)?
08 (1) Take the No. 11 bus
(2) It will take about 20 minutes.
09 Come out from the school and go straight to Green Street., a left
10 They are going to have lunch together at the new Chinese restaurant, Ming's.

01 밑줄 친 말은 체육관까지 가는 방법을 묻는 표현이므로, 체육관까지 몇 정거장을 가야 하는지 묻는 말인 ⑤와 바꿔 쓸 수 없다.

02 소요 시간을 묻고 답하는 대화이므로, '(시간이) 걸리다'를 뜻하는 take가 공통으로 들어가는 것이 알맞다.

03 박물관까지 가는 길을 물었으므로, 길을 안내하는 말이 나오는 것이 알맞다.
I해석I ① 나는 어제 거기 갔었어.
② 너는 박물관에 갈 수 있어.
③ 버스로 10분 걸렸어.
④ 이 기계를 사용해 티켓을 살 수 있어.
⑤ 길을 건너서 곧장 두 블록을 가. 그런 다음 왼쪽으로 돌아.

04 2nd Street까지 곧장 간 후 왼쪽으로 돌면 오른쪽에 있다고 했으므로, 목적지인 경찰서의 위치는 ④이다.

05 '학교 축제를 홍보하기 위해 무엇을 할 수 있을까?'라는 말이 되는 것이 자연스러우므로, 첫 번째 빈칸에는 What이 알맞고, 포스터를 만들자고 제안하는 말이 되도록 두 번째 빈칸은 How about이 알맞다. 세 번째 빈칸에는 소요 시간을 물을 때 사용하는 How long이 들어가는 것이 알맞다.

06 두 사람이 학교 축제에서 무엇을 할지는 언급되지 않았다.
I해석I ① Andy가 바라는 것은 무엇인가?
② 이번 주 금요일에 무엇이 개최될 것인가?
③ 그들은 포스터를 어디에 게시할 수 있는가?
④ 그들은 왜 포스터를 만들 것인가?
⑤ 그들은 학교 축제에서 무엇을 할 것인가?

07 소요 시간을 물을 때 「How long will it take to+동사원형 ~?」으로 표현한다.
I해석I Chris와 Rachel은 학급 파티를 위해 무엇인가를 하고 싶다. Chris는 샌드위치를 만들고 싶고 Rachel은 그 생각이 맘에 든다. Rachel은 샌드위치를 만드는 데 시간이 얼마나 걸릴지 궁금하다.

08 (1) '버스를 타다'는 동사 take를 써서 표현한다.
(2) 소요 시간을 말할 때 It will take ~.로 표현한다.
I해석I A: 실례합니다. 여기서 남대문 시장에 어떻게 가나요?
B: 그건 쉽습니다. 저기 버스 정류장이 보이세요?
A: 네, 보여요.
B: 11번 버스를 타고 다섯 번째 정류장에서 내리세요.
A: 거기 도착하는 데 얼마나 걸릴까요?
B: 약 20분 정도 걸릴 거예요.
A: 정말 감사합니다.

09 그림에 따르면, 학교에서 나와서 Green Street까지 곧장 간 다음 왼쪽으로 돌면 왼쪽에서 식당을 찾을 수 있다.

10 두 사람은 이번 주 토요일에 새로 생긴 중국 음식점인 Ming's에서 점심을 함께 먹기로 하였다.

G **Grammar 고득점 맞기**　　pp.52~54

01 ②　**02** ①　**03** ⑤　**04** ⑤　**05** ①, ②　**06** ④　**07** ④
08 ②　**09** ④　**10** ③　**11** ④　**12** ②　**13** ④
[서술형]
14 (1) is not easy to write
(2) is kind of you to say
(3) is impossible for me to walk
15 (1) I hear a car coming.
(2) I smell something burning.
16 (1) It is not easy to climb the mountain.
(2) It is difficult to finish the project.
(3) It is exciting to ride a horse.
17 (1) [모범답] I can see Tom and Ann playing badminton.
(2) [모범답] I can see Mr. Johns walking his dog.
(3) [모범답] I can see Becky taking a picture.
(4) [모범답] I can see Brian riding a bicycle.
18 saw two boys run/running down the street
heard someone sing/singing a song loudly
smelled Ms. Jackson bake/baking cookies

01 가주어 It과 진주어인 to부정사구가 쓰인 문장이므로, 「It is+형용사+to부정사 ~.」의 형태가 되도록 빈칸에는 형용사가 들어가야 한다. hardly는 부사로 '거의 ~하지 않다'라는 의미이다.

02 지각동사 see의 목적격보어로 동사원형이 올 수 있다.
I해석I 그녀는 사람들이 길에서 음악을 연주하는 것을 보았다.

03 우리말을 영어로 옮기면 Yuna saw the birds flying in the sky.의 문장이 된다. 이 문장에서 5번째로 오는 단어는 flying이다.

04 ⑤ 사람의 성격이나 태도를 나타내는 형용사 kind가 쓰였으므로 to부정사의 의미상의 주어는 「of+목적격」 형태가 되어야 한다. 나머지는 모두 「for+목적격」 형태로 쓴다.
I해석I ① 내가 그 집을 찾는 것은 쉬웠다.
② 그가 그 문제를 푸는 것은 힘이 든다.
③ 그녀가 이 책을 읽는 것은 어렵다.
④ 우리가 제시간에 그곳에 도착하는 것은 불가능하다.
⑤ 네가 우리를 그 파티에 초대해 주다니 정말 친절하다.

05 지각동사 see의 목적격보어로 현재분사가 알맞다.
I해석I 너는 내 친구들이 거리에서 춤추는 것을 / 쓰레기를 줍는 것을 볼 수 있니?

06 ④의 It은 지시대명사이고, 나머지는 모두 가주어 It이다.
I해석I ① 너를 만나서 기뻐.
② 내가 거짓말을 한 것은 사실이었다.
③ 공기 없이 사는 것은 불가능하다.
④ 그것은 바로 모퉁이 주변에 있다.
⑤ 우리가 누군가의 나이를 묻는 것은 자연스럽다.

07 ④ 주어와 동사가 이어지는 것으로 보아 진주어 역할을 하는 that절이 되어야 하므로, to를 that으로 고쳐야 한다.

08 ① to 다음에 주어와 동사가 이어지는 것으로 보아 진주어 역할을 하는 that절이 되어야 한다. (to → that)
③ It이 가주어, to부정사구가 진주어인 문장이 되어야 한다. (that hear → to hear)
④ 형용사 hard는 의미상의 주어를 「for+목적격」의 형태로 써야 한다. (of me → for me)
⑤ to wearing은 진주어 역할을 하는 to부정사가 되어야 한다. (to wearing → to wear)

09 동사 tell, want는 목적격보어로 to부정사를, 지각동사(see, smell, hear)는 목적격보어로 동사원형 또는 현재분사를 취한다.
① not be → not to be   ② climbed → climb/climbing
③ come → to come   ⑤ to yell → yell/yelling

10 to부정사의 의미상의 주어는 사람의 성격이나 태도를 나타내는 형용사가 쓰였을 때 「of+목적격」으로, 그렇지 않을 때 「for+목적격」으로 쓴다. 주어진 문장 중 사람의 성격이나 태도를 나타내는 형용사(kind, careless)가 쓰이지 않은 문장은 3개이다.
|해석| • 새로운 언어를 배우는 것은 내게 흥미롭다.
• 당신이 넥타이를 착용하는 것은 불필요하다.
• 내가 아팠을 때 당신이 나를 방문했던 것은 매우 친절했다.
• 어린이들이 역사를 배우는 것은 중요하다.
• 네가 우산을 버스에 두고 내린 것은 부주의했다.

11 ask는 목적격보어로 to부정사를 쓰고, 지각동사인 feel과 hear는 목적격보어로 동사원형이나 현재분사를 쓴다.
|해석| • Jessica는 그녀의 친구에게 강아지를 <u>산책시켜 달라고</u> 부탁했다.
• John은 누군가가 그의 등을 미는 것을 느꼈다.
• 나는 네가 도서관에서 소음을 <u>내는 것을</u> 들었다.

12 ⓑ 지각동사 see의 목적격보어로 현재분사를 쓴다.
(to move → moving)
ⓔ It은 가주어이고, 진주어는 to부정사구가 되어야 한다. (meet → to meet)
|해석| ⓐ 너는 그녀가 고함치는 것을 들었니?
ⓑ 나는 너의 입술이 움직이는 것을 볼 수 있었어.
ⓒ 혼자 여행하는 것은 위험하다.
ⓓ 그가 곧 돌아올 것임은 확실하다.
ⓔ 많은 오랜 친구들을 만나는 것은 멋진 일이었다.

13 ④ 지각동사 watch의 목적격보어로 동사원형이나 현재분사를 써야 한다. (chased → chase/chasing)
|해석| ① 그 소년이 젓가락을 사용하는 것은 쉽지 않다.
② 우리 엄마는 내게 거짓말하지 말라고 말씀하셨다.
③ 나는 지난밤 앞문이 열리는 것을 들었다.
④ Dean은 그 소년들이 서로를 뒤쫓는 것을 보았다.
⑤ 내가 정직해야 함은 중요하다.

14 가주어 It, 진주어 to부정사구가 쓰인 문장을 완성한다. 의미상의 주어는 형용사에 따라 「for/of+목적격」의 형태로 to부정사구 앞에 쓴다.

15 「주어+지각동사+목적어+현재분사」 형태의 문장을 완성한다.
|해석| (1) A: 들어봐요. 자동차가 오는 소리가 들리네요.
B: Martin이 틀림없어요.
(2) A: 무슨 일이지요? 무언가가 타는 냄새가 나는군요.
B: 이런! 토스트를 잊고 있었어요.

16 「It is(+not)+형용사+to부정사 ~.」의 형태로 각 문장을 완성한다.

17 제시된 질문에서 주어는 you, 동사는 can see로 묻고 있으므로, I can see로 시작하는 문장을 쓴다. 문장의 목적어로 그림에 묘사된 인물들의 이름을 쓰고, 목적격보어로 현재분사를 써서 5형식 문장을 쓴다.

18 세 명의 응답자들이 두 문장으로 답한 것을 「지각동사+목적어+동사원형/현재분사」 형태의 하나의 문장으로 완성한다.
|해석| 경찰관: 오늘 아침 누군가가 제과점의 유리창을 깼어요. 오늘 아침에 무엇인가 보거나 소리를 들었나요?
Cindy: 소년 두 명을 보았어요. 그들은 거리로 달려갔어요.
Dave: 나는 노래를 들었어요. 누군가가 큰 소리로 노래를 불렀어요.
Jina: 나는 쿠키 냄새를 맡았어요. Jackson 씨가 쿠키를 구웠어요.

Ⓡ Reading 고득점 맞기   pp. 57~59

01 ④   **02** ②   **03** ④   **04** ③   **05** ③, ⑤   **06** ③   **07** ③
08 ⑤   **09** ⓐ shape ⓑ shaping   **10** ②   **11** ③
[서술형]
12 It lasts for two days.
13 Holi, India, March, a big fire, Throw
14 ⓑ → The two festivals are held in different seasons. / The White Nights Festival is held in summer, but the Kiruna Snow Festival is held in winter.
15 (모범답) Why don't you go to the Kiruna Snow Festival and enjoy a dog sled ride?

---

01 gulal이 처음 등장하는 문장 뒤에 그 정체를 묻는 주어진 문장이 들어가고, gulal을 설명하는 말이 이어지는 흐름이 되는 것이 자연스럽다.

02 홀리 축제의 주요 행사가 gulal이라는 색색의 가루를 던지는 것이라고 하였으므로, 제목으로 '홀리, 색의 축제'가 되는 것이 알맞다.

03 It이 가주어이고, 진주어가 to부정사인 형태가 되어야 한다.

04 '~ 동안'을 뜻할 때 특정 기간 앞에는 during을 쓰고, 숫자가 쓰인 구체적인 기간 앞에는 for를 쓴다.

05 ③ 문장의 주어가 a ballet or an opera이므로 동사를 단수 동사 is로 고쳐 써야 한다.
⑤ can이 쓰인 문장이므로 지각동사 hear의 목적격보어로 현재분사가 온다.

06 ⓐ와 ③의 last는 '지속하다, 계속하다'라는 뜻의 동사로 쓰였다.
① '마지막의'라는 뜻의 형용사로 쓰였다.
② '마지막으로'라는 뜻의 부사로 쓰였다.
④, ⑤ '지난'이라는 뜻의 형용사로 쓰였다.
|해석| ① 그녀의 집은 신호등 전 왼쪽에 있는 <u>마지막</u> 집이다.

② 마지막에 웃는 자가 최후의 승자다.

③ 나는 비가 오래 계속 올 거라고 생각하지 않는다.

④ 지난밤 그들은 집에 머물렀고 TV를 보았다.

⑤ 그들은 이 건물에 지난 3년간 살고 있다.

07 백야 축제에서 열리는 행사로 a boat cruise(보트 여행)는 언급되지 않았다.

08 ⑤ 사람들이 백야 축제 기간에 어떤 의상을 입는지는 언급되지 않았다.

|해석| ① 백야 축제는 어디서 열리는가?

② 백야는 언제 일어나는가?

③ 백야 동안에는 밤하늘에 무슨 일이 일어나는가?

④ 백야 축제는 얼마나 오래 지속되는가?

⑤ 백야 축제 기간에 사람들은 어떤 의상을 입는가?

09 ⓐ 현재시제의 글이고 주어가 The artists로 복수이므로, shape라고 쓴다.

ⓑ 지각동사 watch의 목적격보어로 동사원형 또는 현재분사가 쓰이는데, ⓐ에 이미 동사원형 shape가 쓰였으므로 현재분사 shaping을 쓰는 것이 알맞다. 또한, 문장에 from beginning to end(처음부터 끝까지) 표현이 쓰여 동작이 진행 중임을 강조하는 현재분사 shaping이 자연스럽다.

10 본문 속 It과 ②의 It은 to부정사를 진주어로 하는 가주어이다.

①, ⑤ 시간을 나타내는 비인칭 주어 It이다.

③ 지시대명사 it이다. ④ 날씨를 나타내는 비인칭 주어 it이다.

|해석| ① 지금 몇 시니, Nick?

② 말을 타는 것은 흥미롭다.

③ 내 전화를 찾을 수가 없네. 그거 어디 있는지 아니?

④ 10월이었다. 그래서 꽤 추웠다.

⑤ 4시였지만, 우편물은 아직도 오지 않았다.

11 키루나 눈 축제에서 열리는 행사로 '눈 디자인 대회'와 '개 썰매 타기'의 두 개의 행사가 언급되었다.

|해석| ① 키루나 눈 축제는 스웨덴의 키루나에서 열린다.

② 그 축제는 일주일 안에 끝난다.

③ 축제에는 오직 한 가지 행사만이 있다.

④ 예술가들은 눈으로 아름다운 작품을 만든다.

⑤ 사람들은 개 썰매를 탈 수 있다.

12 홀리 축제는 이틀 동안 열린다고 하였다.

13 축제의 이름은 홀리(Holi)이고, 3월에 인도 전역에서 열리는 행사라고 했다. 첫날 밤 큰 모닥불 주변에 모여 노래하고 춤을 춘다고 했다. 둘째 날에는 형형색색의 가루를 사람들에게 던지고, 거리 행진에 참가한다고 했다.

14 ⓑ 백야 축제는 여름에, 키루나 눈 축제는 겨울에 열린다고 하였으므로, 두 축제는 서로 다른 계절에 열린다고 말할 수 있다.

|해석| ⓐ 글쓴이는 각자 축제를 소개하고 있다.

ⓑ 두 축제는 같은 계절에 열린다.

ⓒ 백야 축제는 붉은 돛 축하 행사를 포함한다.

ⓓ 키루나 눈 축제 동안 개 썰매를 탄다.

15 Ann은 야외 활동을 좋아하는 활발한 소녀이고 겨울 방학 때 축제에 참석하고 싶어 하므로, 개 썰매 타기와 같은 활동을 할 수 있고 겨울 축제인 키루나 눈 축제에 갈 것을 추천하는 것이 알맞다.

| 서술형 **100% TEST** | pp. 60~63 |

01 last

02 [모범답] We will hold a birthday party tomorrow.

03 (1) Are you free this Saturday?

(2) How about having lunch together?

(3) How can I get there from the school?

04 come out from the school, go straight to Green Street, make a left, on my left

05 (1) Suwon Hwaseong

(2) took the No. 11 bus

(3) sixth stop

(4) about 20 minutes

06 [모범답] He asked Mina for directions to Suwon Hwaseong and she told him the way.

07 How can I get to the theater?

08 hospital

09 How long will it take to decorate the classroom?

10 (1) important, to do homework

(2) It is impossible, to stay under water for 4 minutes

11 (1) Ann saw her father water/watering the flowers.

(2) Max heard Hana play/playing the piano.

(3) Andy felt someone touch/touching his shoulder.

12 (1) It, interesting to make kimchi

(2) It was not easy to use chopsticks.

(3) It was wonderful to visit Gyeongju.

13 (1) [모범답] my dad fix the computer

(2) [모범답] birds singing outside the windows

(3) [모범답] I felt the ground shaking.

14 (1) It is called Ojukheon.

(2) It is potato tteok. It is soft and sweet.

15 (1) For the festival → During the festival

(2) that run → to run

16 spring, two days, colorful powder

17 People watch the artists shaping their works from beginning to end.

18 (1) They shape huge piles of snow into animals, buildings, and other beautiful artworks.

(2) It's the dog sled ride.

19 It usually starts in May and lasts for about a month.

20 (1) The White Nights Festival

(2) a ballet or an opera

(3) the most popular event

(4) a boat

(5) fireworks

---

01 빈칸에는 '시간상 계속되다'를 뜻하는 last가 들어가는 것이 알맞다.

|해석| 그들은 눈이 다음 주말까지 계속될 거라고 말한다.

02 밑줄 친 hold는 '열다, 개최하다'의 뜻으로 쓰였다.

|해석| 우리는 매년 반장 선거를 개최한다.

03 (1) 질문에 대해 Yes로 응답하였으므로 Are you free ~?로 묻는 것이 알맞다.

(2) 뒤이어 식당에 대한 내용이 언급되었으므로 '함께 점심 먹으면 어때?'라고 제안하는 표현이 자연스럽다.

(3) 길을 안내하는 대답이 이어지는 것으로 보아 '학교에서 그곳까지 어떻게 가니?'라는 길을 묻는 표현이 알맞다.

04 Emma가 길을 안내한 내용을 바탕으로 민수의 입장에서 완성한다.

05 대화에서 남자는 축제에 참가하기 위해 수원 화성에 가는 길을 물었으므로 수원 화성을 방문했다는 것을 추측할 수 있다. 미나의 안내대로 남자는 11번 버스를 타고 여섯 번째 정류장에 내려 수원 화성에 갔고, 버스로 약 20분이 걸렸다고 추측할 수 있다.

|해석| 5월 12일

나는 오늘 수원 화성을 방문했다.

나는 11번 버스를 타고 여섯 번째 정류장에서 내렸다. 버스로 그곳에 가는 것은 약 20분이 걸렸다. 나는 그곳에서 축제에 참여했고 정말 즐거웠다.

06 남자는 미나에게 수원 화성으로 가는 길을 물었고, 미나가 남자에게 길을 알려 주었다.

07 B가 길을 알려 주고 있으므로, A는 길을 묻는 말을 하는 것이 알맞다. 1st Street까지 곧장 가서 오른쪽으로 돌면 왼편에서 찾을 수 있는 것은 극장이므로, 극장으로 가는 길을 묻는 말을 쓴다.

08 두 블록을 곧장 가서 왼쪽으로 돌면 오른편에서 찾을 수 있는 것은 병원(hospital)이다.

09 소요 시간을 물을 때 「How long will it take to+동사원형 ~?」으로 표현한다.

|해석| Rachel과 James는 학급 파티를 위해 무언가를 하고 싶다. Rachel은 교실을 장식하고 싶고 James는 그 생각이 맘에 든다. James는 교실을 장식하는 데 시간이 얼마나 걸릴지 궁금하다. 이 상황에서 James는 Rachel에게 뭐라고 묻겠는가?

10 「It(가주어)+is+형용사+for+목적격+to부정사구(진주어)」 형태의 문장을 완성한다. 대화 내용과 일치되도록 (1)에는 형용사 important를, (2)에는 형용사 impossible을 사용한다.

|해석| (1) A: 호진아, 숙제하는 것에 대해 어떻게 생각하니?

B: 나는 그것이 중요하다고 생각해.

(2) A: Olivia, 4분 동안 잠수할 수 있어?

B: 아니, 나는 못해. 그건 불가능해.

11 「지각동사+목적어+동사원형/현재분사」 형태의 5형식 문장을 완성한다.

12 「It(가주어)+was+형용사+to부정사구(진주어)」 형태의 문장을 완성한다.

13 「지각동사+목적어+동사원형/현재분사」 형태의 5형식 문장을 완성한다.

14 be called: ~라고 불리다 / taste: ~한 맛이 나다

15 (1) 특정 기간을 나타내는 말 the festival이 이어지는 것으로 보아 for 대신 during을 쓰는 것이 알맞다.

(2) 문장의 주어 It은 가주어이고, 동사 run이 이어지는 것으로 보아

진주어 역할을 하는 to부정사구가 되도록 to run으로 고쳐야 한다.

16 Holi는 인도에서 '봄'을 축하하는 축제이고, 3월에 '이틀'간 열린다. gulal 이라는 '형형색색의 가루'를 사람들에게 던지는 것이 주요 행사이다.

17 「지각동사+목적어+현재분사」 형태의 5형식 문장을 완성한다.

18 (1) 예술가들은 눈 디자인 대회에서 거대한 눈 덩어리를 동물, 건물, 다른 아름다운 작품으로 만든다고 하였다.

(2) 축제에서 글쓴이인 Ebba가 가장 좋아하는 활동은 개 썰매 타기라고 하였다.

19 빈도부사 usually를 일반동사 앞에 쓰고, '월'을 나타내는 말 앞에는 전치사 in을 쓴다. '약 한 달 동안'은 for about a month로 표현한다. 문장의 주어가 It으로 3인칭 단수이므로 동사를 starts, lasts로 쓴다.

20 (1) 여름에 상트페테르부르크에는 백야 축제가 열린다.

(2) 백야 축제에서는 거의 매일 밤 발레나 오페라 공연을 즐길 수 있다.

(3) '붉은 돛 축하 행사'는 백야 축제에서 가장 인기 있는 행사이다.

(4) '붉은 돛 축하 행사'에서는 강 위에 빨간 돛을 단 배가 나타나고 난 후, (5) 불꽃놀이와 물 쇼를 감상할 수 있다.

|해석| Yumi: 나는 이번 여름에 러시아의 상트페테르부르크를 방문할 계획이야. 거기서 무엇을 즐길지를 추천해 주겠니?

Victor: 물론이지. 백야 축제가 여름에 그곳에서 열려. 너는 거의 매일 밤 발레나 오페라를 즐길 수 있어. 또한 너는 붉은 돛 축하 행사도 즐길 수 있어.

Yumi: 붉은 돛 축하 행사가 뭐니?

Victor: 그건 축제에서 가장 인기 있는 행사야. 빨간 돛을 단 배가 강 위에 나타나고 난 후, 너는 불꽃놀이와 물 쇼를 즐길 수 있지.

모의고사

01 ⑤　**02** ④　**03** ②　**04** ④　**05** ④　**06** ②　**07** ③　**08** ②, ⑤　**09** (1) Cross (2) right (3) one block (4) left (5) left **10** clean the classroom, take about half an hour　**11** (1) How long(How much time) will it take to　(2) How can I get to　**12** ②, ④　**13** ③　**14** (1) important to make good friends (2) was wonderful to see you　**15** talking to　**16** ⑤　**17** ②　**18** (1) cold winter, warm spring (2) Throwing *gulal*　**19** ③　**20** ③　**21** ④　**22** [모범답] We can see a boat with red sails, fireworks, and a water show. We can also hear musicians playing beautiful live music.　**23** ③　**24** ④　**25** It is a lot of fun to swim at the beach.

01 ⑤ soft(부드러운)와 hard(딱딱한)는 반의어 관계이고, 나머지는 모두 유의어 관계이다.

|해석| ① 뒤쫓다　② 거의　③ 성인, 어른　④ 완전히

02 '잡다, 들다'와 '열다, 개최하다'를 뜻하는 hold가 알맞다.

l해석l ・내가 문을 여는 동안 가방 좀 들어 줄래?

・그 밴드는 뉴욕에서 콘서트를 열 것이다.

03 ② 문맥상 첫 번째 빈칸에는 Hurry up(서두르다)이, 두 번째 빈칸에는 get off(내리다)가 알맞다.

l해석l ・서둘러라. 낭비할 시간이 없다.

・기차가 움직이고 있을 때는 내려서는 안 된다.

04 parade(퍼레이드, 행진)의 뜻풀이로 ④ '무언가를 기념하기 위해 공개적으로 하는 공식적인 보행이나 행군'이 알맞다.

l해석l 그 도시는 7월 4일에 매번 퍼레이드를 한다.

05 「How long will it take to+동사원형 ~?」은 어떤 일을 하는 데 걸리는 소요 시간을 묻는 표현이다.

06 우체국에 가는 길을 묻는 말(B)에 길을 알려 주고(E), 그곳이 멀리 있는지를 묻고(D) 답하는 말(A)이 이어진 후, 마지막에 길을 알려 주어 고맙다(C)고 인사를 하는 흐름이 되는 것이 자연스럽다.

07 빈칸 뒤에 이어지는 대화에서 B가 학교에서 출발하여 목적지에 가는 방법을 알려 주고 있는 것으로 보아, 빈칸에는 학교에서 출발해서 어떻게 가는지 길을 묻는 말이 들어가는 것이 알맞다.

l해석l ① 방학은 어땠니?

② 그 책들을 얼마 주고 샀니?

③ 학교에서 그곳에 어떻게 가니?

④ 우리 집에서 그곳에 어떻게 가니?

⑤ 학교에 가는 길을 알려 주겠니?

08 두 사람의 현재 위치와 식당까지 가는 데 걸리는 시간은 언급되지 않았다.

09 서점에 가는 길을 알려 주는 말을 완성한다. 서점은 현재 위치에서 길을 건너 오른쪽으로 돈 후 한 블록을 곧장 가서 왼쪽으로 돈다. 조금 더 곧장 가면 왼편에서 찾을 수 있다.

10 대화에 따르면, James는 학급 파티를 위해 교실을 청소할 것인데, 청소하는 데 30분 정도 걸릴 것이라고 했다.

11 (1) how와 take가 제시되었으므로 숙제를 끝마치는 데 걸리는 소요 시간을 묻는 말이 되는 것이 알맞다. 응답을 참고하여 미래시제로 쓴다.

(2) 동사로 get to가 제시되었으므로 경복궁에 가는 길을 묻는 말이 되는 것이 알맞다.

l해석l (1) A: 숙제를 끝내려면 얼마나 걸리겠니?

B: 약 30분 정도 걸려.

(2) A: 경복궁에 어떻게 갈 수 있나요?

B: 지하철 3호선을 타고 경복궁역에서 내리세요.

12 주어진 문장과 ④의 It은 to부정사를 진주어로 하는 가주어이고, ②는 that절을 진주어로 하는 가주어 It이다. ①은 시간을 나타내는 비인칭 주어, ③은 거리를 나타내는 비인칭 주어이고, ⑤는 지시대명사로 쓰인 It이다.

l해석l 인터넷에서 뉴스를 읽는 것은 편리하다.

① 잠자리에 들 시간이다.

② 그녀가 부자임은 확실하다.

③ 해변까지는 2킬로미터이다.

④ 그런 말을 하다니 무례했다.

⑤ 그것은 나의 할머니로부터 온 편지이다.

13 목적격보어로 현재분사가 올 수 있는 것은 지각동사(hear)이다. ask, tell, want, expect는 목적격보어로 to부정사가 온다.

l해석l 미나는 점심시간에 Jessica가 웃는 것을 들었다.

14 It이 가주어, to부정사구가 진주어로 쓰인 문장을 완성한다.

15 '나는 네가 누군가와 이야기하는 것을 들었어.'라는 뜻이 되도록 「지각동사 hear+목적어+현재분사」 형태의 문장을 완성한다.

16 (A) 기간을 나타내는 말 the festival 앞에는 전치사 during이 쓰인다.

(B) 특정 날(the first day) 앞에는 전치사 on이 쓰인다.

(C) gulal을 가지고 서로 뒤쫓는다는 의미가 자연스러우므로 with가 알맞다.

17 '누군가 또는 무언가를 따라가서 잡으려고 하다'를 뜻하는 것은 chase(뒤쫓다)이다.

18 (1) 홀리를 기념하는 이유는 추운 겨울에게 작별 인사를 하고, 따뜻한 봄을 맞는 인사를 하기 위해서이다.

(2) 홀리 축제의 주요 행사는 '형형색색의 가루인 gulal을 사람들에게 던지는 것'이다.

19 ③ 이틀 동안 홀리 축제를 기념한다고 했다.

① 홀리 축제는 3월에 열린다고 하였으므로, 겨울이 시작할 때 열린다고 할 수 없다.

② 축제 동안 사람들이 서로에게 작별 인사를 하는 것이 아니라, 겨울에게 작별 인사를 한다고 했다.

④ 홀리를 '색의 축제'라고 하는 것으로 보아 색색의 가루를 말하는 gulal은 축제에 꼭 필요하다.

⑤ 축제의 두 번째 날에 사람들이 서로에게 색색의 가루를 던진다고 하였다.

20 ③ '태양이 달 뒤에 숨는다'는 내용은 일식과 관련된 것으로, 밤에 어두워지지 않는 백야 현상을 설명하는 글의 내용과 어울리지 않는다.

21 completely는 '완전히'라는 뜻으로 totally와 바꿔 쓸 수 있다.

l해석l ① 부분적으로 ② 느리게 ③ 거의 ~하지 않다 ⑤ 주의 깊게

22 '붉은 돛 축하 행사'에서는 빨간 돛이 달린 배, 불꽃놀이, 물 쇼를 볼 수 있고, 라이브 음악도 들을 수 있다고 하였다.

23 ⓒ go on은 '(어떤 상황이) 계속되다'는 뜻으로 쓰였다.

24 (A) 본문의 문장은 지각동사 watch의 목적격보어로 현재분사가 자연스럽다.

(B) It을 가주어로 하는 진주어 to부정사가 되는 것이 알맞다.

25 to swim at the beach를 진주어로 하는 가주어 It이 쓰여야 하므로, 문장 맨 앞에 쓰인 There를 It으로 고쳐 써야 한다.

01 ①   02 ④   03 ④   04 ②   05 ②   06 ⑤   07 10 minutes, theater, bus   08 ②   09 (1) They are so excited about the school festival. (2) They are going to post them in their neighborhood.   10 ①, ⑤   11 ③   12 (1) the colorful balloons rise/rising up in the air   (2) someone cry/crying out   13 (1) 모범답 to have breakfast (2) 모범답 difficult to swim in the sea   (3) 모범답 It was nice to meet my friend.   14 ⓒ → It's strange that she didn't call me last night. ⓓ → I saw Joe get into the car and drive away.   15 ③   16 ③   17 ③   18 It is(It's) a lot of fun to run around   19 ③   20 ④   21 ④   22 It(The night sky) does not get completely dark.   23 ③   24 People watch the artists shaping their works from beginning to end.   25 ④

01 '시간상 계속되다'를 뜻하는 것은 last(지속하다)이다.

02 ① each other: 서로   ② make a right: 오른쪽으로 돌다
   ③ hurry up: 서두르다   ⑤ in person: 직접
|해석| ① 그 여자아이들은 서로를 마주보았다.
   ② 두 번째 신호등에서 오른쪽으로 도시오.
   ③ 자, 얘들아, 어서 음식을 다 먹으렴.
   ④ 그는 식당에서 내 옆에 앉았다.
   ⑤ 너는 직접 가서 그에게 이야기하는 것이 좋겠다.

03 |해석| • 규칙적으로 운동을 하는 것이 중요하다.
   • 정원에 모래 더미가 있다.
   • 우리는 거의 일주일 동안 할머니 댁에 머물렀다.

04 B의 말로 보아, A는 길을 묻는 말을 하는 것이 알맞다. ②는 얼마나 먼지 거리를 묻는 말이다.

05 첫 번째 빈칸은 길을 묻는 표현이 되어야 하므로 How가 들어가는 것이 알맞고, 두 번째 빈칸은 소요 시간을 묻는 How long이 되는 것이 알맞다. 따라서 공통으로 알맞은 말은 How이다.

06 주어진 문장의 it은 the festival을 가리키므로, 주어진 문장은 the festival이 언급된 다음인 ⑤에 들어가는 것이 알맞다.

07 그림으로 보아, 버스를 타면 극장까지 10분이 걸린다. '(시간이) 걸리다'를 뜻하는 동사 take 뒤에 10 minutes를, '극장까지'를 뜻하도록 to the theater를, 전치사 by 뒤에 교통편인 bus를 쓴다.

08 제시된 글에서 국립 박물관으로 가는 길을 묻는 Lisa에게 남자가 가는 방법을 알려 주었다. 따라서 Lisa의 물음에 남자가 초행길이라며 길을 알려 줄 수 없다고 답하는 ②는 주어진 상황에 맞지 않는 대화이다.
|해석| Lisa는 국립 박물관에 가기를 원하지만, 그녀는 그것이 어디 있는지 모른다. 그녀는 한 남자에게 박물관에 가는 길을 묻고, 그는 그녀에게 그곳에 가는 방법을 말해 준다. 그는 또한 그녀에게 20분 정도 걸릴거라고 말한다. Lisa는 그의 도움에 대해 고맙다고 말한다.
   ① Lisa: 실례합니다. 국립 박물관에 어떻게 가나요?
   남자: 지하철 4호선을 타고 이촌역에서 내리세요.
   ② Lisa: 실례합니다. 국립 박물관에 가는 길을 알려 주시겠어요?

남자: 미안합니다. 저는 여기가 초행길입니다.
   ③ Lisa: 뭐라고요? 다시 말씀해 주시겠어요?
   남자: 지하철 4호선을 타고 이촌역에서 내리세요.
   ④ Lisa: 국립 박물관까지는 얼마나 걸릴까요?
   남자: 약 20분 정도 걸립니다.
   ⑤ Lisa: 정말 감사합니다.
   남자: 별말씀을요.

09 (1) 두 사람은 학교 축제가 정말 기대된다고 했다.
   (2) 두 사람은 포스터를 만든 후 근처에 포스터를 붙일 수 있겠다고 하였다.

10 지각동사 see의 목적격보어로 동사원형이나 현재분사가 와야 한다.
|해석| 나는 원숭이가 나무 위로 올라가는 것을 보았다.

11 ⓐ to 뒤에 주어와 동사가 이어지는 것으로 보아 진주어는 that절이 되어야 한다.
   ⓒ 지각동사 hear의 목적격보어로 동사원형이나 현재분사가 와야 한다. (talked → talk/talking)
   ⓓ 가주어와 진주어가 쓰인 문장으로 진주어 to buy가 되어야 한다.
   ⓔ ask는 목적격보어로 to부정사가 와야 한다. (close → to close)

12 「지각동사＋목적어＋목적격보어(동사원형/현재분사)」 형태의 문장을 완성한다.

13 가주어 It, 진주어 to부정사구를 사용하여 문장을 쓴다.

14 ⓒ It을 가주어로 하고, 주어와 동사가 이어지는 것으로 보아 주어 역할을 하는 that절이 되어야 하므로, to를 that으로 고쳐 써야 한다.
   ⓓ 지각동사 saw의 목적격보어로 get과 drive가 쓰였다. 지각동사의 목적격보어로 동사원형 또는 현재분사가 쓰이는데, 앞에서 동사원형 get이 쓰였으므로 병렬구조인 and 이하에서 to drive를 동사원형 drive로 고쳐 써야 한다.

15 ⓒ 문맥상 '이틀 동안'을 뜻하는 for two days가 되는 것이 알맞다. in two days는 '이틀 후에'를 뜻한다.

16 앞 문장에서 '파랑, 노랑, 초록, 분홍의 가루'라고 한 것으로 보아 colorful powder(형형색색의 가루)라고 하는 것이 알맞다.

17 주요 행사는 둘째 날에 시작된다고 하였으므로, 주요 행사가 이틀 걸린다는 두 번째 문장은 일치하지 않는다(F). 거리 행진은 둘째 날에 참여할 수 있다고 하였으므로, 세 번째 문장도 일치하지 않는다(F).

18 It을 가주어로 하여 문장 맨 앞에 쓰고, 진주어인 to부정사구 to run around를 문장 뒤로 보내어 쓴다.

19 특정 기간을 나타내는 that time과 the festival 앞에는 '～ 동안'을 뜻하는 전치사 during이 들어가는 것이 알맞다.

20 ⓑ hold는 '개최하다'라는 뜻으로 쓰였는데 이를 나타내는 영어 뜻풀이로 알맞은 것은 ④ '회의, 시합, 대화 등을 열다'이다.
|해석| ① 무언가를 지지하다
   ② 당신의 손이나 팔로 무언가를 잡고 보관하다
   ③ 누군가를 어딘가에 두고 떠날 수 없게 하다
   ⑤ 특히 지위나 돈과 같은 무언가를 갖거나 무언가를 조종하다

21 ④ 불꽃놀이가 시작되면 물 쇼가 이어진다고 하였다.

22 '백야'는 러시아의 여름철에 밤하늘이 완전히 어두워지지 않는 현상을 말한다.

23 ⓒ 문맥상 '예술가들이 눈 덩어리를 아름다운 작품의 모양으로 만든다'는 뜻이 되는 것이 알맞으므로, bring이 아니라 shape가 되는 것이 알맞다.

24 「지각동사 watch+목적어+목적격보어(현재분사)」의 5형식 문장을 완성한다.

25 ④ 키루나 눈 축제에서 볼 수 있는 작품의 개수는 언급되지 않았다.

　|해석| ① Ebba가 가장 좋아하는 계절은 무엇인가?

　② 키루나 눈 축제는 언제 시작하는가?

　③ 그 축제는 얼마나 지속되는가?

　④ 그 축제 동안 얼마나 많은 작품을 볼 수 있는가?

　⑤ Ebba가 축제에서 가장 좋아하는 활동은 무엇인가?

제3회 대표 기출로 내신 적중 모의고사　pp. 72~75

01 ④　02 from beginning to end / from start to finish　03 ①　04 ④　05 ④　06 1, 3, 2　07 ④　08 ⓑ → Emma suggests they have lunch together this Saturday. ⓒ → Ming's is near the school.　09 How about making posters?　10 it will take about three hours　11 ④　12 ⑤　13 saw, jump/jumping　14 (1) It, nice to help people in trouble (2) It, useful to speak a foreign language (3) It, dangerous to ride a bike at night　15 ④　16 [모범답] It is wonderful to visit India during Holi.　17 ④　18 ⑤　19 Have you heard of the *White Nights*?　20 ②　21 ③　22 ⓑ → The White Nights Festival is held (during the *White Nights* in St. Petersburg).　23 ④　24 ②　25 the dog sled ride

01 ④ decorate는 '장식하다'라는 의미이고, appear는 '나타나다'라는 의미로 바꾸어 쓸 수 없다.

　|해석| ① 나는 전적으로 너에게 동의한다.

　② 우리는 거의 2년 동안 그곳에 살았다.

　③ 티켓은 성인용은 5달러이고 어린이용은 3달러이다.

　④ 크리스마스트리 장식하는 것을 도와줄 수 있니?

　⑤ 나는 하루 종일 텔레비전을 보는 게 지겨워.

02 '처음부터 끝까지'는 from beginning to end 또는 from start to finish로 표현한다.

03 '가지고 가다'와 '(시간이) 걸리다'를 뜻하는 단어는 take이다.

　|해석| • 당신이 떠날 때 코트 가져가는 것을 기억하세요.

　• 공항으로의 여정은 약 30분 정도 걸린다.

04 get off(내리다, 하차하다)의 영어 뜻풀이는 to leave a bus, train, or aircraft이다. to go onto a bus, train, aircraft, or boat는 get on(타다, 승차하다)의 영어 뜻풀이이다.

　|해석| ① 그의 연설은 여러 시간 지속될 수 있었다.

　② 당신은 서두르지 않으면 기차를 놓칠 것이다.

　③ 당신은 내일 직접 여기로 와야 한다.

④ 그녀의 팬들은 그녀가 비행기에서 내릴 때 그녀를 기다리고 있을 것이다.

　⑤ 그들의 아기는 지난 12월에 태어났다.

05 소요 시간을 물을 때 How long을 사용한다.

06 은행에 가려면 곧장 가다가 오른쪽으로 돌고, 그 다음 길을 건너라고 했다.

07 ④ 도서관에 가는 길을 묻는 말에 음료 자판기 사용법을 설명하는 것은 어색하다.

　|해석| ① A: Red Street까지 곧장 가서 오른쪽으로 도세요. 공원은 당신 왼편에 있을 거예요.

　B: 정말 감사합니다.

　② A: 막대 아이스크림을 만드는 데 시간이 얼마나 걸릴까요?

　B: 약 3시간 정도요.

　③ A: 아마도 샌드위치를 만드는 데 약 30분 정도 걸릴 거야.

　B: 좋아! 그것을 만들자.

　④ A: 실례합니다. 도서관에 어떻게 가나요?

　B: 첫째, 음료를 고르세요. 기계에 돈을 넣으세요. 마지막으로 버튼을 누르세요.

　⑤ A: 박물관에 가는 방법을 알려 주시겠어요?

　B: 물론이죠. 당신은 지도의 여기에 있어요. 길을 따라 걷다가 왼쪽으로 도세요. 그런 다음 길을 건너세요.

08 Emma는 민수에게 이번 주 토요일에(this Saturday) 점심을 먹자고 하였고, 새로 생긴 중국 음식점 Ming's는 학교 근처에(near the school) 있다고 하였다.

　|해석| ⓐ 민수는 Emma와 전화 통화를 하고 있다.

　ⓑ Emma는 그들이 오늘 함께 점심 식사를 할 것을 제안한다.

　ⓒ Ming's는 학교에서 멀다.

　ⓓ 그들은 12시에 만날 것이다.

09 제안하는 말을 할 때 「How about+동사원형-ing ~?」로 표현할 수 있다.

10 소요 시간을 말할 때 It will take ~.로 표현할 수 있다.

11 가주어 It을 문장 맨 앞에 쓰고, 주어로 쓰인 동명사구를 진주어 역할을 하는 to부정사구로 바꿔 쓴 문장이 알맞다.

12 목적격보어로 동사원형이 올 수 있는 동사는 지각동사(watch)이다.

13 「지각동사 see+목적어+목적격보어(동사원형/현재분사)」 형태의 문장을 완성한다.

　|해석| 내가 민지를 보았을 때, 그녀는 Tom과 함께 줄넘기를 하고 있었다.

14 가주어 It을 문장 맨 앞에 쓰고 [보기1]에서 알맞은 형용사를, [보기2]에서 동사구를 골라 진주어 역할을 하는 to부정사구로 바꿔 문장 뒤에 쓴다.

15 주어진 문장은 축제의 첫째 날에 하는 행사를 설명하고 있으므로, 둘째 날에 하는 행사가 언급되는 문장의 바로 앞에(④) 들어가는 것이 알맞다.

16 밑줄 친 It은 가주어이므로, 가주어 It을 문장 맨 앞에 쓰고 wonderful을 be동사의 보어로, 진주어로 to부정사나 that절을 쓰는 문장을 완성한다.

17 홀리 축제가 열리는 기간은 이틀(two days)이라고 언급되어 있으나

그 외에 대한 언급은 없다.

18 ⑤ 색색의 가루인 gulal을 지니고 하는 활동은 축제의 둘째 날에 벌어진다.

19 '~을 해 본 적이 있나요?'는 '경험'을 나타내는 현재완료 의문문 「Have you+과거분사 ~?」로 표현할 수 있다.

20 문맥상 '5월에 시작되고(starts) 약 한 달 동안 지속된다(lasts)'는 의미가 되는 것이 자연스럽다.

21 지각동사 hear의 목적격보어로 현재분사 playing이 들어가는 것이 알맞다.

22 ⓑ '백야 기간에 상트페테르부르크에서 무엇이 열리는가?'라는 질문에 '백야 축제가 열린다.'라고 답할 수 있다.

23 눈으로 예술 작품을 만들고, 눈 위에서 개 썰매를 타는 것으로 보아, '눈 축제'를 설명하고 있음을 알 수 있다.

24 ⓑ 형용사 large의 최상급은 the largest로 쓴다.
   ⓔ to부정사구 to fly 이하를 진주어로 하는 가주어 It이 되어야 한다.

25 글쓴이가 가장 좋아하는 활동은 개 썰매 타기(the dog sled ride)라고 하였다.
   |해석| 글쓴이는 축제에서의 활동 중에 개 썰매 타기를 가장 좋아한다.

제4회 고난도로 내신 적중 모의고사 pp. 76~79

01 ② 02 ③ 03 ② 04 ④ 05 ③ 06 [모범답] He is going to (go to the bus stop and) take the No. 11 bus. 07 (1) the class party (2) decorate the classroom (3) How long (4) decorate it (5) about an(one) hour 08 (1) go straight to 2nd Avenue/go straight one block (2) make a right (3) your right 09 ④ 10 ② 11 ③ 12 ③ 13 (1) for you → of you (2) 사람의 성격이나 태도를 나타내는 형용사가 쓰일 때 의미상의 주어는 「of+목적격」의 형태로 쓴다. 14 ⓓ → doing 15 ⓐ → It is usually in March. ⓑ → We celebrate the festival everywhere for two days. ⓒ → It's a lot of fun to run around and throw colorful powder at everyone. 16 ③, ⑤ 17 (1) say goodbye (2) each other 18 [모범답] It is blue, yellow, green and pink powder. It is used for throwing at each other during Holi. 19 ⑤ 20 ④ 21 You can also hear musicians playing beautiful live music. 22 ② 23 ② 24 It is amazing to fly 25 Sweden, January, the snow design, the(a) dog sled

01 첫 번째 빈칸에는 '모이다'를 뜻하는 gather가, 두 번째 빈칸에는 '돛'을 뜻하는 sail이, 세 번째 빈칸에는 '가로질러 건너다'를 뜻하는 cross가, 네 번째 빈칸에는 '뒤쫓다'를 뜻하는 chase가 들어가는 것이 알맞다.
   |해석| • 축구 팬들은 바의 구석에 있는 TV 주위에 모였다.
   • 우리는 짧은 밧줄 몇 가닥으로 배의 돛을 묶어야 했다.
   • 그곳은 길을 건너기에 좋은 장소가 아니다.

• 그 개는 막대를 쫓아갔다.

02 ③ 문맥상 '다음 정류장에서 내려야 한다'가 되는 것이 자연스러우므로, go on(계속되다) 대신 get off(내리다)가 되어야 한다.
   |해석| ① 그녀는 계단을 올랐다.
   ② Don과 Susie는 서로 정말 사랑했다.
   ③ 실례하지만, 저는 다음 정류장에서 내려야 해요.
   ④ 너는 서둘러야 한다. 그렇지 않으면 시간 맞춰 그것을 끝낼 수 없다.
   ⑤ 너는 직접 또는 우편으로 즉시 신청해야 한다.

03 ⓐ, ⓒ의 last는 '지속하다'는 뜻의 동사로, ⓑ는 '마지막의'라는 뜻의 형용사로, ⓓ는 '지난'이라는 뜻의 형용사로, ⓔ는 '마지막으로'라는 뜻의 부사로 쓰였다.
   |해석| ⓐ 지속되지 않을 것이니 이 계절을 즐겨라.
   ⓑ 내가 마지막 초콜릿을 먹어도 될까?
   ⓒ 그 경기는 두 시간 이상 동안 지속되었다.
   ⓓ 지난밤 파티에서 그녀는 누구와 함께 춤을 추고 있었니?
   ⓔ 내가 그녀를 마지막으로 봤을 때, 그녀는 뉴욕에서 일하는 중이었다.

04 수원 화성으로 가는 길을 묻는 말에 길을 알려 주는 대화인데, 화성을 짓는 데 얼마나 오랜 시간이 걸렸는지 묻는 말은 흐름상 어색하다.

05 미나는 길을 묻는 말에 친절히 답해 주었다. 미나가 길을 물은 남자를 태워다 주겠다고 언급한 적은 없다.
   |해석| ① 미나는 여기 처음 온 사람이 아니다.
   ② 그들은 버스 정류장을 보면서 이야기하고 있다.
   ③ 미나는 그 남자를 수원 화성에 태워다 줄 것이다.
   ④ 한 시간 내에 그 남자는 아마 수원 화성에 도착할 것이다.
   ⑤ 그 남자는 축제를 즐기기 위해 수원 화성에 가는 중이다.

06 길을 묻고 답하는 대화이므로, 대화가 끝난 바로 후에 남자는 미나의 길 안내에 따라 버스 정류장으로 가서 11번 버스를 탈 것이다.

07 (1), (2) Ann은 학급 파티를 위해 교실을 꾸밀 것이다.
   (3), (4), (5) 표에 따르면, Ann은 교실을 꾸미는 데 한 시간 정도 걸릴 것이다.

08 학교에서 나와 길을 건넌다. 왼쪽으로 돌아 2nd Avenue까지 곧장 간다/한 블록을 곧장 간다. 오른쪽으로 돈 후, 한 블록을 곧장 더 가서 모서리에서 오른쪽으로 돌면, 은행이 오른편에 있다.

09 ask는 목적격보어로 to부정사를 쓰고, could가 쓰인 문장에서 지각동사 hear의 목적격보어로 현재분사를 쓴다.
   |해석| • 그녀는 그에게 소금을 건네달라고 요청했다.
   • 그녀는 새들이 노래하는 것을 들을 수 없었다.

10 ② It's far from here.(여기서 멀어요.) 뒤에 You can't miss it.(놓칠 리 없어요.)이 이어지는 것은 어색하다. You can't miss it.은 구체적으로 길을 안내한 뒤, '지나칠 리 없다, 쉽게 찾을 수 있다'는 의미로 하는 말이다.
   |해석| ① A: 국립 민속 박물관에 가는 방법을 알려 주시겠어요?
   　B: 지하철 3호선을 타고 안국역에서 내리세요.
   ② A: 실례합니다. 지하철역으로 가는 길을 알려 주시겠어요?
   　B: 그곳은 여기서 멀어요. 놓칠 리 없어요(꼭 찾을 수 있을 거예요).
   ③ A: 한 블록을 곧장 가서 오른쪽으로 도세요. 극장은 당신의 왼편에 있을 겁니다.

B: 뭐라고요? 다시 말씀해 주시겠어요?

④ A: 일을 다 끝내려면 얼마나 걸릴까요?

   B: 약 30분 정도 걸릴 거예요.

⑤ A: 내가 어디에서 우체국을 찾을 수 있나요?

   B: 죄송해요. 저도 이곳이 초행길이에요.

11 우리말을 영어로 옮기면 It is exciting to experience other cultures.의 문장이 된다. 의미상의 주어가 필요하지 않으므로 전치사 for는 필요하지 않다.

12 첫 번째 문장의 의미상의 주어 of her는 for her가 되어야 한다. 세 번째 문장에서 allow의 목적격보어는 to play가 되어야 한다. 네 번째 문장에서 지각동사 watch의 목적격보어는 동사원형이나 현재분사가 되어야 한다.

|해석| • 그녀가 그 시험에 통과한 것은 훌륭하다.

• 나는 그가 문을 두드리는 것을 들을 수 있다.

• 나는 남동생이 나의 스마트폰을 갖고 놀도록 허락했다.

• 그들은 그 주자가 결승선을 통과하는 것을 보았다.

• 그 일에 적합한 사람을 찾는 것은 중요하다.

13 kind는 사람의 성격을 나타내는 형용사이므로 to부정사의 의미상의 주어를 「of+목적격」의 형태로 쓴다.

14 지각동사 hear의 목적격보어로 현재분사가 알맞다.

15 ⓐ 월 앞에는 전치사 in을 쓴다.

ⓑ '~ 동안'이라는 의미로 숫자가 쓰인 구체적인 기간을 나타낼 때는 전치사 for를 쓴다.

ⓒ 문장의 맨 앞에 쓰인 It은 가주어이고, 진주어 to부정사구가 이어져야 하므로 to run으로 고쳐 써야 한다.

16 홀리 축제의 두 번째 날에는 색색의 가루인 gulal을 서로에게 던질 수 있고, 거리 행진에 참여할 수 있다고 했다.

17 (1) say goodbye to: ~에게 작별 인사를 하다

(2) each other: 서로

|해석| A: 떠날 시간이야, Tom. John에게 작별인사를 해야 해. John 과 너는 언제든 서로 연락할 수 있어.

B: 알겠어요, 엄마.

18 gulal은 '색색의 가루'로 홀리 축제 중에 사람들이 서로에게 던지는 용도로 사용한다.

19 ⑤ '사람들이 경쟁하는 행사나 대회'는 competition(대회, 시합, 경쟁)의 영어 뜻풀이이다.

①은 last(지속하다), ②는 hometown(고향), ③은 festival(축제), ④는 sail(돛)의 영어 뜻풀이이다.

20 '~ 동안'이라는 의미로, 특정 기간을 나타내는 that time과 the festival 앞에는 전치사 during을 쓰고, 구체적인 기간을 나타내는 a month 앞에는 전치사 for를 쓴다.

21 「지각동사 hear+목적어+목적격보어(현재분사)」 형태의 5형식 문장을 완성한다.

22 ② 백야 현상은 밤에도 하늘이 어두워지지 않는 현상이다.

23 ⓑ 'A를 B의 형태로 만들다'는 뜻의 shape *A* into *B*가 되는 것이 알맞으므로, for가 아니라 into가 되어야 한다.

ⓒ '처음부터 끝까지'를 뜻하는 from beginning to end가 되는 것이 알맞으므로, with를 from으로 고쳐야 한다.

24 가주어 It을 문장 맨 앞에 쓰고, 진주어인 to부정사 to fly를 문장 뒤에 써서 문장을 완성한다.

25 키루나 눈 축제는 스웨덴 키루나에서 1월 마지막 주에 열리는 축제라고 했다. 키루나 눈 축제에서 참여할 수 있는 활동으로 '눈 디자인 대회'와 '개 썰매 타기'를 소개하고 있다.

Lesson 6
Into Outer Space

STEP A

W Words 연습 문제   p.83

A 01 기간, 길이   B 21 apply
02 비슷한   22 lifetime
03 전시회   23 experience
04 절반   24 difference
05 적응하다   25 average
06 장식하다, 꾸미다   26 deaf
07 행성   27 peel
08 우주, 공간   28 although
09 더 먼, 더 멀리   29 organization
10 필요한, 없어서는 안 될   30 produce
11 발명품, 발명   31 following
12 생활을 하다, 지내다   32 moon
13 몇몇의   33 environment
14 마지막으로   34 imagine
15 바닥   35 include
16 창의적인   36 solar system
17 이유   37 communicate
18 시각 장애가 있는, 눈이 먼   38 lose
19 호기심이 많은, 궁금한   39 inventor
20 임무   40 electricity
C 01 유머 감각   02 게다가
03 평균적으로   04 놓치다
05 지금부터   06 최선을 다하다
07 ~을 찾다   08 ~와 잘 지내다

W Words Plus 연습 문제   p.85

A 1 similar, 비슷한   2 difference, 차이
3 environment, 환경, 주위의 상황   4 mission, 임무
5 several, 몇몇의   6 length, 기간   7 average, 평균
8 peel, 껍질을 벗기다
B 1 difference   2 organization   3 exhibition   4 lastly

C 1 necessary   2 length   3 planet   4 include
5 imagine
D 1 From now on   2 on average   3 miss out
4 In addition   5 sense of humor

W Words 실전 TEST   p.86

01 ②   02 ②   03 ③   04 is similar to   05 ⑤   06 on
07 ②

01 [보기]의 두 단어와 ②는 「형용사－명사」의 관계이다. ①과 ③은 유의어, ④는 반의어, ⑤는 「동사－명사」의 관계이다.
02 '어떤 것도 들을 수 없다'라는 의미의 단어는 deaf(귀가 먼)이다.
03 첫 번째 빈칸은 '(얇게) 썰다, 자르다'라는 의미의 동사 slice가 알맞고, 두 번째 빈칸은 '조각'이라는 의미의 명사 slice가 알맞으므로, 빈칸에 공통으로 알맞은 말은 slice이다.
　|해석| • 그 치즈를 (얇게) 썰어 줄래?
　　• 나는 샌드위치를 만들기 위해 빵 네 조각이 필요해.
04 '~과 비슷하다'는 be similar to로 표현한다.
05 ⑤ apply는 '지원하다'라는 의미이고 '적응하다'라는 뜻을 나타내는 것은 adapt이다.
　|해석| ① 나는 가게에서 몇 가지 물건을 사야 한다.
　　② 식료품점이 내가 생각했던 것보다 더 멀다.
　　③ 그는 한 국제적인 단체에서 일한다.
　　④ 우리의 임무는 생존자를 수색하는 것이다.
　　⑤ 그녀는 광고 회사에 지원할 것이다.
06 첫 번째 문장은 '평균적으로'라는 의미의 on average가 알맞고, 두 번째 문장은 '지금부터'라는 의미의 from now on이 알맞으므로, 빈칸에 공통으로 알맞은 말은 on이다.
　|해석| • 나는 평균적으로 하루에 2리터의 물을 마신다.
　　• 나는 지금부터 더 조심할 것이다.
07 ②의 length는 '(무엇이 계속되는) 기간'을 나타내고, 주어진 문장과 나머지는 모두 '길이'를 나타낸다.
　|해석| 나는 그 강의 길이를 모른다.
　　① 그의 머리카락 길이를 봤니?
　　② 각 수업 시간(기간)은 45분이다.
　　③ 그 보트 길이는 10미터이다.
　　④ 나는 이 치마의 길이가 마음에 든다.
　　⑤ 어떤 물고기는 1미터 길이까지 자랄 수 있다.

L&S Listen & Speak 만점 노트   pp.88~89

Q1 F
Q2 전화기

Q3 doctor

Q4 달걀을 얇게 썰기 위한 도구

Q5 slippers

Q6 ②

Q7 먹

Q8 과학 전시회

Q9 a VR headset

L&S Listen & Speak 빈칸 채우기 pp. 90~91

1 what this is, looks like, can spread butter

2 know who this man is, an inventor, was interested in, were deaf, made some inventions

3 helped sick people, Do you know who he is, That's right, No, I don't

4 What is it for, May I try it

5 made them, in science class, not just for wearing, what are they for, put them on, Don't worry about

6 have never seen it, It's for making ink

7 a science exhibition, I heard, Do you know what it is, What is it for, you can experience another world, Here you go

---

L&S Listen & Speak 대화 순서 배열하기 pp. 92~93

1 ⓓ – ⓐ – ⓒ – ⓑ – ⓔ

2 ⓓ – ⓐ – ⓖ – ⓒ – ⓗ – ⓕ – ⓔ – ⓑ

3 ⓒ – ⓐ – ⓑ

4 ⓓ – ⓑ – ⓐ – ⓒ

5 ⓐ – ⓖ – ⓓ – ⓑ – ⓕ – ⓒ – ⓔ

6 ⓑ – ⓒ – ⓐ – ⓓ

7 ⓒ – ⓘ – ⓑ – ⓖ – ⓙ – ⓔ – ⓐ – ⓗ – ⓓ – ⓕ

L&S Listen & Speak 실전 TEST pp. 94~95

01 ② **02** ④ **03** ① **04** ③ **05** ② **06** slippers, cleaning, science **07** ④ **08** ② **09** ②

[서술형]

10 What is it for?

11 Do you know what this is?

12 ⓐ → Do you know who this man is?

13 He invented the telephone.

01 What is it for?라고 용도를 묻는 말에 대한 답으로 물건의 용도를 말하고 있다.

---

02 B가 Yes, I do.라고 답하면서 그가 누구인지 말하고 있으므로 빈칸에는 설명하는 사람에 관해 알고 있는지 묻는 말인 Do you know who he is?가 알맞다.

03 It's for ~.로 용도를 말하는 답이 이어지는 것으로 보아, 빈칸에는 용도를 묻는 질문이 알맞다.

04 용도를 묻는 말에 대한 답으로 만들어진 재료를 말하는 ③은 알맞지 않다. be made of는 '~으로 만들어지다'라는 뜻이다.

05 첫 번째 빈칸에는 이유를 묻는 의문사 Why가 알맞고, 두 번째 빈칸에는 용도를 묻는 표현인 What are they for?에 쓰이는 의문사 what이 알맞다.

06 전치사 for 뒤에 동사가 올 때는 동명사 형태로 쓴다.

|해석| 소년은 과학 시간에 바닥 청소를 위한 슬리퍼를 만들었다.

07 (A) '전시회'라는 의미의 exhibition이 알맞다.

(B) '다른'이라는 의미의 another가 알맞다.

(C) '멋진'이라는 의미의 cool이 알맞다.

08 '음, 잘 모르겠어.'라는 의미이므로, Do you know ~?에 대한 부정의 응답이 되도록 무엇인지 묻는 질문인 What is it? 앞이 알맞다.

09 '그것을 쓰면, 다른 세상을 경험할 수 있어.'라는 의미의 문장이 자연스러우므로 빈칸에는 조건을 나타내는 접속사 If가 알맞다.

10 용도를 물을 때 What is it for?라고 말한다.

11 Do you know 뒤에는 「의문사+주어+동사」의 어순으로 쓴다.

12 '이 남자가 누구인지 아니?'라고 묻는 표현은 Do you know 뒤에 「의문사+주어+동사」의 어순으로 써야 한다.

13 Bell이 만든 발명품으로 언급된 사물은 전화기이다.

|해석| Bell은 무엇을 발명했는가? 구체적인 물건을 답하시오.

G Grammar 핵심 노트 1 p. 96

QUICK CHECK

1 (1) early (2) as (3) not as

2 (1) as (2) 옳음 (3) difficult

1 |해석| (1) 나는 우리 엄마만큼 일찍 일어난다.

(2) 우리 할머니는 나보다 네 배만큼 나이가 많다.

(3) 돈은 건강만큼 중요하지 않다.

2 |해석| (1) 이 영화는 저 영화만큼 재미있다.

(2) 네 책은 내 것의 두 배만큼 두껍다.

(3) 일본어는 내게 영어만큼 어렵지 않다.

G Grammar 핵심 노트 2 p. 97

QUICK CHECK

1 (1) although (2) Although (3) Although

2 (1) Although I studied (2) Although she has

(3) Although he is old / Despite(In spite of) his old age

1 |해석| (1) 그는 규칙적으로 운동을 하지만, 건강하지 않다.

(2) 그녀는 치통이 있었지만, 치과에 가지 않았다.

(3) 비가 오고 있었지만, 우리는 밖에서 축구를 했다.

2 |해석| (1) 나는 열심히 공부했지만, 기말고사에서 낙제했다.

(2) 그녀는 많은 팬이 있지만, 행복하지 않다.

(3) 늦은 나이에도 불구하고, 그는 아주 열심히 일한다.

G Grammar 연습 문제 1   p. 98

A 1 as   2 not as   3 heavy   4 funny   5 times

B 1 as brave as   2 as hard as   3 not as famous as

    4 as cheap as   5 as important as

C 1 as comfortable as   2 not as(so) cold as

    3 twice as expensive as

D 1 I studied as hard as my (older) sister for the test.

    2 This book is not as interesting as comic books.

    3 My father is three times as old as I.

A |해석| 1 나는 스키를 타는 것이 스케이트를 타는 것만큼 신난다고 생각한다.

2 이 초콜릿은 저 사탕만큼 달지 않다.

3 네 카메라는 내 것의 약 두 배만큼 무겁다.

4 Kevin은 Tony만큼 재미있다.

5 이것은 저것의 세 배만큼 크다.

B |해석| 1 내 남동생은 나만큼 용감하다.

2 이 침대는 돌만큼 딱딱하다.

3 이 그림은 모나리자만큼 유명하지 않다.

4 그 시계는 그 모자만큼 저렴하다.

5 저금하는 것은 돈을 버는 것만큼 중요하다.

G Grammar 연습 문제 2   p. 99

A 1 Although   2 Because   3 If   4 Although   5 When

B 1 Although   2 Despite   3 Although   4 Despite

    5 Although

C 1 Although it rained heavily, we went out.

    2 Although he is nearly 80 years old, he is still very active.

    3 Although we did our best, we failed to win a gold medal.

D 1 although I had no classes today

    2 Despite her old age

    3 Although it is raining, not be canceled

    4 in spite of his illness

A |해석| 1 그녀는 70살이었지만, 마라톤을 완주했다.

2 그는 아주 피곤했기 때문에, 일찍 잠자리에 들었다.

3 동전을 넣으면, 자동판매기가 작동할 것이다.

---

4 추웠지만, 그는 코트를 입지 않았다.

5 그녀는 중학생 때, 학교 연극에서 연기했다.

B |해석| 1 우리는 최선을 다했지만, 그 경기에서 졌다.

2 무더운 날씨에도 불구하고, 그녀는 재킷을 입고 있었다.

3 그들은 학교에 늦었지만, 뛰지 않았다.

4 그녀는 병중임에도 불구하고, 여행을 즐겼다.

5 그는 부유하지 않았지만, 매년 돈을 기부했다.

C |해석| 1 비가 많이 왔지만, 우리는 외출했다.

2 그는 거의 80살이지만, 여전히 아주 활동적이다.

3 우리는 최선을 다했지만, 금메달을 따는 데 실패했다.

G Grammar 실전 TEST   pp. 100~103

01 ④   **02** ④   **03** ③, ⑤   **04** ②   **05** ④   **06** ③   **07** ④

08 ①   **09** ②   **10** ③   **11** tall   **12** Despite / In spite of

13 ④   **14** difficulty → difficult   **15** despite → although / though / even though   **16** ④   **17** ②   **18** ④   **19** ③   **20** ③, ⑤   **21** ②

[서술형]

22 (1) 모범답 as big as the yellow car

    (2) 모범답 as expensive as the green car

    (3) 모범답 as old as the yellow car

23 (1) Although he is alone, he is happy.

    (2) Although he is hungry, he can't eat any food.

    (3) Although he takes regular exercise, he is not healthy.

24 Despite his old age

25 (1) This melon is as sweet as honey.

    (2) The library is not as(so) far as the post office.

    (3) This tower is twice as tall as that building.

26 (1) This room is three times as big as mine.

    (2) Although(Though / Even though) she got up early, she was late for school.

---

01 문맥상 '(비록) ~이지만'이라는 의미의 Although가 알맞다.

|해석| 나는 배가 고프지 않았지만, 피자 한 판 전부를 먹었다.

02 '~만큼 …한'의 의미를 나타내는 as ~ as 구문에서 as와 as 사이에는 형용사의 원급을 쓴다.

|해석| 이 카메라는 저것만큼 _____하다.

03 뒤에 주어와 동사를 포함한 절이 오는 경우 접속사 Although, Though, Even though가 올 수 있다. Despite와 In spite of는 전치사(구)로 뒤에 명사(구)가 온다.

|해석| 그들은 쌍둥이지만, 달라 보인다.

04 ② as와 as 사이에는 원급을 쓰므로 softer가 아니라 soft가 되어야 한다.

|해석| ① 이 노래는 "Hey Jude"만큼 인기가 있다.

② 그 땅은 스펀지만큼 부드럽다.

③ 내 언니는 내 두 배만큼의 나이이다.

④ 그의 인기에도 불구하고, 그는 행복하지 않았다.

⑤ 그녀는 어리지만, 스스로 모든 것을 한다.

05 주절과 접속사가 이끄는 절이 반대되는 의미 관계를 나타낼 때 접속사 although를 쓴다. ④는 종속절이 주절의 원인을 나타내므로, 빈칸에는 접속사 Because가 알맞다.

|해석| ① 그는 그의 방을 청소했지만, 방은 여전히 더러웠다.

② 나는 진실을 알지만, 누구에게도 말하지 않을 것이다.

③ 나는 조심했지만, 같은 실수를 했다.

④ 그는 바빴기 때문에, 그 모임에 참석할 수 없었다.

⑤ 그녀는 피곤했지만, 계속 일을 했다.

06 '몇 배만큼 ~한'의 의미를 나타낼 때는 「배수사+as+형용사의 원급+as」의 형태로 쓴다.

07 '(비록) ~이지만'의 뜻을 가진 접속사 although가 쓰인 문장을 고른다.

08 as와 as 사이에는 원급이 와야 하므로 cold가 알맞다.

|해석| 오늘은 어제만큼 춥다.

09 |해석| (비록) 그들은 다른 도시에 살지만, 그들은 가장 친한 친구이다.

= 그들은 다른 도시에 산다. 하지만 그들은 가장 친한 친구이다.

10 같은 형용사를 사용해 문장을 쓰는 경우 「A is+비교급+than B.」는 「B is not as(so)+원급+as A.」로 바꿔 쓸 수 있다.

|해석| 이 컴퓨터는 내 스마트폰보다 더 비싸다.

= 내 스마트폰은 이 컴퓨터만큼 비싸지 않다.

11 「배수사+비교급+than」은 「배수사+as+원급+as」와 같은 의미이다.

|해석| 그 나무는 그 사다리보다 네 배 더 높다.

= 그 나무는 그 사다리의 네 배만큼 높다.

12 접속사 Although가 쓰인 부사절은 「Despite(In spite of)+명사(구)」로 바꿔 쓸 수 있다.

|해석| 비가 왔지만, 우리는 축구 경기를 보러 갔다.

= 비에도 불구하고, 우리는 축구 경기를 보러 갔다.

13 although를 사용하여 상반된 내용을 연결한 ④가 주어진 문장과 의미가 같다. ③과 ⑤도 양보를 나타내는 접속사 although를 사용하여 문장을 연결했지만, 접속사 앞뒤의 내용이 주어진 문장과 일치하지 않는다.

|해석| 그는 키가 작지만, 농구를 잘한다.

14 as와 as 사이에는 형용사나 부사의 원급을 쓰므로 명사 difficulty가 아니라 형용사 difficult를 써야 한다.

|해석| 수영은 자전거 타기만큼 어렵다.

15 뒤에 주어와 동사를 포함한 절이 오는 경우 접속사 although 등을 쓸 수 있다. despite 뒤에는 명사(구)가 올 수 있다.

|해석| 그 자동차는 매우 오래되었지만, 여전히 잘 달린다.

16 ⓑ 동등 비교는 「as+원급+as」 형태로 쓴다. → This scarf is as expensive as that one.

ⓓ 뒤에 명사구 his efforts가 왔으므로 Though 대신 Despite나 In spite of를 쓴다. → Despite(In spite of) his efforts, he couldn't pass the exam.

|해석| ⓐ 그녀는 아팠지만, 일하러 갔다.

ⓑ 이 스카프는 저것만큼 비싸다.

ⓒ 그는 내 아버지만큼 힘이 세지 않다.

ⓓ 그의 노력에도 불구하고, 그는 시험에 합격하지 못했다.

17 My backpack is not as(so) heavy as yours.의 문장이 되므로 다섯 번째로 오는 단어는 as이다.

18 ⓑ as와 as 사이에는 형용사/부사의 원급을 써야 하고, '빨리'라는 의미의 부사는 fast이다. → Minho can't swim as fast as my brother.

|해석| ⓐ 나는 헤어 드라이기를 고쳤지만, 그것은 잘 작동하지 않았다.

ⓑ 민호는 내 형만큼 빨리 수영을 하지 못한다.

ⓒ 비가 많이 오고 있었지만, 그들은 산책을 갔다.

ⓓ 내 어머니는 내 언니의 세 배만큼의 나이이다.

19 동등 비교인 as early as가 알맞다. 앞에 not이 있으므로 so early as도 가능하다.

|해석| A: Nancy와 Jason 중에 누가 더 일찍 일어나니?

B: Nancy는 Jason만큼 일찍 일어나지 않는다.

20 ③ as와 as 사이에는 원급을 써야 하므로 비교급 more interesting은 쓸 수 없다.

⑤ 뒤에 주어와 동사를 포함한 절이 왔으므로 접속사 Although를 전치사 Despite로 바꿔 쓸 수 없다.

|해석| (A) 스페인어는 내게 영어만큼 재미있다.

(B) 그녀는 행복하지 않지만, 웃으려고 노력한다.

21 ② Yellow Building의 높이는 Green Building의 2배이므로 three times가 아니라 twice가 되어야 한다.

|해석| ・Yellow Building은 Green Building의 세 배(→ 두 배)만큼 높다.

・Yellow Building은 Green Building만큼 오래되지 않았다.

22 동등 비교 as ~ as 구문은 두 개의 비교 대상이 거의 같을 때 사용하므로 자동차의 크기나 가격, 연식 등이 같은 두 개의 자동차를 비교하는 문장을 쓴다.

|해석| (1) 초록색 자동차는 노란색 자동차만큼 크다.

(2) 빨간색 자동차는 초록색 자동차만큼 비싸다.

(3) 파란색 자동차는 노란색 자동차만큼 오래됐다.

23 접속사 although를 사용하여 문맥상 어울리는 내용의 문장을 연결한다. although는 '(비록) ~이지만(일지라도)'이라는 뜻의 접속사로 뒤에 주어와 동사를 포함한 절이 이어진다.

|해석| (A) ・그는 혼자다.

・그는 배가 고프다.

・그는 규칙적으로 운동한다.

(B) ・그는 어떤 음식도 먹지 못한다.

・그는 건강하지 않다.

・그는 행복하다.

24 despite 뒤에는 명사(구)가 와야 하므로 he is old를 명사구 his old age로 바꿔 쓴다. in good health: 건강한

|해석| 그는 나이가 들었지만 여전히 건강하다.

25 (1) 동등 비교 「as+원급+as」가 쓰인 문장을 완성한다.

(2) 동등 비교의 부정형 「not as(so)+원급+as」가 쓰인 문장을 완성한다.

(3) 「배수사+as+원급+as」가 쓰인 문장을 완성한다.

26 (1) 「배수사+비교급+than」은 「배수사+as+원급+as」와 같은 의미

이다.

(2) 주어와 동사를 포함한 절이 오는 경우 앞에 Although나 Though, Even though를 쓰고, 명사(구)가 오는 경우 앞에 Despite나 In spite of를 쓴다.

 Reading 빈칸 채우기　　pp. 106~107

01 Live on　02 want to live　03 to go to MARS　04 Our mission　05 looking for　06 who is　07 creative and curious　08 get along with　09 adapt to　10 send us　11 must include　12 Why do you want　13 a good sense of humor　14 the perfect person　15 don't miss out　16 the Second Earth　17 Although　18 as a new home　19 In fact　20 Can people live　21 for several reasons　22 there is water　23 necessary for all life　24 hard land to build　25 is similar to　26 In addition　27 can lead　28 not very far　29 the second closest　30 has some differences　31 half the size　32 in the solar system　33 twice as long as　34 much colder　35 On average　36 farther away from　37 Although no one can answer　38 Who knows　39 could be the first

 Reading 바른 어휘 · 어법 고르기　　pp. 108~109

01 on　02 to live　03 looking for　04 to build　05 someone　06 who　07 and　08 get along　09 adapt to　10 send us　11 include　12 Why　13 sense of　14 Why　15 chance　16 Second　17 Although　18 home　19 to send　20 live　21 so　22 water　23 necessary　24 to build　25 length, similar　26 has　27 lead　28 far　29 second　30 from　31 size　32 smallest　33 twice as long as　34 much　35 On　36 farther　37 no one　38 Who　39 be

 Reading 틀린 문장 고치기　　pp. 110~111

01 ○　02 ○　03 ×, looking of → looking for　04 ×, are build → is to build　05 ×, look for → looking for　06 ×, sick → healthy　07 ○　08 ○　09 ×, a quickly new environment → a new environment quickly　10 ×, To applying → To apply　11 ×, exclude → include　12 ○　13 ○　14 ×, wrong → perfect　15 ×, chances → a chance　16 ×, Twice → Second　17 ×, If → Although　18 ○　19 ×, try to send → trying to send

20 ×, Can do people live → Can people live　21 ×, about → for　22 ○　23 ×, necessarily → necessary　24 ×, soft → hard　25 ×, is similar at → is similar to　26 ×, In addition to → In addition　27 ○　28 ○　29 ×, second closer → second closest　30 ×, also → however　31 ×, about the half size → about half the size　32 ○　33 ×, two as long as → twice as long as　34 ×, as → than　35 ○　36 ×, This is why → This is because　37 ○　38 ×, know → knows　39 ○

 Reading 실전 TEST　　pp. 114~117

01 ③　02 ②　03 ②　04 ④　05 ②　06 ③　07 ②　08 environment　09 ⑤　10 Mars　11 ③　12 ④　13 ②　14 ②　15 ④　16 Mars is about half the size of Earth　17 ③　18 ④　19 ②　20 ①

[서술형]
21 화성에서 사람들이 살 수 있다는 것
22 to build houses and buildings on
23 It is the second closest planet to Earth.
24 It has four seasons.
25 (1) 틀린 부분: ⓑ → long
　　(2) 틀린 이유: as와 as 사이에는 반드시 원급을 써야 한다.
26 This is because Mars is farther away from the Sun than Earth.
27 differences, Mars(Earth), Earth(Mars)

01 (A) want는 to부정사를 목적어로 취하는 동사이므로 to live가 알맞다.
　(B) 앞에 있는 명사 people을 수식하는 형용사적 용법의 to부정사 to go가 알맞다.
02 ⓑ 여기서 Space는 '우주'라는 의미로 쓰였다.
03 밑줄 친 (C)와 ②는 보어 역할을 하는 명사적 용법의 to부정사이다. ①은 감정의 원인을 나타내는 부사적 용법, ③은 진주어 역할을 하는 명사적 용법, ④는 목적을 나타내는 부사적 용법, ⑤는 목적어 역할을 하는 명사적 용법의 to부정사이다.
　|해석| ① 나는 너를 직접 만나서 아주 기쁘다.
　② 그의 꿈은 장래에 건축가가 되는 것이다.
　③ 스마트폰으로 웹툰을 읽는 것은 재미있다.
　④ 그녀는 고기를 좀 사기 위해 시장에 갔다.
　⑤ 우리는 언젠가 스페인과 포르투갈을 방문하기를 바란다.
04 빈칸은 모두 관계대명사가 이끄는 절에서 주어 역할을 하는 주격 관계대명사 자리이다. 선행사(someone)가 사람이므로 주격 관계대명사 who가 들어가는 것이 알맞다.

05 4형식 문장을 3형식 문장으로 바꿀 때 send는 전치사 to를 쓴다.

06 ③은 '~임에 틀림없다'라는 뜻으로 강한 추측을 나타내고, ⓑ와 나머지는 모두 '~해야 한다'라는 뜻으로 강한 의무를 나타낸다.

ㅣ해석ㅣ ① 당신은 안전벨트를 매야 한다.

② 우리는 오늘 이 책들을 반납해야 한다.

③ 그는 적어도 40살임에 틀림없다.

④ 당신은 여기서 신발을 벗어야 한다.

⑤ 이 모든 질문들은 답변되어야 한다.

07 현명한 사람은 글에서 찾는 사람으로 언급되지 않았다.

08 '어떤 사람이나 어떤 것을 에워싸고 있는 조건'을 뜻하는 것은 environment(환경)이다.

09 ⑤ 서면 제출에 대해서는 글에 언급되지 않았다.

10 밑줄 친 there가 공통으로 가리키는 곳은 화성(Mars)이다.

11 문맥상 (A)는 '~을 보다'라는 의미의 looking at, (B)는 '단단한'이라는 의미의 hard, (C)는 '비슷한'이라는 의미의 similar가 알맞다.

12 문맥상 '~하기 위해 노력하다'라는 뜻의 「try+to부정사」가 되어야 하므로 to send가 알맞다.

13 주어진 문장은 '많은 과학자들은 화성에 물이 있다고 생각한다.'라고 물에 대해 언급한 문장 뒤인 ②에 들어가는 것이 알맞다.

14 앞에서 화성과 지구의 낮과 밤의 길이의 유사함을 말하고 뒤에서 계절의 유사함을 추가한 것으로 보아, '게다가'를 뜻하는 In addition이 들어가는 것이 알맞다.

15 ④ 화성에도 사계절이 있다고 했을 뿐 지구보다 날씨가 온화하다는 언급은 없다.

16 half the size of는 '~의 절반 크기'라는 의미이다.

17 빈칸 뒤에 비교급이 나왔으므로 빈칸에는 비교급을 수식하는 부사가 알맞다. very는 비교급을 수식할 수 없다.

18 ④ 뒤에 than이 나왔으므로 부사 far의 비교급 farther가 되어야 한다.

19 'Who knows?'는 어떻지 확신할 수 없다는 맥락으로 '누가 알겠는가.', '아무도 확실히는 모른다.', '혹시 모르지 않는가.'라는 의미이다.

20 화성이 지구보다 태양과 멀리 떨어져 있다는 내용은 있지만 얼마나 멀리 떨어져 있는지는 언급되지 않았으므로 마지막 질문에는 답할 수 없다.

ㅣ해석ㅣ • 태양계에서 두 번째로 작은 행성은 어느 것인가?

• 지구는 화성보다 몇 배 더 큰가?

• 화성의 평균 기온은 몇 도인가?

• 화성과 지구 중 어느 것이 더 추운가?

• 화성은 태양에서 얼마나 먼가?

21 '그렇게'를 뜻하는 so가 가리키는 것은 앞 문장에 있는 질문의 답에 해당하는 People can live on Mars.(화성에 사람들이 살 수 있다.)이다.

22 명사구 hard land를 꾸며주는 형용사적 용법의 to부정사이다. 집이나 건물은 땅 위에 짓는 것이므로 전치사 on이 맨 뒤에 필요하다.

23 '두 번째로 ~한'이라는 의미를 나타내는 「the+서수(second)+최상급」 형태가 되도록 closer를 closest로 고쳐 쓴다.

24 화성에는 사계절이 있다고 하였다.

25 as와 as 사이에는 반드시 원급을 써야 하므로 비교급 longer가 아니라 원급 long이 되어야 한다.

26 '이것은 ~ 때문이다.'라는 뜻의 This is because ~.로 시작하여 문장을 쓴다. than을 사용해야 하므로 far의 비교급을 써서 문장을 완성한다.

27 글쓴이는 화성과 지구 사이의 세 가지 차이점(크기, 일 년의 길이, 기온)을 설명하고 있다.

ㅣ해석ㅣ 글쓴이는 화성(지구)과 지구(화성) 사이의 세 가지 차이점을 설명한다.

 기타 지문 **실전 TEST**   p.119

01 ④   **02** the length of day and night   **03** ④   **04** ⑤
05 (It's) Because she has been curious about space.   **06** the farthest planet

01 ⓐ '두 번째로 ~한'을 뜻하는 「the+서수(second)+최상급」 형태가 되는 것이 알맞으므로 빈칸에는 최상급 smallest가 와야 한다.

ⓑ 뒤에 than이 있으므로 빈칸에는 비교급 colder가 와야 한다.

02 that이 가리키는 것은 앞에 나온 the length of day and night이다.

03 화성의 낮과 밤의 길이는 지구의 낮과 밤의 길이와 비슷하다고 했으므로 ④가 일치하지 않는다.

04 ⑤는 앞에 있는 명사 the chance를 수식하는 형용사적 용법의 to부정사 to live가 되는 것이 알맞다.

05 수지는 우주에 대해 호기심을 가져 왔기 때문에 화성에 가고 싶다고 했다.

ㅣ해석ㅣ Q: 수지는 왜 화성에 가고 싶은가?

A: 그녀가 우주에 대해 호기심을 가져 왔기 때문이다.

06 '가장 멀리 떨어져 있는 행성'이라는 말이 빈칸에 들어가야 하므로 far의 최상급 farthest를 사용하여 쓴다. 최상급 앞에는 the를 쓴다.

W Words 고득점 맞기   pp. 120~121

01 ①   02 ③   03 organization   04 ①   05 (p)lanet   06 ②   07 ③   08 ④   09 ③   10 ⑤   11 ②   12 In addition 13 on average   14 (A) peel (B) expensive (C) similar   15 planets, solar system, for several reasons, planets, solar system, Earth, Mars

01 ①은 부사이고 나머지는 모두 형용사이다. friendly는 「명사+ly」 형태의 형용사이다.

02 several은 '몇몇의'라는 뜻으로 a few와 같은 의미이다.
   |해석| 나는 식료품점에서 몇 가지 물건을 샀다.

03 exhibit(전시하다)과 exhibition(전시회)은 동사와 명사의 관계이므로 동사 organize(조직하다)의 명사형 organization(조직)을 쓴다.

04 deaf는 '귀가 먼'이라는 의미로 not able to hear anything(어떤 것도 들을 수 없는)이 되어야 한다. not able to see(볼 수 없는)는 blind(눈이 먼)의 영어 뜻풀이다.
   |해석| ① 귀가 먼: 볼 수 없는
   ② 임무: 누군가에게 하라고 주어진 업무나 일
   ③ (얇게) 썰다: 무언가를 얇은 조각으로 자르다
   ④ 껍질을 벗기다: 과일, 채소 등에서 껍질을 제거하다
   ⑤ 조직, 단체: 특정 목적을 위해 형성된 동아리나 사업체와 같은 집단

05 Earth(지구), Mars(화성), Venus(금성), Jupiter(목성)는 모두 '행성(planet)'이다.

06 ②는 형용사와 명사의 관계이고 나머지는 모두 반의어 관계이다.

07 ① interested in: ~에 관심이 있는
   ② similar to: ~과 비슷한
   ④ from now on: 지금부터
   ⑤ look for: ~을 찾다
   |해석| ① 나는 역사에 관심이 많다.
   ② 그녀의 생각은 내 생각과 상당히 비슷하다.
   ③ 너는 몇 가지 중요한 사실을 놓쳤다.
   ④ 너는 지금부터 나와 함께 일할 것이다.
   ⑤ 그들은 늘 돈을 절약할 수 있는 방법을 찾고 있다.

08 ④는 '우주'라는 의미이고, 나머지는 모두 '공간'이라는 의미로 쓰였다.
   |해석| ① 우리는 박물관 가까이에서 주차 공간을 발견했다.
   ② 빈 공간에 네 이름을 써라.
   ③ 나는 Mark의 물건들을 둘 공간을 만들 필요가 있다.
   ④ 우주에 처음으로 간 인간은 누구였는가?
   ⑤ 그 옷장 안에 내 옷을 둘 공간이 있니?

09 get along with: ~와 잘 지내다
   communicate with: ~와 의사소통하다
   |해석| • 너는 네 친구들과 잘 지내니?
   • 그들은 우편으로 서로 의사소통한다.

10 ⑤ 문맥상 '적응했다'를 뜻하는 adapted가 아니라 '지원했다'를 뜻하는 applied를 써야 한다.
   |해석| ① 다른 행성에 생명이 있는가?
   ② 공항까지 얼마나 더 머니?
   ③ 호텔 숙박비는 조식을 포함한다.
   ④ 아이들은 동물과 그들이 사는 방식에 관해 호기심이 많다.
   ⑤ 우리는 세 가지 업무의 구인 광고를 냈고, 50명 이상의 사람들이 적응했다(→ 지원했다).

11 '어떤 것이 지속되는 시간의 양'을 뜻하는 length(기간)가 쓰인 문장은 ②이다.
   |해석| ① 희망은 모든 상황에서 필요하다.
   ② 각 수업 시간은 약 한 시간이다.
   ③ 내 여동생은 내 키의 절반이다.
   ④ 그 둘 사이의 차이점을 내게 말해 주겠니?
   ⑤ David는 한 학생 단체에 가입했다.

12 '게다가'라는 의미의 표현은 in addition이다.

13 '평균적으로'를 뜻하는 표현은 on average이다.

14 (A) 배를 먹기 전에 껍질을 벗긴다(peel)는 것이 자연스럽다.
   (B) 자동차를 살 수 없다고 했으므로 expensive(비싼)가 알맞다.
   (C) 쌍둥이므로 similar(비슷한)가 알맞다.
   |해석| • 먹기 전에 배의 껍질을 벗길 필요가 있다.
   • 그 자동차가 너무 비싸서 그녀는 그것을 살 수 없다.
   • 그들은 쌍둥이라서 아주 비슷해 보인다.

15 • 각각 9개의 행성과 8개의 행성이라고 했으므로 planet(행성)의 복수형인 planets가 알맞다.
   • solar system: 태양계
   • for several reasons: 여러 이유로

L+S Listen & Speak 고득점 맞기   pp. 124~125

01 ⑤   02 ③   03 ②   04 ①   05 ④   06 ④
[서술형]
07 ⓐ inventor ⓑ inventions
08 sound, telephone
09 It's for decorating your hair.
10 (1) Do you know what this is?
   (2) What is it?
   (3) What is it for?
11 put them on and clean the floor
12 wearing, cleaning

01 먹을 보라는 말(D)에 본 적이 없다며 용도를 묻고(B), 용도를 답하자(A), 흥미롭다고 반응(C)을 하는 흐름이 되는 것이 자연스럽다.

02 ③ 사물에 관해 알고 있는지 묻는 질문에 모른다고 답한 후 사람들을 실어 나르기 위한 것이라고 설명하는 것은 어색하다. 자연스러운 대화가 되기 위해서는 No, I don't.가 아니라 Yes, I do.가 되어야 한다.

03 It's for ~.로 용도를 말하는 답이 이어지는 것으로 보아, 빈칸에는 용도를 묻는 말이 들어가는 것이 알맞다.

04 사물에 관해 알고 있는지 묻는 말이 되어야 하므로 ①은 Do you know what this is?가 되어야 한다. Do you know who this is? 는 특정 인물에 관해 알고 있는지 묻는 말이다.

05 빈칸 뒤에서 무엇인지 묻고 있으므로 빈칸에는 잘 모르겠다는 말이 들어가는 것이 알맞다.

06 호진이가 VR 헤드셋을 보여 주며 무엇인지 아냐고 물었는데 Judy가 모른다고 하면서 VR 헤드셋의 용도를 물어보았으므로, ④가 대화의 내용과 일치하지 않는다.

│해석│ ① 호진이는 지난 주말에 과학 전시회에 갔었다.

② Judy는 과학 전시회에 흥미로운 것들이 많이 있다고 들었다.

③ 호진이는 전시회에서 VR 헤드셋을 샀다.

④ Judy는 이미 VR 헤드셋의 용도가 무엇인지 알고 있었다.

⑤ 우리는 VR 헤드셋을 쓰고 다른 세상을 경험할 수 있다.

07 ⓐ에는 '발명가'라는 의미의 inventor가 알맞고, ⓑ에는 '발명품'이라는 의미의 invention이 알맞다. 단, 앞에 some이 있으므로 복수형 inventions로 쓰는 것에 주의한다.

08 │해석│ Alexander Graham Bell은 소리에 관심이 있었다. 그는 전화기를 발명했다.

09 It's for ~.를 이용해 사물의 용도를 말할 수 있다. 전치사 for 뒤에는 동명사(동사-ing) 형태가 와야 한다.

10 (1) No, I don't.로 답했으므로 Do you로 시작하는 의문문이 알맞다.

(2) 이어지는 답이 사물이 무엇인지 말하고 있으므로 질문으로 무엇인지 묻는 말 What is it?이 알맞다.

(3) 이어지는 답에서 사물의 용도를 말하고 있으므로 질문으로 용도를 묻는 말 What is it for?가 알맞다.

11 put on의 목적어가 대명사일 경우에는 대명사를 동사와 부사 사이에 써야 하므로 put them on이라고 쓰는 것에 주의한다.

12 │해석│ 슬리퍼는 단지 착용을 위한 것이 아니라 청소를 위한 것이다.

Ⓖ Grammar 고득점 맞기   pp. 126~128

01 ②	02 ②	03 ③	04 ②	05 ④	06 ③	07 ②	08 ②

09 ④   10 ③   11 ③   12 ④   13 ②

[서술형]

14 not as popular as

15 because I want to help the elderly, Although I'm young

16 (1) runs as fast as Mina

(2) is twice as long as that one

17 (1) Yuna is not as tall as Jimin.

(2) Yuna is as heavy as Jimin.

18 Although he stepped on my foot, he didn't say sorry. / He didn't say sorry although he stepped on my foot.

19 (비록) 그것은 그의 잘못이었지만, 나는 그에게 화를 내지 않았다.

---

01 as와 as 사이에는 원급을 쓰므로 wise의 비교급 wiser는 쓸 수 없다. clever는 '영리한'이라는 뜻을 나타내는 형용사의 원급이다.

│해석│ Jack은 내 오빠만큼 _____ 하다.

02 │해석│ (비록) 그는 매우 피곤했지만, 잠을 잘 수 없었다.

= 그는 매우 피곤했다. 그러나 잠을 잘 수 없었다.

03 같은 형용사를 사용해 문장을 쓰는 경우 「A is not as+원급+as B.」는 「B is+비교급+than A.」로 바꿔 쓸 수 있다.

│해석│ 이 침대는 내 것만큼 편하지 않다.

= 내 침대는 이것보다 더 편하다.

04 동등 비교의 부정은 「not as(so)+원급+as」로 쓴다.

│해석│ 지구에서의 1년은 화성에서의 1년만큼 길지 않다.

05 ④ 뒤에 명사구가 이어지고 있으므로, '~에도 불구하고'라는 의미의 Despite나 In spite of가 들어가는 것이 알맞다.

│해석│ ① 나는 이번에는 실패했지만, 결코 포기하지 않을 것이다.

② 그 집은 30년 전에 지어졌지만, 여전히 새것처럼 보인다.

③ 그들은 쌍둥이가 아니지만, 비슷해 보인다.

④ 눈에도 불구하고, 기차는 여전히 운행 중이다.

⑤ 나는 그 밴드를 좋아했지만, 그들의 콘서트에 갈 수 없었다.

06 That bag is about five times as expensive as mine.의 문장으로 쓸 수 있으므로 다섯 번째로 오는 단어는 five이다.

07 「as+형용사/부사의 원급+as」 구문이 쓰인 문장인데, 여기서는 as와 as 사이에 동사 speak를 꾸며 주는 부사 well을 써야 한다.

│해석│ 너는 내 영어 선생님만큼 영어를 잘한다.

08 ⓐ와 ⓒ는 「(not) as(so)+원급+as」 구문에 쓰인 '~만큼'이라는 의미의 부사 as이다. ⓑ는 '~ 때문에'라는 의미의 접속사 as이고, ⓓ는 '~로서'라는 의미의 전치사 as이다.

│해석│ ⓐ 그 노래는 "Yesterday"만큼 인기가 있지 않다.

ⓑ 나는 늦게 일어났기 때문에, 그 모임에 늦었다.

ⓒ 그는 지윤이만큼 테니스를 잘 친다.

ⓓ 그녀는 계산원으로 슈퍼마켓에서 일한다.

09 ④ 주절과 접속사가 이끄는 절이 반대되는 의미 관계를 나타내므로, 이유를 나타내는 절을 이끄는 Because는 의미상 어색하다.

│해석│ ① 나는 그 경기에서 졌지만, 실망하지 않았다.

② 그가 유머 감각이 있기 때문에, 많은 사람들이 그를 좋아한다.

③ 나는 1등을 했기 때문에 기뻤다.

④ 나는 나쁜 점수를 받았기 때문에(→ 받았지만), 실망하지 않았다.

⑤ 비록 그녀는 아주 바빴지만, 운동을 그만두지 않았다.

10 '~만큼 …한'이라는 의미는 「as+형용사/부사의 원급+as」로 표현한다. ③의 so는 as가 되어야 한다.

│해석│ 어법상 바르지 않은 것은?

① 그 밴드는 비틀즈만큼 인기가 있다.

② 그는 유명한 코미디언만큼 재미있다.

③ 네 드레스는 내 것만큼 아름답다.

④ 그는 아주 바빴지만, 봉사 활동을 했다.

⑤ 그녀는 피곤하지만 자신의 방을 청소해야 한다.

11 ③ 「A is+배수사+as+원급+as B.」는 「A is+배수사+비교급+than B.」와 같은 의미이다.

| 해석 | ① 그 코트는 그 재킷만큼 비싸다.

② 그 영화는 흥미진진했지만, 나는 그것을 끝까지 볼 수 없었다.

③ A는 B의 세 배만큼 크다.

④ 내 가방은 네 것보다 더 크다.

⑤ 그녀의 노력에도 불구하고, 그녀는 직업을 구할 수 없었다.

12 세 번째 문장에서 뒤에 주어와 동사를 포함한 절이 나오므로 접속사 Although 등을 써야 한다. Despite 뒤에는 명사(구)가 이어진다.

| 해석 | • 일본은 한국만큼 춥지 않다.

• 교통 체증에도 불구하고, 그는 제시간에 도착했다.

• 그녀는 어리지만, 아주 영리하다.

• 정원의 나무는 나의 아버지만큼 나이가 들었다.

13 ⓐ 뒤에 명사구가 나오므로 Although가 아니라 Despite나 In spite of가 와야 한다.

ⓓ 「as+원급+as」 구문이므로 than이 아니라 as가 와야 한다.

ⓔ 뒤에 절이 나오므로 Despite가 아니라 Although가 와야 한다.

| 해석 | ⓐ 너의 새로운 제안에도 불구하고, 우리는 그것을 수락할 수 없다.

ⓑ 지훈이는 Mike의 약 두 배만큼 빨리 수영할 수 있다.

ⓒ 미나는 내 형만큼 기타를 잘 친다.

ⓓ 이 소설은 저것만큼 재미있다.

ⓔ 그는 더 열심히 노력했지만, 만점을 받을 수는 없었다.

14 같은 형용사를 사용해 문장을 쓰는 경우 「A is+비교급+than B.」는 「B is not as+원급+as A.」로 바꿔 쓸 수 있다.

| 해석 | 나는 한국에서 축구가 농구보다 더 인기가 있다고 생각한다.

= 나는 한국에서 농구가 축구만큼 인기가 있지 않다고 생각한다.

15 '~이기 때문에'라는 의미의 접속사 because와 '(비록) ~이지만'이라는 의미의 접속사 although를 사용하여 차례대로 문장을 완성한다. 접속사 뒤에는 주어와 동사를 포함한 절이 이어진다.

16 (1) 지윤이와 미나 모두 100미터를 14초에 달리므로 as fast as를 사용하여 문장을 완성한다.

(2) 이 다리의 길이가 저 다리 길이의 두 배이므로 twice as long as를 사용하여 문장을 완성한다.

| 해석 | (1) 지윤이는 100미터를 14초에 달린다.

미나도 100미터를 14초에 달린다.

(2) 이 다리는 길이가 160미터이다.

저 다리는 길이가 80미터이다.

17 (1) 유나는 지민이만큼 키가 크지 않으므로 not as tall as를 사용하여 문장을 완성한다.

(2) 유나와 지민이는 몸무게가 같으므로 as heavy as를 사용하여 문장을 완성한다.

18 although가 이끄는 절은 주절의 앞과 뒤에 모두 올 수 있는데, 주절의 앞에 올 경우에는 although가 이끄는 절 뒤에 콤마(,)를 쓴다.

| 해석 | 나는 버스 정류장에서 줄을 서 있었다. 한 남자가 내 앞에 있었다. 그는 내 발을 밟았지만 사과하지 않았다. (비록) 그것은 그의 잘못이었지만, 나는 그에게 화를 내지 않았다. 그러나, 나는 그를 이해할 수 없었다.

19 even though는 '(비록) ~이지만'이라는 의미이다.

---

01 ④ **02** ⑤ **03** ④ **04** ⑤ **05** ④ **06** ② **07** ① **08** ④
09 ④ **10** ④ **11** ⑤ **12** ①

[서술형]

13 no one has been there yet

14 (1) Mars has hard land to build houses and buildings on.
(2) It is the second closest planet to Earth.

15 people can live on Mars

16 (It's) Because Mars is farther away from the Sun than Earth.

17 (1) twice as big (2) half (3) not as(so) cold

---

01 주어진 글은 화성에 갈 사람들을 모집하는 글이다.

02 ⑤ chance는 '기회'라는 뜻으로 쓰였다.

03 '특정 목적을 위해 결성된 클럽이나 사업 등의 단체'를 뜻하는 것은 organization(조직, 단체)이다.

04 (A)와 ⑤는 목적을 나타내는 부사적 용법의 to부정사이다. ①은 목적어 역할을 하는 명사적 용법의 to부정사, ②는 감정의 원인을 나타내는 부사적 용법의 to부정사, ③은 결과를 나타내는 부사적 용법의 to부정사, ④는 대명사를 수식하는 형용사적 용법의 to부정사이다.

| 해석 | ① 그들은 마술 동아리에 가입하기로 결정했다.

② 그녀는 금메달을 따서 기뻤다.

③ 그는 자라서 훌륭한 음악가가 되었다.

④ Tony는 먹을 것이 필요하다.

⑤ 나는 새 자전거를 사기 위해 돈을 저축했다.

05 앞에 don't가 있으므로 일생에 단 한 번뿐인 기회이므로 '놓치지 마라'는 의미의 부정 명령문이 되는 것이 자연스럽다. 따라서 빈칸에는 '놓치다'의 뜻인 miss out이 알맞다.

| 해석 | ① ~을 보다 ② ~을 찾다 ③ 나가다 ⑤ 연기하다

06 ③ 땅 위에 집과 건물을 세우는 것이므로 on이 알맞다.

④ 앞에 나온 단어의 반복을 피하기 위해 쓰는 대명사는 that이다.

07 ⓐ 과학자들이 화성을 새로운 거주지로 보고 있다는 내용에 덧붙여 사람들을 화성에 보내기 위해 노력하고 있다는 내용이 이어지고 있으므로, '사실은'을 뜻하는 In fact가 알맞다.

ⓒ 인과 관계를 나타내는 연결사 So가 알맞다.

08 '물은 모든 생명체에 필수적이기 때문에 이것은 아주 중요하다.'라는 의미가 되는 것이 자연스럽다.

09 ④ 지구에서 가장 가까운 행성에 대해서는 언급되지 않았다.

| 해석 | ① 누군가 화성에 가 본 적이 있는가?

② 누가 화성을 새로운 거주지로 보고 있는가?

③ 누가 화성에 사람들을 보내려고 노력하고 있는가?

④ 지구에서 가장 가까운 행성은 어느 것인가?

⑤ 화성에는 몇 개의 계절이 있는가?

10 (A) 지구와 화성의 차이점을 나열하고 있으므로 differences가 알맞다.

(B) 지구와 화성의 일 년의 길이를 비교하고 있으므로 long이 알맞다.

(C) 화성의 평균 기온이 영하 60도이므로 화성이 지구보다 더 춥다

(colder)고 하는 것이 알맞다.

11 ⓐ와 ⑤의 about은 '약, 대략'이라는 의미이다. 나머지는 모두 '~에 관하여'라는 의미이다.

| 해석 | ① 당신은 그 영화에 관해 내게 말해 줄 수 있나요?

② 당신은 알베르트 슈바이처에 관해 아는가?

③ 이 기사는 지구 온난화에 관한 것이다.

④ 나는 그 사고에 관해 신문에서 읽었다.

⑤ 그 탑의 높이는 약 200미터이다.

12 ① half the size of: ~의 절반 크기

② '두 번째로 ~한'을 뜻하는 「the+서수(second)+최상급」의 형태가 되어야 한다. (→ the second smallest)

③ very는 비교급이 아니라 원급을 수식할 때 쓰인다. (→ much, a lot 등)

④ 뒤에 than이 쓰였으므로 비교급이 되어야 한다. (→ farther)

⑤ 뒤에 동사가 이어지므로 진주어 역할을 하는 to부정사가 되어야 한다. (→ to)

13 문맥상 '아무도 그곳(화성)에 아직 가 본 적이 없다'는 말이 되는 것이 자연스럽다. 부정 주어 no one이 쓰였으므로 부정을 나타내는 not을 쓸 필요 없고, '(~에) 가 본 적이 있다'는 have(has) been으로 표현한다. '벌써'를 뜻하는 already는 현재완료 부정문에서 '아직'을 뜻하는 부사 yet으로 고쳐 쓴다.

14 (1) hard land를 수식하는 형용사적 용법의 to부정사를 hard land 뒤에 쓴다. build ~ on hard land이므로 to부정사의 목적어 뒤에 on 을 쓰는 것에 주의한다.

(2) '두 번째로 ~한'이라는 의미는 「the+서수(second)+최상급」 형태의 the second closest planet으로 쓴다.

15 주어진 글에서 많은 과학자들이 몇 가지 이유로 사람들이 화성에 살 수 있다고 믿는다고 했다.

| 해석 | 많은 과학자들은 몇 가지 이유로 사람들이 화성에 살 수 있다고 생각한다.

16 화성이 지구보다 훨씬 더 추운 이유는 화성이 지구보다 태양에서 더 멀리 떨어져 있기 때문이라고 했다.

| 해석 | 화성은 왜 지구보다 훨씬 더 추운가? 영어로 답하시오.

17 (1) 화성은 지구의 약 절반 크기이므로 지구는 화성의 약 '두 배만큼 크다'고 할 수 있다.

(2) 화성에서의 일 년은 지구에서의 일 년의 약 두 배만큼 길므로 지구에서의 일 년은 화성에서의 일 년 길이의 약 '절반'이라고 할 수 있다.

(3) 화성이 지구보다 훨씬 더 추우므로 지구는 화성만큼 '춥지 않다'고 할 수 있다.

| 해석 | 지구는 여러 면에서 화성과 다르다.

· 지구는 화성의 약 두 배만큼 크다.

· 지구에서의 일 년은 화성에서의 일 년 길이의 약 절반이다.

· 지구는 화성만큼 춥지 않다.

서술형 100% TEST　　　pp. 134~137

01 half

02 (모범답) The length of this skirt is a little short.

03 (1) include (2) apply (3) adapt

04 Do you know who this man is?

05 carrying many different things

06 (1) Do you know what it is?

(2) What is it for?

(3) May I try it?

07 (1) a science exhibition

(2) a VR headset

(3) I can experience another world

08 ⓓ → You can put them on and clean the floor.

09 He will clean his room from now on.

10 as tall as

11 three times as old as

12 Although the weather was nice, they stayed at home.

13 (1) (모범답) as big as

(2) (모범답) as heavy as

(3) (모범답) as expensive as

14 Although everyone(everybody) played well, we lost the game.

15 Although the spaghetti was not delicious, she ate it happily.

16 ⓑ → She is friendly and she enjoys making friends.

ⓓ → (It's) Because she can adapt to a new environment quickly.

17 It is the second closest planet to Earth.

18 (1) 화성에는 물이 있다고 여겨진다.

(2) 화성에는 집과 건물을 지을 수 있는 단단한 땅이 있다.

(3) 화성의 낮과 밤의 길이가 지구의 낮과 밤의 길이와 비슷하다.

(4) 화성에도 사계절이 있다.

(5) 화성은 지구에서 멀지 않다.

19 (1) whom → who (2) whose → who (3) which → who

20 We will have to build a city on Mars.

21 Although no one

22 (A) smallest (B) long (C) colder (D) farther

23 (1) 절반 (2) 두 배 (3) 춥다

01 '함께 전체를 이루는 두 개의 동일한 부분 중 하나'라는 뜻의 half(절반)가 알맞다.

| 해석 | 이 셔츠는 나머지 것들의 가격의 절반이다.

· 단어는 'h'로 시작한다.

· 단어는 네 글자이다.

· 단어는 '함께 전체를 이루는 두 개의 동일한 부분 중 하나'라는 의미이다.

02 밑줄 친 length는 '길이'라는 뜻으로 쓰였다.

|해석| 그 강의 길이는 약 10킬로미터이다.

03 (1) include: 포함하다

(2) apply for: ~에 지원하다

(3) adapt to: ~에 적응하다

|해석| (1) 봉사료가 가격에 포함되어 있다.

(2) 제게 이 자리에 지원할 기회를 주셔서 감사합니다.

(3) 우리는 우리의 새 환경에 빨리 적응해야 했다.

04 '~을 알고 있니?'라는 뜻으로 특정 인물에 관해 알고 있는지 물을 때 「Do you know who+주어+is?」의 표현을 사용한다.

05 지게는 많은 다양한 물건들을 운반하는 용도로 사용된다. 전치사 for 뒤에 동사가 올 때는 동명사(동사-ing) 형태로 쓰는 것에 주의한다.

06 (1) 구입한 물건을 보여 주며 하는 질문으로, I'm not sure.라는 상대방의 대답으로 볼 때 '이것이 무엇인지 아니?'라고 묻는 문장이 알맞다.

(2) 물건의 용도에 대한 설명이 이어지고 있으므로, 용도를 묻는 문장이 알맞다.

(3) 긍정의 대답과 물건을 건네며 하는 말이 이어지고 있으므로, '그것을 사용해 봐도 될까?'라고 허락을 구하는 말이 들어가는 것이 알맞다.

07 대화에서 호진이는 주말에 '과학 전시회'에 갔고, 그곳에서 'VR 헤드셋'을 샀다고 했다. VR 헤드셋의 용도를 묻는 말에는 그것을 쓰면 '다른 세상을 경험할 수 있다'고 했다.

|해석| 6월 15일 토요일

나는 오늘 과학 전시회에 갔다. 나는 그곳에서 VR 헤드셋을 샀다. 그것을 쓰면 나는 또 다른 세계를 경험할 수 있다. 정말 멋지다. 나는 월요일에 학교에서 Judy에게 그것을 보여 줄 것이다. 그녀는 그것을 아주 좋아할 것이다.

08 put on의 목적어가 대명사일 경우에는 대명사를 동사와 부사 사이에 써야 하므로, put them on으로 고쳐 쓴다.

09 소년은 앞으로 자신이 자신의 방을 청소할 것이라고 말했다.

|해석| 소년은 앞으로 무엇을 할 것인가?

10 Nancy와 Jonathan은 둘 다 키가 175cm이므로 as tall as를 넣어 동등 비교 문장을 완성한다.

11 Brown 씨는 Kevin의 세 배 만큼의 나이이므로 「배수사+as old as」를 써서 문장을 완성한다.

12 although가 이끄는 절은 주절의 앞과 뒤에 모두 올 수 있는데, 주절의 앞에 올 경우에는 although가 이끄는 절 뒤에 콤마(,)를 쓴다.

|해석| 날씨가 좋았다. 그들은 집에 머물렀다.

13 「as+형용사의 원급+as」의 동등 비교 구문을 사용하여 문장을 완성한다.

14 접속사 Although를 사용하여 문장을 시작하고, 과거시제이므로 동사의 과거형을 써서 문장을 완성한다.

15 주어와 동사를 포함한 절이 이어지는 경우 despite가 아니라 although를 쓴다.

|해석| 오늘은 엄마의 생신이다. 아빠는 엄마에게 장미를 사 주셨다. 엄마의 나이만큼의 장미가 있었다. 내 여동생은 엄마에게 카드를 썼다. 그리고 나는 엄마를 위해 스파게티를 만들었다. 스파게티가 맛있지 않았지만, 엄마는 그것을 행복하게 드셨다.

16 ⓑ는 수지의 성격을 묻는 말로, 수지는 친절하고 친구들을 사귀는 것을 즐긴다고 하였다.

ⓓ 수지는 자신이 새로운 환경에 빨리 적응할 수 있기 때문에 임무에 적합한 사람이라고 하였다.

|해석| ⓐ 수지는 언제 화성으로 가기로 했는가?

ⓑ 수지는 성격이 어떠한가?

ⓒ 수지는 무엇을 못하는가?

ⓓ 수지는 왜 그 임무에 적합한 사람인가?

17 Mars를 대신하는 주어 It으로 시작하는 문장을 완성한다. 「the+서수(second)+최상급」은 '두 번째로 ~한'의 의미이다.

18 First, Second, Third, In addition, Lastly 뒤에 나오는 내용을 차례로 정리한다.

19 선행사가 사람(someone)일 때 주격 관계대명사로 who나 that을 쓴다. 여기서는 같은 대상을 반복하여 설명하고 있으므로 who로 통일하여 쓰는 것이 알맞다.

20 KSO의 구성원이 되어 화성에 가게 된다면 KSO의 임무인 화성에 도시를 세우는 일을 해야 할 것이다.

|해석| 윗글에 따라 질문에 답하시오.

Q: 우리가 KSO의 구성원으로서 화성에 간다면 우리는 무엇을 해야 할 것인가?

21 첫 번째 단락에서는 화성과 지구의 차이점을 다루고 있고, Although 이하에서는 당신이 화성에 발을 디디는 첫 번째 한국인이 될 수도 있다며 글을 마무리 짓고 있다.

22 (A) '두 번째로 ~한'이라는 의미의 「the+서수(second)+최상급」이 되도록 최상급이 알맞다.

(B) as와 as 사이에는 원급을 쓴다.

(C) 뒤에 than이 있고 앞에 비교급 수식 부사 much가 있으므로 비교급이 알맞다.

(D) 뒤에 비교 대상 than Earth가 있으므로 비교급이 알맞다.

23 (1) half the size는 '절반 크기' 또는 '2분의 1 크기'를 뜻한다.

(2) twice as long as는 '두 배만큼 긴'을 뜻한다.

(3) much colder는 '훨씬 더 추운'을 뜻한다.

01 ③   02 ②   03 ④   04 following   05 ⑤   06 ④
07 It's for carrying people.   08 (1) Do you know what this is? (2) What is it for?   09 It produces electricity (when you play with it).   10 ⑤   11 ⑤   12 ③   13 ②   14 (1) as cheap as the eraser (2) three times as long as (3) twice as expensive as (4) not as long as   15 (1) Although she heard the shocking news, she stayed calm. / She stayed calm although she heard the shocking news. (2) Although I ate much, I didn't gain weight. / I didn't gain weight although I ate much.   16 ③   17 (1) Despite the bad weather, the game was not canceled. (2) The N Seoul Tower is not as high as the Eiffel Tower.   18 ②   19 ③   20 ⑤   21 ②   22 ③   23 It is the second closest planet to Earth.   24 ④   25 ⑤

01 [보기]와 나머지는 「동사-명사」의 관계이고, ③은 「형용사-명사」의 관계이다.

02 '누군가에게 하도록 주어진 과제나 일'을 뜻하는 것은 mission(임무)이다.

03 put on: ~을 입다 / on average: 평균적으로
|해석| · 날이 추워. 네 코트를 입으렴.
· 평균적으로, 나는 한 달에 네 권의 책을 읽는다.

04 '다음에 오는 수요일'이라는 의미가 되어야 하므로 following을 써야 한다.

05 B가 빈칸의 말에 대해 잘 모르겠다고 답하면서 그가 누구인지 묻는 것으로 보아, 빈칸에는 '그가 누구인지 아니?'라는 질문이 들어가는 것이 자연스럽다.

06 용도를 묻는 말(C)에 물건의 용도를 설명해 주고(A), 그 물건을 써 봐도 되는지 묻는 말(B)에 긍정의 응답(D)을 하는 흐름이 되는 것이 자연스럽다.

07 가마는 사람을 태우고 이동하는 용도로 사용된다. 전치사 for 뒤에 동사가 올 때 동명사(동사-ing) 형태로 쓰는 것에 주의한다.

08 (1) 어떤 것에 관해 알고 있는지 물을 때는 Do you know what ~ is?로 쓴다.
(2) 물건의 용도를 물을 때는 What is it for?로 쓴다.

09 Soccket을 가지고 놀 때 전기를 생산한다고 했다.
|해석| Soccket은 무엇을 생산하는가? 영어로 답하시오.

10 (A) 발명가는 inventor이다.
(B) 일반동사 의문문이므로 동사원형 invent가 알맞다.
(C) '발명품'이라는 의미의 invention을 써야 하는데 앞에 some이 있으므로 복수형이 와야 한다.

11 ⑤ Graham Bell은 청각 장애인을 위한 학교를 열었다.

12 ③ put on은 '~을 신다/입다/쓰다'라는 뜻으로 put on의 목적어가 대명사일 경우에는 대명사를 동사와 부사 사이에 써야 한다. (→ put them on)

13 밑줄 친 문장은 용도를 묻는 말이므로 '그것이 어디에 사용되는지 말해 줄 수 있니?'라는 의미의 문장이 되어야 한다. 따라서 '사용되다'라는 의미의 used가 알맞다.

14 각 물건들의 길이나 가격을 비교하여 「as+형용사의 원급+as」 구문이 쓰인 문장을 완성한다.
|해석| (1) 그 연필은 그 지우개만큼 저렴하다.
(2) 그 연필은 그 지우개의 세 배만큼 길다.
(3) 그 자는 그 연필의 두 배만큼 비싸다.
(4) 그 지우개는 그 자만큼 길지는 않다.

15 접속사 although는 '(비록) ~이지만(일지라도)'의 뜻으로 양보의 부사절을 이끈다. although가 이끄는 절은 주절의 앞과 뒤에 모두 올 수 있으며 주절의 앞에 올 때는 부사절 뒤에 콤마(,)를 사용한다.
|해석| (1) 그녀는 충격적인 소식을 들었다. 그녀는 마음의 평정을 유지했다.
(2) 나는 많이 먹었다. 나는 체중이 늘지 않았다.

16 ⓑ 비교급 more interesting이 쓰인 것으로 보아 as가 아니라 than이 되어야 한다.
ⓓ as ~ as 사이에는 원급(tall)을 쓴다.
|해석| ⓐ 이 컴퓨터는 저것만큼 빨리 작동한다.
ⓑ 웹툰은 소설보다 더 재미있다.
ⓒ 어제는 오늘보다 훨씬 더 더웠다.
ⓓ 그는 그의 아들의 세 배만큼 키가 크다.
ⓔ 이 질문은 저것만큼 어렵지 않다.

17 (1) although 뒤에는 절이 오고, despite 뒤에는 명사(구)가 오므로 the weather was bad를 the bad weather로 바꿔 써야 한다.
(2) '에펠탑이 N서울타워보다 더 높다.'라는 문장은 'N서울타워는 에펠탑만큼 높지 않다.'라는 문장으로 바꿔 쓸 수 있다.
|해석| (1) 날씨가 나빴지만, 경기는 취소되지 않았다.
(2) 에펠탑은 N서울타워보다 더 높다.

18 adapt to는 '~에 적응하다'라는 뜻이다.

19 send가 쓰인 3형식 문장에서는 전치사 to를 쓴다.
'~에 대한 대답들'을 뜻할 때 answers to로 표현한다.

20 ⑤는 언급되지 않았다.

21 (A) '비록 ~이지만'이라는 의미의 양보의 접속사 Although가 알맞다.
(B) 뒤에 This is great의 이유에 해당하는 말이 나오므로 '~ 때문에'라는 의미의 because가 알맞다.

22 ③ '지구의 약 4분의 1이 육지이다.'라는 문장은 지구의 지표면에 관한 내용으로, 화성에 사람이 살 수 있는 이유를 설명하는 글의 내용과 관계없다.

23 '두 번째로 가까운 행성'이라는 의미가 되도록 「the+서수(second)+최상급」 형태로 써야 한다.

24 ④ 화성의 낮과 밤의 길이는 지구의 낮과 밤의 길이와 비슷하다고 했다.

25 Neptune(해왕성)은 태양계에 속해 있다(in the solar system).

01 similar　**02** ②　**03** [1] get along with　(2) adapt to　**04** ②　**05** ③　**06** ②　**07** Do you know what it is?　**08** ③　**09** ⑤　**10** ⑤　**11** (1) She heard there were so many interesting things.　(2) We can experience another world.　**12** ①　**13** ②, ④　**14** ①　**15** ③　**16** The Eiffel Tower is about seven times as tall as the Statue of Liberty.　**17** Although she didn't eat much, she got a stomachache. / She got a stomachache although she didn't eat much.　**18** ①　**19** (A) for several(some) reasons　(B) necessary for　(C) similar to　**20** It is the second closest planet to Earth.　**21** ⑤　**22** a year on Mars is about twice as long as a year on Earth　**23** ②　**24** ④　**25** ③

01 different와 difference가 「형용사 – 명사」의 관계이므로 빈칸에는 형용사 similar를 쓴다.

02 ② '기간'이라는 의미의 명사 length가 되는 것이 알맞다.
|해석| ① 우리는 우리의 환경을 보호해야 한다.
② 방학의 기간은 35일이었다.
③ 당근 껍질을 벗기고 그것을 작은 조각으로 썰어라.
④ 나는 토스트 한 조각 위에 딸기잼을 발랐다.
⑤ 우리의 임무는 매일 아침 신선한 음식을 배달하는 것이다.

03 (1) get along with: ~와 잘 지내다
(2) adapt to: ~에 적응하다

04 첫 번째 빈칸에는 '얇게 자르다'라는 의미의 slice가 알맞고, 두 번째 빈칸에는 '조각'이라는 의미의 slice가 알맞으므로 빈칸에 공통으로 알맞은 것은 slice이다.
|해석| A: 나는 치즈 샌드위치를 만들 거야.
B: 내가 도와줄 일이 있니?
A: 오, 고마워. 빵 좀 얇게 썰어 줄래?
B: 좋아. 다른 건?
A: 내게 치즈 몇 조각 좀 주겠니?
B: 그래.

05 ③ 특정 인물이 누구인지 묻는 말에 모른다고 답한 후 사물이 무엇인지 묻는 것은 어색하다.
|해석| ① A: 내가 그것을 해 봐도 될까?
B: 물론이야. 여기 있어.
② A: 그것은 막대 모양 풀처럼 보여.
B: 아니야, 그것은 막대 모양 버터야.
③ A: 너는 그가 누구인지 아니?
B: 아니, 몰라. 그것이 무엇이니?
④ A: 그것은 용도가 무엇이니?
B: 그것은 네 머리를 장식하기 위한 거야.
⑤ A: 그것은 잉크를 만들기 위한 거야.
B: 오, 정말? 흥미롭구나.

06 과학 시간에 슬리퍼를 만들었다는 상대방에게 왜 만들었는지 묻고(B),

단순히 신기 위한 것이 아니라는 대답(C)에 용도를 묻고(A), 답하는(D) 흐름이 되는 것이 자연스럽다.

07 사물에 관해 알고 있는지 묻는 표현이 되도록 주어진 단어를 배열한다.

08 '~에 관심이 있다'는 be interested in으로 표현한다.

09 ⑤ Judy가 호진이의 VR 헤드셋을 궁금해하는 상황이므로 자신이 써 봐도 되는지 물어보는 것이 자연스럽다. (→ May I try it?)

10 ⑤ VR 헤드셋의 가격은 대화에서 언급되지 않았다.

11 (1) Judy는 과학 전시회에 흥미로운 것들이 굉장히 많이 있다는 것을 들었다.
(2) 호진이는 VR 헤드셋을 쓰면, 다른 세상을 경험할 수 있다고 그 용도를 설명했다.
|해석| (1) Judy는 과학 전시회에 대해 무엇을 들었는가?
(2) VR 헤드셋을 쓰면 우리는 무엇을 할 수 있는가?

12 주어진 문장은 'Paul은 Daniel과 키가 같다.'라는 의미이므로 동등 비교 구문 「as+원급+as」를 사용하여 표현한다.

13 뒤에 명사(구)가 오는 경우에는 despite 또는 in spite of를 쓴다.
|해석| 그녀의 목소리는 통제하려는 그녀의 모든 노력에도 불구하고 떨리고 있었다.

14 Jenny와 Jessy는 쌍둥이로 12살이므로 동등 비교 구문 「as+원급+as」를 사용하여 표현할 수 있다.

15 ③은 '그녀가 어리기 때문에 남동생을 잘 돌본다.'는 의미이고, 나머지는 모두 '그녀는 어리지만, 남동생을 잘 돌본다.'는 의미이다.

16 에펠탑의 높이는 자유의 여신상의 높이의 약 7배이므로 '~의 몇 배만큼 …한'을 뜻하는 「배수사+as+원급+as」를 사용하여 문장을 완성한다.

17 although 뒤에 주어와 동사가 있는 절을 써서 문장을 완성한다.

18 뒤에 화성에서 인간이 살 수 있는 이유에 대해 열거하고 있으므로, 빈칸에 들어갈 말로 ① '사람들이 화성에서 살 수 있는가?'라는 질문이 알맞다.
|해석| ① 화성에서 사람들이 살 수 있는가?
② 화성은 지구에서 얼마나 먼가?
③ 당신은 화성에서 살고 싶은가?
④ 사람들은 언제 화성에 갈 수 있는가?
⑤ 화성과 지구 사이의 차이점은 무엇인가?

20 '두 번째로 ~한'을 뜻할 때 「the+서수(second)+최상급」으로 표현한다.

21 주어진 문장은 화성의 평균 기온이 약 영하 60도라는 내용이므로 화성이 지구보다 훨씬 더 춥다는 내용 뒤인 ⑤에 들어가는 것이 알맞다.

22 '~의 몇 배만큼 …한'을 뜻하는 「배수사+as+원급+as」를 사용하여 문장을 완성한다.

23 '화성이 지구보다 태양에서 더 멀리 떨어져 있기 때문이다.'라는 대답에 알맞은 질문은 ② '왜 화성은 지구보다 훨씬 더 추운가?'이다.
|해석| ① 화성은 태양에서 얼마나 먼가?
② 왜 화성은 지구보다 훨씬 더 추운가?
③ 왜 화성은 지구의 약 절반 크기인가?
④ 화성과 지구 사이의 유사점은 무엇인가?
⑤ 화성과 지구 중에 어느 것이 태양에서 더 먼가?

24 마지막 세 문장은 화성과 지구의 유사점에 대한 내용이므로 ⓓ는 Differences가 아니라 Similarities가 되어야 한다.

25 '두 번째로 ~한'은 「the+서수(second)+최상급」의 형태로 나타낸다. 따라서 빈칸에는 최상급 smallest가 알맞다.

01 ④ **02** ⑤ **03** ② **04** ① **05** ① **06** Do you know who he is? **07** (A) speaker (B) inventor **08** ⓐ → Do you know who this man is? **09** They are talking about a butter stick. **10** It's for decorating your hair. **11** ⑤ **12** ② **13** ④ **14** ①, ⑤ **15** ⑤ **16** ② **17** ② **18** because water is necessary for all life **19** ⑤ **20** ④ **21** ② **22** it is exciting to imagine this new world **23** ③ **24** ③ **25** (It's) Because she can adapt to a new environment quickly.

01 ④ friendly는 「명사+-ly」 형태로 형용사이다. 나머지는 「형용사+-ly」 형태로 부사이다.

02 '직장, 학교 입학 등과 같은 것을 위해 공식적으로 요청하다'는 apply(지원하다)의 영어 뜻풀이다.

03 순서대로 necessary(필요한), curious(호기심이 많은), blind(시각 장애가 있는), similar(비슷한)가 들어간다.

|해석| • 때때로 아니라고 말할 필요가 있다.

• 아기들은 주위의 모든 것들에 관해 호기심이 많다.

• 그는 시각 장애가 있다. 그는 어떤 것도 볼 수 없다.

• 네 새 스웨터는 내 것과 비슷하다.

04 in addition: 게다가 / be interested in: ~에 관심이 있다

|해석| • 게다가 부산은 영화의 도시이다.

• John은 태양계에 아주 관심이 많다.

05 달걀을 얇게 썰기 위한 도구를 보여 주며 대화하는 상황이다. 답변에서 달걀을 건네고 있으므로 '제가 한번 도구를 써 봐도 돼요?'라고 묻는 문장이 들어가는 것이 알맞다.

06 「Do you know who+주어+is?」의 표현을 사용하여 특정 인물을 알고 있는지 묻는 말로 대화를 완성한다.

07 (1) '화자'를 뜻하는 speaker가 알맞다.

(2) '발명가'를 뜻하는 inventor가 알맞다. inventer로 쓰지 않도록 주의한다.

08 특정 인물에 관해 알고 있는지 물을 때 Do you know who ~ is?로 표현한다. Do you know 뒤에는 「의문사+주어+동사」의 어순으로 쓰는 것에 주의한다.

09 두 사람은 막대 모양의 버터에 관해 이야기하고 있다.

|해석| 대화를 읽고 질문에 영어로 답하시오.

Q: 그들은 무엇에 관해 이야기하고 있는가?

10 용도를 말하는 표현 It is for ~.를 사용하여 대화를 완성한다. 전치사 for 뒤에 동사가 올 때는 동명사 형태(decorating)로 쓴다.

11 「not as+형용사/부사의 원급+as」의 형태는 '~만큼 …하지 않은/않게'라는 뜻을 나타내며 「비교급+than」 구문으로 바꿔 쓸 수 있다.

12 뒤에 절이 이어지고 있으므로 접속사 Although, Though, Even though를 쓸 수 있다. Despite와 In spite of는 뒤에 명사(구)가 오는 경우에 쓸 수 있다.

|해석| 그 부엌은 작지만, 잘 설계되어 있다.

13 「not as(so)+형용사/부사의 원급+as」는 「비교급+than」으로 바꿔 쓸 수 있다. 이때 비교 대상의 위치에 따라 형용사나 부사가 달리 쓰임에 주의한다.

|해석| 파란색 가방은 빨간색 가방만큼 비싸지 않다.

= 빨간색 가방이 파란색 가방보다 더 비싸다.

14 Kevin과 Jason은 키가 같으므로 as tall as로, Kevin이 Jason보다 몸무게가 덜 나가므로 not as heavy as로 표현한다.

15 ⑤ '(비록) ~이긴 하지만'이라는 뜻의 양보의 부사절을 이끄는 접속사 although가 사용된 문장이 알맞다.

16 첫 번째 문장과 세 번째 문장은 빈칸 뒤에 명사(구)가 왔으므로 despite나 in spite of가 알맞다. 나머지는 모두 빈칸 뒤에 절이 왔으므로 although가 알맞다.

|해석| • 우리는 비에도 불구하고 캠핑 여행을 즐겼다.

• 그것은 비싸지만, 나는 그것을 살 것이다.

• 그의 다리의 고통에도 불구하고, 그는 마라톤을 완주했다.

• 나는 그 시험에서 떨어졌지만, 결코 포기하지 않을 것이다.

• 그는 아주 어리지만, 나이 든 사람처럼 행동한다.

17 「비교급+than」은 「not as(so)+원급+as」로 바꿔 쓸 수 있다.

|해석| 내용은 문체보다 더 중요하다.

= 문체는 내용만큼 중요하지 않다.

18 '물은 모든 생명체에 필수적이기 때문에 이것은 아주 중요하다.'라는 의미가 되도록 문장을 완성한다.

19 ⑤는 목적을 나타내는 부사적 용법의 to부정사이다. 나머지는 모두 앞의 명사(구)를 수식하는 형용사적 용법의 to부정사이다.

|해석| ① 너는 쓸 펜을 가지고 있니?

② 내 자동차를 주차할 공간이 없다.

③ 나는 읽을 흥미로운 책을 가지고 있다.

④ 그는 살 집을 찾고 있다.

⑤ 그들은 그 경기에서 이기기 위해서 열심히 연습했다.

20 문맥상 '비슷한'을 뜻하는 similar가 들어가는 것이 알맞다.

21 '화성에서의 일 년은 지구에서의 일 년의 약 두 배만큼 길다'고 했으므로 '지구에서의 일 년은 화성에서의 일 년의 약 절반 길이'라고 바꿔 말할 수 있다.

22 주어로 쓰인 to부정사가 긴 경우 가주어 it을 쓰고 진주어인 to부정사를 문장의 맨 뒤로 보낸다.

23 이 글은 화성에서 임무를 수행하는 일에 지원하기 위해 쓴 지원서이다.

24 (A) want는 to부정사를 목적어로 취하는 동사이다.

(B) enjoy는 동명사(동사-ing)를 목적어로 취하는 동사이다.

(C) 전치사 at 뒤에 동사가 올 때는 동명사(동사-ing) 형태로 쓴다.

25 수지는 자신이 새로운 환경에 빨리 적응할 수 있기 때문에 화성에서의 임무에 적합한 사람이라고 말했다.

|해석| Q: 수지는 왜 자신이 화성에서의 임무에 적합한 사람이라고 생각하는가?

제 **4** 회 고난도로 내신 **적중** 모의고사 pp. 150~153

01 ⑤ 02 ⑤ 03 ② 04 (1) inventor (2) invented (3) invent
05 ④ 06 drink, clean 07 (1) using → used (2) for make
→ for making 08 ② 09 clean the floor 10 Did you go
to a science exhibition with your brother? 11 If you wear
it, you can experience another world. 12 ⑤ 13 ③ 14
③ 15 (1) as light as / not as expensive as (2) as expensive
as (3) not as light as 16 ② 17 (1) 모범답 the sun was
shining (2) 모범답 all his efforts 18 ⓒ → Although
(Though/Even though) he lost everything, I still love him.
ⓓ → This house is twice as large as that one. 19 ⑤ 20
③ 21 I should send a short video to the KSO. 22
모범답 Mina has to adapt to the new school. 23 ③ 24
④ 25 ④

01 from now on은 '지금부터'라는 의미이다.
|해석| ① 그녀는 유머 감각이 없다.
② 그는 평균적으로 하루에 두 끼를 먹는다.
③ 이것은 마지막 기회이다. 놓치지 마라!
④ 태양계에는 여덟 개의 행성이 있다.
⑤ 지금부터 이 방을 무용실로 사용해라.

02 ⑤는 두 문장 모두 '공간'이라는 의미로 쓰였다.
① 풀, 붙이다 ② 조각, 얇게 썰다 ③ 껍질을 벗기다, 껍질 ④ 길이,
기간
|해석| ① 너는 내게 풀을 빌려 줄래?
나는 벽에 그림을 붙였다.
② 나는 피자 두 조각을 먹고 싶다.
감자와 당근을 얇게 썰어라.
③ 나를 위해 사과 껍질을 벗겨 줄래?
바나나 껍질에 미끄러지지 않도록 조심해.
④ 나는 그 다리의 길이를 모른다.
너는 음악 수업의 기간을 아니?
⑤ 우리는 고객을 모실 더 많은 공간이 필요하다.
지하에는 빈 공간이 있다.

03 ② '나무나 다른 물질로 된 얇은 조각'은 stick(막대, 나뭇가지)에 대한
설명이다.
|해석| ① 생활을 하다, 지내다: 특정 삶의 형태를 가지다
③ 평균: 한 세트를 이루는 수치들의 합계를 그 수치들의 개수로 나눈 값
④ 차이: 두 가지가 서로 같지 않은 방식
⑤ 비슷한: 정확히 같지는 않지만 누군가나 무언가와 같은

04 (1) 주어는 '발명가'를 뜻하는 inventor가 되는 것이 알맞다.
(2) 빈칸 앞에 has가 쓰인 것으로 보아 과거분사형 invented를 써서
현재완료 문장을 완성하는 것이 알맞다.
(3) be동사 is의 보어 역할을 하는 to부정사가 되도록 invent가 알맞
다.
|해석| 발명가는 무언가를 발명했거나 물건을 발명하는 것이 직업인 사
람이다.

05 인물에 대한 대략적인 설명을 하고 난 후 빈칸의 질문을 했는데, '그는
Leonardo da Vinci야.'라는 답이 이어지는 것으로 보아 빈칸에는 특
정 인물이 누구인지 묻는 말이 오는 것이 자연스럽다. 대답이 Yes, I
do.이므로 Do you ~?로 묻는 질문이 와야 한다.
|해석| A: 그는 예술가였다. 그는 모나리자를 그렸다. 그가 누구인지 아니?
B: 응, 알아. 그는 레오나르도 다 빈치야.
A: 맞아.

06 대화에 따르면 정화 빨대(a Clean Straw)는 물을 마실 때 물을 깨끗
하게 만든다.
|해석| 이것은 정화 빨대이다. 물을 마실 때 그 물을 깨끗하게 한다.

07 (1) 용도를 물을 때 What is it used for?로 표현한다.
(2) 용도를 말할 때 전치사 for 뒤에 동사가 올 때는 동명사 형태
(making)가 온다.

08 ⓐ '~을 보다'라는 의미의 look at, ⓑ 용도를 나타내므로 for, ⓒ '~
에 대해 걱정하다'라는 의미의 worry about이 되는 것이 알맞다.

09 대화에 따르면, 슬리퍼를 신고 바닥을 청소할 수 있다.
|해석| 네가 슬리퍼를 신고 있는 동안, 너는 그것으로 바닥을 청소할 수
있다.

10 주말에 남동생과 과학 전시회에 갔었다는 말을 듣고 '그랬니?'라고 호
응하는 말이므로 '너는 네 남동생과 과학 전시회에 갔었니?'를 뜻하는
문장이 되어야 한다.

11 조건절 If you wear it,을 쓰고 이어서 you can experience
another world.를 쓴다.

12 '(비록) ~이지만'이라는 의미의 접속사 Although가 알맞다.
|해석| 비가 많이 내리고 있었지만, 축구 경기는 계속되었다.

13 Lotte World Tower is about twice as high as the 63
SQUARE.의 문장이 되므로 여섯 번째로 오는 단어는 twice이다.

14 첫 번째 빈칸에는 뒤에 명사구가 나왔으므로 전치사 Despite가 알맞
다. 두 번째 빈칸에는 뒤에 절이 나왔으므로 접속사 Although가 알맞
다. 세 번째 빈칸에는 의미상 역접의 접속사 but이 알맞다.
|해석| 그의 실수에도 불구하고, 나는 그를 탓하지 않았다.
= 그가 실수를 했지만, 나는 그를 탓하지 않았다.

15 「as+형용사의 원급+as」의 형태를 사용하여 가격과 무게를 비교한다.

16 ⓑ '~만큼 …하게'라는 뜻의 「as+부사의 원급+as」 구문이 쓰인 문장
인데, 부사 hardly는 '거의 ~ 않다'라는 뜻이므로 '그녀의 언니만큼 열
심히 일한다'의 의미가 되도록 hardly를 부사 hard(열심히)로 고쳐 써
야 한다.
|해석| ⓐ 이 스마트폰은 내 스마트폰만큼 가볍지 않다.
ⓑ Daisy는 그녀의 언니만큼 열심히 일한다.
ⓒ 이 강은 한강만큼 길다.

ⓓ 내 방은 내 남동생의 방보다 더 크다.

ⓔ 야구는 축구만큼 재미있지 않다.

17 although는 '(비록) ~일지라도'라는 뜻을, in spite of는 '~에도 불구하고'라는 뜻을 나타내므로, 빈칸에는 주절과 반대되는 의미를 나타내는 말을 쓰도록 한다. although는 접속사로 뒤에 주어와 동사를 포함한 절이 이어지고, in spite of는 전치사구로 뒤에 명사(구)가 이어짐에 주의한다.

|해석| (1) 해가 비추고 있었지만, 따뜻하지는 않았다.

(2) 그의 모든 노력에도 불구하고, 그는 실패했다.

18 ⓒ 뒤에 절이 이어지므로 전치사 Despite가 아니라 접속사 Although나 Though, Even though 등을 쓴다.

ⓓ 「배수사+as+원급+as」 구문이므로 비교급 larger가 아니라 원급 large를 쓴다.

|해석| ⓐ 이 자동차는 저 자동차만큼 인기가 있지 않다.

ⓑ 나는 내 오빠만큼 빨리 달렸다.

ⓒ 그가 모든 것을 잃었지만, 나는 여전히 그를 사랑한다.

ⓓ 이 집은 저 집의 두 배만큼 크다.

ⓔ 나는 오늘 수업이 없지만, 할 일이 많다.

19 ⑤는 '~로서'라는 의미의 전치사이고, 나머지는 모두 '~만큼'이라는 의미의 부사이다.

|해석| ① 그녀는 영어를 너만큼 유창하게 말한다.

② 그는 케이팝 스타들만큼 춤을 잘 춘다.

③ 그는 영화배우만큼 잘생겼다.

④ 내 가방은 그녀의 가방만큼 무겁지 않다.

⑤ Aron은 자동차 회사에서 디자이너로 일한다.

20 지원자의 요건으로 전문 지식은 언급되지 않았다.

21 화성에서의 임무에 지원하려면 짧은 동영상을 KSO에 보내야 한다.

22 '새로운 상황에서 성공적으로 살기 위해 행동을 바꾸다'는 adapt(적응하다)의 영어 뜻풀이다.

23 ③ 「배수사(twice)+as+원급+as」 구문이므로 than이 아니라 as가 와야 한다.

24 '~보다 더 추운'은 colder than으로 표현하며 비교급을 수식하는 부사 much는 비교급 앞에 쓴다.

25 빈칸 뒤에 나오는 내용이 앞에 나오는 문장의 원인이 되므로, '이것은 ~ 때문이다'를 뜻하는 This is because ~가 되는 것이 알맞다.

Lesson 7
Can I Trust It?

STEP A

W Words 연습 문제   p. 157

A		B	
01 증명하다		21 choice	
02 ~와 달리		22 popular	
03 모험		23 traditional	
04 (문제 등을) 풀다, 해결하다		24 difference	
05 나타내다, 표현하다		25 including	
06 사실		26 main character	
07 식사		27 worth	
08 논평, 비평		28 favorite	
09 전체의, 전부의		29 mix	
10 감동적인		30 opinion	
11 옆(면), 측면		31 explain	
12 거짓말하다		32 number one	
13 상		33 trust	
14 아직		34 pocket	
15 또(그 밖의) 다른		35 connection	
16 들어 올리다		36 recommend	
17 환상적인, 굉장한		37 simple	
18 광고		38 rest	
19 놓치다, 그리워하다		39 especially	
20 이해하다		40 win	
C			
01 선택하다		02 기다리다	
03 ~을 확인하다		04 예를 들어	
05 ~을 바탕으로		06 지금부터	
07 지금, 지금 당장		08 A와 B를 섞다	

W Words Plus 연습 문제   p. 159

A 1 truth, 진실, 사실   2 express, 나타내다, 표현하다
   3 opinion, 의견   4 meal, 식사   5 lift, 들어 올리다
   6 lie, 거짓말하다   7 prove, 증명하다   8 award, 상
B 1 difference   2 advertise   3 touching   4 choice

C 1 recommend   2 adventure   3 solve   4 connection
   5 rest
D 1 Hold on   2 based on   3 make, choices
   4 Mix, with   5 From now on

W Words 실전 TEST   p. 160

01 ③   02 ①   03 ②   04 ④   05 ①   06 ③   07 make a choice

01 simple(단순한)과 complex(복잡한)는 반의어 관계이고, 나머지는 모두 유의어 관계이다.
02 '어떤 것에 관한 생각이나 느낌'을 뜻하는 단어는 opinion(의견)이다.
03 문맥상 '눈을 똑바로 쳐다보지 않는 사람을 절대 믿지 마라.'라는 의미가 되는 것이 자연스러우므로, '믿다, 신뢰하다'를 뜻하는 trust가 들어가는 것이 알맞다.
04 주어진 문장과 ④의 rest는 '나머지'라는 뜻의 명사로 썼다.
   ①, ②, ③의 rest는 '휴식'이라는 뜻의 명사로, ⑤의 rest는 '쉬다'라는 뜻의 동사로 썼다.
   |해석| 나는 별로 배고프지 않아. 나머지를 원하니?
   ① 나는 네가 좋은 휴식이 필요하다고 확신해.
   ② 그는 일을 멈추고 휴식을 취했다.
   ③ 너는 가서 휴식을 좀 취해야 해.
   ④ 하루의 나머지를 어떻게 보내고 싶니?
   ⑤ 의사는 그가 며칠 동안 쉬어야 한다고 그에게 말했다.
05 ① hold on은 '기다리다'라는 뜻이다.
   |해석| ① 잠깐만 기다려 주시겠습니까?
   ② 파랑과 노랑을 섞으면, 초록이 됩니다.
   ③ 지금부터 더 조심하도록 노력해 주세요.
   ④ 아침에 보통 몇 시에 잠에서 깨나요?
   ⑤ 그 소설은 전쟁에서의 그의 경험을 바탕으로 한다.
06 빈칸에는 ⓐ difference(차이점), ⓑ touching(감동적인), ⓒ simple (간단한), ⓓ prove(증명하다)가 들어가야 한다. ③ award는 '상'이라는 뜻이다.
   |해석| ⓐ 유인원과 원숭이 사이의 차이점은 무엇인가?
   ⓑ 동물에 관한 이야기들은 인간에 관한 어떤 이야기들보다 더 감동적이다.
   ⓒ 그 요리법은 매우 간단하다.
   ⓓ 당신이 틀렸고, 난 그것을 증명할 수 있다.
07 '선택하다'는 make a choice로 표현한다.

L&S Listen & Speak 만점 노트   pp. 162~163

Q1 Star Wars
Q2 가방 가게
Q3 a navy backpack

Q4 춤이 환상적이어서

Q5 사진이 잘 나와서 카메라를 마음에 들어 한다.

Q6 첨성대, 불국사, 석굴암

Q7 ⓑ

Q8 너무 무거워서

Q9 She recommends the bulgogi pizza.

Q10 ⓐ

 Listen & Speak 빈칸 채우기   pp. 164~165

1 Can you recommend, haven't seen it

2 I'm looking for, How about this red one, a different color, has side pockets, I'll take it

3 can you recommend a musical for me, The dancing is fantastic, I'm sure you'll like it

4 I'm really happy with, What do you like most, takes great pictures

5 How did you like your trip, Where did you visit, Where else, a wonderful place, Sounds like, it was worth it

6 How do you like your bicycle, What do you like about it, I'm not happy with it, too heavy

7 can you recommend, Why don't you try, my favorite, I recommend, the prices are good, How do you like the service, slow on the weekends, check it out, Enjoy your meal

---

Listen & Speak 대화 순서 배열하기   pp. 166~167

1 ⓓ – ⓐ – ⓒ – ⓑ

2 ⓐ – ⓑ – ⓔ – ⓕ – ⓓ – ⓒ

3 ⓑ – ⓒ – ⓐ – ⓓ

4 ⓒ – ⓐ – ⓑ – ⓓ

5 ⓐ – ⓓ – ⓕ – ⓑ – ⓖ – ⓘ – ⓔ – ⓒ – ⓗ

6 ⓓ – ⓑ – ⓐ – ⓒ

7 ⓐ – ⓒ – ⓑ – ⓓ

8 ⓐ – ⓖ – ⓓ – ⓑ – ⓔ – ⓘ – ⓙ – ⓒ – ⓕ – ⓗ

Listen & Speak 실전 TEST   pp. 168~169

01 ②   02 ①   03 ③   04 ②   05 ②   06 ②   07 ④   08 ⑤
09 ①

[서술형]

10 (1) Can you recommend a good pizza restaurant?
    (2) What do you like about it?

---

(3) How are the prices?

(4) How do you like the service?

11 Can you recommend a book for me?

12 Why did you like it? → How did you like it?

01 '정말 마음에 든다.'는 답이 이어지는 것으로 보아, 첫 번째 질문은 재킷이 마음에 드는지 묻는 말(How do you like ~?)이 되는 것이 알맞다. '그것은 맵시가 있고 멋져.'라는 답이 이어지는 것으로 보아, 두 번째 질문은 재킷의 어떤 점이 마음에 드는지 묻는 말(What do you like about ~?)이 되는 것이 알맞다.

02 좋은 영화를 추천해 달라고 하였으므로 ① '"Star Wars"를 봐.'가 답으로 알맞다.

03 ③ 자전거가 마음에 드는지 묻는 말에 '그것은 너무 무거워.'라는 말이 이어지는 것으로 보아, 빈칸에는 불만족을 나타내는 말이 들어가는 것이 알맞다.

04 새 스마트폰이 생겼음을 알아차린(B) 상대방에게 그렇다며 자신이 스마트폰에 매우 만족하고 있음을 말하고(D), 어떤 점이 가장 마음에 드는지 묻는 말(C)에 카메라가 마음에 든다고 답하는 말(A)이 이어지는 것이 알맞다.

05 '하나 추천해 주시겠어요?'라는 뜻의 주어진 문장은 배낭을 찾고 있다는 민호의 말에 이어서 민호가 점원에게 할 말로 알맞다.

06 빨간색이 요즘 가장 인기 있는 색이라는 말이 이어지는 것으로 보아, 처음에는 빨간색 배낭(red one)을 추천하는 것이 알맞다. 민호가 옛 배낭이 빨간색이어서 다른 색을 원한다고 하였으므로, 그 다음으로는 빨간색이 아닌 다른 색 배낭을 추천하는 것이 알맞다.

07 민호가 사겠다고 한 배낭은 남색에 양옆에 주머니가 있는 것이다.

08 밑줄 친 말은 '나는 그것이 만족스럽지 않아.'라는 뜻으로 불만족을 나타내는 말이다.

  |해석| ① 자기 소개하기

  ② 무언가에 관해 정보 제공하기

  ③ 무언가에 관해 관심 표현하기

  ④ 누군가에게 무언가를 추천하기

  ⑤ 무언가에 관해 불만족 표현하기

09 첨성대를 방문한 것도 좋았고, 불국사도 멋진 곳이었다고 답하는 것으로 보아, 경주 여행이 마음에 들었는지 묻는 말에 대한 답(ⓐ)으로 매우 만족스러웠다(I was very happy with it.)고 말하는 것이 알맞다.

10 (1) Antonio's라는 식당에 가 보라는 말이 이어지는 것으로 보아, 괜찮은 피자 식당을 추천해 달라고 부탁하는 말이 들어가는 것이 알맞다.

  (2) 음식이 맛있다는 말이 이어지는 것으로 보아, 추천한 식당의 어떤 점이 좋은지 묻는 말이 들어가는 것이 알맞다.

  (3) 가격이 괜찮다는 말이 이어지는 것으로 보아, 식당의 가격이 어떤지 묻는 말이 들어가는 것이 알맞다.

  (4) 주말에 조금 느리다는 말이 이어지는 것으로 보아, 식당의 서비스가 마음에 드는지 묻는 말이 들어가는 것이 알맞다.

11 B가 책을 추천하는 것으로 보아, A는 자신에게 책을 추천해 달라고 요청하는 말을 하는 것이 알맞다. 추천을 요청할 때 Can you recommend ~?로 표현한다.

12 B가 콘서트가 정말 마음에 들었다고 답하는 것으로 보아, A는 콘서트가 마음에 들었는지 묻는 말을 해야 한다. 과거에 경험한 일에 대해 만족 여부를 물을 때 How did you like ~?로 표현한다.

G ▶ Grammar 핵심 노트 1　　　　p. 170

QUICK CHECK

1 (1) so　(2) that　(3) can't
2 (1) so fast that I can't　(2) so cold that we canceled
　(3) too thin to stand

1 |해석| (1) 그 연설은 너무 길어서 모두가 지루해했다.
　(2) 날씨가 너무 더워서 나는 목이 말랐다.
　(3) 그녀는 너무 바빠서 그녀의 부모님께 방문할 수 없다.
2 |해석| (1) 그가 너무 빨리 말해서 나는 그의 말을 이해할 수 없다.
　(2) 날씨가 너무 추워서 우리는 여행을 취소했다.
　(3) 그 얼음은 너무 얇아서 위에 서 있을 수 없다.

G ▶ Grammar 핵심 노트 2　　　　p. 171

QUICK CHECK

1 (1) who, whom　(2) which　(3) that
2 (1) The food (which/that) David cooked was delicious.
　(2) The girl (who/whom/that) I met yesterday is on TV now.
　(3) I visited the town (which/that) you told me about. /
　　I visited the town about which you told me.

1 |해석| (1) 내 삼촌이 사랑하는 그 여자는 멕시코 출신이다.
　(2) 그들은 내가 잃어버린 가방을 찾았다.
　(3) 이것은 내가 Simon 씨에게서 빌렸던 책이다.
2 |해석| (1) 그 음식은 맛있었다. David가 그것을 요리했다.
　→ David가 요리한 음식은 맛있었다.
　(2) 그 소녀는 지금 TV에 나온다. 나는 어제 그녀를 만났다.
　→ 내가 어제 만났던 소녀가 지금 TV에 나온다.
　(3) 나는 그 마을을 방문했다. 네가 그곳에 관해 내게 말해 줬다.
　→ 나는 네가 내게 말해 줬던 마을을 방문했다.

G ▶ Grammar 연습 문제 1　　　　p. 172

A 1 so　2 that　3 too, to
B 1 He was so lazy that he did nothing all day long.
　2 The painting was so beautiful that Diana wanted to buy it.
　3 The book is so interesting that I can't put it down.

C 1 I'm too hungry to walk.
　2 He is so humorous that he can make anyone laugh.
　3 I was so excited that I couldn't sleep.
D 1 He is too young to drive a car.
　2 She got up so early that she could catch the first train.
　3 You are too small to take this ride.

A |해석| 1 그는 너무 약해서 거의 서 있을 수가 없었다.
　2 모든 일이 너무 빨리 일어나서 나는 생각할 시간이 없었다.
　3 그녀는 여전히 너무 화가 나서 그것에 관해 이야기할 수 없다.
B |해석| 1 그는 매우 게을렀다. 그는 하루 종일 아무것도 하지 않았다.
　→ 그는 너무 게을러서 하루 종일 아무것도 하지 않았다.
　2 그 그림은 매우 아름다웠다. Diana는 그것을 사고 싶어 했다.
　→ 그 그림이 너무 아름다워서 Diana는 그것을 사고 싶어 했다.
　3 그 책은 매우 재미있다. 나는 그것을 내려놓을 수 없다.
　→ 그 책이 너무 재미있어서 나는 그것을 내려놓을 수 없다.
C |해석| 1 나는 너무 배고파서 걸을 수 없다.
　2 그는 매우 유머러스해서 누구든지 웃게 할 수 있다.
　3 나는 너무 흥분해서 잠잘 수 없었다.

G ▶ Grammar 연습 문제 2　　　　p. 173

A 1 which(that)　2 which(that)　3 who(whom/that)
　4 who(whom/that)
B 1 없음　2 that　3 who
C 1 which(that) he bought yesterday
　2 who(whom/that) I met last week
　3 which(that) I borrowed from the library
　4 who(whom/that) we saw at the park
D 1 They are the children who I am taking care of.
　2 The chair which I bought last year is broken.
　3 She lost the ring that he gave her.
　4 He has a daughter whom he is proud of. /
　　He has a daughter of whom he is proud.

A |해석| 1 네가 나에게 만들어 준 탁자는 정말 좋았다.
　2 그 도서관은 내가 원하던 책을 가지고 있지 않았다.
　3 우리가 자주 보는 그 아이는 정원에서 놀고 있다.
　4 내 할머니가 좋아하셨던 그 의사는 뉴욕에 산다.
B |해석| 1 긴 머리를 가진 그 남자가 미소 지었다.
　2 내가 산 과일이 탁자 위에 있다.
　3 내가 가장 좋아하는 그 선생님은 Harrison 씨이다.

01 so **02** too **03** ⑤ **04** ③ **05** ①, ②, ③ **06** ⑤ **07** ⑤ **08** ② **09** ① **10** ① **11** ② **12** ② **13** ① **14** ③, ⑤ **15** ③ **16** ④ **17** ③ **18** ① **19** ④ **20** ②

[서술형]

21 (1) His wife was so weak that she often got ill.

(2) The fire spread so fast that we couldn't save anything.

(3) The laptop was so expensive that Brian didn't buy it.

22 (1) Have you been to the restaurant which(that) has just opened in town?

(2) The girl who(whom/that) I met in Canada was very kind.

(3) I haven't read any of the books which(that) I bought last month.

23 (1) so beautiful that I took many pictures

(2) too sick to play

24 (1) that I hid under my bed

(2) which he wrote last year

(3) with whom I talked / whom I talked with

25 that I couldn't keep my eyes open

01 문맥상 '너무 ~해서 …하다'는 뜻의 「so+형용사/부사+that+주어+동사 ....」의 구문이 되는 것이 알맞다.

|해석| 날씨가 너무 좋아서 우리는 외출했다.

02 문맥상 '너무 ~해서 …할 수 없다'는 뜻의 「too+형용사/부사+to+동사원형 ....」의 구문이 되는 것이 알맞다.

|해석| 나는 너무 피곤해서 생각조차도 할 수 없다.

03 첫 번째 빈칸에는 사물(the letter)을 선행사로 하는 목적격 관계대명사 which나 that이, 두 번째 빈칸에는 사람(the girl)을 선행사로 하는 목적격 관계대명사 who(m)나 that이 알맞다. 순서대로 바르게 짝지어진 것은 ⑤이다.

|해석| • 이것은 내가 어제 받은 편지이다.

• 나는 네가 버스 정류장에서 만난 그 소녀를 기억한다.

04 첫 번째 문장은 too ~ to 구문이, 두 번째 문장은 so ~ that 구문이 되는 것이 알맞다.

|해석| • 그녀는 너무 화가 나서 진정할 수 없었다.

• 그 수프는 너무 뜨거워서 나는 그것을 먹을 수 없다.

05 who, whom, that 모두 사람(my best friend)이 선행사로 올 수 있는 목적격 관계대명사이다.

|해석| 이 사람이 내가 너에게 말했던 내 가장 친한 친구이다.

06 「so+형용사/부사+that+주어+동사 ....」의 구문이 되어야 하는데, 문맥상 동사 spoke 뒤에는 부사 quietly가 오는 것이 알맞다.

|해석| Robin은 너무 조용히 말해서 나는 그가 말한 것을 들을 수 없었다.

07 the book을 선행사로 하는 목적격 관계대명사가 필요한데, 전치사 뒤에 관계대명사 that을 쓸 수 없으므로 빈칸에는 which가 알맞다.

|해석| 이것이 모두가 이야기하는 그 책이다.

08 so ~ that 구문은 '너무 ~해서 …하다'는 뜻으로, so 뒤의 형용사가 원인이 되어 that절의 결과로 나타낼 때 쓴다. 상자가 너무 가벼워서 그 결과로 그녀가 쉽게 그것을 옮길 수 있다고 해야 자연스럽다.

|해석| 그 상자는 너무 가벼워서 그녀는 그것을 쉽게 옮길 수 있다.

① 그는 그것을 쉽게 들어 올릴 수 없다

③ 너는 그것을 살 수 없다

④ 너는 그것을 쉽게 만들 수 있다

⑤ 너는 그 안에 많은 것들을 넣을 수 있다

09 ① 목적격 관계대명사는 생략할 수 있다.

|해석| 내가 다니는 학교는 우리 집에서 너무 멀다.

10 She was so happy that she danced.의 문장이 되는 것이 알맞으므로, 쓰이지 않는 것은 too이다.

11 첫 번째 빈칸에는 사물(the house)을 선행사로 하는 목적격 관계대명사 which나 that이, 두 번째 빈칸에는 사람과 동물(the man and his dog)을 선행사로 하는 주격 관계대명사 that이 알맞다.

|해석| • 이것은 그가 태어난 집이다.

• 저기서 뛰고 있는 그 남자와 그의 개를 봐.

12 첫 번째 빈칸에는 '그래서'를 뜻하는 접속사 so가, 두 번째 빈칸에는 '너무 ~해서 …하다'를 뜻하는 so ~ that 구문의 so가 쓰이는 것이 알맞다.

|해석| • 나는 매우 신이 나서 잠을 잘 수 없었다.

• 시험이 너무 어려워서 나는 통과할 수 없었다.

13 「so+형용사/부사+that+주어+can't+동사원형 ....」 구문은 「too+형용사/부사+to+동사원형 ....」으로 바꿔 쓸 수 있다.

|해석| 그녀는 너무 어려서 혼자 외국을 여행할 수 없다.

② 그녀는 너무 어리지만, 혼자 외국을 여행할 수 있다.

③ 그녀는 어리지 않고 혼자 외국을 여행할 수 있다.

④ 그녀는 매우 어리고 혼자 외국을 여행할 수 있다.

⑤ 그녀는 어림에도 불구하고 혼자 외국을 여행할 수 있다.

14 관계대명사가 전치사의 목적어로 쓰이는 경우, 전치사는 원래의 자리에 있거나 관계대명사 앞에 올 수도 있다.

|해석| 체육은 내가 관심이 있는 과목이다.

15 ③ 주격 관계대명사는 생략할 수 없다. 따라서 who나 that을 lived 앞에 써야 한다.

|해석| ① 이 케이크는 너무 달아서 먹을 수 없다.

② 나는 John이 내게 말한 그 비밀을 지킬 것이다.

③ 경찰은 옆집에 살던 한 남자를 체포했다.

④ 그 개는 너무 영리해서 시각 장애인을 안내할 수 있다.

⑤ 너무 어두워서 나는 내 손을 볼 수 없다.

16 ④의 who는 목적격 관계대명사이고, 나머지는 모두 의문사로 쓰였다.

|해석| ① 저 사람들은 모두 누구니?

② 나는 누구에게 말해야 할지 모르겠다.

③ 내가 누구를 믿어야 할지 말해 주겠니?

④ 네가 대화한 그 소녀는 내 여동생이다.

⑤ 나는 그 남자에게 누가 공항에 나를 데리러 나오는지 물었다.

17 ③ 목적격 관계대명사는 생략할 수 있다.

①, ②, ④의 주격 관계대명사와 ⑤의 전치사 뒤에 쓰인 목적격 관계대명사는 생략할 수 없다.

|해석| ① 우리에게 음식을 내 준 그 종업원은 어디에 있나요?

② 그는 아시아 영화를 좋아한다.

③ 우리는 당신이 칠 수 있는 테니스공 몇 개를 가지고 있다.

④ 저 사람은 내게 길을 알려줬던 그 여자이다.

⑤ 나는 함께 여행을 갈 수 있는 누군가를 만나고 싶다.

18 '너무 ~해서 …할 수 없다'는 「so+형용사/부사+that+주어+can't +동사원형 ….」 또는 「too+형용사/부사+to+동사원형 ….」으로 표현할 수 있다.

19 ⓐ whose는 목적격 관계대명사 which 또는 that이 되어야 한다.

ⓑ whom은 주격 관계대명사 who 또는 that이 되어야 한다.

ⓓ 관계대명사 that 앞에는 전치사를 둘 수 없다. about which가 되거나 about을 문장 뒤에 두어야 한다.

|해석| ⓐ 나는 Ann이 입고 있는 드레스가 마음에 든다.

ⓑ 그들은 문을 닫은 그 남자를 봤다.

ⓒ 내가 너에게 보여 준 사진들을 기억하니?

ⓓ 이것은 모든 사람이 이야기하는 그 책이다.

20 ⓐ, ⓒ 「too+형용사/부사+to+동사원형 ….」과 「so+형용사/부사+that+주어+can't+동사원형 ….」은 '너무 ~해서 …할 수 없다'는 뜻이다.

|해석| ⓐ 그는 너무 늦게 일어나서 첫 기차를 탈 수 없었다.

ⓑ 그는 일찍 일어났지만, 첫 기차를 탈 수 없었다.

ⓒ 그는 너무 늦게 일어나서 첫 기차를 탈 수 없었다.

ⓓ 그는 일찍 일어났지만, 첫 기차를 탈 수 없었다.

ⓔ 그는 매우 일찍 일어났기 때문에, 첫 기차를 탈 수 있었다.

21 '너무 ~해서 …하다'를 뜻하는 so ~ that 구문이 쓰인 문장을 완성한다.

|해석| 〈A〉 •그의 아내는 약했다

•그 불은 빨리 퍼졌다

•그 노트북은 비쌌다

〈B〉 •그녀는 종종 아팠다

•Brian은 그것을 사지 않았다

•우리는 아무것도 구할 수 없었다

22 (1) the restaurant를 선행사로 하는 주격 관계대명사 which 또는 that을 사용하여 한 문장으로 쓴다.

(2) The girl을 선행사로 하는 목적격 관계대명사 who, whom 또는 that을 사용하여 한 문장으로 쓴다.

(3) the books를 선행사로 하는 목적격 관계대명사 which 또는 that을 사용하여 한 문장으로 쓴다.

|해석| (1) 그 음식점에 가 봤어? 그것은 마을에 이제 막 개업했다.

→ 마을에 이제 막 개업한 그 음식점에 가 봤니?

(2) 그 소녀는 매우 친절했다. 나는 캐나다에서 그녀를 만났다.

→ 내가 캐나다에서 만난 그 소녀는 매우 친절했다.

(3) 나는 그 책들 중 어느 것도 읽지 않았다. 나는 그것들을 지난달에 샀다.

→ 나는 지난달에 산 그 책들 중 어느 것도 읽지 않았다.

23 '너무 ~해서 …하다'는 「so+형용사/부사+that+주어+동사 ….」로, '너무 ~해서 …할 수 없다'는 「too+형용사/부사+to+동사원형 ….」으로 표현할 수 있다.

24 각각 the money, the book, The woman을 선행사로 하는 목적격 관계대명사를 사용하여 관계절을 완성한다. 관계대명사가 전치사의 목적어로 쓰일 때 전치사를 관계대명사 앞에 쓸 수 있다.

|해석| (1) 나는 내가 침대 아래 숨겼던 돈을 찾을 수 없다.

(2) 나는 그가 작년에 쓴 그 책을 읽는 것을 아주 좋아한다.

(3) 내가 대화를 나눈 그 여자는 치과의사이다.

25 '너무 ~해서 …할 수 없다'는 뜻의 「too+형용사/부사+to+동사원형 ….」은 「so+형용사/부사+that+주어+can't+동사원형 ….」으로 바꿔 쓸 수 있다.

|해석| 나는 너무 졸려서 눈을 뜨고 있을 수 없었다.

Ⓡ Reading 빈칸 채우기   pp. 181~182

01 are you doing 02 watching the movie 03 How 04 Don't 05 so boring that 06 to hear 07 mad 08 said 09 everything that you read 10 lied 11 ask for, back 12 Hold on 13 used opinions, not facts 14 following 15 express people's feelings 16 it's true or not 17 can be proven 18 For example 19 can check 20 the connection with 21 explain 22 favorite 23 It's 24 look for 25 What does it say 26 It says 27 unlike 28 see the difference 29 Not 30 ad says 31 both opinions 32 question 33 usually expressing opinions 34 the movie won 35 check, on the Internet 36 fact 37 From now on 38 simple 39 mix 40 make a smart choice 41 it 42 watch the rest 43 no thanks 44 Enjoy

---

Ⓡ Reading 바른 어휘·어법 고르기 pp. 183~184

01 doing 02 watching 03 How 04 ask 05 so 06 to hear 07 so 08 advertisement 09 that 10 lied 11 back 12 Hold on 13 because 14 following 15 express 16 or 17 be proven 18 fact 19 check 20 what's 21 Let 22 favorite 23 It's 24 look for 25 does 26 including 27 unlike 28 difference 29 exactly 30 says 31 both 32 question 33 opinions 34 which 35 on 36 fact 37 From now on 38 that 39 with 40 based on 41 Got 42 watch 43 no 44 rest

R Reading 틀린 문장 고치기   pp.185~186

01 ×, Who → What   02 ○   03 ×, it is → is it   04 ○
05 ×, to → that   06 ×, hear → to hear   07 ○   08 ○
09 ×, everyone → everything   10 ×, lay → lied   11 ○
12 ○   13 ×, facts, not opinions → opinions, not facts
14 ×, following → not following   15 ○
16 ×, can → can't   17 ×, prove → proven   18 ○   19 ○
20 ×, connect → connection   21 ○
22 ×, Who's → What's   23 ○
24 ×, adventure → advertisement   25 ×, they → it
26 ○   27 ×, opinions → facts
28 ×, different → difference   29 ×, Never → Not
30 ○   31 ×, opinion → opinions   32 ○
33 ×, express → expressing   34 ×, who → which(that)
35 ○   36 ×, an opinion → a fact   37 ○
38 ×, simply → simple   39 ×, Most ad → Most ads
40 ×, make a smart choose → make a smart choice
41 ○   42 ×, does she → do you
43 ×, thanks → no thanks   44 ○

R Reading 실전 TEST   pp.190~193

01 ④   02 ①   03 ③   04 ③   05 ④   06 advertisement
07 ⑤   08 ②   09 ⑤   10 ③   11 ③   12 ①   13 ①   14 ③
15 ⑤   16 ④   17 ⑤   18 ②   19 ⑤
[서술형]
20 (1) I'm sorry to hear that
   (2) I'm going to ask for my money back
   (3) Hold on
21 It's so boring that I want to cry.
22 (1) It's a fact. (2) It(The *Y-Men 7* ad) uses opinions.
23 But in the *Forrest Gump* ad, "Best Picture" is the award which(that) the movie won.
24 you have to make a smart choice based on both of them

01 무엇을 하고 있는지 묻는 말(E)에 영화를 보고 있다고 답(C)하고, 영화가 어떤지 묻는 말(A)에 너무 지루하다는 답(B)이 이어진 뒤, 그 상황에 유감을 나타내는 말(D)이 이어지는 흐름이 되는 것이 자연스럽다.

02 ① so ~ that은 '너무 ~해서 …하다'는 뜻으로 so 뒤의 형용사나 부사가 원인이 되어 that절의 결과로 나타날 때 쓰므로, 결과를 나타내는 접속사 so를 사용하여 바꿔 쓸 수 있다.

03 ⓑ와 ③은 감정의 원인을 나타내는 부사적 용법으로 쓰인 to부정사이다. ①, ②, ④는 형용사적 용법의 to부정사이고, ⑤는 진주어로 쓰인 명사적 용법의 to부정사이다.

|해석| ① 이것이 그 문제를 푸는 유일한 방법이다.
② 그 개는 먹을 뭔가를 찾고 있다.
③ 그들은 그 소식을 듣고 실망했다.
④ 네 여동생은 내일까지 끝내야 할 숙제가 있니?
⑤ 아침에 일찍 일어나는 것은 매우 어렵다.

04 everything을 선행사로 하는 목적격 관계대명사 that이 알맞다.

05 (A) 문맥상 '거짓말을 했다'는 뜻이 되는 것이 자연스러우므로 '거짓말을 하다'를 뜻하는 lie의 과거형 lied가 알맞다.
(B) Kyle은 광고가 거짓이라며 화가 난 상황이므로, 돈을 돌려달라고 요구한다(ask for)고 하는 것이 알맞다.
(C) 화가 난 Kyle에게 자신의 말을 들어 보라며 '기다려(hold on)'라고 말하는 것이 알맞다.

06 '무언가에 대해 사람들에게 알려 주는 공고, 사진 또는 짧은 영화'를 뜻하는 단어는 advertisement(광고)이다.

07 ⓑ와 ⑤는 '나는 네 말을 이해하지 못하겠어.'를 뜻한다.
|해석| ① 네 말에 동의해.
② 먼저 가세요.
③ 제가 따라 갈게요.
④ 나는 너를 쫓아가는 데 지쳤어.

08 사실과 의견이 어떻게 다른지 예를 들어 설명한 글이다.

09 주어진 문장은 '당신은 그것을 지도에서 확인할 수 있다.'라는 뜻으로, ⑤에 들어가서 사실의 예시 문장에 대한 근거가 되는 것이 자연스럽다.

10 ⓐ와 ③의 like는 '~처럼, ~같이'를 뜻하는 전치사로 쓰였다. ①, ⑤는 would like로 '원하다'는 뜻의 동사로, ②, ④의 like는 '좋아하다'는 뜻의 동사로 쓰였다.
|해석| ① 나는 이탈리아 음식을 먹겠다.
② 너는 어느 이야기를 가장 좋아하니?
③ 그 정원은 정글처럼 보였다.
④ 너는 그 영화의 무엇이 마음에 들었니?
⑤ 저는 오늘 밤 오신 모든 분들에게 감사하고 싶어요.

11 주어가 동작의 대상인 facts이므로 수동태 문장이 되어야 한다. 조동사를 포함한 수동태는 「조동사+be+과거분사」로 쓰므로, 과거분사형 proven이 되어야 한다.

12 ⓐ는 Kyle이 가장 좋아하는 영화를 가리키고, 나머지는 모두 그 영화의 광고를 가리킨다.

13 Not exactly.는 '정확히는 아니다.'라는 뜻으로, 여기에서는 두 광고의 차이점을 알겠는지 묻는 말에 대한 답으로 '잘 모르겠다.'는 의미를 나타낸다.

14 Emma가 영화 "Forrest Gump"에 대해 어떻게 생각하는지(ⓑ)와 영화 "Y-Men 7"의 광고 문구가 무엇인지(ⓒ)는 알 수 없다.
|해석| ⓐ Kyle이 가장 좋아하는 영화는 무엇인가?
ⓑ Emma는 영화 "Forrest Gump"에 관해 어떻게 생각하는가?
ⓒ "Y-Men 7" 광고에는 뭐라고 쓰여 있는가?
ⓓ 최우수 작품상을 포함해 여섯 개의 아카데미 상의 수상작은 어느 영화인가?

15 ⑤ based on은 '~을 바탕으로'라는 뜻으로 옳게 쓰였다.

① be동사가 쓰인 부정 의문문이 되어야 한다. (→ Aren't)

② 현재진행형 문장으로 「be동사+동사원형-ing」 형태가 되어야 한다.
(→ are usually expressing)

③ the award를 선행사로 하는 목적격 관계대명사 which나 that이
되어야 한다.

④ 'A와 B를 섞다'는 의미가 되도록 mix A with B가 되어야 한다.

16 가까운 미래의 일을 나타내는 「be동사+going to+동사원형」이 쓰인
것으로 보아, '지금부터'를 뜻하는 From now on이 들어가는 것이 알
맞다.

17 주어진 대화와 ⑤의 rest는 '나머지'를 뜻하는 명사로 쓰였다.

①, ④는 '쉬다'라는 뜻의 동사로, ②, ③은 '휴식'을 뜻하는 명사로 쓰
였다.

| 해석 | ① 의사는 내게 쉬라고 말했다.

② 휴식을 취하는 게 어떠니?

③ 가능할 때 좀 휴식을 취해.

④ 너무 더워. 넌 잠시 쉬는 게 좋겠다.

⑤ 케이크를 좀 먹고 나머지를 냉장고에 넣어 둬라.

18 ②는 의견으로만 이루어진 광고이고, 나머지는 확인이 가능한 사실로 이
루어진 광고이다.

| 해석 | ① 치킨 샌드위치, 10명 중 8명의 고객은 다시 방문해요.

② 세상에서 가장 좋은 신발, 공중을 걷는 것 같아요!

③ 하나를 사면 하나가 무료

④ 피자를 먹으면 음료가 무료, 온라인으로 피자를 주문하면 2달러 할인

⑤ 일주일만 40% 할인!

19 ⑤ you have to make a smart choice based on both of them
이라고 했으므로, 바르게 이해한 사람은 혜진이다.

① 대부분의 광고가 사실과 의견으로 이루어져 있다고 하였으므로, 광
고에 감상과 같은 의견이 들어갈 수 있음을 알 수 있다.

②, ③ 대부분의 광고가 사실과 의견으로 이루어져 있다고 했다.

④ 수상 경력과 훌륭한 영화임을 판단할 수 있는 기준에 관해서는 언급
된 바가 없다.

20 (1) 영화가 너무 지루하다는 상대방에게 유감을 나타내는 말을 하는 것
이 알맞다.

(2) 영화가 광고 내용과 달라 광고 문구가 거짓이라고 말한 뒤에 환불
을 요청할 것이라는 말이 이어지는 것이 알맞다.

(3) 영화가 광고와 달라 화가 난 상대방에게 '기다려 봐'라고 말한 뒤 자
신의 의견을 말하는 것이 자연스럽다.

21 '너무 ~해서 …하다'를 뜻하는 「so+형용사/부사+that+주어+
동사 ...」 구문이 쓰인 문장을 완성한다.

22 (1) 증명될 수 있는 것은 fact이다.

(2) "Y-Men 7" 광고와는 달리 "Forrest Gump" 광고는 사실(facts)
을 사용하고 있다고 했으므로, "Y-Men 7" 광고는 의견(opinions)을
사용함을 알 수 있다.

| 해석 | (1) 증명될 수 있는 것은 무엇인가?

(2) "Y-Men 7" 광고는 무엇을 사용하는가?

23 the award를 선행사로 하는 목적격 관계대명사는 which나 that이
되어야 한다.

24 대부분의 광고에는 사실과 의견이 섞여 있다고 했으므로, '그 둘을 바
탕으로 현명한 선택을 해야 한다'고 하는 것이 문맥상 자연스럽다.

Ⓜ 기타 지문 실전 TEST   p. 195

01 ④   **02** ③   **03** ③   **04** The book was so interesting
that I couldn't put it down.   **05** ⑤   **06** (1) ⓑ, ⓒ (2) ⓐ, ⓓ
07 (1) Korean traditional houses (2) nongak

---

01 ⓐ와 ④의 lie는 '거짓말'을 뜻하는 명사로 쓰였다.

①은 '거짓말하다'는 뜻의 동사로, ②, ⑤는 '눕다'는 뜻의 동사로, ③은
'놓여 있다'는 뜻의 동사로 쓰였다.

| 해석 | ① 너는 내게 거짓말을 하고 있니?

② 나는 풀밭에 누워 잠들었다.

③ 옷이 바닥 여기저기 놓여 있었다.

④ 내가 그녀의 머리 모양이 마음에 든다고 말했을 때 나는 거짓말을
했다.

⑤ 나는 불 앞에서 누워서 책을 읽는 것을 아주 좋아한다.

02 ⓑ와 ③은 주격 관계대명사이고, 나머지는 모두 목적격 관계대명사이
다.

| 해석 | ① 내가 본 그 가방은 빨간색이었다.

② 네가 사용하지 않는 물건들을 기부해라.

③ 이것이 서울로 가는 기차인가요?

④ 이것은 내가 본 최악의 영화이다.

⑤ 그 회사가 내린 그 결정은 많은 문제를 일으킬 것이다.

03 ③ 소설 "Harry Potter"를 읽고 쓴 서평이다.

| 해석 | ① 여행기

② 주문서

③ 서평

④ 초대장

⑤ 추천장

04 '책이 너무 재미있어서 그것을 내려놓을 수 없었다'는 의미가 되는 것이
자연스러우므로, could를 couldn't로 고쳐야 한다.

05 소설 "Harry Potter"가 출판된 연도에 관해서는 언급되지 않았다.

06 사실(facts)에 해당하는 문장과 의견(opinions)에 해당하는 문장을 골
라 쓴다.

07 한국 민속촌에서는 한국 전통 가옥들을 볼 수 있고, 농악과 줄타기 공
연을 즐길 수 있다.

W Words 고득점 맞기 pp. 196~197

01 connection 02 ② 03 ③ 04 ④ 05 ② 06 ④ 07 ② 08 ① 09 ① 10 explain 11 ①, ④ 12 ① 13 ④, ⑤ 14 ⑤

01 advertise(광고하다)와 advertisement(광고)는 「동사-명사」의 관계이므로, 동사 connect(관련시키다)의 명사형 connection(관련성)이 빈칸에 알맞다.

02 prove는 '증명하다'를 뜻하는 동사이고, 나머지는 모두 명사이다.

03 '생각하거나 느끼는 것을 보여 주다'를 뜻하는 것은 express(나타내다, 표현하다)이다.
| 해석 | ① 그 호텔은 강력히 추천된다.
② 그 수업은 이해하기 아주 쉽다.
③ 말로는 내가 얼마나 행복한지 표현할 수 없다.
④ 그것은 더 이상 이야기할 가치가 없다고 생각해.
⑤ 그 책은 월드컵에 관한 사실로 가득하다.

04 mix A with B: A와 B를 섞다 / check out: ~을 확인하다
| 해석 | • 버터와 설탕을 섞고 난 다음 계란을 첨가해라.
• 나는 그의 주소를 확인하기 위해서 전화를 했다.

05 더 높은 곳으로 옮긴다는 뜻으로 쓰이는 말은 lift(들어 올리다)이다.
| 해석 | 네가 무언가를 들어 올린다면, 너는 그것을 더 높은 곳으로 옮기는 것이다.

06 ④ 문맥상 '예를 들어'를 뜻하는 for example이 알맞다.
| 해석 | ① 잠시 기다려 주면 하나 가져다 줄게.
② 우리는 바로 지금 매우 바쁘다.
③ 그는 중요한 선택을 해야 한다.
④ 너는 바탕으로(→ 예를 들면) 재활용 종이를 사용함으로써 환경친화적이 될 수 있다.
⑤ 나는 등을 대고 잠을 자지만 항상 다른 자세로 잠에서 깬다.

07 ②는 trust(신뢰하다)의 뜻풀이다. lie(거짓말하다)의 영어 뜻풀이는 to say or write something that is not true이다.
| 해석 | ① 진실: 무언가에 관한 진짜 사실
② 거짓말하다: 무언가가 진실이라고 믿다
③ 현명하게: 훌륭한 판단을 하는 방식으로
④ 식사: 한 번에 먹거나 준비되는 음식
⑤ 주머니: 무언가에 부착되어 있는 작은 가방

08 첫 번째 빈칸에는 '휴식'을 뜻하는 rest가, 두 번째 빈칸에는 '나머지'를 뜻하는 rest가 알맞다.
| 해석 | • 우리 잠시 멈춰도 될까? 나는 휴식이 필요해.
• 그는 삶의 남은 시간(나머지) 동안 그의 가족들과 함께 여기에서 살았다.

09 ① 첫 번째 lie는 '눕다', 두 번째 lie는 '거짓말하다'라는 뜻으로 쓰였다.
| 해석 | ① 양지에 너무 오랫동안 누워 있지 마라.

영화 배우들은 종종 그들의 나이에 대해 거짓말을 한다.
② 커피는 아마도 세상에서 가장 인기 있는 음료일 것이다.
그 가수는 연세가 있는 분들 사이에서 더 인기가 있다.
③ 너는 서두르지 않으면 네 비행기를 놓칠 것이다.
나는 그 쇼의 시작 부분을 놓쳤다.
④ 그 영화는 십대들에게 추천된다.
내 차에 어떤 종류의 기름을 추천하시나요?
⑤ 그 연설은 매우 감동적이었다.
그는 나에게 감동적인 감사 편지를 썼다.

10 '이해하기 쉬운 방식으로 무언가에 관해 누군가에게 말하다'를 뜻하는 explain(설명하다)을 써넣어 문장을 완성한다.
| 해석 | 기다려! 내가 그 기계가 어떻게 작동하는지 설명해 줄게.

11 ⓐ '스트레스와 질병 사이의 연관성'이라고 해야 자연스러우므로 connection(연관성)이 알맞다.
ⓑ '5만 달러의 가치가 있다'고 해야 자연스러우므로 worth(~의 가치가 있는)가 알맞다.
ⓒ 5분 이내에 만들 수 있는 요리이므로 요리법이 간단하다(simple)고 해야 자연스럽다.
| 해석 | ⓐ 스트레스와 질병 사이의 연관성은 잘 알려져 있다.
ⓑ 그 그림 중 하나는 5만 달러의 가치가 있다.
ⓒ 그 요리법은 아주 간단하다. 너는 5분 이내에 그 요리를 만들 수 있다.

12 '누군가가 한 일에 대한 돈 등과 같은 포상'을 뜻하는 것은 award(상)이다.

13 ④ rest는 '나머지'라는 의미로 쓰였다.
⑤ difference는 '차이(점)'를 뜻한다.
| 해석 | ① 당신이 틀리고, 나는 그것을 증명할 수 있다.
② 나는 그녀의 새 소설에 관해 그들의 의견을 요청했다.
③ 그의 단어 선택이 Rodney를 화나게 했다.
④ 그는 삶의 남은 시간(나머지) 동안 휠체어를 타게 될 것이다.
⑤ 나는 이 두 색 사이의 차이를 정말 구별할 수 없다.

14 ⑤ '당신이 의미하는 종류의 대상의 예를 들어 보일 때 쓰는' 것은 for example(예를 들어)이다. check out은 '~을 확인하다'라는 뜻으로 쓰였다.
| 해석 | ① 나는 바로 지금 별로 기분이 좋지 않다.
(현재 시간에)
② 나는 더 이상 기다릴 수 없을 것 같다.
(잠시 동안 기다리다)
③ 지금부터 나는 더 조심할 것이다.
(이 순간부터, 그리고 앞으로 항상)
④ 그녀는 그 알람 시계 소리에 깨지 않았다.
(자는 것을 멈추거나 누군가 자는 것을 멈추게 하다)
⑤ 오늘 밤에 하는 새 코미디 쇼를 확인해 봐.
(당신이 의미하는 종류의 대상의 예를 들어 보일 때 사용되는)

01 ④   **02** ④   **03** ③   **04** ⑤   **05** ②, ⑤   **06** ②

[서술형]

07 a red backpack, red is the most popular color these days

08 (1) The backpack is navy.

    (2) The backpack has side pockets.

09 How did you like your trip to Gyeongju?

10 walking up to Seokguram

11 What do you like most about it?

12 (1) He's really happy with it.

    (2) (It's) Because the camera takes great pictures.

---

01 B가 "The Lion King"이라는 뮤지컬을 추천하는 것으로 보아, 빈칸에는 뮤지컬을 추천해 달라는 말이 들어가는 것이 알맞다. 추천을 요청할 때는 Can you recommend ~?로 표현한다.

|해석| ① 내가 좋은 뮤지컬을 추천할게.

② 너는 뮤지컬 "The Lion King"을 본 적이 있니?

③ 나는 가끔 뮤지컬을 보러 가. 너는 어때?

④ 나에게 뮤지컬을 추천해 줄래?

⑤ 너는 지금 1위인 뮤지컬이 무엇인지 아니?

02 만족 여부를 묻는 표현을 이용하여 How do you like your new sneakers?로 말할 수 있으므로, 쓰이지 않는 단어는 about이다.

03 '(추천하는 음식점의) 음식이 맛있다.'라는 주어진 문장은 미나가 Antonio's라는 피자 식당의 불고기 피자를 추천한다는 말 앞인 ③에 들어가는 것이 알맞다.

04 ⑤ 두 사람이 함께 Antonio's라는 피자 식당에 갈 것이라는 언급은 없었다.

|해석| ① 어느 피자 음식점이 미나가 가장 좋아하는 곳인가?

② 미나는 Antonio's의 무엇이 마음에 드는가?

③ 미나는 Antonio's의 가격에 대해 어떻게 생각하는가?

④ Brian은 무엇을 확인해 볼 것인가?

⑤ 그들은 언제 Antonio's에 함께 갈 것인가?

05 미나의 말을 통해 Antonio's의 음식 맛과 가격, 서비스에 대해 알 수 있다.

06 How about ~?은 상대방에게 무언가를 추천하는 말로, ② I recommend ~.와 바꿔 쓸 수 있다.

|해석| ① 나는 네가 "Frindle"을 좋아할 것 같지 않아.

② 나는 "Frindle"을 읽기를 추천해.

③ 너는 "Frindle"이 무엇인지 아니?

④ "Frindle"은 마음에 드니?

⑤ "Frindle"에 대한 정보를 좀 찾아보는 게 어떠니?

07 점원은 처음에 빨간색 배낭을 Dave에게 추천해 주었는데, 그 이유는 빨간색이 요즘 가장 인기 있는 색이기 때문이다.

|해석| 처음에 그 점원은 빨간색이 요즘 가장 인기 있는 색이라서 빨간색 배낭을 추천했다.

08 Dave가 사기로 한 배낭은 남색이고, 옆 주머니가 있다고 했다.

---

09 과거에 경험한 일의 만족 여부를 물을 때 How did you like ~?로 표현한다. 또한 '경주로의 너의 여행'은 your trip to Gyeongju로 표현할 수 있으므로, 전치사 about을 쓰지 않는다.

10 it은 수지가 석굴암까지 걸어 올라간 것을 말한다.

11 카메라가 정말 마음에 든다는 말이 이어지는 것으로 보아, 빈칸에는 스마트폰에서 가장 마음에 드는 점이 무엇인지 묻는 말이 들어가는 것이 알맞다.

12 (1) Tom은 자신의 새 스마트폰을 무척 마음에 들어 한다.

    (2) Tom은 스마트폰의 카메라가 멋진 사진을 찍기 때문에 카메라를 가장 마음에 들어 한다.

|해석| (1) Tom은 그의 새 스마트폰이 마음에 드는가?

(2) Tom은 왜 그 스마트폰에 있는 카메라를 정말 좋아하는가?

G   Grammar 고득점 맞기   pp. 202~204

01 ③   **02** ①   **03** ②   **04** ①   **05** which   **06** ②   **07** ③

08 ①, ③   **09** ③   **10** ④   **11** ④   **12** ④

[서술형]

13 (1) He is my favorite star who(whom/that) I want to meet.

    (2) I miss the old sweater which(that) my mom made for me.

    (3) She couldn't find the school to which Tom goes. / She couldn't find the school which(that) Tom goes to.

14 (1) too sick to go

    (2) so sick that, couldn't

15 (1) which(that) you use to keep the air in a building cool

    (2) in which I look up the meaning of a word

    (3) which(that) Korean people eat on New Year's Day

16 (1) [모범답] He ran so fast that he won the race.

    (2) [모범답] This problem is so difficult that we can't answer it right now.

    (3) [모범답] The toy was so expensive that I couldn't buy it.

17 ⓑ → We arrived too late to have dinner.

18 (1) [모범답] we failed to enter the contest

    (2) [모범답] sing well on the stage

    (3) [모범답] we stopped watching it

---

01 ③ though는 '(비록) ~이지만'이라는 뜻으로, '그녀는 집에 늦게 갔지만, 옷을 바꿔 입을 수 있었다.'라는 의미이다. 나머지는 모두 그녀가 집에 늦게 가서 옷을 바꿔 입을 수 없었다는 내용이다.

02 관계대명사가 전치사의 목적어일 때 전치사를 관계대명사 앞으로 가져와서 「전치사+목적격 관계대명사」의 형태로 쓸 수 있는데, 이때는 관계대명사를 생략할 수 없다.

03 첫 번째 빈칸에는 사람(someone)을 선행사로 하는 주격 관계대명사로 who나 that을 쓸 수 있다. 두 번째 빈칸에는 사람(the people)을

선행사로 하는 목적격 관계대명사로 who나 whom, that을 쓸 수 있다. 따라서 보기 중에서는 공통으로 who가 올 수 있다.

|해석| • 나는 나를 웃게 만드는 사람을 좋아한다.

• 파리에서 내가 만난 사람들은 매우 친절했다.

04 우리말을 영어로 옮기면 He is so clever that he can solve a very difficult problem.이 된다. 이 문장에서 세 번째로 오는 단어는 so이다.

05 the tree와 the picture를 각각 선행사로 할 수 있는 목적격 관계대명사로 which나 that을 쓸 수 있는데, 전치사 뒤에 관계대명사 that은 쓸 수 없으므로, which가 알맞다.

|해석| • 이것은 내 아버지가 작년에 심은 나무이다.

• 네가 찾고 있는 그 그림은 서랍 안에 있다.

06 자연스러운 문장은 ⓒ와 ⓔ이다.

ⓐ '너무 커서 한 손으로 잡을 수 없다'는 의미가 되는 것이 알맞으므로, small을 big으로 고쳐야 한다.

ⓑ '그를 쉽게 이길 수 없다'고 해야 알맞으므로, can을 can't로 고쳐야 한다.

ⓓ '선반 맨 윗 칸에 닿을 수 없다'는 의미가 되는 것이 알맞으므로, can을 can't로 고쳐야 한다.

|해석| ⓐ 이 스마트폰은 너무 작아서(→ 커서) 한 손으로 잡을 수 없다.

ⓑ 그는 아주 힘이 세서 너는 그를 쉽게 이길 수 있다(→ 없다).

ⓒ 그 물은 너무 짜서 나는 그것을 마실 수 없다.

ⓓ 그녀는 너무 키가 작아서 그 선반 맨 윗 칸에 닿을 수 있다(→ 없다).

ⓔ 그 농부들은 너무 바빠서 쉴 수 없었다.

07 ③의 who는 목적격 관계대명사이고, 나머지는 모두 주격 관계대명사이다.

|해석| ① 나에게 자리를 양보한 그 남자는 키가 컸다.

② 너는 한 남자를 뒤쫓고 있는 그 경찰관을 봤니?

③ 이 사람이 김 씨가 추천한 요리사이다.

④ 그녀는 베트남에 사는 그녀의 친구에게 선물을 보냈다.

⑤ 이 노래를 쓴 음악가는 캐나다인이다.

08 「too+형용사/부사+to+동사원형 ....」 구문은 「so+형용사/부사+that+주어+can't+동사원형 ....」으로 바꿔 쓸 수 있다. 이는 또한 의미상 '결과'를 나타내는 접속사 so를 사용하여 바꿔 쓸 수 있다.

|해석| 그는 너무 거만해서 그 자신의 실수를 볼 수 없다.

09 ③ someone을 선행사로 하는 목적격 관계대명사 who나 whom, that으로 고쳐야 한다.

|해석| ① 나는 너무 배가 불러서 후식을 먹을 수 없었다.

② 나는 내가 어제 잃어버린 지갑을 찾았다.

③ 나는 의지할 수 있는 누군가가 필요하다.

④ 그 얼음이 너무 두꺼워서 우리는 그 위를 걸을 수 있었다.

⑤ 그 돌은 너무 무거워서 나는 그것을 들어 올릴 수 없었다.

10 관계대명사가 전치사의 목적어일 때 전치사를 관계대명사 앞에 둘 수 있는데, 이때 관계대명사 that과 who는 쓰일 수 없다. 따라서 the woman을 선행사로 하는 목적격 관계대명사 whom이 알맞다.

|해석| 내가 이야기 나누고 싶은 그 여자는 매우 유머러스하다.

11 ⓐ~ⓓ의 빈칸에는 that이 들어갈 수 있고, ⓔ의 빈칸에는 which만

들어갈 수 있다. ⓔ 전치사가 관계대명사 앞에 올 때, 관계대명사 that은 쓰일 수 없다.

|해석| ⓐ 그녀는 내가 돌보는 내 딸이다.

ⓑ 네가 내게 준 열쇠가 여기 있다.

ⓒ 하늘에서 빛나는 별들을 봐라.

ⓓ 우리는 유명한 영화에 나온 그 배우를 좋아한다.

ⓔ 내가 기다리던 버스는 제시간에 도착하지 않았다.

12 ⓐ 문맥상 '너무 약해서[아파서] 학교에 갈 수 없었다'는 의미가 되도록 healthy는 weak[ill/sick]가 되어야 한다.

ⓒ 원인과 결과를 나타내는 so ~ that이 되도록 too는 so가 되어야 한다.

|해석| ⓐ 그는 너무 건강해서(→ 약해서/아파서) 학교에 갈 수 없었다.

ⓑ 이것은 그가 그 편지를 썼던 펜이다.

ⓒ 너무 늦어서 너는 택시를 타야 한다.

ⓓ 내가 초대한 그 사람은 아직 도착하지 않았다.

ⓔ 이 문제는 너무 어려워서 우리는 지금 당장 그것에 답할 수 없다.

13 각각 my favorite star, the old sweater, the school을 선행사로 하는 목적격 관계대명사를 사용하여 문장을 완성한다. 관계대명사가 전치사의 목적어인 경우 전치사를 관계대명사 앞에 쓸 수 있지만, 관계대명사 that은 전치사 뒤에 쓸 수 없음에 유의한다.

14 '너무 ~해서 …할 수 없다'는 「too+형용사/부사+to+동사원형 ....」 또는 「so+형용사/부사+that+주어+can't+동사원형 ....」으로 표현할 수 있다.

15 각각 a machine, a book, a food를 선행사로 하는 목적격 관계대명사를 사용하여 문장을 완성한다.

|해석| (1) 당신은 건물 안의 공기를 시원하게 유지하기 위해 에어컨을 사용한다.

→ 에어컨은 당신이 건물 안의 공기를 시원하게 유지하기 위해 사용하는 기계이다.

(2) 나는 사전에서 단어의 의미를 찾아본다.

→ 사전은 내가 단어의 의미를 찾아보는 책이다.

(3) 한국 사람들은 설날에 떡국을 먹는다.

→ 떡국은 한국 사람들이 설날에 먹는 음식이다.

16 「so+형용사/부사+that+주어+동사 ....」의 문장을 완성한다.

17 ⓑ '너무 ~해서 …할 수 없다'는 「too+형용사/부사+to+동사원형 ....」으로 표현한다.

|해석| ⓐ 나는 믿을 수 있는 누군가가 필요하다.

ⓑ 우리는 너무 늦게 도착해서 저녁 식사를 할 수 없었다.

ⓒ 나는 엄마가 좋아하실 선물을 사고 싶다.

ⓓ 그 시험은 아주 쉬웠다. 그래서 모든 사람이 통과했다.

ⓔ 그 음식이 너무 매워서 나는 그것을 먹을 수 없었다.

18 (1), (3) '너무 ~해서 …하다'는 뜻의 「so+형용사/부사+that+주어+동사 ....」 구문이 쓰인 문장을 완성한다.

(2) '너무 ~해서 …할 수 없다'는 뜻의 「too+형용사/부사+to+동사원형 ....」 구문이 쓰인 문장을 완성한다.

|해석| (1) 우리는 너무 늦게 일어나서 그 대회에 입장하지 못했다.

(2) 그는 너무 긴장해서 무대 위에서 노래를 잘할 수 없었다.

(3) 그 영화는 너무 지루해서 우리는 그것을 보는 것을 그만두었다.

01 ③   **02** ⑤   **03** ①   **04** opinion   **05** ③   **06** ⑤   **07** ①
08 ②   **09** ④   **10** ③   **11** ④

[서술형]
12 *Y-Men 7*, advertisement, boring, opinions, facts
13 ⓐ The desert is beautiful
     ⓑ The Atacama Desert is in Chile
     ⓒ Winner of 6 Academy Awards including Best Picture
14 difference, facts
15 It is the award which the movie won.

---

01 ⓐ는 앞서 언급한 영화가 어떤지 묻는 말이므로, 영화가 만족스러운지 묻는 말인 ③과 바꿔 쓸 수 있다.
|해석| ① 그것은 어떻게 작동하니?
② 날씨가 어떠니?
④ 너는 지금 기분이 어떠니?
⑤ 잘 지내니?

02 「so+형용사+that+주어+동사 ....」의 구문에서 so 뒤의 형용사가 원인을, that 이하가 결과를 나타낸다. '나는 그 영화를 내 친구들 모두에게 추천하고 싶다'를 뜻하는 ⑤는 '영화가 너무 지루하다'는 원인에 알맞은 결과로 볼 수 없다.
|해석| ① 나는 울고 싶다
② 나는 그것을 보는 것을 그만두고 싶다
③ 나는 컴퓨터를 끄고 싶다
④ 나는 더 이상 그것을 보고 싶지 않다
⑤ 나는 그것을 내 친구들 모두에게 추천하고 싶다

03 Kyle은 영화 광고와 달리 영화가 지루해서 환불해 달라고 할 만큼 화가 난 상태이다. 빈칸에는 '화가 난'을 뜻하는 mad가 들어가는 것이 알맞다.

04 Emma의 말에 따르면, 영화 "Y-Men 7"의 광고 문구인 "The Most Exciting Movie of the Year(올해의 가장 흥미진진한 영화)"는 의견(opinion) 진술에 해당한다.

05 ③ '4월은 30일까지 있는 달이다.'라는 의미의 문장에는 감정이 표현되지 않았으므로, 의견(opinions)에 해당하지 않는다.
|해석| ① 개는 가장 훌륭한 애완동물이다.
② 딸기는 블루베리보다 더 맛있다.
③ 4월은 30일까지 있는 달이다.
④ 프라이드치킨은 가장 맛있는 음식 중 하나이다.
⑤ 컴퓨터 게임을 하는 것은 매우 재미있다.

06 ⓔ 앞에서 영화 "Y-Men 7"의 광고와 달리 영화 "Forrest Gump"의 광고는 사실을 사용한다고 하였으므로, 빈칸에는 '차이점'을 뜻하는 difference가 들어가는 것이 알맞다.

07 '그것이 사실인지 아닌지 말할 수는 없어.'라는 의미의 주어진 문장은 의견에 대한 설명과 예시가 제시된 문장 다음에 오는 것이 알맞다.

08 주어진 문장과 ⓑ의 that은 목적격 관계대명사이다. ⓐ, ⓒ, ⓓ의 that은 대명사이고, ⓔ의 that은 '그렇게'라는 뜻의 부사이다.

|해석| 이것은 내가 가장 좋아하는 영화이다.

09 ①은 express(표현하다), ②는 trust(신뢰하다), ③은 opinion(의견), ④는 connection(관련성), ⑤는 award(상)의 영어 뜻풀이다. connection은 대화에 쓰이지 않았다.
|해석| ① 당신이 생각하거나 느끼는 것을 보여 주다
② 무언가가 진실이라고 믿다
③ 어떤 것에 관한 생각이나 느낌
④ 두 대상이 서로 관련된 방식
⑤ 누군가가 한 일에 대한 돈 등과 같은 포상

10 ③ Emma가 대부분의 광고에는 사실과 의견이 섞여 있다고 했다.
|해석| ① 'best'나 'most' 같은 단어들은 사실과 함께만 사용된다.
② "Y-Men 7"은 "Best Picture" 상을 수상했다.
③ 대부분의 광고는 사실과 의견 둘 다를 사용한다.
④ Kyle은 Emma가 의미하는 것을 결국 이해할 수 없었다.
⑤ Emma와 Kyle은 영화 "Y-Men 7"을 함께 볼 것이다.

11 ④ Emma는 광고에 사실과 의견이 섞여 있어 그 둘을 바탕으로 현명한 선택을 해야 한다고 했다.
|해석| ① 광고는 항상 진실을 말해야 한다.
② 우리는 사실을 담은 광고만을 신뢰해야 한다.
③ 광고는 항상 그들의 제품에 관해 거짓말을 한다.
④ 우리는 광고에서 사실과 의견 둘 모두를 확인하고 현명하게 선택해야 한다.
⑤ 우리는 지루한 광고에 주의를 기울일 필요가 없다.

12 Kyle과 Emma는 Kyle이 보고 있던 영화 "Y-Men 7"과 그 광고에 대해 이야기를 나누고 있다. Kyle은 영화가 지루해서 광고에서 거짓말을 했다고 생각하지만, Emma는 광고가 사실이 아닌 의견을 사용한 것이라 말한다.
|해석| Kyle과 Emma는 영화 "Y-Men 7"과 그 광고에 관해 대화하고 있다. Kyle은 영화가 흥미진진하기는 커녕 지루하기 때문에 그 광고가 진실을 말하지 않았다고 생각한다. 그러나 Emma는 광고가 사실이 아니라 의견을 사용했다고 말한다.

13 ⓐ 의견에 해당하는 예문으로 사람의 감정을 표현한 것은 The desert is beautiful(사막은 아름답다)이다.
ⓑ 사실인지 거짓인지 구분할 수 있고 지도에서 확인할 수 있는 것은 The Atacama Desert is in Chile(아타카마 사막은 칠레에 있다)이다.
ⓒ 영화 "Forrest Gump"의 광고 문구이면서 사실인 것은 보기의 첫 번째 문장이다.

14 Emma는 사실과 의견에 대해 설명하고 있는데, 각각의 예시를 들어 둘의 차이점을 설명하고 있다.
|해석| Emma는 사실과 의견 사이의 차이를 설명하고 있다.

15 "Best Picture"는 영화 "Forrest Gump"가 받은 상이라고 했다.
|해석| "Best Picture"는 "Forrest Gump" 광고에서 무엇을 의미하는가? 영어로 답하시오.

01 advertisement

02 〔모범답〕 We ate the rest of the cake.

03 (1) 〔모범답〕 Can you recommend a novel for me

(2) don't you read

(3) It has lots of exciting adventures.

04 〔모범답〕 How about *Hello*? / Try *Hello*. / Why don't you listen to *Hello*?

05 (1) 〔모범답〕 Why don't you try Antonio's?

(2) 〔모범답〕 The food is delicious.

(3) 〔모범답〕 I think the prices are good, too.

(4) 〔모범답〕 It's a little slow on the weekends.

06 (1) 〔모범답〕 I'm not happy with it.

(2) 〔모범답〕 It's too small for me.

07 (1) *Shrek*

(2) All the characters are funny.

08 (1) He recommends a blue jacket.

(2) She will buy a red jacket.

09 (1) It was so cloudy that we couldn't go sailing.

(2) The dress was so beautiful that I couldn't take my eyes off it.

(3) The news is too good to be true.

10 (1) which(that) Sam is playing

(2) who(whom/that) most students like

(3) which(that) I bought yesterday

11 (1) so, watched it twice

(2) too, board a plane

12 (1) 〔모범답〕 so windy that she can't open the umbrella

(2) 〔모범답〕 too tired to walk anymore

(3) 〔모범답〕 too late to catch the train

13 (1) There's the man who(whom/that) I saw yesterday.

(2) She loved the cake which(that) I made for her.

(3) The people with whom I'd like to make friends are really nice and kind. / The people who(whom/that) I'd like to make friends with are really nice and kind.

14 (1) which Karen has read

(2) which Karen is writing

(3) to whom Karen read her novel / whom Karen read her novel to

15 Y-Men 7, boring, lied

16 (1) He is watching the movie(, *Y-Men 7*) on his computer.

(2) It said the movie was "The Most Exciting Movie of the Year."

17 (1) 〔모범답〕 의견은 사람들의 감정을 표현한 것으로, 그것이 진실인지 아닌지 구별할 수 없지만, 사실은 증명할 수 있다.

(2) ⓐ, ⓓ, ⓔ

(3) ⓑ, ⓒ

18 〔모범답〕 Kiruna is a city in Sweden

19 ⓐ → It uses facts unlike the *Y-Men 7* advertisement.

ⓓ → When people use words like "best" or "most," they are usually expressing opinions.

20 (1) advertisements(ads)

(2) facts, opinions

(3) make a smart choice

---

01 빈칸에는 '광고'라는 뜻으로 쓰이는 advertisement가 알맞다.

|해석| 그들은 신문에 새 자동차 광고를 실었다.

[조건] 1. 단어는 a로 시작한다.

2. 단어는 열 세 글자이다.

3. 단어는 '무언가에 대해 사람들에게 알려 주는 공고, 사진 또는 짧은 영화'를 의미한다.

02 '나머지'의 의미로 쓰인 명사 rest를 사용하여 문장을 완성한다.

|해석| 당신은 그 남은 시간 동안 무엇을 할 것인가?

03 (1) 상대방에게 무언가를 추천해 달라고 할 때 Can you recommend ~? 등으로 말할 수 있다.

(2) 추천하는 말은 Why don't you ~?로 할 수 있다.

(3) 그 소설의 어떤 점이 좋은지 묻는 말에 Amy는 '신나는 모험이 많이 있다'고 말하는 것이 알맞다.

|해석| Tony는 Amy에게 그를 위해 소설을 추천해 달라고 부탁한다. 그녀는 '톰 소여의 모험'을 추천한다. 그것은 그녀가 가장 좋아하는 소설이다. 그녀는 그 소설이 많은 흥미진진한 모험들을 담고 있다고 생각한다.

04 밑줄 친 말은 상대방에게 "Hello"라는 노래를 추천하는 말이다. 상대방에게 무언가를 추천할 때 I recommend ~.나 How about ~?, Why don't you ~? 또는 Try ~. 등으로 말할 수 있다.

05 (1) Antonio's 식당을 추천하는 말이 알맞다. 후기의 내용을 참고해 (2) 음식이 맛있다. (3) 음식 가격이 괜찮다. (4) 서비스가 주말에는 조금 느리다는 내용으로 대화를 완성한다.

06 (1) 티셔츠가 마음에 들지 않는다고 답하는 말이 알맞다.

(2) 티셔츠가 너무 작다고 답하는 것이 알맞다.

|해석| A: Nick, 네 티셔츠는 마음에 드니?

B: 나는 만족스럽지 않아.

A: 왜 만족스럽지 않은데?

B: 그것은 내게 너무 작아.

07 (1) 영화 추천을 요청하는 말에 후기를 참고해 별이 네 개 반인 "Shrek"을 추천하는 것이 알맞다.

(2) 영화 "Shrek"에 대해 어떤 점이 마음에 드는지 묻는 말에 '모든 등장인물이 재미있다.'는 구체적인 평으로 답하는 것이 알맞다.

08 (1) 점원인 남자는 처음에 파란색 재킷을 추천한다.

(2) Ella는 빨간색 재킷을 살 것이다.

|해석| 남자: 도와드릴까요?

Ella: 네. 재킷을 찾고 있어요. 하나 추천해 주시겠어요?

남자: 이 파란색 재킷은 어떤가요? 파란색은 요즘 가장 인기 있는 색이에요.

Ella: 저는 파란색을 좋아하지 않아서, 다른 색을 원해요.

남자: 이 빨간색 재킷은 어떤가요? 10달러 밖에 안해요.

Ella: 오, 좋아 보여요. 그걸로 살게요.

(1) Q: 남자는 처음에 무엇을 추천하는가?

(2) Q: Ella는 무엇을 살 것인가?

09 (1), (2) '너무 ~해서 …할 수 없다'는 뜻의 「so+형용사/부사+that+주어+can't+동사원형 ....」의 문장을 완성한다.

(3) '너무 ~해서 …할 수 없다'는 뜻의 「too+형용사/부사+to+동사원형 ....」의 문장을 완성한다.

|해석| (1) 원인: 날씨가 너무 흐렸다.

결과: 우리는 항해를 갈 수 없었다.

(2) 원인: 드레스가 매우 아름다웠다.

결과: 나는 드레스에서 내 눈을 뗄 수 없었다.

(3) 원인: 그 소식은 매우 좋다.

결과: 사실일 리 없다.

10 (1), (3) 각각 사물 The piano, the sofa를 선행사로 하는 목적격 관계대명사 which 또는 that을 사용하여 문장을 완성한다.

(2) 사람 the teacher를 선행사로 하는 목적격 관계대명사 who나 whom, that을 사용하여 문장을 완성한다.

11 (1) '너무 ~해서 …하다'는 뜻의 「so+형용사/부사+that+주어+동사 ....」의 문장을 완성한다.

(2) '너무 ~해서 …할 수 없다'는 뜻의 「too+형용사/부사+to+동사원형 ....」의 문장을 완성한다.

|해석| (1) 그 영화는 너무 흥미진진해서 그녀는 그것을 두 번 보았다.

(2) 그는 너무 어려서 혼자서 비행기를 탈 수 없다.

12 '너무 ~해서 …할 수 없다'는 뜻의 「so+형용사/부사+that+주어+can't+동사원형 ....」 또는 「too+형용사/부사+to+동사원형 ....」의 문장을 완성한다.

13 (1), (3) 각각 the man과 The people을 선행사로 하는 목적격 관계대명사 who나 whom, that을 사용하여 문장을 연결한다. 관계대명사가 전치사의 목적어로 쓰인 경우 전치사가 관계대명사 앞에 올 수 있으나, 관계대명사 who나 that은 전치사 뒤에 쓰일 수 없다.

(2) the cake를 선행사로 하는 목적격 관계대명사 which나 that을 사용하여 문장을 연결한다.

|해석| 〈A〉 (1) 그 남자가 있다.

(2) 그녀는 케이크를 아주 좋아했다.

(3) 그 사람들은 정말 착하고 친절하다.

〈B〉 • 나는 그녀에게 그것을 만들어 주었다.

• 나는 그를 어제 봤다.

• 나는 그들과 친구가 되고 싶다.

14 (1), (2) 각각 the book과 The novel을 선행사로 하는 목적격 관계대명사 which를 사용하여 문장을 완성한다.

(3) James를 선행사로 하는 목적격 관계대명사 whom을 사용하여 문장을 완성한다.

|해석| Karen은 판타지 소설 읽는 것을 좋아한다. 그녀가 가장 좋아하는 것은 "The Golden Compass"이다. 그녀는 이 소설을 여러 번 읽었다. 요즘 그녀는 소설을 한 편 쓰고 있다. 그 소설은 움직이는 집에 관한 것이다. 어제 그녀는 그녀의 소설을 가장 친한 친구 James에게 읽어 주었다. 그는 그것을 아주 좋아했다. Karen은 위대한 작가가 되고 싶다. James는 그녀의 첫 번째 팬이 될 것이다.

(1) "The Golden Compass"는 Karen이 여러 번 읽은 책이다.

(2) Karen이 쓰고 있는 소설은 움직이는 집에 관한 것이다.

(3) Karen이 그녀의 소설을 읽어 준 James는 그녀의 첫 번째 팬이 될 것이다.

15 Kyle이 본 영화 제목은 "Y-Men 7"이다. Kyle은 영화가 지루하다고 했으며, 영화 광고에 거짓말을 했다고 생각한다.

16 (1) Kyle은 컴퓨터로 영화 "Y-Men 7"을 보고 있다.

(2) "Y-Men 7" 광고에서는 그 영화가 "올해의 가장 흥미진진한 영화"라고 했다.

|해석| (1) Q: Kyle은 무엇을 하고 있는가?

(2) Q: 그 광고는 "Y-Men 7" 영화에 대해 뭐라고 했는가?

17 (1) 의견은 사람들의 감정을 표현한 것이라고 했고, 사실은 증명할 수 있는 것이라고 했다.

(2), (3) ⓑ와 ⓒ의 fun과 exciting은 감정을 표현한 것이므로 '의견' 문장이고, 나머지는 증명할 수 있는 '사실' 문장이다.

|해석| ⓐ 한 해에는 열 두 달이 있다.

ⓑ 거리 행진 참가는 아주 재미있다.

ⓒ 사막에 도시를 세우는 것은 흥미진진한 일이다.

ⓓ 화성은 지구에서 두 번째로 가까운 행성이다.

ⓔ 한국 민속촌은 용인에 위치해 있다.

18 fact(사실)인 문장이고, 지도에서 확인할 수 있는 내용의 문장을 써야 한다.

19 ⓐ "Y-Men 7" 광고와 "Forrest Gump" 광고의 차이점을 설명하고 있으므로, like는 unlike로 고쳐야 한다.

ⓓ "best"나 "most" 같은 단어는 보통은 의견을 표현하는 말이므로, facts는 opinions로 고쳐야 한다.

20 (1) 두 사람은 광고에서 다루는 사실이나 의견에 대해 이야기를 나누고 있으므로, 광고(advertisements)를 읽을 때에 대해 이야기하고 있음을 알 수 있다.

(2) 대부분의 광고에는 사실(facts)과 의견(opinions)이 섞여 있다고 하였다.

(3) Emma는 사실과 의견을 바탕으로 현명한 선택을 할 수 있다고 하였다.

|해석| Emma 덕분에 나는 우리가 광고를 읽을 때 더 주의해야 한다는 것을 배웠다. 대부분의 광고는 사실과 의견 둘 모두를 포함한다. 그래서 우리는 사실이나 의견을 알아차리기 위해 주의를 기울여야 한다. 이렇게 함으로써, 우리는 현명한 선택을 할 수 있다.

01 ②　**02** ③　**03** ①　**04** ⑤　**05** ②　**06** ⑤　**07** Can you recommend one?　**08** ④　**09** How do you like the service?　**10** (1) recommend a good pizza restaurant (2) Antonio's (3) the prices are good(, too) (4) the service is a little slow on the weekends　**11** ①, ⑤　**12** ④　**13** (1) This is the house which(that) she lives in. (2) They are the police officers who(whom/that) I can trust. (3) The cookies which(that) my mother made for me were very delicious.　**14** (1) I'm too tired to climb the mountain. (2) The car was so old that it couldn't move.　**15** ③　**16** ①　**17** ④　**18** ⑤　**19** I'm not following you.　**20** ④　**21** ⓐ The desert is beautiful. ⓑ The Atacama Desert is in Chile.　**22** ②　**23** 모범답 The bus which you're waiting for will arrive soon.　**24** ③　**25** ⑤

01 touching은 '감동적인'이라는 뜻으로 쓰였으며, moving으로 바꿔 쓸 수 있다.
|해석| 그것은 감동적이고 마음이 따뜻해지는 경험이었다.

02 '이해하기 쉬운 방식으로 무언가에 관해 누군가에게 말하다'를 뜻하는 단어는 explain(설명하다)이다.

03 based on: ~을 바탕으로 / for example: 예를 들어
|해석| • 그 영화는 유명한 책을 바탕으로 했다.
• 많은 나라들은, 예를 들어 멕시코와 일본은 지진을 많이 겪는다.

04 ⑤ '지구가 둥글다'는 것은 의견(opinion)이 아니라 사실(fact)이다.
|해석| ① 그 구성은 이해하기 약간 어렵다.
② 이 밴드는 십대들에게 매우 인기가 있다.
③ 너는 식사 전에 항상 손을 씻어야 한다.
④ 그는 그 문제에 대한 그의 생각을 표현했다.
⑤ 지구가 둥글다는 것은 의견이다.

05 ② 자전거가 마음에 드는지 묻는 말에 만족스럽다고 답하였으므로, 어떤 점이 좋은지 묻는 말에 '가볍고 빠르다.'고 장점을 말하는 것이 알맞다.
|해석| ① 그것은 너무 무거워.
② 그것은 가볍고 빨라.
③ 나는 다른 모델이 좋아.
④ 그것은 내게 너무 작아.
⑤ 나는 디자인이 마음에 들지 않아.

06 영화를 추천해 달라고 부탁하는 말(D)에 "Star Wars"를 추천하고(C), 아직 그 영화를 보지 못했다는 말(A)에, 지금 인기 순위 1위인 영화라고 추가 정보를 알려 주는 말(B)을 하는 것이 알맞다.

07 상대방에게 무언가를 추천해 달라고 요청할 때 Can you recommend

~?로 표현할 수 있다. 앞에 나온 대상(backpack)을 가리키며 불특정한 하나를 지칭할 때 one을 쓴다.

08 ④ 점원이 민호에게 요즘 가장 인기 있는 색이라며 빨간색 배낭을 추천해 주었지만, 민호는 남색 배낭을 사기로 했다.

09 마음에 드는지 물을 때 How do you like ~?로 표현한다.

10 괜찮은 피자 식당을 추천해 달라는 Brian의 말에 미나는 Antonio's를 추천해 주었고, 그 식당의 음식이 맛있고, 가격도 괜찮지만, 주말에는 서비스가 조금 느리다고 알려 주었다.
|해석| 10월 20일
오늘, 나는 미나에게 좋은 피자 식당을 추천해 달라고 부탁했다. 그녀는 Antonio's를 추천했다. 그 식당은 그녀가 가장 좋아하는 식당이다. 그녀는 음식이 맛있고 가격도 좋지만, 주말에는 서비스가 조금 느리다고 말했다. 나는 나중에 그 식당을 확인해 볼 것이다.

11 사람(athlete)을 선행사로 하는 목적격 관계대명사 who나 whom이 알맞다.
|해석| 그녀는 대부분의 사람들이 알고 사랑하는 운동 선수이다.

12 '너무 ~해서 …할 수 없다'는 뜻의 「too+형용사/부사+to+동사원형 …」 구문은 「so+형용사/부사+that+주어+can't+동사원형 …」으로 바꿔 쓸 수 있다.
|해석| 그녀는 너무 부끄러워해서 무대 위에서 공연할 수 없다.

13 (1), (3) 각각 the house와 The cookies를 선행사로 하는 목적격 관계대명사 which 또는 that을 선행사 뒤에 써넣는다.
(2) the police officers를 선행사로 하는 목적격 관계대명사 who나 whom, that을 선행사 뒤에 써넣는다.
|해석| (1) 이것은 그녀가 사는 집이다.
(2) 그들은 내가 믿을 수 있는 경찰관이다.
(3) 우리 어머니가 나에게 만들어 주신 그 쿠키는 아주 맛있었다.

14 '너무 ~해서 …할 수 없다'는 뜻은 「so+형용사/부사+that+주어+can't+동사원형 …」 또는 「too+형용사/부사+to+동사원형 …」 구문으로 표현할 수 있다.
|해석| (1) 나는 너무 피곤해서 산을 오를 수 없다.
(2) 그 자동차는 너무 오래돼서 움직일 수 없었다.

15 첫 번째 빈칸에는 원인과 결과를 나타내는 so ~ that 구문이 들어가고, 두 번째 빈칸에는 everything을 선행사로 하는 목적격 관계대명사 that이 들어가는 것이 알맞다.

16 hold on은 '기다리다'라는 뜻으로, wait와 바꿔 쓸 수 있다.

17 ⓑ lie는 '거짓말하다'라는 뜻으로 쓰였으므로, ④ '사실이 아닌 무언가를 말하거나 쓰다'가 영어 뜻풀이로 알맞다.
|해석| ① 당신이 생각하거나 느끼는 것을 보여 주다
② 다른 무언가에 무언가를 더하다
③ 무언가를 더 높은 위치로 움직이다
④ 사실이 아닌 무언가를 말하거나 쓰다
⑤ 무언가가 진실임을 보여 주기 위해 사실, 증거 등을 사용하다

18 ⑤ Emma의 마지막 말에서 영화 광고 문구에 사실이 아닌 의견을 사용했음을 알 수 있다.

19 '이해하다'를 뜻하는 follow를 사용하여 I'm not following you.라고 표현한다.

20 (A) 사람의 감정을 표현하는 것이므로, Opinions(의견)가 알맞다.

(B) 증명될 수 있는 것은 facts(사실)라고 하는 것이 알맞다.

21 ⓐ it과 ⓑ that은 각각 앞에 나온 예시 문장을 가리킨다.

22 주어진 문장은 상대방이 가장 좋아하는 영화가 무엇인지 묻는 질문이므로, It's *Forrest Gump*.라고 답하는 말 앞에 들어가는 것이 알맞다.

23 which는 the award를 선행사로 하는 목적격 관계대명사이다. 목적격 관계대명사 which의 선행사가 될 수 있는 것은 사물이나 동물인 the bus와 the dog이므로, 둘 중 하나를 선행사로 선택하여 문장을 자유롭게 쓴다.

24 대부분의 광고에는 사실과 의견이 섞여 있다는 말이 이어지는 것으로 보아, 사실로 이루어진 광고만 믿겠다는 말에 그것이 그렇게 간단하지(simple) 않다고 말하는 것이 알맞다.

25 영화 "Y-Men 7"의 나머지를 함께 보자는 Kyle의 제안을 Emma가 거절하는 것으로 대화가 끝이 났으므로, 대화 후 두 사람이 함께 무엇을 할지는 알 수 없다.

01 ① 　**02** ③ 　**03** ① 　**04** ⑤ 　**05** ③ 　**06** ①, ③ 　**07** (1) [모범답] Can you recommend a book (2) *The Little Prince* (3) the main character (4) very special 　**08** ③ 　**09** How do you like the service? 　**10** ③ 　**11** (1) The food is so salty that babies can't eat it. (2) I was too tired to drive. (3) She is too busy to have breakfast. 　**12** ②, ③ 　**13** (1) Can I borrow your umbrella which(that) you never use? (2) Do you remember Lisa who(whom/that) you played baseball with yesterday? / Do you remember Lisa with whom you played baseball yesterday? 　**14** It's so boring that I want to cry. 　**15** ④ 　**16** ② 　**17** [모범답] The driverless car is dangerous. 　**18** ③ 　**19** ⑤ 　**20** opinions, facts 　**21** ③ 　**22** ③ 　**23** ⑤ 　**24** ①, ③ 　**25** (It's) Because most ads mix facts with opinions.

01 빈칸에는 '~의 가치가 있는'을 뜻하는 worth가 들어가는 것이 알맞다.

|해석| 그 그림은 지금 많은 돈의 가치가 있음에 틀림없다.

02 ① right now: 지금, 지금 당장 ② hold on: 기다리다

④ mix *A* with *B*: A와 B를 섞다 ⑤ for example: 예를 들어

|해석| ① 그는 지금 집에 없다.

② 기다려! 이곳은 맞는 길이 아니야.

③ 그 이야기는 역사적인 사실을 바탕으로 한다.

④ 그는 초록색 페인트를 만들기 위해 파란색 페인트를 노란색 페인트와 섞었다.

⑤ 많은 언어가, 예를 들어 프랑스어와 이탈리아어는 비슷한 단어를 가지고 있다.

03 각각 '거짓말하다'와 '눕다'를 뜻하는 lie의 영어 뜻풀이다.

|해석| • 사실이 아닌 무언가를 말하거나 쓰다

• 서 있거나 앉아 있지 않기 위해 평평한 자세로 있다

04 I'm happy with ~.는 만족을 표현하는 말이다.

|해석| A: 네 새 신발은 마음에 드니?

B: 나는 정말 만족스러워. 매우 편해.

05 ③ 스마트폰의 어떤 점이 마음에 드는지 묻는 말에 '이 파란색을 써 보지 그래?'라고 제안하는 말로 답하는 것은 어색하다.

06 ①, ③ 좋은 영화를 추천해 달라고 했으므로, 빈칸에는 추천하는 말이 와야 한다. 무언가를 추천할 때는 Try ~.나 I think ~.로 말할 수 있다.

|해석| ① "Star Wars"를 봐.

② 나는 보통 영화를 봐.

③ "Star Wars"가 좋을 것 같아.

④ "Star Wars"는 재미있기 때문이야.

⑤ 너는 "Star Wars"가 무엇인지 아니?

07 (1) 추천을 요청할 때 Can you recommend ~?로 말한다. (2) 유진이는 "The Little Prince"를 추천하고, (3), (4) 그녀는 그 책의 주인공이 매우 특별해서 그 책을 좋아한다.

|해석| Sam은 유진이에게 그를 위해 책을 추천해 달라고 부탁한다. 유진이는 '어린 왕자'를 추천한다. 그녀는 특히 주인공을 좋아한다. 그녀는 그가 매우 특별하다고 생각한다. 그 책은 좋을 것 같아서 Sam은 그것을 읽고 싶어 한다.

08 괜찮은 피자 음식점을 추천해 달라는 Brian에게 Antonio's 식당을 추천해 주고(B), 그 식당의 어떤 점이 마음에 드는지 묻는 말(A)에 음식이 맛있다고 답(D)한 뒤, 음식 가격이 어떤지 묻고(C) 답하는 말이 이어지는 것이 자연스럽다.

09 마음에 드는지 물을 때 How do you like ~?로 표현할 수 있다.

10 문맥상 '너무 나이가 들어서 도움 없이는 걸을 수 없다'는 뜻이 되도록 ③이 알맞다.

|해석| 그는 너무 나이 들어서 도움 없이 걸을 수 없다.

11 '너무 ~해서 …할 수 없다'는 「so+형용사/부사+that+주어+can't+동사원형 …」 또는 「too+형용사/부사+to+동사원형 …」으로 쓸 수 있다.

|해석| (1) 아기들은 그 음식이 매우 짜기 때문에 그 음식을 먹을 수 없다.

(2) 나는 너무 피곤해서 운전할 수 없었다.

(3) 그녀는 매우 바빠서 아침을 먹을 수 없다.

12 ② 주격 관계대명사는 생략할 수 없다.

③ 전치사 뒤에 쓰인 목적격 관계대명사는 생략할 수 없다.

|해석| ① 나는 네가 버스에서 이야기 나눈 그 소년을 안다.

② 어제 내 어머니에게 전화한 그 사람은 내 선생님이다.

③ 네가 기다리고 있던 방문객들이 도착했다.

④ Lucy가 추천한 그 TV 프로그램은 매우 재미있었다.

⑤ 나는 신문에서 읽은 그 음식점에 갔다.

13 (1) your umbrella를 선행사로 하는 관계대명사 which나 that을 사용하여 문장을 완성한다.

(2) Lisa를 선행사로 하는 관계대명사 who나 whom, that을 사용하여 문장을 완성한다. 관계대명사가 전치사의 목적어일 때, 전치사를 관계대명사 앞에 쓸 수 있는데, 관계대명사 who와 that은 전치사 뒤에

쓸 수 없다.

|해석| (1) 내가 네 우산을 빌릴 수 있을까? 너는 그것을 사용하지 않는다.

(2) 너는 Lisa를 기억하니? 너는 어제 그녀와 함께 야구를 했다.

14 결과를 나타내는 접속사 so가 쓰인 문장은 원인과 결과를 나타내는 so ~ that 구문이 쓰인 문장으로 바꿔 쓸 수 있다.

15 '네가 읽는 모든 것을 믿을 수는 없어.'를 뜻하는 문장 ⑥는 광고에서 읽는 모든 것을 무조건 믿어서는 안 된다는 뜻을 나타낸다.

16 문맥상 '그들은 광고에 거짓말을 했다'고 말하는 것이 알맞다. '거짓말하다'를 뜻하는 lie의 과거형은 lied이다.

17 Opinion(의견)인 문장을 써야 한다.

18 ⓔ와 ③의 that은 목적어 역할을 하는 명사절을 이끄는 접속사이다.
① The office를 선행사로 하는 목적격 관계대명사, ② the dog를 선행사로 하는 주격 관계대명사, ④ 지시대명사, ⑤ 진주어 역할을 하는 명사절을 이끄는 접속사로 쓰였다.

|해석| ① 내가 방문한 그 사무실은 닫혀 있었다.

② 이것은 자동차에 치였던 그 개다.

③ 그녀는 나에게 화나지 않았다고 내게 말했다.

④ 이것은 내 수건이고 저것이 네 것이다.

⑤ AI 로봇이 유용하다는 것은 확실하다.

19 사실은 증명될 수 있다고 말한 뒤 아타카마 사막은 칠레에 있다는 예를 들고 있으므로, 빈칸에는 '예를 들어'를 뜻하는 For example이 알맞다.

20 앞에서 "Y-Men 7" 광고와 달리 "Forrest Gump" 광고는 사실을 사용한다고 하였으므로, "Y-Men 7" 광고는 의견을 사용하고 "Forrest Gump" 광고는 사실을 사용한다는 차이점을 말하고 있음을 알 수 있다.

21 ③ 두 영화 광고의 차이점과 Fact(사실)와 Opinion(의견)의 차이를 설명하는 대화로써, 두 영화의 관련성에 대해서는 언급한 바가 없다.

|해석| ① 의견은 무엇인가?

② 무엇이 증명될 수 있는가?

③ 두 영화 "Y-Men 7"과 "Forrest Gump" 사이에 어떤 관련성이 있는가?

④ Kyle이 가장 좋아하는 영화는 무엇인가?

⑤ "Forrest Gump" 광고는 뭐라고 쓰여 있는가?

22 ③ Emma의 설명에서 Opinion(의견)은 사람들의 감정을 표현하고, Fact(사실)는 증명할 수 있다고 했다.

|해석| ① Mark: Kyle은 "Y-Men 7"을 보는 것을 즐겼다.

② Ann: "Y-Men 7"은 광고에 사실을 사용했다.

③ Tina: 의견은 사람들의 감정을 표현한다.

④ Ben: 광고는 항상 제품에 관해 거짓말을 한다.

⑤ Rachel: "Forrest Gump"는 광고에 의견을 사용했다.

23 ⓔ 광고에 사실과 의견이 섞여 있으므로 현명한 선택을 해야 한다는 흐름이 되는 것이 자연스러우므로, Lastly(마지막으로)가 아닌 So(따라서)가 들어가는 것이 알맞다.

24 the award를 선행사로 하는 목적격 관계대명사 which나 that이 들어가는 것이 알맞다.

25 Emma가 사실로만 이루어진 광고를 믿는 것이 간단하지 않다고 말한

이유는 대부분의 광고에 사실과 의견이 섞여 있기 때문이다.

|해석| Emma는 왜 사실로만 이루어진 광고를 믿는 것이 간단하지 않다고 말했는가? 영어로 답하시오.

제3회 대표 기출로 내신 **적중** 모의고사   pp. 222~225

01 ④   02 ⑤   03 ③   04 ⑤   05 Why don't you try
06 (C)-(D)-(B)-(A)-(E)   07 ③   08 [1] How do you like
[2] Why not   09 ④   10 [1] He is looking for a backpack.
[2] The clerk recommends backpacks (to him).   11 ⑤
12 ②   13 Andy was too young to watch the movie.
14 Jessie is wearing the shoes that I wanted to buy.   15 ③
16 boring   17 ③   18 ③   19 ④   20 see the difference,
advertisements   21 ④   22 ③   23 the award (which
(that)) the movie won   24 The book was so interesting
that I couldn't put it down.   25 ④

01 ④의 simple(간단한)과 simply(간단히)는 「형용사 – 부사」의 관계이고, 나머지는 모두 「동사 – 명사」의 관계이다.

02 ⑤의 rest는 '나머지'를, 나머지는 모두 '휴식'을 뜻하는 명사로 쓰였다.

|해석| ① 나는 휴식을 취하러 위층에 가고 있다.

② 그들은 짧은 휴식을 취하기로 했다.

③ 우리는 호수 주변에서 휴식을 위해 운전을 멈췄다.

④ 휴식을 좀 취하려고 노력해라. 너는 내일 바쁜 하루를 보낼 것이다.

⑤ 그들은 그날의 나머지를 TV를 보면서 보냈다.

03 hold on: 기다리다 / from now on: 지금부터

|해석| • 기다려 주겠니? 나는 그가 여기에 있는지를 확인할게.

• 지금부터 나는 내 방을 청소할 것이다.

04 ⑤ 문맥상 award(상) 대신 fact(사실)가 들어가는 것이 알맞다.

|해석| ① 나는 그것이 아주 간단하기 때문에 이 요리법을 좋아한다.

② 나는 내 모든 친구들에게 이 노래를 추천한다.

③ 그 두 사건 사이에는 연관성이 없다.

④ 그는 남극에서의 그의 모험에 관해 책을 썼다.

⑤ 상(→사실)과 소문 사이의 차이점을 구별하는 것은 어렵다.

05 상대방에게 무언가를 추천할 때 Why don't you ~?로 표현할 수 있다.

06 뮤지컬을 추천해 달라는 말(C)에 뮤지컬 "The Lion King"을 추천하고(D), 뮤지컬의 어떤 점이 마음에 드는지 묻는 말(B)에 춤이 환상적이라고 답하는 말(A)이 온 후 그것을 보겠다는 말(E)이 오는 것이 자연스럽다.

07 빈칸에는 앞에 나온 대상의 어떤 점이 좋은지 묻는 말이 들어가는 것이 알맞다. 주어진 단어들을 배열하면 What do you like most about it?의 문장이 된다.

08 (1) 만족스럽지 못하다는 답이 이어지는 것으로 보아, 마음에 드는지 묻는 표현인 How do you like ~?가 되는 것이 알맞다.

(2) 너무 짧고 색이 어둡다는 답이 이어지는 것으로 보아, 왜 마음에 들지 않는지 묻는 말인 Why not?이 되는 것이 알맞다.

| 해석 | A: 네 새로운 머리 스타일은 마음에 드니?

B: 나는 만족스럽지 않아.

A: 왜 만족스럽지 않은데?

B: 너무 짧고 색이 어두워.

09 빨간색 배낭을 추천하는 말을 듣고 옛 가방이 빨간색이라 다른 색을 원한다고 하였으므로, 그 뒤에 '그렇다면 저 빨간색 가방을 추천해요.'라는 뜻의 ④ 문장이 흐름에 맞지 않다.

10 (1) 민호는 가방을 찾고 있다고 했다.

(2) 점원은 민호에게 배낭을 추천한다.

| 해석 | (1) 민호는 무엇을 찾고 있는가?

(2) 그 점원은 민호를 위해 무엇을 하는가?

11 주어진 문장과 ⑤의 that은 목적격 관계대명사로 쓰였다.

① '너무 ~해서 …하다'를 뜻하는 so ~ that, ② 지시대명사, ③ 명사절을 이끄는 접속사, ④ 주격 관계대명사로 쓰였다.

| 해석 | 이것은 Jack이 지은 집이다.

① 나는 너무 피곤해서 잠이 들었다.

② 저 사람은 그녀의 사촌이었니 아니면 친구였니?

③ 너는 그들이 Park Lane에 산다고 확신하니?

④ 우리는 우리에게 완벽할 집을 발견했다.

⑤ 여행 전에 사야 할 것들이 많다.

12 ②「so+형용사/부사+that+주어+can+동사원형 ….」은 '너무 ~해서 …할 수 있다'를 뜻하고, 「too+형용사/부사+to+동사원형 ….」은 '너무 ~해서 …할 수 없다'를 뜻하므로 바꿔 쓸 수 없다.

| 해석 | ① 그녀는 내가 같이 일했던 여자이다.

② 그는 너무 똑똑해서 이 문제를 풀 수 있다.

③ John은 내가 찍은 사진을 복사했다.

④ 나는 그녀가 그 책을 준 사람을 모른다.

⑤ 우리는 많은 담요를 가져가서 몸을 따뜻하게 할 수 있었다.

13 '너무 ~해서 …할 수 없다'를 뜻하는 「too+형용사/부사+to+동사원형 ….」 구문이 쓰인 문장을 완성한다.

14 the shoes를 선행사로 하는 목적격 관계대명사 that을 사용한 관계절이 있는 문장을 완성한다.

15 ⓒ 영화가 너무 지루해서 울고 싶다는 상대방에게 '잘됐구나!'라고 말하는 것은 어색하다.

16 '올해 가장 흥미진진한 영화'라고 쓰여 있는 영화 광고가 거짓이라고 말한 것으로 보아, Kyle은 영화가 매우 지루하다고 생각하고 있음을 알 수 있다.

17 ③ 기분이 좋지 않은 사람은 Kyle이며, Emma의 기분에 대해서는 알 수 없다.

18 '사실은 증명될 수 있다.'라는 뜻의 문장이 역접의 접속사 But으로 연결된 것으로 보아, '사실'과 반대되는 '의견'에 대한 설명 뒤인 ③에 주어진 문장이 들어가는 것이 알맞다.

19 문맥상 '무엇'을 뜻하는 의문사 what(What)이 들어가는 것이 알맞다.

20 Not exactly.는 Emma의 말에 대해 '잘 모르겠다.'고 답하는 말이다. Emma는 두 광고의 차이점을 알겠냐고 물었다.

| 해석 | 나는 두 광고 사이의 차이점을 잘 알지 못한다.

21 '"Y-Men 7"의 남은 부분을 나와 함께 볼래?'라는 Kyle의 마지막 말에

서 Kyle이 보고 있던 영화의 제목을 알 수 있다.

22 (A) 'best'와 'most'가 주로 의견을 표현하는 데 쓰이지만, "Forrest Gump" 광고 속 'best'는 'Best Picture'라는 상 이름에 쓰였고 이는 사실이라는 내용이 되는 것이 자연스러우므로, 역접의 접속사 But이 알맞다.

(B) 광고에 사실과 의견이 섞여 있으므로 그 둘을 바탕으로 현명한 선택을 해야 한다는 말이 되는 것이 자연스러우므로, 결과를 나타내는 접속사 So가 알맞다.

23 목적격 관계대명사 which나 that이 이끄는 관계절이 선행사 the award를 뒤에서 수식하는 어구를 완성한다. 이때 목적격 관계대명사는 생략할 수 있다.

24 이유를 나타내는 접속사 Because가 쓰인 문장을 원인과 결과를 나타내는 so ~ that 구문으로 바꿔 쓸 수 있다.

25 ④ 누가 수진이에게 "Harry Potter" 책을 추천했는지는 언급되지 않았다.

| 해석 | ① "Harry Potter" 소설의 장르는 무엇인가?

② "Harry Potter"의 작가는 누구인가?

③ 그 책의 주인공은 누구인가?

④ 누가 수진이에게 "Harry Potter"를 추천했는가?

⑤ 수진이가 그 책의 무엇을 가장 좋아하는가?

제 4 회 고난도로 내신 **적중** 모의고사   pp.226~229

01 ③   **02** ④   **03** ④   **04** ④   **05** ②   **06** He thinks walking up to Seokguram was worth it.   **07** (1) 모범답 How about / Why don't you try   (2) What   (3) 모범답 I recommend / Try   **08** a little slowly   **09** (1) 모범답 Can you recommend a movie for me? (2) 모범답 What do you like about it?   **10** ④   **11** ⑤   **12** ③   **13** (1) I can borrow (2) with whom I talked / (who/whom/that) I talked with   **14** (1) He was so angry that he couldn't calm down. (2) The water in the lake is so clear that you can see the bottom. (3) The thief ran so fast that the police officers could not catch him.   **15** ③   **16** ③   **17** the movie, *Y-Men 7*, boring, advertisement   **18** ② → proven ③ → explain   **19** ⓐ 모범답 The number seven is luckier than three. ⓑ 모범답 February is the shortest month of the year.   **20** ③   **21** ①   **22** ②   **23** ④   **24** ⓑ → It means the award which the movie, *Forrest Gump* won. ⓒ → They are usually used to express opinions.   **25** make a smart choice, facts and opinions

---

01 ③ 두 문장에서 lie는 '거짓말하다'라는 뜻으로 쓰였다.

① 그리워하다 / 놓치다   ② 휴식 / 나머지   ④ 이해하다 / 따라가다

⑤ 대중적인 / 인기 있는

| 해석 | ① 너는 네 가족이 그립니?

너는 그 영화의 첫 부분을 완전히 놓쳤다.

② 등산객들은 휴식을 위해 멈췄다.

시작은 지루했지만, 나머지는 재미있었다.

③ 지금부터 네 부모님께 거짓말하지 마라.

피노키오가 거짓말을 할 때, 그의 코는 자란다.

④ 그 설명은 이해하기 아주 쉽다.

박물관을 지나갈 때 안내자를 따라가세요.

⑤ 대중적인 믿음은 비행기 여행이 자동차 여행보다 더 위험하다는 것이다.

그 노래는 1980년대에 젊은이들에게 인기가 있었다.

02 ④ '두 대상이 서로 관련된 방식'은 connection(연관성, 관련성)의 뜻 풀이다.

①은 especially(특히), ②는 wisely(현명하게), ③은 lift(들어 올리다), ⑤는 prove(증명하다)의 영어 뜻풀이다.

|해석| ① 매우 많이, 평상시보다 더 많게

② 훌륭한 판단을 하는 방식으로

③ 무언가를 더 높은 위치로 움직이다

④ 두 대상이 서로 관련된 방식

⑤ 무언가가 진실임을 보여 주기 위해 사실, 증거 등을 사용하다

03 ⓓ에는 '감동적인'을 뜻하는 형용사 touching이, ⓔ에는 '접촉하다'를 뜻하는 동사 touch의 동명사형 touching이 알맞다. ⓐ는 choice(선택), ⓑ는 recommend(추천하다), ⓒ는 unlike(~와 달리)가 빈칸에 알맞다.

|해석| ⓐ 그것은 결정하기 어려운 선택이다.

ⓑ 이 근처에서 괜찮은 음식점을 추천해 주시겠습니까?

ⓒ 그녀의 가장 최근 소설은 그녀의 이전 작품과 달리 아주 인기가 있다.

ⓓ 그 영화의 마지막 장면은 아주 감동적이다.

ⓔ 그 바이러스는 접촉하는 것이나 악수를 통해 전해지지 않는다.

04 ④ 문맥상 옛 가방이 빨간색이어서 다른(different) 색 가방을 원한다고 하는 것이 자연스럽다.

05 ② 수지는 경주 여행이 만족스러웠다고 했다.

|해석| 수지에 관해 사실이 아닌 것은?

① 그녀는 경주로 여행을 갔다.

② 그녀는 여행에 만족하지 않았다.

③ 그녀는 첨성대가 좋다고 생각한다.

④ 그녀는 불국사를 방문했다.

⑤ 그녀가 석굴암까지 걸어 올라가는 것은 어려웠다.

06 Mike는 수지가 석굴암까지 걸어 올라간 것이 그만한 가치가 있었을 거라고 생각한다.

|해석| Mike는 무엇이 그만한 가치가 있었다고 생각하는가? 영어로 답하시오.

07 (1) 괜찮은 피자 식당을 추천해 달라는 말에 Antonio's 식당을 추천해 주는 말을 하는 것이 알맞다.

(2) 음식이 맛있다는 답으로 보아, 그 식당의 어떤 점이 마음에 드는지 묻는 말을 하는 것이 알맞다.

(3) 미나는 음식이 맛있다고 한 뒤 불고기 피자를 추천하는 말을 하는 것이 알맞다.

08 주말에는 Antonio's 식당의 서비스가 조금 느리다고 하였으므로, 이를 음식이 '조금 느리게' 제공될 수 있다고 말할 수 있다.

09 (1) 영화 "Frozen"을 추천하는 말이 이어지는 것으로 보아, 영화를 추천해 달라고 요청하는 말을 하는 것이 알맞다.

(2) 영화의 음악이 매우 아름답다는 말이 이어지는 것으로 보아, 추천한 영화의 어떤 점이 마음에 드는지 묻는 말이 되는 것이 알맞다.

10 ④ ⓑ 관계대명사가 전치사의 목적어로 쓰일 때 전치사를 관계대명사 앞에 놓을 수 있다. 이때 관계대명사 that은 전치사 뒤에 쓰일 수 없으므로 that을 which로 고쳐 쓴 것은 알맞다.

ⓐ 목적격 관계대명사는 생략할 수 있으므로 옳은 문장이다.

ⓒ so ~ that 구문이 쓰인 옳은 문장이다.

|해석| ⓐ 저것은 그녀가 파티에서 입었던 드레스이다.

ⓑ 이것은 내가 8년 동안 살아온 집이다.

ⓒ 빛이 너무 밝아서 나는 내 눈을 가려야 했다.

11 첫 번째 문장은 '너무 ~해서 …할 수 없다'를 뜻하는 「so+형용사/부사+that+주어+can't+동사원형 ….」 구문이 되는 것이 알맞다. 두 번째 문장의 빈칸에는 the music을 선행사로 하는 목적격 관계대명사 which나 that이 알맞다.

|해석| • 그 아이는 너무 키가 작아서 롤러코스터를 탈 수 없었다.

• Jane이 그날 밤 들었던 음악은 훌륭했다.

12 ③은 '매우 열심히 공부해서 좋은 성적을 얻을 수 있었다'는 뜻이고, 나머지는 모두 '좋은 성적을 얻기 위해서 열심히 공부했다'는 뜻이다.

② so as to+동사원형: ~하기 위해서(~하려고)

⑤ in order to ~: ~하기 위해서

13 (1) some money를 선행사로 하는 목적격 관계대명사가 생략된 문장이다. 관계대명사절의 목적어 it은 선행사 some money를 말하므로 삭제하는 것이 알맞다.

(2) 관계대명사 who는 전치사 뒤에 쓰일 수 없으므로, who를 whom으로 고쳐 쓰거나 전치사를 관계대명사절 끝에 쓴다.

|해석| (1) 내가 잠시 동안 빌릴 수 있는 돈이 좀 있니?

(2) 이 사람은 내가 파티에서 같이 이야기했던 사람이다.

14 (1) 「too+형용사/부사+to+동사원형 ….」 구문은 「so+형용사/부사+that+주어+can't+동사원형 ….」 구문으로 바꿔 쓸 수 있다.

(2) '그래서'라는 의미의 so로 연결되어 있으므로 원인과 결과를 나타내는 so ~ that 구문이 쓰인 문장으로 바꿔 쓸 수 있다.

(3) 이유를 나타내는 because가 쓰인 문장을 원인과 결과를 나타내는 so ~ that 구문이 쓰인 문장으로 바꿔 쓸 수 있다.

|해석| (1) 그는 너무 화가 나서 진정할 수 없었다.

(2) 그 호수의 물은 매우 깨끗해서 너는 그 바닥을 볼 수 있다.

(3) 그 도둑은 너무 빨리 달렸기 때문에, 그 경찰관들은 그를 잡을 수 없었다.

15 대화 속 that과 ③의 that은 각각 everything과 the homework를 선행사로 하는 목적격 관계대명사이다.

① 명사절을 이끄는 접속사, ② a company를 선행사로 하는 주격 관계대명사, ④ 원인과 결과를 나타내는 so ~ that 구문, ⑤ the cat을 선행사로 하는 주격 관계대명사로 쓰였다.

|해석| ① 그가 여기 올 것임은 확실하다.

② 이 회사는 신뢰할 수 있는 회사이다.

③ 나는 어제 한 숙제를 가져오는 것을 잊었다.

④ 그 마을이 너무 작아서 지도에 나타나지 않는다.

⑤ 지붕 위에 있는 그 고양이가 보이니?

16 ③ Kyle은 영화 광고 속 문구와 실제 영화 내용이 달라 광고가 거짓이라고 말할 정도이므로, 영화에 실망했다고 할 수 있다.

|해석| ① Emma는 Kyle과 함께 그 영화를 보고 있었다.

② Kyle은 전에 그 영화를 본 적이 있다.

③ Kyle은 그 영화에 매우 실망했다.

④ Kyle은 그 영화가 감동적이기 때문에 울고 싶어 한다.

⑤ Emma는 그 광고에 관해서 Kyle에게 동의한다.

17 Kyle은 영화 "Y-Men 7"을 보던 중이었는데, 광고의 주장과 달리 영화가 매우 지루함을 알게 되었다.

|해석| Kyle은 영화 광고를 믿고 영화 "Y-Men 7"을 보기 시작했다. 그러나 그는 광고의 주장과는 달리 그것이 매우 지루하다는 것을 알게 되었다.

18 ② 의미상 facts가 증명되는 것으로 수동태 문장이 되어야 하므로, proving을 과거분사 proven으로 고쳐야 한다.

③ 사역동사 let의 목적격 보어로 동사원형(explain)이 와야 한다.

19 ⓐ 사람의 감정을 표현하는 의견을 나타내는 문장을 쓴다.

ⓑ 증명될 수 있는 사실을 나타내는 문장을 쓴다.

20 (A) 의견의 예시에 해당하는 문장이 이어지고 있으므로 '～처럼'을 뜻하는 전치사 like가 들어가는 것이 알맞다.

(B) 차이점을 알겠는지 묻는 말이 이어지는 것으로 보아, "Y-Men 7" 광고와 달리(unlike) "Forrest Gump" 광고는 사실을 사용한다는 말이 되는 것이 알맞다.

21 ①은 boring(지루한)의 영어 뜻풀이인데, boring은 위 대화에 쓰이지 않았다. ②는 express(표현하다), ③은 difference(차이점), ④는 explain(설명하다), ⑤는 desert(사막)의 영어 뜻풀이다.

|해석| ① 흥미롭거나 흥미진진하지 않은

② 당신이 생각하거나 느끼는 것을 보여 주다

③ 두 사람이나 물건이 서로 비슷하지 않은 방식

④ 이해하기 쉬운 방식으로 무언가에 관해 누군가에게 말하다

⑤ 거의 비가 오지 않고 식물이 거의 없는 넓고 건조한 지역

22 빈칸에는 the award를 선행사로 하는 목적격 관계대명사 which나 that이 들어가는 것이 알맞다. 목적격 관계대명사로 쓰인 which는 ②의 which이다.

① which는 간접의문문의 의문사로 쓰였다.

③, ⑤ whom은 목적격 관계대명사이다.

④ which는 주격 관계대명사이다.

|해석| ① 나는 어느 것이 나에게 더 좋은지 모른다.

② 내가 말할 수 없는 것들이 있다.

③ 나는 이야기를 나눌 누군가를 만나고 싶다.

④ 나는 슬픈 결말을 가진 영화를 좋아하지 않는다.

⑤ Tylor 씨는 내가 존경하는 선생님이다.

23 사실로 이루어진 광고만을 믿겠다는 Kyle의 말에 대부분의 광고에 사실과 의견이 섞여 있다는 Emma의 말이 이어지는 것으로 보아, '그게 그렇게 간단하지 않아.'라는 주어진 문장은 ④에 들어가는 것이 알맞다.

24 ⓑ "Best Picture"는 영화 "Forrest Gump"가 수상한 상을 의미한다.

ⓒ 'best' 또는 'most'는 주로 의견을 표현할 때 쓰인다.

|해석| ⓐ Emma가 가장 좋아하는 영화는 어느 것인가?

ⓑ "Forrest Gump" 광고에서 "Best Picture"는 무엇을 의미하는가?

ⓒ 'best'나 'most' 같은 단어들은 보통 무엇을 표현하기 위해 사용되는가?

ⓓ 영화 "Y-Men 7"은 무슨 상을 받았는가?

ⓔ 그들은 대화 후에 함께 무엇을 할 것인가?

25 대화 속 Emma는 광고에 쓰이는 사실과 의견을 바탕으로 현명한 선택을 해야 한다고 하였다.

|해석| 네가 광고를 읽을 때, 너는 광고에 사용된 사실과 의견을 바탕으로 현명한 선택을 해야 한다.

특급기출

기출예상문제집

중학 영어 **2-2** 중간고사 이병민

정답 및 해설

영역	브랜드	초1~2	초3~4	초5~6	중1	중2	중3	고1	고2	고3
독해	[중등] 기본서 READING CLEAR				READING CLEAR 1	READING CLEAR 2	READING CLEAR 3			
	[고등] 기본서 Supreme 구문독해 / 유형독해							Supreme 구문독해	Supreme 유형독해	
	[중·고등] 문장독해 공식으로 통하는 문장독해 기본 완성							공통문 기본	공통문 완성	
듣기	[중등] 듣기모의고사 LISTENING CLEAR 중학영어 듣기모의고사				LISTENING CLEAR 1	LISTENING CLEAR 2	LISTENING CLEAR 3			
	[고등] 듣기모의고사 Supreme 수능 영어 듣기 모의고사 기본 실전							Supreme 기본	Supreme 실전	
기출	[중등] 기출예상문제집 특급기출 (중간, 기말) 윤정미, 이병민				특급기출 2-1	특급기출	특급기출 3-2			
어휘	[초·중·고등] 영단어, 영숙어 뜯어먹는 시리즈	뜯어먹는 필수 영단어 1	뜯어먹는 필수 영단어 2		뜯어먹는 1200	뜯어먹는 1800	뜯어먹는 중학 1000	뜯어먹는 1800	뜯어먹는 1800	뜯어먹는 1200
	[중·고등] 영단어 보카클리어				보카클리어	보카클리어	보카클리어	보카클리어 고교필수편	보카클리어 수능편	

문제로 영문법이 쉬워진다!

그래머 클라우드 3000제

중학영문법을 쉽게 이해하고 싶어 하는
학생들에게 추천합니다!

✓ 핵심 문법 Point와 연습 문제로 자연스럽게 개념 이해

✓ 3단계 개념완성 Test로 유형별 문제와 서술형까지 집중 훈련

✓ 학교 시험에 자주 출제되는 문제로 내신 완벽 대비